15

«Ni está el mañana —ni el ayer— escrito.»

ANTONIO MACHADO
El dios ibero

1. La colección ESPEJO DE ESPAÑA, bajo el signo de Editorial Planeta, pretende aportar su colaboración, no por modesta menos decidida, al cumplimiento de una tarea que, pese a contar con tantos precedentes ilustres, día tras día se evidencia como más urgente y necesaria: el esclarecimiento de las complejas realidades peninsulares de toda índole —humanas, históricas, políticas, sociológicas, económicas...— que nos conforman individual y colectivamente, y, con preferencia, de aquellas de ayer que gravitan sobre hoy condicionando el mañana.

2. Esta aportación, a la que de manera muy especial invitamos a colaborar a los escritores de las diversas lenguas hispánicas, se articula inicialmente en siete series:

    I   los españoles
   II biografías y memorias
  III movimientos políticos, sociales y económicos
  IV la historia viva
   V la guerra civil
  VI la España de la posguerra
 VII testigos del futuro

Con ellas, y con las que en lo sucesivo se crea oportuno incorporar, aspiramos a traducir en realidades el propósito que nos anima.

3. Bueno será, sin embargo, advertir —puesto que no se pretende engañar a nadie— que somos conscientes de cuantas circunstancias nos limitan. Así, por ejemplo, en su deseo de suplir una bibliografía inexistente muchas veces, que cabe confiar estudios posteriores completen y enriquezcan, ESPEJO DE ESPAÑA en algunos casos sólo podrá intentar, *aquí* y *ahora*, una aproximación —sin falseamiento, por descontado, de cuanto se explique o interprete— a los temas propuestos, pero permítasenos pensar, a fuer de posibilistas, que tal vez los logros futuros se fundamentan ya en las tentativas presentes sin solución de continuidad.

4. Al texto de los autores que en cada caso se eligen por su idoneidad manifiesta para el tratamiento de los temas seleccionados, la colección incorpora un muy abundante material gráfico, no, obviamente, por razones estéticas, sino en función de su interés documental, y, cuando la obra lo requiere, tablas cronológicas, cuadros sinópticos y todos aquellos elementos que pueden complementarlo eticazmente. Se trata, en definitiva, de que cada uno de los títulos, en su unidad texto-imagen, responda a la voluntad de testimonio que preside las diversas series.

5. Sería ingenuo desconocer, empero, que este ESPEJO que, acogido a la definición que Stendhal aplicara a la novela, pretendemos pasear a lo largo del camino, según se proyecte a su izquierda o a su derecha recogerá, sin duda, sobre los mismos hombres, sobre los mismos hechos y sobre las mismas ideas, imágenes diversas y hasta contrapuestas. Nada más natural y deseable. La colección integra, sin que ello presuponga identificación con una u otra tendencia, obras y autores de plural ideología, consecuente con el principio de que ser liberal presupone estar siempre dispuesto a admitir que *el otro* puede tener razón. Aspiramos a crear un ágora de libre acceso, cerrada, única excepción, para quienes frente a la dialéctica de la palabra preconicen, aunque sólo sea por escrito, la dialéctica de la pistola.

6. Y si en algunas ocasiones la estampa que ESPEJO DE ESPAÑA nos ofrezca hiere nuestra sensibilidad o conturba nuestra visión convencional, unamos nuestra voluntad de reforma a la voluntad de testimonio antes aludida y recordemos la vigencia de lo dicho por Quevedo: «Arrojar la cara importa, que el espejo no hay de qué.»

RAFAEL BORRÀS BETRIU
Director

DIOS

y los españoles

Salvador de Madariaga nació en
La Coruña en 1886, cursó estudios de ingeniero
de minas en Francia y desde 1921 desempeñó
importantes cargos en la Sociedad de Naciones.
En 1928 fue nombrado catedrático de literatura
española en la Universidad de Oxford,
al advenimiento de la República fue embajador
de España en Washington y París y en 1934
desempeñó la cartera de Instrucción Pública
en el gabinete Lerroux. En 1936, tras ser elegido
miembro de la Academia Española, se instaló
primero en Ginebra y posteriormente en Oxford,
hasta que, en 1972, fijó su residencia en el
cantón suizo del Ticino. Entre sus numerosos
libros destacan **Shelley y Calderón** (1920), **Guía
del lector del Quijote** (1926), **Ingleses, franceses
y españoles** (1928), **España** (1931), **Vida de
Colón** (1939), **Vida de Hernán Cortés** (1942),
Memorias (1974) y **Españoles de mi
tiempo** (1974).

DIOS
y los españoles
Salvador de Madariaga

EDITORIAL PLANETA   BARCELONA

ESPEJO DE ESPAÑA
Dirección: Rafael Borràs Betriu
Serie: Los españoles

© Salvador de Madariaga, 1975
Editorial Planeta, S. A., Calvet, 51-53, Barcelona (España)
Edición al cuidado de María Teresa Arbó
Sobrecubierta: Hans Romberg

Procedencia de las ilustraciones: Archivo Editorial Planeta, Biblioteca Nacional
(París), Braun, Edistudio, Europa Press, Gallina Blanca, S. A., Gyenes-Coprensa,
Gumí, Instituto Municipal de Historia (Barcelona), Keren Hasod, Keystone, Kindel,
Mas, Mella, "Paisajes españoles", Pons Oliveras, Ráfols, Salmer, SEF, Studio 12,
TAF, Triunfo-Associated Press, Vidal y X.

Producción y maquetas: equipo técnico de Editorial Planeta
Dirección artística y compaginación: Eduardo Asensio y Ángel Bueso
Primera edición: octubre de 1975 (11.000 ejemplares)
Depósito legal: B. 44.791-1975
ISBN 84-320-5615-4
Printed in Spain - Impreso en España
Composición, compaginación e impresión: Talleres Gráficos "Duplex, S. A.",
    Ciudad de la Asunción, 26-D, Barcelona-16

ÍNDICE

A instancia de una asociación desinteresada de Alemania, escribí el capítulo sobre el primer mandamiento en 1973 para una publicación alemana: Die zehn Gebote heute. *Este hecho vino a concretar en mí el deseo de explorar lo que Dios significaba en la vida e historia de los españoles, tema que me venía ocupando ya hace tiempo.*

El capítulo sobre el primer mandamiento que inicia la primera parte de este libro es un desarrollo bastante más largo del texto que entonces publiqué (en versiones mías en francés e inglés y de mi mujer en alemán). Todo el resto del libro es de 1975 salvo las «ilustraciones», de las que algunas han salido ya en el dominical de ABC.

A la memoria de mi hermana Asita

FRAGMENTO DE «EL EVANGELIO ETERNO»

de William Blake

La visión de Jesucristo, tal y como tú la ves,
De la visión que de Él tengo mortal enemiga es.
Tu Cristo tiene nariz, como la tuya, aguileña;
El mío tiene nariz, como la mía, pequeña.
Tu Cristo es el grande amigo de toda la humanidad;
El mío al ciego en parábolas le habla con caridad.
El mundo que el tuyo ama es el mundo que odia el mío;
Y las puertas de tu Gloria son las del infierno mío.
Día y noche ambos pasamos en nuestra Biblia leyendo;
Mas lo que tú negro entiendes es lo que yo blanco entiendo.

(Traducción S. de M.)

Introducción

Iban dos campesinos vascos trotando a su placer en un vehiculillo destartalado por un sinuoso camino de su fragoso país, cuando resbaló el caballo y salieron despedidos hacia el abismo, adonde no llegaran vivos, ni llegaron vivos ni muertos, que se hallaron en medio espacio colgados de sendas ramas de un árbol que los interceptó. Subieron a gatas a la carretera, y el más joven se arrodilló y con las manos en ojiva exclamó: ¡Gracias a Dios! Pero el más viejo, de pie y malhumorado, replicó: ¡No. Gracias a árbol, que Dios, intención está vista!

Este episodio resume en su drama breve el tema de fondo de este libro que aquí te ofrezco, Juan Español de mi alma, que aquí te ofrezco no sin alguna trepidación. Porque no sé cómo voy a evitar que te ponga los nervios de punta, ya seas ornamento de la tradicional derecha o fuego promotor de la inflamada izquierda, o fino, firme fiel del centro, porque te aseguro que, por más que hice para no ofender a nadie sino más bien complacer a todos, me ha salido casi diametralmente contrario a mi propósito, y yo no hago más que preguntarme por qué.

No hay respuesta. Sólo la variedad de los lectores. Y aun eso... porque, pese a su variedad, todos dirán lo mismo. Que éste es el mejor y que éste es el peor de mis libros; y tendrán razón en ambos casos y además es lo que siempre se ha dicho de todos mis libros, que cada uno era el mejor (los unos) y el peor (los otros), siendo así que la realidad de verdad es que todos han sido el mejor y el peor a la vez.

Pero nos hemos dejado a nuestros dos guipuces, arrodillado el uno y de pie el otro en una de esas escenas inmortales que los vascos dan de sí como el peral da peras y el manzano manzanas, y hay que volver a ellos para no pecar de descorteses.

El caso es que el guipuz joven tomaba una actitud tradicional. Todo lo que se hace en este mundo lo hace o lo permite Dios; a Él, pues, la gratitud, si ha salido bien; mientras que el viejo no toma una actitud radicalmente contraria como hubiera podido ocurrir en el caso de un guipuz ya maduro, quizá hasta nacido, de seguro, al menos, formado en el siglo XIX. El cual pudo haber negado a Dios y explicado todo por la lotería o el dominó de las cosas mecánicas. Pero no. Lo que hace es decir: gracias a árbol, que Dios, intención está vista.

Y éstas ya son palabras mayores. Sobre todo una de ellas, esa *intención* que el buen vasco destaca en la actitud de Dios. Porque aquí está todo el problema que bulle en el fondo de las páginas que te dispones a leer, lector paciente, admirable lectora. Aquí está todo nuestro problema, el más importante de todos. ¡Cómo!, ¿más importante que...? Sí, pues más que ese en que piensas; más que eso que han inventado algunos para olvidarlo, eso de la redistribución de la riqueza; más que cualquier otro de cualquier frente o plano o esfera o aspecto o Dios sabe qué etiqueta le queráis poner al mundo. El problema más importante es si somos todos hijos incluseros de un contubernio nada santo entre don Azar y doña Necesidad o si hemos nacido porque así tuvo la *intención* de que naciéramos nada menos que el Creador.

El vasco salvado por el árbol como tal ser, soberano e independiente, o salvado por el árbol como tal instrumento del que tuvo la *intención* de que naciesen los tres (los dos vascos y el árbol), a fin de que el árbol salvara a los otros dos pese a que uno de ellos, precisamente el más viejo, se hacía un lío tremendo con las intenciones divinas; éste es el problema.

Cada cual tendrá que acogerse a aquella idea del mundo que mejor le parezca. Este «mejor» lo dicta la cabeza, que no el corazón. Considerando todo lo que se me ocurre sobre el tema por ley natural y por experiencia vivida, ¿cuál me parece más conforme al hecho real? ¿Ser hijo del azar y de la necesidad, sometido a los caprichos de chivo loco del uno y a la rigidez de máquina férrea de la otra; o ser hijo de un Creador que me creó a mí como creó a las estrellas, la Tierra, el Sol y la Luna?

Éste es un elijan que no vale rehuir. Rehuirlo es ya escoger, aunque sea negativamente. Cada hombre o mujer, en cada momento de su vida ha de resolver una ecuación activa (quiero decir una ecuación de hechos, no de ideas): dadas estas circunstancias y este carácter, ¿qué haré? No es ¿qué haría?, sino ¿qué haré?, un ¿qué haré? que, de modo apremiante, se va volviendo ¿qué voy a hacer? Y el que entra en este torbellino sabiéndose hijo de un tontiloco y de una máquina no hará lo mismo que en su caso haría un hijo de Dios. Hay que pronunciarse y escoger.

El autor de estas páginas prefiere ser hijo de Dios, y ése es el camino que ha elegido (en la cogitación que luego diré). No se propone dar aquí las razones que le han incitado a esta elección porque a ello dedica bue-

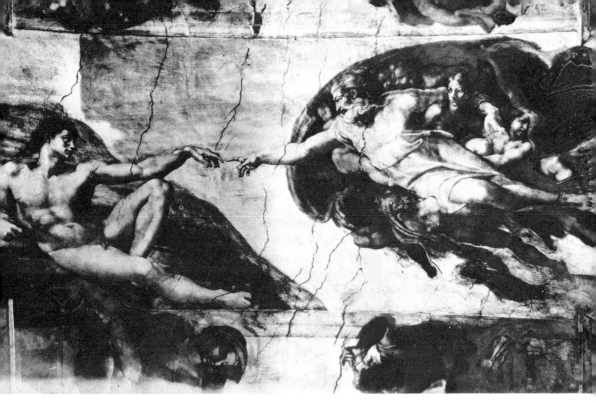

O ser hijo de un Creador que me creó a mí como creó a las estrellas, la tierra, el sol y la luna. («La creación del mundo», por Miguel Ángel. Capilla Sixtina.)

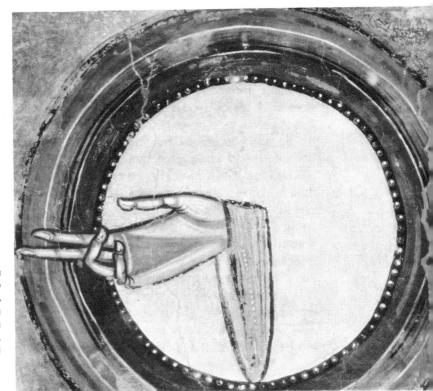

Todo lo que es y pasa cae bajo el designio o la intención de Dios. («La mano divina», pintura mural románica de San Clemente de Tahull. Siglo XII.)

na parte del resto del libro, y en particular su ensayo sobre el primer mandamiento y la «ilustración» que lo acompaña. Aquí se limita a hacer constar que, una vez aceptada su elección, queda todo lo que hay y lo que pasa sometido a una sola posible interpretación: todo lo que es y pasa cae bajo el designio o la intención de Dios.

Hay que aclarar, sin embargo, que a esta conclusión el autor no llega ni por motivos de fe ni por caminos de metafísica. Creo, en efecto, que la atribución del universo y de la vida a la copulación del azar con la necesidad es un disparate de tal envergadura que no hay intelecto humano medianamente ejercitado que lo pueda sostener en serio; y que la prueba de la existencia de un Creador es cosa al alcance de cualquier cabeza sana. Tal se desprende de lo que más adelante discuto con mayor detalle. Esta aclaración me parece necesaria para abordar ahora la otra vertiente de mi razonamiento.

Recordemos el vasco viejo. En nuestra perspectiva, erraba su interpretación de la intención divina, pero acertaba en atribuirle a Dios una intención. Nuestra labor va a consistir en procurar no errar al interpretar las intenciones divinas, porque nos va mucho en ello.

A todo el que se dedique a mirar lo que hay («la realidad», dicen los filósofos), le interesa el tema. El inmenso reloj en que vivimos, cuyas piezas son las estrellas fijas y móviles, las plantas, el inmenso mundo de los animales, el hombre, son otros tantos campos de observación en los que el observador podrá a veces vislumbrar tal o cual intención divina. Nuestra labor va a ser el intento de interpretar la intención divina en lo concerniente a los españoles y a España.

Tema arduo como el que más y misterioso y propicio a los errores. Pero si el temor a errar fuera a inhibir la mente ¡qué parálisis! Habría que ir procurando observar cómo se conducen los españoles con Dios dentro de una perspectiva religiosa; y cómo se conduce Dios con los españoles dentro de una perspectiva histórica.

Dios no habla. Hace, deja de hacer o deja hacer. Nuestra labor recordará la del espectador que va al teatro: el autor de la pieza no le habla, pero por lo que pasa en escena, parece decirle: «Fíjate que esta que habla dice palabras mías. Pero ella miente y yo no.» El autor de una obra teatral o de una novela no se atiene a las palabras de su obra, sino a su intención en lo que, en los hechos y las almas, quieren decir.

A buen seguro que cada cual leerá mis interpretaciones de la intención divina según su leal saber y entender. Yo sólo puedo asegurarle que en ningún momento he intentado arrimar ninguna ascua a ninguna sardina. Mi plan obedece a dos intuiciones: la de un Dios que (entre otras muchas cosas) cabría imaginar como un Bach-Shakespeare-Leonardo da

La atribución del universo y de la vida a la copulación del azar con la necesidad es un disparate de tal envergadura que no hay intelecto humano medianamente ejercitado que lo pueda sostener en serio. («La fuente de la Vida», fragmento de «El jardín de las Delicias», de El Bosco.)

Vinci-Newton, y la de unas naciones como España, Francia, Inglaterra, Italia, cuyas vidas son otras tantas novelas, ninguna más dramática y aun trágica que la de España; y como consecuencia, un intento de ver cómo interpretar la intervención divina en la vida de España.

Así la obra cae de suyo en un diseño de dos partes. En la primera, que titulo *Los diez mandamientos... y uno más,* voy recorriendo la actitud de los españoles respecto de los diez mandamientos. Se me ofreció una doble dificultad: la diferencia entre las generaciones y la evolución de la Iglesia después del Concilio Vaticano. Me pareció más importante centrar el estudio sobre lo que se aprendía en España antes del Concilio, y ya desde lo menos un siglo, es decir el catecismo que vive (aunque duerme) en todos los españoles. Tomé por base el Catecismo del padre Ripalda. Terminado el recorrido, volví la atención a los textos posconciliares, que comenzaron a publicarse hace nueve o diez años.

En la segunda parte, titulada *Endiosado y pordiosero,* he procurado dar cuenta, no sólo de la *intención* de Dios hacia los españoles y su evolución en el tiempo, sino también vislumbrar lo que el pueblo español vio en Dios y cómo lo vio y por qué esta manera de ver a Dios le llevó primero a endiosarse y luego a pordiosear. Llego así a nuestros tristes días, que tan sin esperanza parecen, y sin embargo a una vislumbre de una gran esperanza que podría hacer levantar cabeza no ya a España sino a toda la humanidad.

Cabe imaginar el mundo en que nos ha tocado vivir como un inmenso caldero en el que hierve la anarquía. Mucho ayuda a la comprensión de la vida humana alguna que otra comparación, imagen o metáfora de índole científica. «Hierve la anarquía.» Hervir es lo que hace el agua a cien grados de temperatura. El calor es la forma que toma, la sensación que da, un conjunto de millones de millones de moléculas que se mueven con mayor rapidez y se entrechocan con mayor frecuencia.

El mundo moderno difiere de todos los anteriores en que sus movimientos son mucho más frecuentes y rápidos, con el consiguiente incremento de los encuentros. Un hombre de hoy se topa en su vida miles de veces más con los demás hombres que un hombre de hace un siglo o dos. Esto es lo que quiere decir *hierve* en «hierve la anarquía». Pero ¿qué quiere decir que lo que hierve es la anarquía?

Estos movimientos cada vez más rápidos, estos choques cada vez más frecuentes, ¿quién o qué los causa? La ambición. Hay quien la condena en bloque con el egoísmo. La intención es buena; pero el pensamiento es falaz, y ni siquiera puede atribuírsele virtud religiosa alguna. Éste es un punto que hay que dejar muy claro para evitar mayores males.

Cada criatura que viene a este mundo trae un bagaje físico-síquico que le es uno y único. Este «bagaje» no es sólo un conjunto de prendas como buena vista, mala dentadura, oído firme, buenos pulmones, hígado sensible y así por el estilo; amén de intelecto suficiente, gran sensibilidad, poca imaginación, fuertes pasiones, etc... Es además dinámico. No viene dispuesto a ser lo que trae y nada más, sino a hacerlo crecer a medida que le van creciendo el peso y la estatura. Esta tendencia a crecer es lo que llamamos ambición.

Elevarse contra la ambición individual es, pues, lo mismo que oponerse a que el niño, que nace de treinta centímetros, no llegue nunca al metro ochenta que sus huesos traen al nacer como su tamaño predestinado. La ambición es una fuerza natural que hay que respetar.

Hay que respetar el egoísmo y la ambición como la digestión o el sueño; y no vale apuntar los males que causan para condenarlos como tampoco bastan las indigestiones para decretar que no hay que comer. La ambición es el resorte natural que crea en el hombre la «intuición» de aquello para lo que nació; y el egoísmo es la espina dorsal que día tras día le permite ir fiel sin extraviarse hacia esa realización de sí mismo a la que su ser predestinado le incita. Si la ambición es mísera, baja, vil o criminal, si el egoísmo es brutal, duro, falto de caridad y respeto, como tales los condenaremos; pero no por ser egoísmo y ambición, que, en sí, son fuerzas indispensables al hombre y a la sociedad, y merecen respeto.

¿Será este respeto absoluto? No hay nada absoluto en la vida humana. La ambición de cada cual traerá en su propia esencia natural los dos frenos que la habrán de regir: el respeto a la ambición de los demás y el respeto a la ambición de la sociedad en que va a vivir el recién llegado. Si estas tres fuerzas —la ambición propia, la ambición ajena y la ambición social— logran un equilibrio dinámico suficiente, diremos que la sociedad se halla en buen estado de salud: las fuerzas actúan armoniosamente y la evolución del conjunto se va haciendo como debe ser, porque el equilibrio así logrado es dinámico. Si, por el contrario, las tres fuerzas en cuestión no logran el equilibrio dinámico, lo que resulta es la anarquía.

Hierve hoy la anarquía porque las ambiciones personales han desbordado las armazones sociales que deben encuadrarlas y armonizarlas. Ante esta situación, las gentes reaccionan cada uno según su temperamento: y de ahí la división política en extremos y centro.

Los extremos se tocan hasta identificarse. Sabido es que en la Alemania ocupada por Rusia el partido comunista se reclutó sobre todo entre los nazis. Los partidos extremos luchan por la opresión de las ambiciones, reduciéndolas a un nivel de igualdad, sobre el cual se elevan las desaforadas ambiciones de los individuos potentes, sea esta potencia ideo-

En la Alemania ocupada por Rusia
el partido comunista se reclutó
sobre todo entre los nazis.
(En la fotografía, tropas rusas
en las escaleras del Reichstag.)

¿Qué sería de una sociedad
en la que Velázquez no hubiera
logrado su ambición de pintar...

...Ramón y Cajal su ambición
de explorar el cerebro humano...

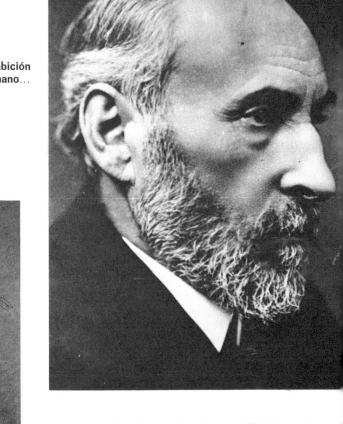

...Cambó su ambición de gobernar...

...Lorca su ambición de trovar?

lógica, militar o mixta. El centro busca la máxima libertad de las ambiciones personales dentro de la armonía común. Por esta diferencia fundamental, el centro tiende a sistemas de libre discusión y los extremos a sistemas de fuerza, que en ambos casos atacan la libertad de opinión.

Para juzgar y escoger, hay, pues, que volver al concepto esencial, que es el de ambición. He aquí a Francisco Cambó. Su padre, excelente como tal, amante y cuidadoso de su hijo, lo veía como el farmacéutico de Besalú. Pero él traía —¿de quién?— una ambición distinta. Quería gobernar. ¿Vamos a reprimir una ambición natural que se sabe segura de realizarse? ¿Qué mal hay en la ambición? ¿Qué sería de una sociedad en la que Velázquez no hubiera logrado su ambición de pintar, Cambó su ambición de gobernar, Ramón y Cajal su ambición de explorar el cerebro humano, Lorca su ambición de trovar? Por el contrario, la ambición es la madre de la cultura, de la vida, de la civilización, de todo lo bueno que se hace. ¿Que se dan ambiciones criminales? No es seguro que se den. Antes serían ambiciones frustradas, retorcidas y emponzoñadas por la opresión. Hay que habérselas con el problema como se puede, con el castigo penal o la educación preventiva. Pero de ningún modo con la condena en bloque de toda ambición.

Por estas razones, considero una condena en bloque del egoísmo y de la ambición como un error sociológico y aun más teológico. Porque dicho se está que si el nacido viene no del Azar-Necesidad sino de Dios, de Él trae su ambición, que es la de cumplir su misión en este mundo, y su egoísmo para mantener su pequeño navío siempre en rumbo a su misión.

Hoy, veníamos diciendo, las ambiciones, desorbitadas, hierven en anarquía. Hay que buscar por qué. No es búsqueda fácil. Ésta es la labor que constituye la ambición de este libro. Quizá no sirva para ella el símil científico antes evocado del caldero en que hierve la anarquía. Una manera eficaz de reducir esta anarquía sería someter todo el caldero a la acción de un potente imán, el cual, creando un campo magnético, reduciría a un orden de buen pasar las energías desenfrenadas. Como estas energías son desorden espiritual, el imán tendría que venir del Espíritu.

PRIMERA PARTE

Los diez mandamientos... y uno más

BREVE HISTORIA DE ESPAÑA

Un soldado aventurero
que tanta gloria endiosó
perdió el seso y el sendero,
le quitaron el dinero
y así su vida vivió
endiosado y pordiosero.

El primer mandamiento

Los edificios de piedra y ladrillo se comienzan por los cimientos; los del espíritu, por el tejado, que las cosas del espíritu cosas de tejas arriba son. Por eso el primer mandamiento, en su versión moderna, reza: *amar a Dios sobre todas las cosas*. Al menos en el Ripalda; porque en el catecismo católico, apostólico, romano, para uso de los ingleses, todavía conserva aroma del Antiguo Testamento y austeridades del puritanismo reformista. Helo aquí, vertido al castellano de su original inglés:

No alzarás dioses foráneos ante Mí. No te harás para ti cosa alguna grabada, ni la imagen de nada que está en el cielo arriba o en la Tierra debajo ni de esas cosas que están en las aguas bajo tierra. No las adorarás ni servirás.

Por un lado, pues, el Dios del Antiguo Testamento, celoso y vengativo, no toleraba otros dioses, y como no es cosa de tolerar o no tolerar aquello que no existe, el Dios del Antiguo Testamento, que, por lo visto, habla todavía a los católicos ingleses, cree en la existencia de otros dioses.

Parémonos un momento para dilucidar este punto. A primera vista, parece que se plantea el problema del monoteísmo. Si el Dios del Antiguo Testamento cree en otros dioses, cuyo culto declara no tolerar en su presencia, el pueblo hebreo no merece los loores que se le han prodigado como inventor del monoteísmo. Algo habrá en ello, debido sobre todo a que (en la perspectiva del hombre) la misma idea de Dios es invención humana antes de ser realidad divina, como luego diré. Este origen humano de la idea de Dios bastaría para explicar que en los albores de Su existencia, la Divinidad se haya contaminado de defectos humanos, de los que poco a poco se fue purificando por obra y gracia de Su propia esencia.

Pero el texto que cité del primer mandamiento católico a la inglesa expresa también una condena de las imágenes; y como la vida es sutil, no creo posible rechazar esta actitud, aun siendo tan diferente de la que a todas luces manifiestan los pueblos mediterráneos; porque las iglesias de Inglaterra, por muy católicas que sean, no dan la impresión de lugares habitados por santos y santas, como lo son las iglesias del sur de Europa.

Las unas son para gentes de más oído que vista; las otras para gentes cuyos cinco sentidos vibran con igual vitalidad. Así que, ya por este camino, divisamos aspectos distintos en el mismo catolicismo: el de la idea pura, del Norte, y el más vital y humanado de nuestros países; intentando el uno divinizar al hombre; el otro humanizar a Dios. Y no para aquí el contraste, o por lo menos el matiz que los distingue.

Porque en el catecismo inglés que me sirve de base, se explican y discuten con la autoridad de un cardenal arzobispo cosas de notoria importancia; y entre ellas se declara que «el primer mandamiento no prohíbe hacer imágenes, pero sí hacer ídolos; esto es, prohíbe hacer imágenes para adoradas y honradas como Dios».

Consecuente con este principio, el catecismo inglés declara que «está prohibido [por el primer mandamiento] rendir honor o culto divino a los ángeles y santos, porque esto pertenece tan sólo a Dios». El honor debido a ángeles, santos, reliquias, crucifijos y cuadros santos es, según este catecismo, «un honor relativo por tratarse de cosas que están en relación con Cristo y sus Santos y en memoria de ellos.» Y para terminar, declara este texto de modo contundente: «No rezamos a reliquias ni a imágenes porque ni ven ni oyen ni nos pueden socorrer.»

No habrá español o italiano que no rechace este modo de ver las imágenes. Sobre las reliquias, cabe opinar; pero la condena de las imágenes se apoya más en un defecto inglés que en el intento de refrenar eso que suele llamarse *superstición*. Esta palabreja es uno de tantos ofidios que van serpenteando por páginas y conversaciones, dispuestos a adaptarse a cualquier interpretación. Quiere decir: *poner encima.* Y el caso es que viene aquí como anillo al dedo; porque eso de que las imágenes no oigan ni vean estará bien para Inglaterra, donde si no oyen o ven será por imitar a los fieles que las visitan, ya que bien sabido es que el inglés no oye ni ve más que cuando le da la gana o le conviene, que viene a ser lo mismo; pero yo le puedo asegurar al inglés que escribió esas palabras en el catecismo de marras que no se hubiera atrevido a decir tal cosa si hubiera podido vivir conmigo una escena inolvidable en la hermosa catedral de Puebla, una de las obras maestras que el arte hispano dejó en Méjico; donde una mujer del pueblo, con ojos implorantes y temblorosa cabeza de pelo gris, explicaba a la imagen de la Virgen el caso lastimoso de su hijo; y que la Virgen lo estaba oyendo todo era tan

**Las iglesias de Inglaterra, por muy católicas que sean,
no dan la impresión de lugares habitados por santos y santas,
como lo son las iglesias del sur de Europa.** (Catedral de Toledo.)

evidente para aquella mujer que algo de su fe tuvo por fuerza que elevarse de la piedra de la imagen al espíritu que representaba.

Una golondrina no hace el verano. Pero un acto de fe no es una golondrina. Lo que para nosotros es inaccesible puede no serlo para aquellos en quienes anima la fe. De todos modos, para los creyentes de nuestros países, la idea de que no se puede ni debe rezar a las imágenes porque ni ven ni oyen, no vale, diga lo que quiera el primer mandamiento.

Y ésta es una observación que no por surgir de pasada cabe dejar caer así como así, sin dedicarle el comentario que exige. El cual se aplica a todos los diez mandamientos. El católico español los toma y hace suyos por venir de donde vienen: son la ley de Dios, y no hay más que hablar. Amigo incondicional de Dios. Él manda, y adelante. Pero, cuidado, el católico español... ¿qué? ¿Reservas? No. Claro que no. Incondicional he dicho. Me entrego sin condiciones a lo que mande Dios. «Entonces ¿qué?» Pues mire usted, la vida es muy larga y muy ancha y muy honda; y en cada momento, yo... bueno, no faltaré a la ley de Dios, eso jamás, pero haré lo que me parezca justo, *diga lo que quiera el mandamiento de tanda.*

Ésta es la buena. No nos andemos por las ramas. Éste es el modo como suceden las cosas. Las cuales son todas sorpresas. Todo sucede por sorpresa. Y si en un momento, con una mano en la llave y la otra en el botijo, los ojos en la mujer y el pecho en la cuenta del casero, hay que ponerse a pensar en ese maldito mandamiento... vamos es que... suerte que tiene él, que si no... en fin que no hay mandamiento que valga.

¿Se imagina alguien al cura yendo a explicar a la mujer del torero que es inútil rezarle a San Antonio porque las imágenes ni ven ni oyen?[1] ¿Y qué le pasaría al cura antiimaginista si predicase una homilía antipilarista en Zaragoza? Así, pues, el catecismo es la ley de Dios y, en España al menos, boca abajo todo el mundo; pero conviene a todos, a comenzar por los ministros del Culto, aplicarlo con suma prudencia y tacto.

Dos rasgos de la vera esencia de lo español van implícitos en la adoración de las imágenes: la índole plástica, volumen y color, de nuestra imaginación; y la índole dramática de nuestra vida. Decir que «los ángeles tienen libre albedrío, razón y entendimiento, pero no cuerpo», será bueno para católicos ingleses; pero para los católicos españoles, es sencillamente matarlos, a los ángeles, digo; y no ya matarlos, sino enterrarlos, es explicarles todavía a los españoles que los ángeles se dividen en nueve órdenes o coros que son los serafines, los querubines y los tronos; las dominaciones, los principados y los poderes, y las virtudes, los arcángeles y los ángeles; porque el español más católico de los treinta y cuatro

1. A lo mejor esta mujer es una sueca más ducha en Bolsa que en Biblia, pero eso sólo se da entre espadas con su arrastre de oros, mientras que los bastos y copas siguen fieles a lo tradicional.

millones que hay en España ya se ha dormido en cuanto ese tren de categorías ha pasado la de los querubines. Afortunadamente, porque si se entera de que después hay tronos, habría que ver la que se armaría entre católicos republicanos porque les da la real gana y católicos monárquicos porque a ellos no los manda ni el mismo Autor de los mandamientos.

Lo que los nuestros quieren no es renglones de categorías sino un San Rafael como un sol o un San Miguel matando al diablo de un garrochazo o un Santiago matando moros con lanza, algo a la vez, no sólo de volumen, peso y color, sino también representación de un momento dramático.

Ahora bien, el cristiano evangélico puro aparta los ojos de la imagen para clavarlos en la idea; pero el español, como el italiano y el griego, prefieren la imagen porque está viva. Y cuando le vienen a decir que ni oye ni ve, se encoge de hombros y piensa: «Eso será para usted, pero no para mí.»

Claro que no me voy a meter en ninguno de esos recónditos laberintos que sólo de pasada me he atrevido a apuntar; y menos aún en el que me queda por recordar, que es el que también condena el catecismo inglés con estas palabras:

El primer mandamiento prohíbe todo trato con el diablo y prácticas supersticiosas como la de consultas a espiritistas y echadores de buenaventura o poner confianza en hechizos, presagios, sueños y otros tales disparates.

No faltarán, antes sobrarán, españoles que no podrán leer el párrafo citado sin exclamar: «¡Lagarto, lagarto!» Porque si vamos a contar entre los treinta y cuatro millones los que creen en Dios y los que creen en el diablo, honradamente pienso que allá se irían, como ocurre con tantas elecciones de esas que llaman democráticas, donde sale elegido el candidato que aventaje al otro por media docena de votos. Aparte de que nuestro muy católico y apostólico pueblo es precisamente el que dio de sí el refrán famoso «hágase el milagro y hágalo el diablo»; decisión (pues lo es) que revela la total independencia de toda ética abstracta o general en que vive el pueblo español.

«El milagro» de este refrán es algo muy sencillo y claro: aquello que el que habla desea más en el momento que habla. Esto es el milagro. Y con tal que se realice, el que habla expresa su total indiferencia con la causa que lo ha vertido al río de lo que hay, y *por lo tanto sobre sus efectos*. Esto está más claro que el agua y es inútil darle explicación alguna. No quiere precisamente decir que el español sea indiferente a toda ética; sino que en el momento dado considera su propia ética local y personal como más urgente e importante que la ética universal. Volvemos, pues, a toparnos, aunque en otra bocacalle, con aquel que dijo: «diga lo que diga el mandamiento correspondiente de la ley de Dios».

A primera vista, parece como que el primer personaje histórico que osara poner en práctica el tan osado refrán fuera precisamente Judas. Pero el marqués de la Villa de San Andrés, en su famosa carta a su sobrina[2] ha demostrado magistralmente que no hubo tal cosa, antes al contrario, exonera a Judas de toda responsabilidad en su aparente venta de Jesucristo, que ha explicado como un acto de fe no poco emocionante. Helo aquí todo expuesto tal y como lo hallará el lector en tan benemérito libro:

Colerico un Soldado, por haver oido un Jueves Santo, mas que Ministros del dia, oprovios a el Predicador de Judas, salió del Templo, y deseoso de encontrarle para quitarle mil vidas, esgrimía la lengua, y metía mano a la espada; a cuyo Christiano ardor se le aparece el demonio, y le promete poner a Judas delante. Aceptó el Soldado, y llevandolo por callejones obscuros, y por calles aun menos que las de Madrid asquerosas, logró verlo en conclusión, a quien calando la Mayoneta, se le arroja con resolución de hacerlo mil pedazos. Pero Judas, con mas fatigas le dice: Atiendame usted, señor Soldado, y si no tengo razon hará despues lo que quisiera de mí. Pues qué tienes (le responde) perro aleve que decir? Espera, que te he de hacer picadillo las entrañas. Sossegaron a el Soldado, los oyentes, y tranquilo, le dice Judas assi: «Yo, señor Sargento, era Comprador en la casa de mi Maestro, en tiempo que no eramos de mesa mas que doce, creció la familia mucho, y el dinero era tan poco, que no me alcanzaba a el gasto. En este estado, pobre yo, mi Maestro manirroto, y que debíamos hacer una magnifica Cena sin tener quarto, ni blanca, me dicen unos Judíos: que me darían treinta monedas si les decía qual mi Maestro, era de aquellos? A la verdad yo no los penetré la intención. Mas aunque no la juzgué buena, reflexionando, que mi Maestro se passeaba por el Mar como qualquiera en su casa; que atravesaba a paredes, como hace el Sol por los vidrios: que se iba a el monte, y se venía sin hacer ruido, ni falta: que se figura, y transfigura como le da gusto, y gana: que del agua hace vino, y de cinco peces, comida para muchas almas, sin otras cosas infinitas a este modo, hice conmigo esta quenta. Tomemos estas mandas, que quando mas turbio salga, mi Maestro hará de las suyas, ellos quedarán burlados, y remediados nosotros. Pero llegando la hora, y señalandolo yo, con la boca, lo agarraron; dexabase ama-

2. «CARTA / DEL MARQUES DE LA VILLA / DE S. ANDRES, / Y VIZCONDE DE BUEN PASSO, / respondiendo à un Amigo suyo / lo que siente de la Corte / de Madrid. / DEDICADA / A LA MUY ILUSTRE / SEÑORA DOÑA MARIA THERESA VELEZ DEL HOYO / Y SOTOMAYOR / Y DADA A LUZ / POR EL M. R. P. FR. GONZALO / Gonzalez de San Gonzalo, Lector / Jubilado, y Padre más antiguo en la / Provincia de San Joseph en el / Reyno del Perú.»

¿Qué le pasaría al cura antiimaginista si predicase una homilía antipilarista en Zaragoza?

Decir que «los ángeles tienen libre albedrío, razón y entendimiento, pero no cuerpo», será bueno para católicos ingleses; pero para los católicos españoles, es sencillamente matarlos, a los ángeles, digo.
(«El Ángel de la Guarda», siglo XIV.)

rrar como un cordero, y yo a mi sayo decía: Señor, a qué aguarda este hombre! alguna les quiere hacer de las no vistas, ni oídas. Querrá quizás, como Salomón, burlarse a el mejor del tiempo? O querrá, como David, derribar estos Gigantes? Mas viendo que lo llevaban sin que nada de mi juicio aconteciera, y que toda mi cuenta salió herrada, me salí a fuera contrito; y en vez de llorar mi engaño, y mantener mi sentimiento, fui a una Encina, y me colgué: o sin juicio, porque a golpes de mi dolor lo perdí, o por otros altos juicios. Estos pocos reales me quedaron, aquilos tiene usted para un par de pollas, y dexeme por su vida, que hartos trabajos me siguen.»

Cuando echamos la vista atrás y contemplamos los peligros mortales que hemos corrido sólo por citar y comentar el texto que del primer mandamiento da el catecismo inglés, no podemos menos de admirar la sabiduría de la Iglesia española, que en su catecismo cita este primer mandamiento en forma lapidaria, pura de todo residuo hebreo o adherencia protestante: *Amar a Dios sobre todas las cosas* y sanseacabó. Tan lapidaria es, que en su breve enunciado establece la base de los otros nueve. Bórrese el primero y todos los demás caen por vaciarse de sentido. Porque este primer mandamiento no sólo afirma que Dios existe, sino que lo da como un hecho antes de obligarnos a amarlo.

Lo da además como Dios único. Al caer las viejas adherencias de su pasado hebraico, Dios queda, no sólo como única deidad sin rivales, sino como único espíritu. Amar a Dios sobre todas las cosas quiere decir que en la Creación no hay más que Dios y las cosas; es decir, que todo lo que no es Dios es algo que Dios creó.

De este modo, cabe decir que el primer mandamiento crea a Dios; que la Creación no es una conclusión a la que se llega discutiendo, sino una afirmación segura de sí misma. ¿Quién afirma? El hombre. ¿Sobre qué? Sobre Dios. En esto veo o vislumbro uno de los puntos esenciales sobre el cual fundar una teología moderna; por confuso que siga siendo todavía a causa de la tendencia de los filósofos y teólogos de la antigüedad a ver en Dios el creador del hombre ya en la primera y no en la segunda etapa de las relaciones entre Dios y el hombre, error que ahondan aún más todavía afanándose en imponer desde arriba la existencia de Dios a fuerza de argumentos y de sutilezas.

Un agudo escritor francés ha demostrado hasta qué punto todo este apuntalar verbal y argumentativo de la deidad se sostiene gracias a ciertas modalidades peculiares de la gramática griega, sobre todo su tendencia a hacer de verbos sustantivos; de modo que *ser* (yo soy, tú eres...) se transfigura en EL SER. De esta manera, el campo del pensamiento se transforma en una galería de conceptos que se las echan de objetos y aun de personas concretas, una de las cuales se eleva sobre las demás como EL SER SUPREMO.[3]

Pero no es así como nació Dios en el alma del hombre. No nació en el cerebro del hombre sino en su corazón; y una de las emociones que lo crearon fue el miedo, un como temor empapado en reverencia (lo que los ingleses llaman *awe*). Tempestades, truenos, relámpagos, inundaciones, terremotos, catástrofes, la muerte... en una palabra, terminaron por estampar en el alma del hombre la convicción de la existencia de una voluntad tremebunda. Entretanto, el misterio de la vida, la mujer embarazada, el niño, las simientes, las flores y las cosechas, hicieron desbordar de gozo el alma del hombre tan trabajada por las catástrofes, llenándole de admiración para el Padre de la vida. ¿Y si ahora, se decían, resultara ser el mismo? ¿El de las cosechas el mismo de las catástrofes? Por este camino iba la fe del hombre cuando descubrió a Dios; el Cual, no más descubierto, se reveló como el Creador de todas las cosas. Apenas si cabe vislumbrar vínculo alguno entre este proceso natural de crear a Dios y el problema intelectual de Su existencia tal y como lo definieron y discutieron las ilustres mentes que de él se han ocupado per sécula seculórum. Fue experiencia, no teoría; forma de vida espontánea, no sistema; estado de ánimo, no palabra ni frase, ni lenguaje que cabe discutir, aceptar o rechazar.

Dios lleva veinte siglos actuando como la fuerza más potente en el occidente humano, y este hecho capital no se debe ni a Aristóteles ni a Santo Tomás de Aquino ni a la combinación de estos dos preclaros intelectos. Tampoco creo que se deba a que la idea del Ser Supremo o la de la Causa Primera se haya ido infiltrando del ápice del intelecto europeo hasta las aldeas más remotas. Más probable parece que la verdadera causa haya sido que la fe en el Señor de Truenos y Relámpagos y en el Padre universal de la vida se fue elevando de todas las aldeas de Europa hasta el vértice del intelecto europeo para florecer en bellas teorías o marchitarse y morir en los glaciares de la mente.

Tampoco ha sido la experiencia de un padre humano y gruñón, severo y temido en su casa, la causa que hizo germinar en los hombres la simiente de Dios; sino que, por el contrario, fue la experiencia de un maravilloso Señor de Truenos y Terremotos y de un fecundo y generoso Padre de la vida lo que permitió al *paterfamilias* rebarbativo erigirse en monarca absoluto dentro de su hogar; de modo que hogares, tribus, ciudades y naciones pudieron irse organizando gracias a las últimas ondas de amortemor de Dios que emanaban del Señor de la Creación.

El primer mandamiento comienza a resquebrajarse precisamente a causa de las explicaciones que de él se daban, con la revolución científica

---

3. *La metaphysique et le langage*, Louis Rougier, París, 1973.

del siglo XVI. Ese período, tan fértil en la historia humana, llevó a cabo una depuración de la fe en Dios podando la espesa vegetación de creencias ingenuas que la asfixiaban; pero, a veces, se realizaba este proceso con tal vigor que poco menos que terminaba por matar la fe que profesaba proteger. El éxito prodigioso de la ciencia aplicada hizo además que muchos seres de elección perdiesen todo acceso a lo divino. El hombre común y corriente de nuestros días no es ya casi nunca propicio ni a intentar ponerse en ese contacto espontáneo, impensado, con el Creador que sus antepasados hallaban tan inefablemente natural. La mayoría hoy se siente más bien propensa a la indiferencia con la idea que expresa el primer mandamiento: *amar a Dios sobre todas las cosas*. A esta orden, se le alzarían en el alma dos dudas: ¿existe Dios? y, si existe, ¿por qué amarle?

¿Existe Dios? La mayoría de los modernos contestaría que no. Por errónea que sea —por lo menos para mí, lo es y mucho— ésa es la actitud que el hombre instruido de hoy suele tomar, a ella inducido por los progresos de la ciencia. Varias son las causas de este error. La creencia en Dios ha sido institucionalizada durante los siglos por la Iglesia, la cual ha ido adoptando e imponiendo ideas tan ingenuas como absurdas sobre la estructura del universo, brotadas las más del fértil cerebro de Aristóteles. Cuando estas ideas resultaron falsas a la luz de la ciencia moderna, muchos, quizá los más, tiraron la soga tras el caldero y a Dios tras las esferas y los epiciclos.

Luego llegó la hora del orgullo, y aun de la vanidad de tantos espíritus racionalistas del siglo XIX, maravillados por el progreso científico. Los físicos de hoy en día son mucho más modestos y nada ufanos del estado actual de su ciencia; nada produce menos impresión de certidumbre y exactitud que la física moderna; mientras que los biólogos revelan, o por lo menos manifiestan, mucho más aplomo. ¿Por qué? Quizá porque la física se ocupa de los huesos del universo, que son los números; mientras que la biología estudia la carne del universo, lo que deja amplia margen a la imaginación y al error. Además, la física se halla en una fase más avanzada de su evolución, por lo que ha podido purgarse de toda ilusión de omnisciencia; mientras que la biología sigue en retaguardia, todavía en ingenua admiración de sí misma. Por otra parte, la vida es mucho más complicada y misteriosa que la materia, y los científicos de vía estrecha temen el misterio. Finalmente, queda otra causa, quizá hoy por hoy la más fuerte de todas: que la biología, reducida a la mecánica, se adapta mejor al marxismo que toda forma de actitud vitalista.

La concepción vitalista del universo destruye el determinismo, concepto dilecto de los filósofos científicos de hoy. Una vez abordé el tema

De modo que Einstein le devolvía
el saludo a Francis Bacon:
«Poco conocimiento echa a los dioses;
más conocimiento los vuelve a traer.»

en conversación con Einstein. Me sorprendió sobremanera su seguridad absoluta de que el determinismo, aunque hoy en duda en el mundo de la ciencia, volvería a regir el pensamiento cuando nuestro conocimiento fuera mayor y mejor. De modo que Einstein le devolvía el saludo a Francis Bacon: «Poco conocimiento echa a los dioses; más conocimiento los vuelve a traer.»

Por extraño que parezca, esta sed de explicación mecánica del universo puede muy bien deberse al mismo absolutismo de que suele adolecer el pensamiento científico. «Si mis leyes científicas no van a aplicarse de modo absoluto, no merecen formularse.» Esta actitud apriorística se expresa, por ejemplo, en el prejuicio que manifiesta el cientificismo en favor del segundo principio de la termodinámica. Para nuestro propósito bastará con darle aquí su descripción más somera. Dice esta ley natural que todo tiende hacia una completa nivelación física: las montañas se van rebajando por las intemperies; los mares rellenando; lo caliente se enfría; lo frío se calienta, hasta que todo será un día perfecta igualdad, perfecta muerte. Así es en efecto en cuanto al mundo mineral. Pero la ley natural de la vida es la inversa. Todo tiende hacia mayor desigualdad, diferenciación, individualidad, y lo que empezó como una ameba microscópica va a dar a las alturas de la civilización, a la *Novena sinfonía,* a Leonardo, a Shakespeare. Esto es evidente. Y, sin embargo, no hay apenas hombre de ciencia que no se empeñe en aplicar este principio a los fenómenos vitales, con los que no tiene nada que ver.

La onda casi universal de ateísmo que se observa hoy en todo el mundo surge del determinismo y del absolutismo intelectual de casi todos los científicos; y de ellos ha ido a cubrir con su opacidad a casi todo el mundo consciente. Obsérvese la paradoja a que da lugar: el ateísmo prospera porque se adapta al marxismo, el cual, a su vez, prospera por ser un credo burgués. Si reducimos nuestra sociedad moderna a su estructura esencial, podremos sentar sin gran riesgo de error que el campesino vive en el «era», el obrero en el «es», el burgués en el «debe ser» y los guías en el «será». La filosofía, la *Weltanschauung,* la doctrina, cosas burguesas. Marx era un burgués que sólo abrigaba ideas librescas sobre los obreros; Engels, otro burgués, como lo suelen ser nueve de cada diez dirigentes marxistas. El obrero de verdad no suele ser antiburgués. No puede serlo, puesto que su ambición consiste precisamente en hacer vida de burgués. Esto se ve en su estilo de vida (atuendo, viajes, vacaciones, coche). Hasta sus barbas lo declaran. Desde las populosas de Marx y de Engels, se van aburguesando; Lenin ya sólo ostenta una *barbiche* de francmasón francés, Stalin se contenta con unos bigotes más bien poblados; pero Jruschov y Brézhnev van rasurados como *gentlemen* de la *city* de Londres o de la de Nueva York. Las teorías, consignas y turbulencias antiburguesas son obra de dirigentes «obreros» que son burgueses o de su progenie intelectualizada (o sea, aburguesada); pero el obrero admira y respeta a la burguesía, que aspira a suplantar.

Estas contradicciones, lejos de perjudicar al marxismo, lo estimulan. Lo cual repercute en pro del ateísmo. Pero el ateísmo es un error colosal. ¿Por qué? Sería ameno y agradable en extremo dilucidarlo aquí, pero ello nos desviaría de nuestro propósito.[4] Bastará decir aquí que el universo, y en particular lo que hay de vida en él, presupone un plan preconcebido sin el cual no ya el universo sino el más diminuto insecto de él cesa de tener sentido. Pero si hay plan, hay quien lo concibió. Concebir es cosa del intelecto; y no pasivo, sino activo; con actividad tal que revela intención e iniciativa. Estas tres íes, Inteligencia-Intención-Iniciativa, son las tres cariátides de la Deidad.

El mundo vivo no puede ni siquiera concebirse sino como la ejecución de un proyecto que le es anterior. Los ojos y los oídos no han podido crecer al azar como lo que son: obras maestras de televisión y teleaudición. La inteligencia implícita en una mosca es infinitamente más profunda y sutil que la de la mosca: la inteligencia implícita en el cerebro de un hombre, aun dormido, es infinitamente más profunda y sutil que la del hombre más genial aun despierto. Si nuestros antepasados, en busca de pruebas de la existencia de Dios, en vez de consultar la filosofía y la astronomía, hubieran observado una mosca o un gorrión, la prueba de la existencia de Dios les hubiera saltado a los ojos.

Nuestra conclusión será, pues, que Dios es, pero que la mayoría de los hombres conscientes en la mayoría de los países, sobre todo de los más avanzados, no lo cree.

Leemos el primer mandamiento «amarás a Dios sobre todas las cosas» y al instante surgen en nuestro ánimo dos dificultades: un ateísmo general y, en el sector creyente, cierta frialdad. Así, pues, el amor que se nos pide se queda o sin objeto o sin sujeto. Si no hay Dios, ¿a quién voy a amar? Si lo hay, ¿por qué he de amarle? Y no nos forjemos ilusiones: este segundo aspecto se revela todavía más arduo que el primero.

El eclipse de Dios no es total. Ni mucho menos. Ni siquiera entre los ateos, que pueden ser y probablemente son minoría, aunque más audible que la mayoría creyente. Además, en España, los ateos son, claro está, creyentes como los demás, si no más: creyentes en la religión atea. Esta minoría, pues, aun cuando no piensen en ello, puede seguir en contacto con ese Dios en el que no creen, aunque sólo sea por cierto automatismo del lenguaje.

Daré dos ejemplos. Los ateos, si son corteses, y lo suelen ser, dan las

---

4. V. mi libro *Retrato de un hombre de pie*.

buenas noches y los buenos días y las buenas tardes. Pero en Europa lo general es decir *bon jour, bon soir, bonne nuit* y así en todas partes, siempre en singular. El plural español es religioso: buenas noches *nos dé Dios*. Los ateos españoles siguen, pues, bañados en deísmo ambiente. Y tanto más denso es de lo que se imaginan, que, en los primeros tiempos de la guerra civil, cuando estaba prohibido decir *adiós* y había que decir *salud*, bajaban hacia Barcelona, desde Port-Bou, dos anarquistas en un coche y por cada pueblo que pasaban había gentes que les decían «¡Adiós!» Uno se cargó de tanta invocación al Hacedor, sacó el revólver y exclamó: «Al primero que me diga ¡adiós!...» Quiso la suerte, que es a veces de la misma piel del diablo, que el primer conocido que los divisó los saludara con un correcto «¡Salud!» y el fiero ateo, alzando los brazos, el derecho con su revólver, exclamó: «¡Gracias a Dios!»

¿Quién sabe, pues, lo que pasa en esos veinte o treinta millones de templos cerrados que son los cuerpos de los españoles y si hay procesión o no en sus oscuras naves impenetrables? Lo más probable es que España no sea precisamente de lo más ateo que cabe hallar hoy en el mundo. Sin embargo, en general, puede decirse que en las naciones euroamericanas, incluso España, la opinión más leída, si no la más culta, se orienta de modo negativo hacia cualquier forma de entidad trascendental o de espíritu en el orden natural universal.

Cuando, así las cosas, se plantee el problema en términos de amor, el hombre moderno, empapado en sociología, tendrá primero que vadear una laguna de ideas y de vivencias sociopolíticas antes de llegar no ya a la esencia, sino a las lindes de la cuestión. Su primer barrera será la inversa de la que expresa el sabio decir de Vinet: «No me buscarías si no me hubieras encontrado ya.» La generación nueva de hoy no encuentra a Dios porque no lo ha encontrado todavía. Las anteriores no tenían que buscarlo porque se lo daban ya revelado en la cuna. Dios era un ser social, nacional, tribal, sin perjuicio de Su universalidad, porque como universal lo comunicaba a los recién llegados el río local del saber. No hay nada —o muy poco— que incite, a los que ahora llegan de la nada al ser, a buscar al Creador que los hizo tanto a ellos como a su circunstancia. ¿Cómo van a pensar en amarlo? Para ellos, Dios no existe.

Pero demos de barato que se hallen propensos a entrar por ese sendero. ¿Adónde los llevaría? Las generaciones actuales piensan sociológicamente. Lo que sueñan es la justicia social. Asombrados se quedarían, quizá, si les dijeran que su ardor por la justicia social es la forma que en ellos adopta el amor de Dios; y que lo que les molesta y preocupa es no sólo la vergüenza que sienten de su propio bienestar sino la duda de que el Dios que han de amar sea perfecto.

Si la actitud moral-mental a que han ido a parar les hace imposible ver en Dios un ser inexistente o injusto, como Iván Karamazov, «le de-

Marx era un burgués que sólo abrigaba ideas librescas sobre los obreros; Engels, otro burgués, como lo suelen ser nueve de cada diez dirigentes marxistas.

vuelven a Dios la entrada». No vendrán a ocupar su butaca el día del estreno de la función predestinada. En otros tiempos —por ejemplo, en los de Dostoievski— le habrían echado en cara a veces a la Deidad el haber creado el alma humana tan torpe y tortuosa; pero en nuestros días, cuando Marx les ha hecho volver la cabeza de un tirón brutal hacia los males de este mundo, que no del otro, lo que le gritan a la Deidad es el catálogo de las injusticias que ven en la «distribución» de la riqueza. Todavía no se han dado cuenta de que a Dios no le interesa la distribución ni la justicia.

Al fin y al cabo, lo que el primer mandamiento dice no es: *serás justo con Dios,* sino *amarás a Dios sobre todas las cosas.* La justicia no tiene nada que ver con la Deidad. Dios no la necesita y (si vale juzgar, lo que dudo) no la da a nadie. La base de la vida es una baraja de genes. Todo ser humano viene al mundo con una «mano» de cartas-genes que le ha dado Dios —a no ser que otros humanos vengan a echarlo todo a perder con química y radiaciones—. De todos modos, los que ganan esta lotería de los genes serán los afortunados, los pocos. ¿Dónde anda la justicia en todo esto? A lo mejor resulta que toda esta agitación de nuestras generaciones por la justicia social es otra forma que toma el ateísmo.

La justicia es cosa de comerciantes. Tanto la justicia como el comercio han adoptado como símbolo la balanza. Poco va de balanza a balance. La ciencia que corresponde a esta actitud es la economía política, al polo opuesto de la ciencia de Dios, que es la teología. Nuestro mundo no mueve un dedo sin analizar el movimiento en la perspectiva de la economía política; lo cual equivale a trazar la geodesia de una bahía instalando los teodolitos en un velero. Pero así es como el mundo piensa hoy o, por lo menos, piensa que piensa.

Este campo de observación no es propicio para conclusiones definidas, puesto que alude a un mundo de sucesos en el que desempeña un papel demasiado fuerte la mano arbitraria del hombre; por lo cual, todo lo que concierne a la justicia social termina por volverse más política que economía. Dostoievski se situó en terreno mucho más sólido al plantear el problema del sufrimiento de los niños. Éste es el tema que eleva el obstáculo más tenaz al primer mandamiento. Ya en 1942 lo intenté expresar en uno de mis «sonetos a la española»:

> *No cubre Tu majestad*
> *el misterio de la pena;*
> *cáncer que al alma serena*
> *roe la serenidad.*
>
> *Omnipotencia o bondad*
> *tal misterio en Ti condena:*

y así, Señor, Te encadena
a la pobre humanidad.

El hombre que en Tu grandeza
creyó salvar su flaqueza,
baja en silencio la frente,

sintiéndose en Ti humillado
al ver llorar a su lado
el dolor del inocente.

Quizá más fuerte todavía es el que evoca la tremenda ley de la Tierra, en donde la vida se nutre de muerte y aun de asesinato, en bosque, aire o mar. No conozco en toda la poesía a mi alcance nada más punzante que el hermoso poema de Blake donde el tema logra su más espléndida expresión:

Tigre, tigre, llama viva
en los bosques de la noche,
¿qué ojo inmortal o qué mano,
forjó tu fiera simetría?

¿En qué otros abismos, cielos
encendió el fuego de tus ojos?
¿Con qué alas osó alzar el vuelo?
¿Con qué mano asir el fuego?

¿Cuál fue el hombre, cuál el arte
que pudo el corazón torcerte?
Y al primer latir, ¿cuál fue
la mano fiera, el fiero pie?

¿Cuál fue el martillo, la cadena?
¿En qué horno, la mollera?
¿Cuál el yunque? ¿Con qué mano
asir pudo horror tamaño?

Las estrellas tiraron sus lanzas,
regando el cielo con sus lágrimas.
¿Sonrió él entonces al ver su obra ante sí?
¿Fue el que hizo el cordero el que te hizo a ti?

Tigre, tigre, llama viva
en los bosques de la noche,
¿qué ojo inmortal o qué mano,
forjó tu fiera simetría?

No cabe prueba más elocuente de la obsesión economística que padece nuestro siglo que el hecho de que esta cuestión, incomparablemente más grave y profunda, deje indiferentes a tantos seres que trepidan de indignación ante tal o cual problema de «distribución de la riqueza». Pero la posición es clara. Aunque nuestros coetáneos se sacudieran sus prejuicios economísticos y se avinieran a ver el mundo como es, les sería muy difícil amar a Dios a sabiendas de que dispuso Su Creación de modo tal que todo ser vivo ha de vivir en el terror cotidiano de que lo asesine para comer otra criatura de Dios.

La conclusión aquí es, pues, todavía más ardua y más árida: o no existe Dios y los ateos aciertan, o Dios es incapaz de expulsar el terror de Su Creación, o concibió Su Creación como un sistema precisamente construido sobre el terror.

Bien osado será quien escoja entre estas alternativas. En la realidad muy pocos escogen puesto que nadie los reta a que lo hagan. Para los más de los seres humanos, el tema permanece envuelto en una bruma o niebla en la que se pierden las mentes investigadoras tanto que ni se dan cuenta de haberse perdido; y puesto que a quien se le niega la existencia o se le ignora y vuelve la espalda o se le repudia como injusto y cruel, es a Dios, que es el objeto del primer mandamiento, este mandamiento apenas si rige.

Amar a Dios evoca el Amado (Dios), el amador (el ser humano), y el amor. Que es, al fin y al cabo, de lo que se trata. Ahora bien, el amor no es cosa tan fácil. Imitarlo, «hacerlo», aprovecharlo, falsificarlo, todo es posible (aunque tampoco de lo más fácil); pero vivir el amor... Hace pensar en aquellos versos de Victor Hugo sobre la dicha:

Le bonheur, ami, est chose grave.
Il veut des coeurs de bronze, et lentement s'y grave.

El amor es una relación espontánea cuyo primer movimiento parece ser un deseo de abrazar. El abrazo es la forma instintiva y prístina que toma el amor. Sucede que en la unión sensual que no tarda en anhelar el amante, el abrazo es parte del equilibrio corporal de los dos amantes uni-

O no existe Dios y los ateos aciertan,
o Dios es incapaz de expulsar el terror
de Su Creación; o concibió Su Creación
como un sistema precisamente construido
sobre el terror. (Escena que representa
«El pecado original», tabla izquierda
del tríptico «El carro de heno», de El Bosco.)

«El hombre que en Tu grandeza
creyó salvar su flaqueza,
baja en silencio la frente,
sintiéndose en Ti humillado
al ver llorar a su lado
el dolor del inocente.»

dos. Así, desde el principio, nos tropezamos con dos de los obstáculos más tercos que se oponen al amor de Dios: la incorporeidad de Dios y la desproporción de las escalas.

No vale rechazarlos alegando que aquí se trata de un amor espiritual, eminentemente apto para un Dios incorpóreo; porque de lo que le estamos hablando al ser humano es de amor, y el amor tal y como lo conocemos es corpóreo. Sí, los místicos. Pero ¿qué dicen los místicos? ¿Qué dice San Juan de la Cruz que no dijera antes Fray Luis de León inspirado por Garcilaso? Francisco García Lorca ha escrito un estudio fascinante de esta peregrinación del amor de la amada humana al Amado divino; y quien lea a Santa Teresa de Ávila con atención sabrá que en ella el Amante divino es netamente masculino. En cuanto al *Amante Divino* de San Juan, tema delicado si los hay... recordemos:

> *Mira que la dolencia*
> *de amor, que no se cura*
> *sino con la presencia y la figura.*

Y citemos lugares de su obra poética en los que las emociones no se elevan por encima de lo humano:

CANCIÓN XXII

> *Entrádose a la Esposa*
> *En el ameno huerto deseado*
> *Y a su sabor reposa,*
> *El cuello reclinado*
> *Sobre los dulces braços del Amado*

CANCIÓN XXIII

> *Debaxo del mançano*
> *Allí conmigo fuiste desposada*
> *Allí te di lamano,*
> *Y fuiste reparada*
> *Donde tu madre fuera violada.*

CANCIÓN XXVI

> *En la interior bodega*
> *De mi Amado bebí, y quando salía*

Por toda aquesta vega
Ya cosa no sabía
Y el ganado perdí que antes seguía

CANCIÓN XXVII

Allí me dio su pecho,
Allí me enseñó ciencia muy sabrosa,
Y yo le di de hecho
A mí sin dexar cosa,
Allí le prometí de ser su esposa.

CANCIÓN XXX

De flores y esmeraldas,
En las frescas mañanas escogidas,
Haremos las guirnaldas,
En tu amor floridas
Y en un cabello mío entretexidas.

CANCIÓN XXXI

En sólo aquel cabello
Que en mi cuello volar consideraste,
Mirástele en mi cuello:
Y en él preso quedaste,
Y en uno de mis ojos te llagaste

Hay que abordar estos temas con la sinceridad más diáfana. La mística del amor de Dios tiende a expresarse en formas de amor carnal; y aun cuando nos parece lograr un nivel espiritual, llega a él por lo carnal y no a la inversa. En nuestra era, muy exigente en cuanto a la verdad, esta predisposición de la mística a expresarse en términos sensuales constituye grave obstáculo para que rija en toda su plenitud el hermoso primer mandamiento.

Pero con ser delicado y difícil este primer obstáculo, más ancho, más imponente es el segundo. Hay que contemplar a la pobre criatura humana presa en su diminuta cárcel de espacio-tiempo-temperatura, con su pobrecita vida encerrada en cien ciclos solares y cien grados de temperatura, meditando sobre el Creador, cuyo ser impensable abarca todo el universo y todo el espacio en una abrumadora síntesis que, en cada instante, aspira y expira todo el pasado-presente-porvenir y todas las galaxias, con todos los sucesos de toda suerte que en ellos han ocurrido, ocurren y ocurrirán.

Grande, ¿no? Pues aún queda mucho por contemplar. Porque este Ser, que lo es todo, y que sin duda ha creado el universo, contiene en sí, todavía por crear, otros universos, y, aún más misterioso, otros aspectos no revelados de éste, que creemos conocer. Dios, que hizo esta maravilla de color y sonido, y luego a seres como Leonardo o Beethoven, que la hicieron cantar de modo que sería increíble si no fuera cierto, pudo haber revelado otros aspectos parejos al sonido y al color, que ni imaginar podemos. Hay que imaginar este Ser inmenso en todas sus dimensiones impensables, dilatado hasta las impensables fronteras de Su propia infinita creación; y situarlo luego como objeto de amor del pobre ser humano, el cual, pese a los nobles esfuerzos de Pascal, sigue siendo un junco miserable, por mucho que se alce hasta dar la flor de su engreído pensamiento. ¿Cómo unir, aun en amor, tanta pequeñez con tanta inmensidad?

Las cosas de la vida no son jamás sencillas, sino muy envueltas y sutiles; de modo que no basta matar a Dios (o creer que se le ha dado muerte) para reducir el primer mandamiento al paro forzoso.

Sucede en efecto que, mientras para los cuerpos, ya muertos, ya vivos, exige la estabilidad que su centro de gravedad se halle dentro del cuerpo, de modo que su vertical caiga dentro de la base, para las almas, la ley es contraria puesto que exige que su centro de gravedad se halle fuera del ámbito del alma. La búsqueda, el anhelo al que damos el nombre de amor es el modo como labora esta curiosa ley de la gravedad de las almas humanas. Todas han menester de *otro* ser a quien dedicar abnegación —aun aquellas al parecer menos dotadas para la abnegación y más para el dominio de otro u otros seres—. Éstos son los casos más sutiles, en los que más difícil es dilucidar quién necesita a quién. Para todo este curioso aspecto del alma humana, es de gran enseñanza el caso del perro, el más humanado de los animales, cuyo anhelo de compañía humana es emocionante.

Así, pues, poco importa, por ahora, que neguemos, descreamos, desconfiemos o condenemos cuando de Dios se trata: el caso es que anhelamos a Dios y nos agobia el vacío que se abre en Su lugar si Lo rechazamos; tanto que pudiera muy bien resultar que, en el fondo, cumplen el primer mandamiento los que lo niegan casi tanto como los que lo afirman.

Del amor de Dios vienen todas las «causas» por las que las gentes viven y mueren. Patriotismo, revolución, tradición, progreso, reforma, feminismo, paternalismo, poder negro, racismo, antirracionalismo, socia-

En la unión sensual que no tarda en anhelar el amante, el abrazo es parte del equilibrio corporal de los dos amantes unidos. («El beso», de Rodin.)

lismo, anarquismo, capitalismo, todos los ismos aun los más abominables. Todos responden al anhelo que el alma humana siente de buscar su estabilidad fuera de sí misma. Mal le ha de ir al desdichado que no oiga esa voz interior que le dice: «Salte de tu mezquino ser», modo más fácil y humilde de decir: «Ama a Dios sobre todas las cosas.» Tal era el pobre Hamlet, el que Shakespeare creó; el cual murió estéril por no haberse aventurado jamás a salir de los linderos de su alma. Así que uno de los rasgos más notables de nuestra época es que, aún dos generaciones después de que Nietzsche proclamase la muerte de Dios, la inmensa mayoría de nosotros, que casi se lo oímos, sigue buscándolo en los lugares más raros —secuestrando aeroplanos, robando banqueros, asaltando el poder, haciendo fortuna, jugándosela al tapete verde, escribiendo un ensayo sobre el primer mandamiento...

Es muy posible que esta dispersión y desorientación del esfuerzo humano haya sido el mal que el primer mandamiento se proponía evitar. A tal fin, era indispensable tender al alma hacia un fin allende y encima de sí de modo indiscutible, allende y encima, pues, de todas las cosas. De aquí la forma absoluta del precepto «amarás a Dios sobre todas las cosas». Se lograba la unidad por elevación del propósito hasta lo más alto, lo más puro, lo incorruptible. Volvemos al duque de Gandía, que se eleva a San Francisco de Borja al contemplar el cadáver de la que había sido la hermosísima emperatriz Isabel: «Jamás volveré a servir a señor que se me puede pudrir.»

Pero ¡ay! que la podredumbre no está en lo anhelado sino en quien anhela. Precisamente entonces, cuando Francisco de Borja pasaba de duque a santo, estaban naciendo en Europa los nuevos dioses que iban a arrastrar a los europeos al culto más anticristiano y más antisocrático que ha padecido y sigue padeciendo nuestro continente. Estos dioses tomaron forma femenina, cosa en sí muy digna de notar. Se llamaron España, Francia, Inglaterra y avasallaron el alma de los cristianos de modo tan irresistible que la Iglesia de Cristo tuvo que tolerar en su favor un eclipse del primer mandamiento, eclipse que todavía dura.

Estas diosas no cayeron en el error de los cultos modernos, tales como el liberalismo o el marxismo, que prometen el paraíso terrenal, o sea, aquí en la Tierra: sino que a sus adeptos sólo les auguraron sangre, sudor y lágrimas; y como lo que el alma humana anhelaba era aniquilarse en la entrega, España, Francia e Inglaterra lograron pronto dominar en los respectivos trozos del planeta que se habían apropiado; con lo cual, la nueva religión cundió de modo que no quedó pulgada de Europa que no se convirtiera al nacionalismo. En los países protestantes, la bandera nacional ondea en los campanarios de las iglesias. En los países católicos no ondea la bandera en los campanarios, pero sí todo lo demás, dentro.

El nuevo culto pronto crea sus ritos. Se bendicen banderas, navíos, cuarteles, aviones, cañones y bombas; se jura la bandera adelgazando el alma para que pase como pueda por el estrecho que separa, o une, al primer mandamiento con el segundo; se celebran misas militares durante las cuales se hacen a orden del cornetín todos los movimientos devocionales de la tropa, aunque no todavía los del oficiante; y finalmente se crea el mito-rito del Soldado Desconocido, que pasa a representar la víctima expiatoria del Dios nacional con supremos honores diplomáticos y militares.

Estas diosas modernas absorben en gran proporción el amor debido a Dios entre los pueblos, otrora cristianos, de Europa. La Iglesia, desde la misma época, sólo elige papas italianos (precisamente por estar Italia libre, por entonces, de todo peligro de culto nacional, que para ello no llega a cuajar hasta 1870). Los italianos son a la vez el pueblo más escéptico y el más propenso a la componenda que hay en Europa y aun en el mundo. Administrado por los papas italianos desde León X hasta Pablo VI, el primer mandamiento se adaptó a los cultos rivales de toda esta multitud de diosas modernas; y ya dispuesto a pactar, hallará modo de entenderse con el marxismo, a pesar de su ateísmo (el del marxismo). Por lo pronto ha habido un jesuita que ha encontrado a Jesucristo gracias a Marx, y ya es hazaña. Español tuvo que ser.

Si la ley natural del equilibrio de las almas les impone un salirse de sí mismas para hallar a quien darse, fuerza será reconocer que las naciones-diosas o endiosadas han desempeñado un papel primordial en la salud moral del mundo desde el siglo XVI acá. Las cosas comienzan a estropearse precisamente en nuestro siglo, y no precisamente por volver los hombres a reconocer la supremacía del amor de Dios, sino por haber bajado todavía más el nivel de su anhelo, buscando su satisfacción en la guerra de clases.

Este concepto (que se da de bofetadas con el del amor) le era necesario a Marx para justificar la existencia del mal en la sociedad. La Iglesia había resuelto el problema imaginando el principio del pecado original. Todos somos malos de nacimiento. Nadie nos puede salvar de esta maldad ingénita. Pero, con la evolución racionalista, el pecado original se nos fue quedando un poco lejos, tan lejos que el problema del mal quedaba al aire y sin explicación. Entonces llega Marx; al cual le pasaba lo que a aquel inglés —estaba yo presente y lo oí— que en la esquina de Hyde Park, junto al Arco de Mármol, se entretenía en cortarle el resuello a un orador católico que, subido a improvisada tribuna, explicaba los dogmas de la Iglesia; y como el recalcitrante aquel le negara que la Virgen hubiese sido «sin pecado concebida», le preguntó: «Pero ¿usted cree en el pecado original?», a lo que el recalcitrante respondió con un rotundo

«No». «Pues entonces, no sólo cree que la Virgen es inmaculada sino que todo el mundo, hasta usted y yo, lo somos.»

De esta opinión era Marx, y es hoy una gran masa de gente. Pese a que se ven en el espejo todos los días, creen que el mal es evitable y será evitado. Pero entonces hay que encontrar un responsable de los males evidentes que la sociedad de los hombres, ya inmaculados, tiende a crear. Y aquí del capitalista, responsable de todo, hasta del nacionalismo y de sus guerras. Para salvar el mundo, hay, pues, que hacer la guerra de clases.

Por eso Europa, que ha visto a Stalin devorar intelectuales y campesinos a millones, y a Hitler devorar millones de judíos y de gitanos, amén de alemanes liberales, hecatombes que lanzan al rostro de Marx un mentís de sangre prolongado por un mentís de hipocresía, Europa dirigida por una *élite* incapaz, se ha rendido al marxismo más vesánico y criminal, por imaginar que el hombre es perfectible y va a domesticarse en cuanto haya perecido la burguesía... a la que toda *élite,* comenzando por Marx y Engels, pertenecen.

Para ese viaje no necesitábamos alforjas. Marx se declara ateo; y su ateísmo, pasando por las religiones nacionales de toda Europa, va a dar a sacrificar las diosas europeas con todos sus adeptos al Dios más cruel y tiránico que forja Lenin manipulando el ateísmo de Marx. Esta nueva forma del primer mandamiento se extiende sobre todo en Italia, donde recluta cerca de dos millones de fieles, y en Francia, donde pasa del millón —ambos países de abolengo católico—; y los papas italianos se las arreglan para adaptarse sin darle su bendición oficial.

Claro que aspirar a conciliar el primer mandamiento, «amarás a Dios», con el ateísmo requiere no poca habilidad maniobrera y, aun así, es tarea abocada al fracaso. El mundo euroatlántico está rodeado de una atmósfera intelectual opaca donde no penetra la luz de un orden mental. A los desorientados que se consuelan con «causas» más o menos altas o bajas, de buena intención, o disparatadas o criminales, hay que añadir los que se disuelven en la noche devastadora del sexo o de la droga. Estos dos sectores deshilachados de nuestra común humanidad van buscando, a su modo, algo a que entregarse, el equilibrio de su alma fuera de sí misma, el olvido del yo. Uno de los Beatles ha hecho una película de su propio miembro viril. Los drogadizos llaman *excursiones* a sus ausencias en la droga. Todo podredumbre del amor de Dios, ya en la carne ya en la entrega de la hombría y de la femineidad a algo que parece libertad más amplia y no es más que la cárcel de la química.

Esta dispersión, desorientación, vacío, este exponerse a la corrupción, con toda la violencia que acarrea, y la tendencia a inyectar nuestra propia, efímera persona en la causa que profesamos servir, todas las limitaciones

El pobre ser humano... pese a los nobles esfuerzos de Pascal, sigue siendo un junco miserable, por mucho que se alce hasta dar la flor de su engreído pensamiento.
(Mascarilla mortuoria.)

A los desorientados que se consuelan con «causas» más o menos altas o bajas, de buena intención, o disparatadas o criminales, hay que añadir los que se disuelven en la noche devastadora del sexo o de la droga.

impuestas por nuestra carne y albedrío a la rectitud de nuestra acción: ésas son las desdichadas impurezas que el primer mandamiento parece haber estado destinado a refrenar o impedir; y el caos en que nos vamos destrozando unos a otros es la consecuencia de los obstáculos tremendos con que nos tropezamos cuando tratamos de reconciliar el Creador con la Creación tal y como la vemos.

¿Por qué?, nos preguntamos con angustia. Meditando en ello, pensamos en Beethoven: *Muss es sein?* y, como él, contestamos: *Es muss sein.*

Sí. Nos damos de bruces contra una inexorable contradicción: la criatura rechaza el criterio de bien y mal que parece prevalecer en la Creación. Dicho de otro modo: el mundo es absurdo.

Pero ¿qué esperábamos que fuera? Supongamos el problema resuelto (como dicen los matemáticos). Dios existe. Por lo tanto, el mundo revelará ciertos rasgos de orden e inteligencia que hallan en nosotros eco y acogida, puesto que el que hizo esta creación ha tenido que ser una fuente suprema de inteligencia. Pero, puesto que nosotros no somos —ni muy de lejos— esa Suprema Inteligencia, tienen que darse en el mundo aspectos que no comprendemos, que rechazamos, que ofenden nuestro gusto. Esto es exactamente lo que sucede. Iván Karamazov puede devolverle a Dios su entrada, pero el Empresario y su obra, con su lógica interior, siguen, en su esencia, ocultos al público. Nuestro amor a Dios habrá de salvar el abismo del mal sobre alas de fe. No le queda otro remedio. Y aun cabe pensar si no será para forzar a las criaturas a este sacrificio por lo que existe el Mal y todo lo que en la vida nos repugna.

De ser así, perdemos el proceso que Le hacemos al Señor por haber creado el mundo absurdo, lo perdemos, desde luego, ante el Tribunal de la Razón; y por lo tanto ante el Tribunal del Amor. Tal es la lógica de nuestro argumento. Pero ¿basta la lógica? Sí para algunos; no para otros. Así, el primer mandamiento, cimiento de los otros nueve, vive en una marea continua, blanco de las flechas de la mera razón, de la razón más alta, del mero sentimiento, del sentimiento más alto. Y la Creación es tal que la criatura habrá de seguir en perpetua lucha a brazo partido con y contra su Creador.

El azar y la necesidad

REFLEXIONES SOBRE EL LIBRO DE JACQUES MONOD

I

1905. La primavera grana en un verano soberbio. Están en pleno auge los exámenes de entrada a la Escuela Politécnica. De pronto, frente a mí, en la misma acera del Pantheon, monsieur Malloizel, mi profesor de geometría descriptiva en el Colegio Chaptal. Sócrates redivivo en cuerpo y alma. Sonriendo de los ojos paternales y de la boca feroz, me pregunta: «Bueno, ¿qué? ¿Salió usted bien?» «Pero si yo soy de primer año. Hasta el que viene, no me presento.» Sigue él sonriendo: «¡Ah!, ¿y eso qué importa? ¡El azar es tan grande!»

¡Cuánto le habría gustado este libro! «Todo lo que existe en el universo es fruto del azar y de la necesidad», afirma el autor. «Pues claro», exclamaría monsieur Malloizel. «¡El azar es tan grande!» El libro, en efecto, comienza citando este *ucase* de Demócrito; sobre el cual está construido todo él. Tanto que vale decir que el tal ucase es la tesis de la obra. Digo ucase y no axioma porque para axioma este aserto está muy lejos de ser evidente. La intuición lo rechaza al instante. Le bastaría con alegar cualquier cosa humana o nada más que animada: la rueda del pavo real, la verborrea del loro, el cuento de la lechera, un *Lied* de Schubert, pero ¿para qué irse tan lejos?: este mismo libro. Pues ¿qué? ¿Este libro, hijo del azar y de la necesidad? ¡Vamos! No hay página sin alternativa, elijan, decisión libre; y el conjunto, tan ambicioso y tan noble, tan abundante de inteligencia y de integridad: ¡hijo del azar y de la necesidad!

Ese ucase no pasa de ser un decreto de la intuición de Demócrito; que ya en la primera página del libro es una intuición del profesor Jacques Monod, o sea una intuición al cuadrado. ¿Acaso se funda en una experiencia científica de «todo lo que existe en el universo»? Entonces ¿qué tiene que ver con la ciencia o con la naturaleza objetiva? Aparte de que esos vocablos, *azar, necesidad,* ¿qué son sino relámpagos de intuición o abstracciones, *sacos para meter casos?* Su definición llegará a su tiempo, desde luego, y será excelente, como corresponde a la categoría intelectual del autor; pero será como una bendición nupcial después del bautizo del primer hijo. Por una persona capaz de definir el azar o la necesidad, miles y aun millones usarán estas palabras sin preocuparse de definirlas. «Bueno —se argüirá—, eso prueba que...» Sin duda, «eso prueba que...»; pero no tiene nada que ver con la ciencia.

Además, ni el azar ni la necesidad son fecundos. No hay que esperar de ellos ni fruto ni efecto alguno. El azar y la necesidad son circunstancias cuya ausencia puede impedir que tal suceso tenga lugar; pero ni el uno ni la otra ni su conjunción bastan para dar de sí tal suceso. Si el andamio se viene abajo *por azar,* el albañil se mata, pero no lo mata el azar, sino la fuerza de la gravedad. Digo la gravedad y no la necesidad. El «doctor Dubois», muerto por el martillo que cae *«por azar»* en la definición que da el autor de este libro, no cae muerto por el azar sino por el martillo y su gravedad. Si la joven se encuentra encinta porque el azar la reunió con su novio en un momento favorable a la procreación, no se le ocurrirá ver en el azar al padre de la criatura. El azar no es sólo ciego. Es también estéril. Los fecundos son la joven y su novio. Y en este caso, no hay ni siquiera necesidad que valga. Sin embargo, implícitamente, todo el libro está construido sobre la fecundidad de la pareja Azar-Necesidad, apoyada y sostenida por una especie de dueña o proxeneta, que viene a ser una famosa institutriz inglesa, nada menos que Miss *Evolution.*

Aparte de que el azar no es más que la ausencia de necesidad y la necesidad no es más que la ausencia de azar; de modo que el ucase de Demócrito se resuelve si no en un axioma en una perogrullada: «Dadas dos ideas que se excluyen mutuamente, todo lo que existe es fruto o de una o de la otra o de las dos.» Vaya usted a saber. Es muy posible. Pero con verlo basta. Veamos, pues.

La integridad intelectual del autor nos acoge ya en el Prefacio. Es necesario, advierte, evitar «toda confusión entre las ideas que la ciencia sugiere y la ciencia misma». Este sabio consejo a su vez «sugiere» ya una distinción entre las opiniones expresadas en la obra: unas científicas, otras meramente «sugeridas»; aquéllas, exactas; éstas, discutibles. Esta misma división es más bonita que exacta, porque en realidad los dos sectores del libro destiñen uno sobre otro: la ciencia unas veces se mete en lo que no le concierne; y otras la no-ciencia induce a la ciencia a expresarse en un lenguaje nada científico.

No hay más ciencia que la de lo que se puede medir; y aunque la biología moderna ha progresado de modo casi increíble en el sector específico del arte de medir, es muy posible que el sector de la realidad que es rebelde a la medida, y por lo tanto a la ciencia, siga tan rebelde como antes. De donde se produce un desfase entre los dos sectores de la biología —el que se mide y el que no se mide— que parece arrastrar a muchos biólogos, y a la biología en general, a expresarse en un lenguaje que no tiene nada que envidiar como antropomorfismo a aquel que otrora enseñaba que el que hace crecer las flores es el Niño Jesús.

Esta obra ofrece abundantes ejemplos del antropomorfismo descabellado de la biología moderna. Pronto lo veremos. Tanto más de agradecer es que el autor haya querido —aunque no siempre podido— defenderse contra este peligro abordando la biología científica desde el punto de vista más analítico que tenía a su disposición: el de la observación microscópica.

Pero al hacerlo, ¿no se expone a eliminar lo más importante y profundo de su problema? El autor define los «objetos vivos» por medio de tres caracteres: *teleonomía, morfogénesis autónoma, invariancia*. Por teleonomía entiende que el «objeto vivo» se debe a un *proyecto*. No es poco. Pero el autor hace caso omiso de lo esencial en el ser vivo: que todas sus partes presuponen el todo y que este todo es un individuo único a ningún otro idéntico, ni siquiera a otros de su especie. La idea de abordar así la biología produce, como veremos, cierta irritación en el autor. Pero si se ha de estudiar el «objeto vivo», habrá que hacerlo como tal ser autónomo que, inmerso en la naturaleza, posee su propia voluntad: árbol, sortea el obstáculo de la peña con la raíz; animal, escoge su rumbo y si a mano viene, lo cambia; le animan sus reacciones y sus iniciativas. Dominan su estructura los órganos superiores y, por decirlo así, centrales. Por ellos habrá, pues, que abordarlo, a buen seguro que no exclusivamente, pero, de todos modos, no exclusivamente por el lado microscópico.

Pero, en fin, aceptemos este modo microscópico de abordar el estudio del «objeto vivo». ¿Qué vemos? Pues que en seguida nos hallamos en pleno antropomorfismo. ¿«Proyecto»? ¿Quién lo ha hecho? ¿Para qué? ¿Dónde están la inteligencia, la iniciativa, sin las cuales no hay proyecto posible? El autor es demasiado honrado para no hacerlo constar, y aun afirma que el tema fundamental de su obra es cómo resolver «la contradicción epistemológica profunda» que («al menos al parecer») existe entre ese «proyecto» implícito en todo «objeto vivo» y el «postulado de objetividad» que es «consustancial con la ciencia,» aunque tal postulado le parezca «indemostrable en absoluto» (*indémontrable à jamais*).

Ya veremos. Entre tanto, el autor se entrega al antropomorfismo usual en la biología moderna cuando, al hablar de la invariancia suelta el vocablo *información*. «Queda ahora por identificar la fuente», puesto que «toda información expresada, luego recibida, supone un emisor». Ahora bien, sigue diciendo el autor, este emisor «es siempre otro objeto idéntico al primero». Pues no. En primer lugar, no es así en el caso de los heterógamos. Si hay padre y madre, el «emisor» es una pareja, dos objetos diferentes, cuya *información* no es sólo compleja sino compuesta.

En segundo lugar, dicho sea con todo respeto, ese vocablo «emisor» parece no sólo inexacto sino hipócrita. El progenitor no es el emisor de la información. Es, todo lo más, el cable. El verdadero emisor se escamotea. En toda estación emisora, el emisor posee una inteligencia y una voluntad. Su cometido consiste en crear el *proyecto*. Se habla de *emitir,* mas para *emitir* un proyecto es menester que tal proyecto exista, que alguien lo haya creado. Sobre esto, silencio.

Habrá que volver luego sobre el antropomorfismo; pero antes nos detendremos un poco en tres aspectos previos de la cuestión: el prejuicio científico; la actitud con el instrumento, y el segundo principio de la termodinámica.

El prejuicio científico por excelencia es el postulado de la objetividad de la naturaleza, que «hace tres siglos viene guiando el prodigioso desarrollo de la ciencia». Es prejuicio porque «no se puede ni jamás se podrá demostrar»; pero parece justificado en cuanto concierne a la naturaleza inanimada. Ahora bien, en cuanto entra en escena la vida, la función del prejuicio cambia. Sigue siendo útil como disciplina intelectual: «No vale recurrir a instancias no físicas mientras queden instancias físicas por agotar.» De acuerdo. Hagamos, no obstante, tres observaciones.

— El prejuicio científico puede actuar como rémora al progreso de la ciencia. Así, por ejemplo, el mismo autor critica a «ciertos biólogos» que han intentado rechazar la noción de «proyecto», siendo así que, para él, es una noción indispensable como «esencial a la misma definición de los seres vivos».

— No se debe considerar como una barrera infranqueable si el objeto que se estudia es *vivo;* por lo tanto, el prejuicio científico, lícito y beneficioso en las ciencias físicas, puede revelarse en biología obstáculo al conocimiento.

— No se justifica de ningún modo cuando de la ciencia propiamente dicha se extiende a la filosofía natural de la biología moderna. Al contrario, esta filosofía tiene que fracasar mientras se prive de la única hipótesis de trabajo verdaderamente fecunda. Sobre este punto volveré al final de este ensayo.

El instrumento. La actitud de los más de los biólogos respecto al instrumento está empapada en prejuicios científicos. El marciano que imagina el autor llega a nuestro planeta y ve una cámara fotográfica para televisión en color. Al instante SABE que se halla en país de seres dotados de gran inteligencia y fuerte voluntad. Pero el biólogo ve un ojo humano y ¿qué deduce? Que este aparato es fruto del azar y de la necesidad, progenitores cuya esterilidad parece salvar la duración de su matrimonio así como la maestría de su tía inglesa, Miss Evolución, para aprovechar sus encuentros observando las mutaciones con una mirada siempre utilitaria. *Ben trovato,* sin duda, pero maldito si tiene que ver con la ciencia. De haber sido pura y meramente científica la actitud del biólogo, su conclusión habría sido que esta maravilla óptica que es un ojo humano sólo se concibe como la obra de una inteligencia y de una voluntad muy por encima de las humanas.

Además, estas dos cámaras de televisión que llevan en la cara hombres, perros y caballos: ¿dónde las llevan? A un lado y otro de la nariz, para guiar sus pasos. Y así, ojos, nariz, orejas, cerebro, entrañas, todo va organizado, formando un instrumento mucho más complicado que el ojo, por una inteligencia y una voluntad capaces de concebir y realizar maravillas como el cerebro humano. Y en cuanto a la evolución, ¿quién halló jamás restos de hombres que habían fracasado por llevar los ojos en el colodrillo o la boca demasiado lejos de la nariz para no darse cuenta de que su presa estaba podrida, u otras fantasías semejantes? El papel que se suele dar en estas cosas a la evolución no pasa de ser producto de un 5 % de imaginación y un 95 % de hipótesis erigida sobre un prejuicio científico. Cuentan que Euler (que estaba a la sazón leyendo un libro precursor del que estamos comentando), durante una cena con su mujer, le preguntó: «¿Crees tú que si unas lechugas, aceite, vinagre, sal y unos huevos duros flotaran en el espacio, el azar sería capaz de hacer una ensalada como ésta?» Y contestó ella: «¡No tan buena!»

El segundo principio. Para mantener «científicamente» tales opiniones es menester habérselas con el segundo principio de la termodinámica. Claro que el autor se da cuenta perfecta de ello, y ya desde la página 31 se ocupa del asunto, describiendo un experimento micrométrico: un mililitro de agua, unos miligramos de glucosa y de ciertos elementos químicos *escogidos* y por último lo esencial, una bacteria, o sea la vida. En 36 horas, hay en la solución varios millones de bacterias. ¿Qué pasa con el segundo principio? Pues sí. Todo se ha hecho en un calorímetro, el cual acusa que «se ha pagado como es debido la deuda termodinámica que corresponde a la operación».

¡Viva el microscopio! Pero queda la integridad. Y M. Jacques Monod es hombre íntegro. «Sin embargo, nuestra intuición física se queda muy conturbada... porque... este proceso se tuerce y alabea orientándose en una dirección exclusiva: la multiplicación de las células.» Las cuales utilizan la termodinámica... A ver quién adivina para qué. Pues «para llevar a cabo con la máxima eficiencia el *proyecto,* para realizar el *sueño* de toda célula: llegar a ser dos células».

Apenas, pues, en camino, ya estamos llevando a cabo proyectos y realizando sueños, y esto se llama ¡en la misma página! la objetividad de la naturaleza. Pero ¿qué hay más subjetivo que un proyecto como no sea un sueño? Y ¿qué pensar de la persistencia, el tesón de la célula en la solución inerte? ¿No nos recuerda la tenacidad del animal, aun del más chiquito, a seguir su camino, el suyo, no el que le queremos imponer?

Ésta es la inquietud, la inseguridad que induce a los biólogos a confinar sus tratos con el segundo principio al puro aspecto calorífico. Ante un fenómeno claramente contrario al principio sagrado en el seno de un sistema vivo, ensanchan el sistema hasta poder argüir que en el sistema así ensanchado el balance de las calorías se ajusta a las exigencias del segundo principio. Así que quizá se pueda justificar el Parthenon por un enfriamiento suficiente de Atenas. Porque no se puede limitar el problema a un mero balance calorífico, de *cantidad* de calor. De lo que se trata, como ha probado Boltzmann, es de orden o desorden, o sea, de *calidad* de orden.

La naturaleza física, sin más, tiende siempre hacia más desorden, igualdad, uniformidad. Tal es en efecto, si no en su esencia, el segundo principio de la termodinámica. Por el contrario, la vida tiende siempre hacia más orden, diferencias, jerarquías; y la evolución de la vida consiste en un movimiento ascendente desde la ameba hasta el cerebro de los grandes genios creadores y sus obras; movimiento que contradice al segundo principio de la termodinámica; y contra esta contradicción se estrellan impotentes todas las sutiles ingeniosidades de los biólogos que se obstinan en reducir su ciencia a la físico-química. Sostener que el azar y la necesidad actuando (?) sobre la naturaleza inerte vayan a dar la *Novena sinfonía* es una locura que en sí, como idea loca, no puede ser hija del azar y de la necesidad, ya que la carencia total de imaginación que padecen el azar y la necesidad es un hecho patente.

Aquí es, pues, donde llega a su cumbre el prejuicio científico. El principio de Carnot-Boltzmann afirma que las cosas, de por sí, van de lo menos a lo más verosímil. Si al salir de mi cuarto lo dejé en desorden y al volver encuentro cada cosa en su sitio, SÉ que alguien ha venido a «hacerlo», o sea, que sobre mi cuarto ha actuado una inteligencia-voluntad. Si antes de que surgiera la vida en nuestro planeta sólo reinaba en él el orden natural, y si ahora encontramos las catedrales, las bibliotecas, las sinfonías, las sociedades humanas, es porque una y muchas inteligencias-voluntades han actuado sobre ello. Sostener que la civilización y la cultura, cuyo propósito es reducir la parte del azar y de la necesidad, sean hijas del azar y de la necesidad no puede deberse más que a un curioso empeño de ir contra la evidencia. En cuanto a que el desorden político, la guerra, la revolución, la huelga, no tengan nada que ver con el desorden tal y como lo entiende Boltzmann, es tan evidente que ni discutirlo es menester.

II

El autor consagra todo un capítulo a refutar las actitudes «vitalistas» y «animistas» en biología. Esta refutación suele reducirse a pedir al crítico la concesión de un crédito de tiempo a la ciencia. «La actitud de los vitalistas... no se justifica, pues, por conocimientos concretos, por observaciones completas, sino tan sólo por nuestra ignorancia actual.» Conclusión a la que M. Jacques Monod llega con tanto mayor aplomo por haber dicho poco antes que «la teoría selectiva de la evolución no ha podido lograr todo su sentido, toda su exactitud hasta hace unos veinte años». Esto le basta para girar no pocos cheques contra el Banco del Porvenir. Pero no es cosa de discutir su capital futuro sino al que hoy posee y cómo lo gasta. «Los seres vivos son máquinas químicas.» «El organismo es una máquina química que se construye a sí misma.» La segunda proposición mata la primera. El organismo no es una máquina puesto que se construye a sí mismo. El autor intenta conciliarlos en uno de los capítulos más brillantes de su libro, consagrado a las proteínas; en el cual observa que «la prodigiosa diversidad... de los seres vivos descansa sobre de 100 a 100 000 radicales de ácidos aminados compuestos de nada más que 20 especies químicas». Una bacteria de 2 μ de longitud contiene unas dos mil proteínas; el ser humano, un millón. ¡Qué multitud! ¡Qué desorden! Pues no. Lo que hay es el orden más inverosímil. ¿Cómo explicarlo?

Ante todo, nada que no sea física o química. Nada de subjetividad. Acabamos de excomulgar por subjetivos nada menos que a Marx y a Engels. ¿De acuerdo? Pues aquí está lo que dice el autor: «Entre los millones de reacciones químicas que contribuyen al desarrollo y a las acciones (*performances*) de un organismo, no hay una que no esté provocada *electivamente* por una proteína-enzima particular.» He subrayado *electivamente* porque no es palabra ni física ni química. El que elige no obra ni por azar ni por necesidad. En el curso de una exposición magistral de lo que sucede en esos laboratorios microscópicos de la proteína, leemos que, en presencia de dieciséis isómeros geométricos del mismo cuerpo, «la enzima distingue rigurosamente... y no hidroliza más que uno sólo de entre ellos». Si mal no yerro, aquí es donde por vez primera se acoge el autor a sus comillas. Sin embargo, es posible «engañar a la enzima». Pero la cosa, por lo visto, no es grave, porque «la enzima no tarda en darse cuenta».

Esto de las comillas es más serio de lo que parece. Viene a constituir un disfraz de aduana. «Dejen ustedes pasar esta palabreja, que no va nada en serio», y así se mete de contrabando el concepto antropomórfico. En cuanto al origen de la «información» estructural de la que el autor extrapola nada menos que toda la vida, no puede ser más sencillo: todo se debe a que «entre dos isómeros del ácido aspártico, la enzima no cataliza más que uno». ¿Que por qué? Pues porque le da la gana a la enzima. «Por lo mismo, aporta una *información* que corresponde exactamente a una elección (*choix*) binaria.» Estas palabras, *information, choix*, no están entre comillas, pero debieran estarlo. ¿Quién elige? ¿Quién informa? En cambio, en la página siguiente, vuelven a aparecer las comillas. «Estos fenómenos prodigiosos por su complejidad y su eficacia en *la realización de un programa preestablecido* (¿por quién?) imponen evidentemente la hipótesis de que están guiados por el ejercicio de funciones de algún modo "cognitivas"», y aun se añade que la ciencia prueba que el consumo de energía que necesita la adquisición de información compensa exactamente la merma de energía del sistema. No estoy de acuerdo. *Conocer* no pertenece al mismo mundo que las diferentes formas de energía cuyos canjes obedecen al segundo principio de la termodinámica. No se puede aceptar que la termodinámica descargue al biólogo de su obligación de ver las cosas con claridad. ¿Hay o no hay aquí función cognitiva? ¿Se pueden borrar las comillas?

Un hombre se pasea una hermosa mañana en el bosque de Boloña, en pleno equilibrio de temperatura con el aire y el bosque, con los cuales forma un «sistema». Le da alcance un ciclista jadeante que le dice unas palabras. Ha muerto su mujer. El hombre palidece. Le baja rápidamente la temperatura y cae desmayado. ¿Segundo principio?

A medida que adelantamos en la lectura de este gran libro —y lo es por lo que luego diré— vamos viendo afirmarse y ramificarse un rasgo singular: *para explicar lo que sucede en una unidad de materia viva que se supone obedecer a las leyes físico-químicas, el autor utiliza casi siempre términos relativos a la conducta humana*, o sea, a la forma más desarrollada y elevada de la conducta vital. Habría que citar casi todo el libro. «Se ha demostrado que células aisladas de un mismo tejido son efectivamente capaces de reconocerse entre ellas diferencialmente [luego, inteligencia] y de reunirse [luego voluntad].» «... enzimas *responsables* de la biosíntesis.» «Así entre millares de conformaciones replegadas, accesibles en principio a la fibra polipeptídica, sólo una sale *elegida* y realizada.» «A la fibra desplegada son accesibles millares de conformaciones... en cambio, a la forma replegada sólo es accesible un solo estado que corresponde, por consiguiente, a un nivel de orden muy superior.»

«La "función cognitiva" de estos *daimones* [las enzimas] se limita a *reconocer* su substrato específico...» «... se encargan de las operaciones cibernéticas elementales proteínas especializadas que *desempeñan el papel de detectores e integradores de información química*.» Todo esto rebasa con mucho la mera física y química, al menos en la expresión; de modo que uno se pregunta cómo se puede afirmar que todo en la vida es físico-químico, todo nacido de la pareja azar-necesidad, siendo así que desde el comienzo hay que recurrir a fórmulas o imágenes que no significan nada si no expresan la inteligencia, la voluntad, la elección y la limitación.

En un maravilloso capítulo sobre las enzimas alostéricas se refiere el autor a una *inhibición retroactiva*, a enzimas *antagonistas* o *cooperativas;* a una enzima que «*reconoce* los tres efectores simultáneamente, *mide* sus concentraciones relativas, y su actividad representa en todo momento *la suma integral de estas tres informaciones*». Todo esto sucede dentro de unas moléculas que pesan un millón de miles de millones menos que las de un relance electrónico. Así que ya nos asombra menos leer sobre un experimento con enzimas del «sistema lactosa»: «fenómeno maravilloso y casi milagrosamente teleonómico». También nos admira la fuerza espontánea de la integridad del autor, que le incita a poner al pie de esta página una nota que dice: «El investigador finlandés Karlstrom, que en los años 30 había aportado resultados notables al estudio de este fenómeno, renunció más tarde a la investigación para hacerse fraile, a lo que parece.»

Las palabras relativas a la conducta humana se van haciendo cada vez más frecuentes aplicadas a la materia vital. «*Mensajero*», «*traducción*», entre comillas. Un sistema *regulador* (sin comillas) comprende el gene «*regulador*», la proteína de «*represión*», el segmento «*operador*», el segmento «*promotor*», una molécula de galatosida *inductora* (ésta sin comillas). Y eso que todavía estamos en los elementos ultramicroscópicos; pero precisamente en esta etapa nos encontramos una de las declaraciones más atrevidas del autor: «El caso es que, cuando se analizan estos resultados (*performances*) a escala microscópica molecular, parecen capaces de interpretación total como acciones químicas específicas, electivamente aseguradas, libremente escogidas y organizadas por proteínas reguladoras; de modo que en la estructura de estas moléculas es donde hay que ver la última fuente de su autonomía o, con más exactitud, de la autodeterminación que caracteriza los seres vivos en lo que hacen.»

Texto tan delicadamente equilibrado entre la química —o sea, la necesidad— y la elección —o sea, la libertad— que no sería fácil pronunciarse sobre la actitud del autor si no la hubiera consignado él mismo en su primera página bajo los auspicios de Demócrito. Pero, para el lector, subsiste la duda. ¿Se trata de una afirmación de la necesidad extendida a toda la gama de la vida o de una inyección de libertad que penetra hasta los arcanos de la célula?

Aquí será, pues, donde el profesor Jacques Monod excomulgará a los «organicistas», tanto que llega hasta a empañar la transparencia admirable de su obra dejándose ir a un instante de mal humor: «muy mala y muy estúpida disputa». Hasta cierto punto, estamos de acuerdo, puesto que no es razonable rechazar así como así la actitud analítica; pero tampoco cabe negar que un montón de arena y un perro son de índoles tan diferentes que no ya su estudio sino nuestra actitud con uno y otro tienen que diferir de raíz, y que esta diferencia consiste precisamente en que hay que reconocer en el perro una inteligencia, una voluntad y una iniciativa; y que aún aceptando que el método analítico, de abajo arriba, lograra descubrir estas tres dotes vitales, la índole «de arriba abajo» de estas dotes no permitiría deducir su existencia de la de las meras células, sino que exige nociones sintéticas tanto físicas como extrafísicas.

El lector del libro (quizás incompetente) se queda con la impresión de que ciertos lugares reflejan la contradicción, la guerra entre estas dos actitudes. Hay que reducir a un mínimo estricto los lugares citados, pero creo haberlo hecho sin daño del texto. «... si, en este sentido, toda estructura primaria de proteína se nos presenta como el mero producto de una elección hecha al azar... en otro sentido, lo menos tan significativo, esta *secuencia* actual no es en absoluto producto de una síntesis hecha al azar...» «Por lo tanto, hay que reconocer que la secuencia "al azar" de cada proteína... se reproduce por un mecanismo de *alta fidelidad*.» «... la significación profunda del *misterioso recado* que constituye la secuencia de los radicales... *recado* que por todos los criterios posibles parece escrito *al azar*... *recado*, no obstante, cargado de un sentido que se revela en las interacciones, *discriminaciones funcionales*, directamente *teleonómicos* de la estructura globular... texto concreto, fiel, pero esencialmente indescifrable.»

¿Qué tiene que ver todo esto con la objetividad de la física o de la química?

El profesor Monod plantea aquí el problema de la paradoja entre la forma universal de la química celular y la invariancia reproductiva de tantas especies de seres vivos, y trata de resolverlo explicando que los elementos constitutivos universales de la química de los seres vivos son *el equivalente lógico de un alfabeto* en el que está escrita la estructura de las proteínas. Pero un alfabeto no es ni pensable si no hay lenguaje, y el lenguaje es la manifestación suprema del *Homo sapiens*. En el curso de su explicación de este misterio, se habla de *réplica, traducción y expresión;* términos que nada tienen que ver con la físico-química, ni con el azar ni con la necesidad. Así que no tarda en salir a escena el vocablo revelador por excelencia del antropomorfismo de los biólogos de hoy: en francés, *code;* en español, a mi ver, *clave* o *cifra:* «No existe —escribe el autor— relación estérica alguna entre el grupo (*triplet*) que da la cifra (*codant*) y el ácido aminado cifrado (*codé*). De modo que no sólo hay *recado*, sino que está en cifra. Y esta cifra universal... parece ser químicamente *arbitraria* —subraya el autor— puesto que la transferencia de la información pudo haberse hecho según una convención distinta.» Tan es así que existen mutaciones tales que, al modificar ciertos términos de la *convención reinante* pueden «cometer errores perjudiciales al organismo».

Habrá, pues, que recordar que sin inteligencia ni voluntad no pueden darse ni alfabeto ni convención, ni errores, ni cifra, ni recado, ni traducción, ni información, ni interpretación (para la que hacen falta por lo menos tres inteligencias), ni instrucciones. Si todas estas maravillas se debiesen exclusivamente al azar (como se dice en la página siguiente), sería inexplicable el sentido ascendente de la evolución; porque, si para explicar este movimiento ascendente cabe alegar la evolución en progreso dentro de cada especie y entre especies, por aplicación del principio de la sobrevivencia de los más aptos, este principio no explica la marcha ascendente dentro de un organismo en vía de crecimiento. ¿De dónde procede este empuje hacia arriba?

La tendencia antropomórfica de la biología moderna parece desembocar en otra no menos peligrosa: un como prurito de recurrir a palabras abstractas dotándolas de facultades hasta ahora sólo conocidas en seres vivos. «Cuando se piensa en el inmenso camino que ha andado la evolución desde hace unos tres mil millones de años...» Pero la evolución es un vocablo abstracto que no puede andar camino alguno ni corto ni largo. El camino lo andan los seres vivos. Volvemos a nuestra crítica del ucase de Demócrito. La evolución es tan estéril como el azar o la necesidad; lo que no ignora el autor, cuya frase termina así: «... a la riqueza prodigiosa de estructuras que ha creado, a la eficiencia milagrosa de lo que logren hacer los seres vivos, de la bacteria al hombre, cabe dudar de que todo ello venga a ser el resultado de una enorme lotería que saca al azar números entre los cuales escoge los escasos seres premiados una selección ciega.»

Éstos son los pasos del libro que le confieren todo su valor. El autor puede parecernos inclinado a sentar conclusiones erróneas; pero le seguimos en la seguridad de que avanza en la plena luz de una integridad impecable. Así, por ejemplo, establece un paralelo entre la resistencia intuitiva a admitir ciertas abstracciones de la física moderna y la que encuentra la biología (la suya): la pequeñez microscópica en la una, la complejidad de los sistemas vivos en la otra. Pero no convence ni en un caso ni en el otro. Considerando, no obstante, «resuelto el problema y (que) la evolución ya no figura en las fronteras del conocimiento», el autor analiza los dos problemas que quedan: el origen de los seres vivos y el funcionamiento del sistema nervioso central en el hombre.

En el examen del primero, fuerza es confesar que nos hallamos frente a una novela «científica» en la que sigue sin explicar el empuje y empeño de la vida hacia lo más complejo y lo más elevado. El azar ciego sólo pudo haber culminado en una evolución esférica, del mismo radio de energía en todos los ángulos, pero lo que hay no es una bola de billar sino un taco. (No insisto aquí sobre otros aspectos ya apuntados tales como la abundancia de palabras antropomórficas.) «El problema mayor es el origen de la cifra genética y del mecanismo de su traducción... problema, quizá verdadero *enigma*...» El enigma subsiste, pero el autor añade: «La estructura actual de la biosfera no excluye, sino al contrario, la hipótesis que el acontecimiento decisivo [de la aparición de la vida] no se haya producido más que una vez; lo cual significaría que su probabilidad, *a priori,* sería casi nula.» ¿Hubo jamás guiño igual en la Historia?

Hubiera deseado continuar el debate sobre temas como el problema del sistema nervioso central del hombre, el lenguaje, la sociedad humana, fenómenos vitales que el buen sentido, aun respetuoso con la autoridad científica del autor, se niega a atribuir a la física, a la química, al azar o a la necesidad. Habrá que hacer constar que la biología moderna no ha eliminado el Creador ni mucho menos. A lo más que ha llegado es a cambiarle el nombre llamándole Evolución. Lo malo es que ni la Evolución evoluciona ni la Selección selecciona. Estas dos palabras no son más que abstracciones, *sacos para casos,* donde metemos cosas que pasan de cierta manera análoga. Aun suponiendo que las cosas sucediesen como se cuentan en este libro, ¿de dónde vienen la iniciativa vital, el propósito al que se apunta, la energía-voluntad (no intercambiable con la calorífica) que empuja la evolución? «He aquí el mecanismo, descubierto está el secreto de la vida.» Habéis descrito un motor, pero no el combustible o la corriente que lo pone en marcha. En este libro no se hallará ni huella de dinamismo que no sea mecánico, automático, químico. La elección, la preferencia, la testarudez (de *testa,* cabeza) de empeñarse en subir hacia la cima donde florecen la Capilla Sixtina o la *Novena sinfonía,* ¿de dónde viene? Éste es el verdadero secreto de la vida.

No faltan páginas ante las cuales el lector se dice: gran ingenio, incapaz de dejarse encerrar en la jaula del azar y de la necesidad. A su opinión se aferra, pero siente como una nostalgia de la opinión contraria. La ciencia moderna no quiere saber nada de «inmanencia». Casi se oye el ¡ay! que su otro yo habría deseado exclamar. Aparte de que cabe dudar del rigor científico de un pensamiento que niega *a priori* la hipótesis de la inmanencia. Juzgar de antemano ¿qué es sino la definición del prejuicio?

Así que es cosa de preguntarse si el profesor Jacques Monod no sería el biólogo predestinado para crear una verdadera biología. Porque lo que es la biología de hoy no es ni puede aceptarse como tal, sino tan sólo como una *física de la materia viva.* La biología es, debiera ser, la ciencia de la vida. Pero la vida es un fenómeno complejo que va de la bacteria a las estrellas y a las galaxias cuyas radiaciones nos conservan o nos quitan la vida, cuyos movimientos ritman nuestros días y estaciones. La vida no se puede confinar en la estrecha *Weltanschauung* de la solterona miss Evolución, siempre ojo avizor sobre las mutaciones que se divisan desde el ventanuco del azar para dar un saltito, a ser posible, hacia arriba. La vida rebasa la imaginación y hasta la fantasía. Crea no sólo peces, pájaros y mamíferos para los tres elementos, sino también peces que nadan y vuelan; pájaros y mamíferos que vuelan y nadan; y animales inverosímiles que se saltan a la torera eso de *sé más apto para la vida y vivirás más,* que les grita su tía inglesa mientras ellos se divierten en este inmenso parque de juegos que es el planeta, juegos claro que inútiles, esos moluscos y crustáceos, ensueños o pesadillas que nosotros, simples paletos, contemplamos en los acuarios con ojos incrédulos hasta que nos alejamos murmurando como el campesino inglés ante un camello: «¡Eso no puede ser!» Ésta es la vida beoda de espíritu, de vigor, de formas, de colores, de imprevisto, de superfluo, de ridículo, de grotesco, de sublime, de cálculo, de derroche, de esplendor y de horror, que habría que estudiar, claro que también con, pero más que, la de la molécula. Porque éste es el espíritu que guía y empuja a la evolución, elige la «selección», crea los «proyectos», escribe los «recados», concibe y traduce las «cifras», echa sobre el tapete verde del tiempo los dados del azar y carga la necesidad de su peso implacable. Y éste es el espíritu que, tarde o temprano, habrá que reconocer como la única hipótesis válida y capaz de sostener una verdadera biología racional, digna de su nombre de CIENCIA DE LA VIDA.

El segundo mandamiento

Durante la primera guerra europea, para responder como testigo en un proceso civil, trajeron a París de las trincheras a un *poilu,* como entonces llamaban a los soldados del frente. «*Poilu* —le dijo con solemne voz el presidente del Tribunal—, *jurez de dire la vérité*»; a lo que el *poilu,* con voz sonora y rotunda, contestó: «*Je dis la vérité, nom de Dieu!*»

Esta anécdota plasma en su breve diálogo el juego de palabras en el que se enzarza el segundo mandamiento desde su primera formulación hasta nuestros días. Jurar quiere decir invocar el nombre de Dios para consagrar una verdad que así se afirma y eleva por encima de lo corriente y moliente; y también dejar brotar de la boca palabras prostituidas y arrastradas de su origen divino a un nivel infame.

Siempre me ha parecido que el superlativo *palabrota* es menos aumentativo que fruto de ese verbo *brotar* que, gracias a sus dos primeras letras se une de modo tan natural con el vocablo palabra. Las palabrotas suelen salir brotando a *borbotones,* todo ello sentido a maravilla como un fenómeno pasional por el observador y a maravilla expresado en un lenguaje tan exacto en lo irracional como la matemática en lo racional. A su vez, el primer término de este binomio, *palabra,* parece insistir en el aspecto verbal del juramento en su segunda acepción. Los franceses distinguen entre *serment* y *juron*; pero ni los ingleses ni nosotros hacemos bastante clara la diferencia entre jurar ante un juez y echar palabrotas, ya que para ambos casos decimos *jurar* y *swear.*

El vínculo entre ambos significados es la intención, el anhelo de *reforzar* lo que se dice; si se trata de un hecho civil, en sí carente de significación, pero importante en un contexto jurídico, hay que conferir importancia al hecho que se afirma o niega revistiéndolo de solemnidad: de donde la apelación a Dios. Si se trata de expresar una pasión negativa —odio, desprecio, aversión, abjuración—, se apelará al vocabulario religioso o familiar más empapado en pasiones positivas —veneración, adoración, fidelidad, amor— para despeñar de más alto al objeto odiado.

En ambos casos, nos hallamos, pues, viviendo en un ambiente pasional, y por lo tanto, irracional. Lo que el segundo mandamiento ordena no es, sin embargo, que dominemos esta pasión (sea la que fuere) cuyo ímpetu prorrumpe en palabras de exaltación o de improperio; sino que, aceptado tácitamente el estado pasional, nos abstengamos de recurrir al lenguaje religioso ya para realzar nuestros decires con el incienso de la veneración, ya para mancillarlos con el ajo del oprobio.

Así se da el caso del pueblo yanqui, donde los ultrasuperlativos toman a veces formas del Dios máximo reinante sobre la gente del montón; la cual, al ultravalorar su buena salud, dirá: *I feel like a million dollars,* me siento como un millón de dólares; y dará a veces ejemplos más originales e imaginativos, como éste: para decir que dos meros conocidos simpatizaron rápidamente: *we got on like a house on fire,* nuestra relación progresó como un incendio. No diré que allá el maximizar no vaya también a parar a palabrotas fuertes, pero, en fin, no como entre nosotros; porque las nuestras no son palabrotas de «papel» sino de oro, ya que llevan consigo su propia sustancia.

No cabe llevar más lejos la interpretación binaria del segundo mandamiento como no sea considerando lo que tiene de meramente cuantitativo. En ambos casos, en efecto, se da en los hechos a que alude un elemento que pudiéramos llamar de maximación: una actitud que considera a Dios como el ápice de lo que sea que está en juego, sin, por ahora, ocuparse del valor moral de esta escala cuyo ápice se contempla.

Cuentan en mi Galicia natal de un quinto gallego, recién llegado de la aldea, al que le habían enseñado lo que había que hacer si, estando de centinela en la garita de la puerta del cuartel, se acercara una autoridad de uniforme: si teniente, llamar al cabo; si capitán, al sargento; si comandante..., etc. Y un día, en que vio acercarse al portero de la Audiencia, todo reluciente de oros, le oyeron gritar con voz trepidante de alarma: «Guardia formar que ven aquí un que ten mais jalós que Dios.»

Ésta es la actitud tácita de casi todos los que violan el segundo mandamiento, ya en su primera o en su segunda versión, ya para veneración, ya para improperio. Dios es el que lleva más galones que nadie, forma popular de decir *el Altísimo.* Esta misma expresión, oficial y ortodoxa, se debe a su vez a la intuición de lo vertical que en otros lugares he procurado analizar como una de las dos componentes espirituales del hombre. Árbol (vertical) y Vaca (horizontal), el hombre lleva en su espíritu estas dos coordenadas que son además vectores de fuerza y modeladores de su acción.[1]

1. Véase mi *Retrato de un hombre de pie.*

66

La coordenada vertical corresponde a lo individual-religioso; la horizontal a lo social-moral. La primera prolonga y extrapola la jerarquía vertical que coloca el cerebro encima de la región emotiva del tronco y de la carnal-sensual. La coordinada horizontal mantiene al hombre en el ambiente gregario, social, comunal, del rebaño y de la especie.

Para el individuo, lo alto y lo bajo se categorizan así a partir de una valoración vertical, la cual, a su vez, se mide sobre un radio de la esfera terrestre, de modo que lo que llamamos lo más «alto» es lo que más se aleja de la Tierra. El Altísimo es un comparativo (muy alto) en funciones de superlativo, un «superior» que quiere decir «supremo».

Dios es, pues, lo más alto que cabe imaginar; el que más galones lleva (aunque parezca negarlo el centinela gallego precisamente cuando lo afirma). Es, pues, una expresión natural y vulgar del infinito, noción ésta culta y matemática, intelectual y no asequible al vulgo. En mis andanzas por el mundo conocí a un catalán, prototipo y modelo de lo picaresco español de súbito renacido en el siglo XX, que había creado el personaje que voy así delineando. «Ése habla más que Donato», decía, y explicaba: «Entiendo por Donato a un personaje hipotético que lo hace todo más y mejor que Dios.»

Esta actitud cuantitativa agota (a lo que barrunto) los rasgos comunes a las dos vertientes del segundo mandamiento. Pronto se separan, puesto que, ya en su formulación, la primera, la sublima en un consejo que no llega a prohibición, pues sólo opone su veto a «jurar su santo nombre *en vano*». Esta relatividad del veto crea en torno al segundo mandamiento una zona de interpretación que, en la práctica, se traduce en lo que los españoles, saturados de experiencia frailuna, llaman *manga ancha*.

Confieso que me agrada bastante el primer comentario del Ripalda, en el que se define lo que es jurar con dramática sencillez: es «poner a Dios por testigo». Esta definición alude a ciertos aspectos del concepto de Dios que conviene enfocar. Para lo cual hay que volver a lo ya dicho sobre cómo Dios (para el hombre) es nacido en el corazón humano y por él descubierto (primera etapa) hasta que, ya creado por el hombre, en virtud de la fuerza mágica de lo que es porque es, no tiene más remedio que hacerse el Creador de todas las cosas y seres y, por lo tanto, el Creador del hombre.

Por esta virtud mágica intrínseca de la noción de Creador inventada o descubierta por el hombre, Dios tiene que ser omnisciente y omnividente; consecuencia lógico-mágica de incomparable vigor proteico. Dios todo lo mira y todo lo ve.

Mira que te mira Dios,
Mira que te está mirando,

Mira que te has de morir,
Mira que no sabes cuándo.

Pero oiga usted, ¿y eso qué les importa a los ateos? ¿Por ventura no sabe usted que hoy en España abundan los ateos? Pues mire usted, le respondo, el caso es que ésa es una de las pocas cosas que sabía. En efecto, hoy entre la gente culta y la que cree serlo, es corriente el ateísmo y avanza todavía más por razones políticas. Pero no es cosa de adentrarse ahora por ese sendero que nos llevaría a un bosque algo espeso y oscuro. Basta con observar que nuestro ateísmo se compone sobre todo de ateos gracias a Dios, es decir, de ateos meramente cerebrales. Y va de cuento.

Durante los primeros días de lo que iba a ser la tremenda guerra civil, dos anarquistas de un pueblo de la provincia de Murcia concibieron el plan de quemar el gran crucifijo que hacía siglos se alzaba erguido sobre un altar. Salieron, pues, al anochecer, de la iglesia del lugar, llevándoselo. Llegados al lugar elegido, encendieron una hoguera y, cuando el fuego ardía ya con alegre chisporroteo, se dispusieron a quemar la imagen. Uno era menos entusiasta que el otro y aun se diría que iba en aquella aventura a remolque del otro, que era animoso y decidido. Este anarquista, convencido ateo, no sin echar una ojeada de conmiseración a su tímido compañero, agarró el crucifijo para arrojarlo al fuego; pero quiso el azar, la Providencia o el diablo (pues sobre esto no dice nada la historia), que los brazos del Cristo, libres de los apolillados tornillos que los habían sujetado a la Cruz, cayeran de un lado y de otro sobre los hombros de su agresor, y como estaban articulados en los codos, lo abrazasen mientras el rostro de la imagen se posaba blandamente sobre la mejilla del fiero ateo, el cual, ante los ojos atónitos de su aterrado compañero, cayó muerto por la emoción.

Quizá sea el detalle más curioso de esta verídica historia que el que me la contó, oriundo de aquel pueblo murciano, fuera un doctor en ciencias químicas de no poca experiencia en ambientes internacionales. A mi ver, la anécdota ilustra la índole somera y carente de raíces vitales de no pocos ateísmos españoles, llegados al que los padece por vía horizontal, de libro a libro y de gaceta en gaceta, sin influir apenas en el vigor de la fe vertical intacta en el sotasí del que tan ateo se cree. Lo cual no dejaría de contribuir a explicar también que tantos ateos defiendan el ateísmo que profesan tan fieramente como si fuera una fe.

Parece, pues, lícito inferir de una buena observación de nuestro pueblo que, salvo en casos de fuerte intelectualismo, la fe en el Creador vive, clara y abierta en los creyentes, oscura y aun ignorante de sí misma en los incrédulos; de modo que aun en éstos, se manifiesta surgiendo a la super-

La opinión es general si no unánime de que el temor al Infierno puede más en la voluntad del cristiano que la esperanza del Paraíso. («El Infierno» y «La Gloria», dos fragmentos de «La mesa de los Pecados Capitales», de El Bosco.)

ficie de la expresión en cuanto se crea una emoción fuerte de índole absoluta, como lo suelen ser las del amor o la muerte.

Releamos la copla antes citada:

Mira que te mira Dios,
Mira que te está mirando,
Mira que te has de morir,
Mira que no sabes cuándo.

Al primer golpe, parece como si se diera cierta incoherencia entre los dos primeros versos y los dos últimos; pero no hay tal foso. Lo que hay es una admirable continuidad de pensamiento consciente y también de pensamiento subconsciente. Dice el uno: «Dios te ve y te mira. Te vas a morir. Vive de modo que no te sorprenda la muerte en pecado mortal.» Pero el otro, el subconsciente, también razona, y dice: «Ya sé que tu cerebro no cree en Dios, pero mira que te has de morir y entonces sentirás en tus redaños que sí que es verdad que te mira Dios, *aunque no exista para ti,* y que te está mirando.»

Fuerza es reconocer que la idea es abrumadora. Deslumbrante en lo que tiene de luz: Dios que todo lo ve y todo lo sabe; repugnante en lo que tiene de sombra: Dios todo lo ve y todo lo sabe. Un universo de esplendor y un universo de horror. Cuántas veces le ocurre pensar al más indiferente que en esta nuestra Tierra, menguado rincón del universo, se dan a diario, en millones de lugares, puestas de sol divinas que nadie ve. Nos consuela que las ve Dios. Pero ¿se atreve el ánimo a pensar en el horror, el asco, la ridiculez, la pequeñez de toda la miseria humana que Dios mira y ve? La mera idea nos marea el estómago.

Pese a su inverosimilitud, esta idea, lejos de atenuar la fe en el Creador, la refuerza. Hay en el ser humano una como lógica vital que se satisface pensando en un Ser Supremo universal cuyos «sentidos» son omnipotentes; un Ser que ocupa todos los poros del espacio y todos los latidos del tiempo y otorga a todos y cada uno de ellos conciencia, es decir, perennidad. Esta especie de *teosfera* no sólo rodea sino que también empapa de misterio todo el universo.

¿Realidad? ¿Imaginación humana? No parece que esta antinomia sea muy sustancial. Al fin y al cabo, recordemos que Dios comienza a existir como un invento humano, y se confirma al encajar en el hueco que le había hecho el pensamiento de los hombres. El hecho de que sentimos esa teosfera en torno nuestro y en nuestro ser confirma con su realidad sicológica la intuición que a concebirla nos llevó. Y el problema que se nos plantea hoy, frente al ateísmo ambiente, no es el de la existencia del

Creador, sino el de la contradicción que implica en el ateo el no creerlo así y, sin embargo, vivirlo.

Rechaza el ateo con razón lo irracional e increíble, pero cree sin razón lo inimaginable. Ahora bien, ¿vale la pena creer que dos y dos son cuatro? Si vamos a creer, que al menos creamos lo increíble. Sí. En efecto. Pero no es eso tampoco. Algo hay en esta paradoja que nos repele. Cuando creemos en ese Dios tan vasto y perdurable como el universo, lo que anima nuestra fé, lo que la enciende, es el triunfo de *nuestra* idea de Dios sobre *nuestra* idea del universo. Este triunfo no es extra ni antilógico, sino una consecuencia lógica de nuestras dos intuiciones: la del universo y la de su Creador.

Así, pues, aquella verdadera monstruosidad que al primer pronto nos repelió al contemplar la idea de Dios testigo universal de todos nuestros actos auténticos y verdaderos, vuelve a ingresar en el orden de la creación como una consecuencia lógica de dos intuiciones humanas. Y no deja de ser significativo que hallemos como testigo al que, a primera vista, parece que debiéramos sentar en el sillón presidencial del juez.

Este descubrimiento merece alguna atención porque el catecismo no hace más que repetir que Dios es algo así como el presidente del Tribunal Supremo de la República universal, mientras que los humanos lo ven más bien como un testigo; de modo que todo el segundo mandamiento, en su primera vertiente, podría formularse así: «No pongas a Dios por testigo más que si tú eres verídico y el caso fuerte.»

¿Habrá en nosotros, aun en los creyentes, cierta resistencia a ver en Dios un mero juez? Se cuenta de un gitano moribundo cuya mujer, muy devota, le había obligado a recibir la Extremaunción; y a las preguntas preliminares del sacerdote, el moribundo, indiferente pero pensando en su mujer, contestaba como un niño obediente: «Sí, pare... Sí, pare... Sí, pare...» «¿Y crees que vendrá el día del Juicio Final y pondrá a los buenos a Su derecha y a los malos a Su izquierda?» «Sí, pare... pero vera'sté como no viene.»

El caso es que esta actitud, algo volteriana en el gitano del cuento, se da de un modo cristiano en mucha gente. Testigo, sí. Juez, no. Actitud que, a mí al menos, me parece mucho más evangélica que la creencia en esa Inquisición Final a lo Divino con su cárcel y todo para los malos, que irán de cabeza al Infierno. «Padre —preguntaba una bella pecadora a su confesor—, ¿es verdad que el Infierno es un sitio donde diablos meten a una en aceite hirviendo, pinchándola con horcas ardientes?» «Pero, hija, por Dios... El Infierno consiste en no gozar de la presencia del Señor.» «¡Ah, menos mal, menos mal!»

Entre estas dos anécdotas vividas oscilan los pensamientos y temores de quizá la mayoría de los creyentes; mientras que los incrédulos procuran no pensar en cosas tan arduas y enrevesadas. Aun para espíritus tan puros y excelsos como Benito Espinosa, sólo el temor al castigo es capaz de oponer dique a la maldad humana; y la opinión es general si no unánime de que el temor al Infierno puede más en la voluntad del cristiano que la esperanza del Paraíso.

¿Cómo juega todo esto en la práctica en el español? El tiempo domina la respuesta. No hay práctica sin tiempo. El temor al Infierno actúa en la mecánica de los factores que crean el acto moral en todos los creyentes y en casi todos los incrédulos; pero este factor tiende a perder mucha de su fuerza por ser la Cosa Temida cosa del porvenir; y además, cosa del lejano porvenir. Profundo verso aquel de *El burlador de Sevilla*: «¡Qué largo me lo fiáis!»

A lo que se añade otra incertidumbre. El castigo sólo viene después de la muerte, como quien dice, en otro país, donde habrá otras gentes y otras leyes, y, sobre todo, otros vecinos. De modo que ese Infierno se deslíe en el porvenir lejano, se esconde detrás de las nubes de la muerte, y no tiene nada que ver con la hermosa morena que me hizo pecar ayer y me va a hacer pecar otra vez la semana que viene, que vive aquí y es de carne y hueso como yo, mientras que esos demonios de que habla el cura...

Ésta es la vertiente moralmente más humilde de la renuncia instintiva a ver a Dios como juez y de la propensión a tomarlo por testigo que (a mi ver) se observará en muchos españoles. Pero también ofrece el tema otros aspectos de no menor interés. Por lo pronto, el Juez es imparcial, lo que en sicología española *equivale a estar en contra*. El español, como pecador, considera la postura de juez como adversa. El juego de justicias y ladrones que todos jugamos de chicos ve con serena imparcialidad al justicia y al ladrón; y aun los intercambia de lunes a martes. Ello se debe a la índole dramática de nuestro modo de ser, que hace tan difícil que un hombre público se vea condenado por la opinión por haber quebrado la ley. Sobre el tablado, tiene que haber drama: y no hay drama sin traidor. El traidor, pues, tiene tanto derecho a vivir como el barba noble. Al español le deja frío la mera justicia (a no ser que el no hacerla le perjudique a él).

Ahora bien, este modo de ser puede acarrear, y de hecho acarrea, graves consecuencias en historia y en sociología; pero no deja de armonizar con la religión, sobre todo la cristiana. «Al César lo que es del César y a Dios lo que es de Dios» deja en quien lo oye un regusto de desdén para lo cesáreo. Hacer de Dios un juez, aunque sea supremo y de Juicio Final, equivale a sentar a Cristo en el sitial de Poncio Pilato. No. Por la justicia ni Dios vive ni Jesucristo muere. Padre, Hijo y Espíritu Santo arden eternamente por el amor.

Testigos, pues, y siempre, de descargo. Testigos porque para el pecador, si el Juez está siempre en contra, el testigo está siempre en pro. Que de no ser así no lo citara. Y bien que han convenido antes lo que hay que decir y lo que es mejor callar. Esta predisposición de pillería y compinchería judicial vive, como raíz, oscura y manchada, en la tierra que rodea y calienta el árbol; e intercambia su savia con lo que más arriba vive gozando y consumiendo la luz del sol, con la que se lava y purifica.

Porque, al tomar a Dios por testigo, el pecador busca el modo de mostrar al desnudo su diáfana verdad. Dios por testigo porque Dios todo lo ve y todo lo oye. El error de los catecismos es añadir: «todo lo juzga». Para el pecador español, hacer de Dios un juez es rebajarlo. Hacerlo testigo, es humanarlo y hermanarlo. Casi, casi apelar a Él como otro pecador, ver en Él algo así como el Pecador Supremo, que todo lo comprende y perdona. En esto se nos acercó mucho Heine, que en su lecho de muerte decía: «*Dieu me pardonnera. C'est son métier.*»

Y aún queda la intercesión que se propone ascender al testigo hasta elevarlo al rango de abogado defensor. La intercesión es una recomendación canonizada. El español medio no sabe dar un paso sin recomendaciones. Hasta aquello que más secamente objetivo debiera ser, los exámenes que van a probar si el alumno sabe o no sabe la asignatura, son objeto entre nosotros de recomendaciones. Yo sé de un coronel director de una Academia Militar que había intentado, no sin correr grandes riesgos, abolir tan dañosa costumbre, el cual recibió un día a la madre de un aspirante a alumno que le informó haber hecho toda una novena a la Virgen para que su chico saliera bien. El coronel puso cara muy larga y declaró a la dama que, con mucho sentimiento, descalificaría a su hijo, porque era una injusticia para sus compañeros el asegurar a uno de ellos tan prepotente recomendación. Pero concedamos que más español era lo de la dama que lo del coronel. La justicia no interesa al español. Lo que le interesa es el privilegio. No le basta sacar entrada sino sacarla por ser sobrino del ministro, y gratis.

Teólogos y confesores rodearán la intercesión de toda suerte de santas aureolas; pero el trasfondo real y efectivo en que la viven los devotos y devotas es el de la recomendación. Claro que esta actitud no sólo no tiene nada que ver con la justicia, sino que le es netamente contraria. Volvemos a tropezar con esa indiferencia para la justicia que es tan característica del español. Lo que importa es que se haga lo que él quiere. No le interesa, pues, la justicia, sino el poder: y para plasmar su actitud, ha creado un refrán que es de un realismo tremendo: *hágase el milagro y hágalo el diablo.*

¿Cinismo? Nada de eso. El cinismo no es cosa española. Suele ser postura intelectual, de hombre ya de vuelta de todo, mientras que el español no suele intelectualizar las situaciones ni filosofar sobre ellas. Lo español es una especie de realismo-pragmatismo que aguijoneado por su impaciencia —quizá el mayor defecto del español— hierve en deseo de ver hecho lo que desea hacer, y echa mano de la primer herramienta que ve. ¿El diablo? Pues ¿por qué no? ¡Hala! Mientras llega Dios.

La segunda de las dos caras que presenta el segundo mandamiento tiene un nombre consagrado por el uso de los siglos: *la blasfemia*. La cual brota de la voz humana cuando el corazón del que habla se vuelve contra Dios. Hay blasfemia noble y blasfemia vil. No se ofenda nadie ante la idea de *blasfemia noble,* porque la blasfemia requiere la fe. Quien no cree en Dios, mal puede ofenderle. Quien a Dios ofende, en Él cree. Y claro que se puede ofender a Dios desde todos los niveles a que se eleva o cae el alma humana.

Cabe interpretar el segundo mandamiento en este su segundo aspecto como un giro sobre el sentido de la expresión «en vano»; ya que vano es emplearlo para maldecir o insultar al que lo lleva. Y el mayor insulto que cabe cometer con los nombres divinos es utilizarlos como medios o instrumentos, en este caso, como medios para satisfacer una pasión. Las pasiones que se nutren de blasfemias son, desde luego, las más fuertes y capaces de avasallar el alma del hombre. La fiera humana arroja así a la hoguera de su pasión todo lo que, en frío, venera, y, cuanto movido por una pasión noble, adora y exalta.

Así apunta el hecho que ya hace más de medio siglo observé en mi ensayo sobre el poeta inglés Wordsworth. En contra de lo que él parecía creer, la nobleza y la poesía no están en el tema sino en el poeta, y más concretamente, en su estado de ánimo. Como ejemplo daba esta copleja que, en su tema, no puede ser más banal, pero que, por su talante, la reviste de singular encanto:

> *Por la calle abajito*
> *va quien yo quiero.*
> *No le veo la cara*
> *por el sombrero.*

Como esta «instantánea» de poesía, da el pueblo español todas las que se quieren cuyo motivo es «religioso» no sólo en el tema sino en el talante del momento, por la magia de la humanización de lo divino:

> *La Virgen lava pañales*
> *y los tiende por el suelo;*
> *y los pajarillos cantan*
> *y el agua se va riendo.*

74

«La Virgen del Pilar dice
que no quiere ser francesa;
que quiere ser capitana
de la tropa aragonesa.»

Esas escenas medio militares
medio eclesiásticas
que brotan en Andalucía
durante la Semana Santa.

Por este sendero florido baja del Cielo a la Tierra Dios con toda Su familia; y una vez que han bajado y ya todos se encuentran al mismo nivel que nosotros, pisando la tierra, ¿no es inevitable que la familiaridad degenere a veces en broma, y vaya bajando a cosas peores?

San Pedro, como era calvo
le picaban los mosquitos,
y su madre le decía,
ponte el gorro, Periquito.

El aspecto del sendero, siempre hacia abajo, va perdiendo grandeza y dignidad. Llegan los cuentos, narrados por sacristanes y curas al estilo de los dos grandes arciprestes; y se va entretejiendo toda una picaresca en la que se va borrando la raya entre las pillerías que hacen los clérigos y la mano izquierda que les prestan las imágenes, *que son*, recuérdese, los mismos santos y santas del Cielo que bajan a la Tierra para desempeñar sus papeles en la perenne Comedia Humana.

Ya están en la calle. Ya forman en las procesiones; no sólo como imágenes de cartón-piedra o de madera...

Quien te conoció ciruelo
en la huerta de mi abuelo
y te ve de Cristo aquí,
los milagros que tú hagas
que me los claven aquí.

... sino también en carne y hueso. ¿Y qué esperar de la carne y del hueso? Sé de una ciudad donde se celebraba la gran Procesión del año, y en la que formaban todos los Apóstoles y el propio Jesucristo, encarnados en sendos ciudadanos por privilegio hereditario. Unos habían subido en la jerarquía terrestre, otros bajado. Pasó «San Pedro», en estado de ebriedad avanzada, y le vertió sobre el pie desnudo al propio «Jesucristo» toda la cazoleta de cera líquida de su cirio. La pluma se resiste a escribir la blasfemia que toda la ciudad oyó.

No gritemos. No nos indignemos. Comprendamos. Sigamos el sobrio y humano consejo de Espinosa. En la encantadora y muy religiosa tendencia española a humanizar todo lo divino, va inevitablemente implícito el riesgo de hacerlo caer en lo odioso, ridículo, obsceno y vulgar. De todo esto se hallarán ricos veneros en la geología del alma española.

Y no dejará de ser instructivo el hecho de que estos veneros se revelen constituidos por tres órdenes de niveles: los divinos, los sexuales y los excrementales. Más sutil, otro nivel se nos revelará con más frecuencia en ciertos países, como Francia. Volvamos a la historieta inicial de esta disquisición, la de aquel *poilu* a quien el juez ordena que jure decir la verdad. ¿Qué dice? «*Je dis la vérité, nom de Dieu.*» De modo que la blasfemia más fuerte en Francia es sencillamente: ¡Nombre de Dios! Como en Inglaterra es *by God* que los franceses hallaron demasiado fuerte, *par Dieu,* y la eludieron o esquivaron diciendo *parbleu,* como nosotros decimos *pardiez* (y no *por diez*) revelando así el origen francés de esta eufemística semiblasfemia.

Así, pues, una de las características de nuestras blasfemias tiende a ser la de su contenido material blasfemo. *Nom de Dieu* no es blasfemo más que por pura convención; y aunque entre soldados y marineros se den formas blasfemas más violentas, sucias y obscenas, esta blasfemia anodina en lo concreto —*nom de Dieu*— sigue siendo en Francia el ápice del reto a la divinidad. Quizá se explique así aquel intento de blasfemar que hace Victor Hugo en la famosa escena de *La légende des siècles* en que pinta a su padre, «*ce héros au sourire si doux*», mandando a su ordenanza socorrer a un español moribundo. Se acerca al muchacho, y el español

> *une espèce de maure*
> *fit partir son fusil en criant Caramba!*
> *Le coup passa si près que le chapeau tomba*
> *et que le cheval fit un écart en arrière.*
> *Donne-lui tout de même à boire, dit mon père.*

Toda la escena se viene abajo para los lectores españoles por haber imaginado el poeta que *caramba* era una blasfemia *du tonnerre de Dieu.*

En inglés se da una palabra blasfema que debe su fuerza a causas muy distintas de lo que parece. Es un mero adjetivo y literalmente significa *sangriento* o *sanguinario* —*bloody*—. Parece, en efecto, aludir a sangre *(blood)*, pero es un comprimido de *by Our Lady* —«por Nuestra Señora»—, que, quizá empujado por la posición contraria a la Virgen María, del protestantismo, tomó carácter blasfemo. Obsérvese, sin embargo, que respeta la ley general: que no hay blasfemia sin fe; ya que, al perder la Virgen su carácter divino, cae la índole blasfema de la expresión.

Españoles e italianos, como seres más tallados y trabajados por las pasiones estéticas, piden bulto y drama a sus blasfemias; y se mueven con entera libertad ética entre los seres divinos que obligan a hacer vida terrestre con ellos. Surgen así relaciones de familia (más o menos sagrada), de comparación, de localidad, hasta de rivalidad; hasta de clase.

> *Bárbaros, aragoneses*
> *que habéis querido casar*

al Santo Cristo de Burgos
con la Virgen del Pilar.

La Virgen del Pilar dice
que no quiere ser francesa;
que quiere ser capitana
de la tropa aragonesa.

No dice la historia cómo se entendieron las Vírgenes del Pilar y de Lourdes. Pero consta que son diferentes Vírgenes con (es de suponer) diferentes preferencias y *poderes*. Por lo que gana sustancia aquel candoroso «cualquiera» que un día le oí a una joven española tan vivaz y perspicaz como la más pintada, la cual, refiriéndome cómo su papá y su mamá se habían prometido, junto a la ermita de la Virgen, exclamó: «Pero, no te creas, no la de una Virgen cualquiera, que fue la de...»

¿Qué madrileño no ha oído contar los milagros del Cristo del Gran Poder, que, en su día del año, crea una cola de pretendientes que da vuelta a toda la manzana, y quién creerá que si su fama fuera de Cristo de la Gran Justicia habría tal cola?

Quizá sea éste el camino para desentrañar los misterios de la alianza perenne entre la fuerza armada y las procesiones, donde salen esas escenas medio militares medio eclesiásticas que brotan en Andalucía durante la Semana Santa. Santa y todo, la Semana transcurre en la calle y da de sí casos a la española, de mucho sabor.

Entre los cuales, colocaría yo aquel del encuentro de dos procesiones en el cruce de dos calles de Cádiz. ¿Quién pasa primero? Lo cristiano era ceder al otro. Pero lo español va al privilegio. La cofradía de la Virgen era la cofradía más antigua; la del Cristo hacía valer la preeminencia de Jesús sobre su madre. Se arguyó en el cruce sin regatear el tiempo; hasta que un gitano sacó una navaja de esas de muelle y, esgrimiéndola, exclamó: «¡Que pase er Crihto... si s'atreve!»

Pero ¡cuidado! No nos perdamos nosotros en el error de imaginar que en todo este bullir de pasiones humanas en torno a la fe, sale la fe perdiendo. Lo que ocurre es que esta fe española no se satisface con la mera existencia incorpórea que sugieren e inspiran las nubes con su asombroso poder creador de alas de ángeles y velas de navíos; sino que quieren divinidades de carne y hueso, con lo cual es inevitable que entre la corrupción.

No es cosa de transcribir aquí, ni aun tan sólo ejemplos, de los niveles de vileza, obscenidad e indecencia, a que nos llevan estas circunstancias. Bastará decir que la vigorosa imaginación de nuestros pueblos ha creado todo un mundo de obscenidad incomparablemente más vivaz que el de los demás pueblos europeos. Al cual añade sal y pimienta el mero

78

hecho de que palabras inocentes en uno de nuestras dos docenas de países, funcionan como obscenas o blasfemas en otros. La palabra *porras* quiere decir *testículos* en la lengua del Brasil. Cuando la República del Panamá envió como embajador al Brasil a un diplomático eminente que se llamaba don Belisario Porras y Porras, decían los cariocas: «Una vez, vaya. Pero ¡repetirlo!»

¿Qué conclusión sacar de esta excursión por el segundo mandamiento? Primero, que era en efecto, muy necesario, porque si, aun con tan solemne orden divina, los españoles hemos ido a crear los dos mundos que de él se desprenden, mitad obedeciendo, mitad violando, lo que se nos manda, sin él ¿qué habría sido de nosotros? Somos un pueblo muy fuertemente vinculado a la Tierra; pero también demasiado fermentado por el talante religioso para contentarnos con el ateísmo. Sin Dios y sus santos, nos parece la Tierra, el universo, la vida, cosa muy aburrida, sólo propia para meros economistas y otros mutilados mentales. Gracias al segundo mandamiento, vamos tirando sin ofender en demasía al Creador que creamos y que luego nos creó. Y sólo nos salvamos porque nunca se nos ha pasado por la imaginación que fuésemos santos o pudiésemos llegar a serlo.

El tercer mandamiento

El tercero, santificar las fiestas.   Parece sencillo, ¿verdad? Pero si paramos a uno o a una en la calle, al uso de la RTV y, poniéndole un embudo microfónico a la altura de la barbilla, le preguntamos: «¿Cómo santifica usted las fiestas?», ¿qué sacaríamos en limpio? Poco o nada. Así sucede con las cosas más sencillas: que ni idea tenemos de lo que son. ¿Qué es *santificar*? ¿Qué es *fiesta*?

Me atrevería a apuntar que en España serán muchos más los que sepan qué es *fiesta* que los que sepan qué es *santificar*; y de éstos, los más, y de aquéllos, todos, opinarán que lo uno no tiene nada que ver con lo otro; porque una fiesta es algo que se arrima mucho a la idea que uno se hace de un jolgorio, mientras que eso de santificar lleva consigo un talante y un ambiente no precisamente alegres.

Habría que reconocer que para nosotros, los españoles, la fiesta nos cae más natural que la santificación; es decir que la libre expansión de la alegría de vivir, el cantar, las palmadas, el bailar, su poco o mucho de bebida, el color, el bullicio, el mujerío en auge de belleza activa, toda esa vida en ebullición, no se nos representa como una actividad aparte, un paréntesis de actividad corporal en la larga prosa de la vida de labor; sino la vida exaltada por la salud, el buen humor, la abundancia del corazón aún joven. A nadie se le ocurre que haya que santificar eso que para nosotros es la verdadera fiesta.

Pero quizá apunte aquí una mala inteligencia sobre el significado del vocablo *fiesta* para el español medio por un lado y, por el otro, para aquel español medio que se llamó el padre Ripalda, autor del famoso Catecismo. Porque para éste, tutor de todos los otros, una fiesta significa *un día en el cual no se trabaja, o sea como-si-fuera-domingo,* lo que se llama una fiesta de guardar, las cuales son:

1. Todos los domingos.
2. El día de Navidad.
3. La Circuncisión del Señor (día de Año Nuevo).
4. La Epifanía, Adoración de los Reyes.
5. La Ascensión del Señor.
6. La Inmaculada Concepción.
7. La Asunción de la Virgen.
8. El día de San Pedro y San Pablo.
9. La Fiesta de Todos los Santos.
10. El día de San José.
11. El Corpus Christi.
12. El día de Santiago.

Este día de Santiago es peculiar a España como corresponde al país que a mayores peligros ha sometido al Apóstol, porque eso de viajar en una barca de granito y eso de ganar batallas bajando a pelear en las nubes montado sobre un caballo blanco son servicios excepcionales que bien merecen una fiesta. Lo que no está probado es que al Santo gallego por excelencia le agraden las maneras que nosotros los españoles tenemos de manifestarle nuestra gratitud. La ofrenda de las onzas de oro no es probable que le interese gran cosa, pues ya hace veinte siglos que se ha elevado por encima de toda preocupación monetaria; pero los discursos que tiene que escuchar para recibirlas son tales, que me arrepiento de haber sostenido (a propósito del segundo mandamiento) que las imágenes oyen a los que les hablan. Bien que yo añadía «con fe»; y quizá esas dos palabras le eviten al Santo no pocas latas oratorias, si bien se mira.

Como gallego que soy (aunque me esté mal el decirlo) me preocupa la suerte de Santiago y desearía que se encontrase a gusto en su patria de adopción; así que he meditado no poco sobre cómo agradecerle sus eminentes servicios a la historia de España de modo que no le obligue a escuchar (o dejar de hacerlo) esas expansiones oratorias que por tradición le brinda todos los años una gloriosa institución representada casi siempre por otra no menos gloriosa, y se me ha ocurrido una idea que brindo a ambas y que tendría, a mi ver, grandes ventajas amén de ser más barata en oro de ley, y de desligar cada año a un príncipe de las armas de la penosa labor de destilar un discurso de un cerebro más bélico que literario: esta solución consistiría en nombrar a Santiago capitán general honorario del Ejército español, procedente del arma de Caballería.

Que nadie se asuste. Hay precedentes. No sólo es el primogénito de los Veraguas, almirante nato de la Marina española como tal descendiente de Cristóbal Colón, en virtud de lo prometido en las capitulaciones de Santa Fe, sino que Santa Teresa de Jesús ha sido reconocida por el Padre Santo como doctora de la Iglesia. Estamos, pues, en terreno firme proponiendo que se le den a Santiago honores de capitán general del Ejército español. Entre otras ventajas, esa elección nos aseguraría que no haría declaraciones ni discursos, ni siquiera para dar las gracias por la ofrenda.

Ello no impediría que el 25 de julio se celebrase una fiesta de verdad en honor del capitán general honorario, donde (es mi opinión) el vino sería del Ribero y en la música dominarían los ritmos «del galaico pastor de orillas del Miño», como dijo aquel otro gallego eminente que se llamó en vida don Ramón María del Valle-Inclán.

Mucho me he apartado del camino real de mi tema al aroma eclesiástico-militar de esa fiesta de guardar que los españoles añaden por su cuenta a las que manda guardar la Iglesia. Pero no quisiera dejar al lector con la impresión de que yo opino que nosotros los españoles abusamos de este tercer mandamiento metiendo de contrabando una fiesta más aunque no sea más que porque en estas fiestas de guardar no se trabaja. Sobre qué signifique esto de no trabajar en las fiestas de guardar habrá que volver, porque el tema revela insospechadas perspectivas; pero por ahora diré que la condición de suspender el trabajo es cosa que ha aumentado inusitadamente el respeto al tercer mandamiento en todos los países católicos y protestantes; tanto que, con tal de dejar de trabajar, hay quien está dispuesto a guardar muchas más fiestas que las prescritas por la Iglesia.

Lo malo está en ese *santificar*. Bueno, ya se me entiende. No quiere decir que lo malo es santificar. ¿Cómo iba un español a decir tal cosa? Lo malo quiere decir aquí «lo difícil». Porque para saber lo que quiere decir *santificar* hay que ir a preguntárselo a quien lo sabe, o sea, al padre Ripalda.

P.   ¿Quién es el que santifica las fiestas?
R.   Quien oye misa entera en ellas y las huelga y gasta en santas obras.
P.   ¿Para qué se establecieron las fiestas?
R.   Para dar culto a Dios y celebrar los misterios principales.

Ahora resultará más claro lo que quise decir (aunque, sin duda, muy mal) con aquello de que «lo malo es eso de santificar». Aquí hay algo que no va. No sólo porque a lo que los españoles entendemos por *fiesta* no le cae bien ese santificar que significa oír misa, holgar y gastar el tiempo en santas obras, que lo de holgar sí, nos va bien, pero eso de las santas obras nos queda un poco lejos, al menos en día de fiesta; sino porque la lista de esos días de fiesta nos deja perplejos.

Los hay que nos agradan. Todos los domingos; el día de Navidad...

la lista empieza bien. Hacemos novillos. Nos vamos de merienda. El cine. Los amigos. Bien. Hasta ahora, no hay dificultad. «Pero… pues mira tú que yo no sabía que el Año Nuevo era el día de la Circuncisión del Señor.» «Bueno. No importa. De todos modos, no sabemos qué es eso tan largo de Circun…» «…cisión.» «¿Qué importa? Lo que importa es Año Nuevo, vida nueva. ¿Está la merienda? ¿El coche? Pues ¡hala!»

«Los Reyes. Sí. También la Epifanía… deben de ser cosa de pífanos. No sé qué es, pero no importa. Ya les tengo comprados los juguetes a todos. Hala.»

Pero, francamente, el padre Ripalda es cruel. A quien le va a sacar de sus casillas esa serie de abstracciones: la Ascensión, la Asunción, la Inmaculada Concepción; y ¿cómo compaginar una fiesta con esas cosas de tejas arriba? La Iglesia, es verdad, logra una síntesis feliz de los dos sentidos de la palabra *fiesta* mediante el esplendor que sabe dar a sus oficios divinos; y aquí diré que no estoy tan seguro como otros de que la simplificación, la «democratización», la deslatinización, la archivación de la música tradicional eclesiástica, hayan significado progreso alguno; antes bien, mucho me temo que signifique retrogreso en la fuerza moral y espiritual de la Iglesia y su influencia para bien sobre el pueblo.

Estas fiestas que la Iglesia manda guardar al pueblo debieran más bien guardarse por la propia Iglesia; y, a mi ver, otro gallo nos cantara si se hiciera por quien puede y debe todo lo necesario para estimular la fe por medios artísticos, como son los conciertos, los autos sacramentales y otras manifestaciones netamente eclesiásticas, pero en el campo de la sensibilidad artística de la gente que pretende pastorear. Más religioso me parece hacer de la Iglesia un teatro que una sala para mítines políticos o de protesta.

Esa lamentación universal… «La Iglesia se muere», exclama un Papa torturado. Un poco de historia quizá lograra consolarle. Si acude a la página 199 del libro del marqués de la Villa de San Andrés, leerá lo que sigue:

… en Absterdam, y en Londres hallé yo, que tenían amistad, y fee, los hombres: y en los preceptos legales observan tanto el Domingo, que no hai Coches en las calles, ni arrojo tiene ninguno, para levantar la voz: no hai Tienda ninguna abierta, ni se hará el menor contrato, aunque toda la Plata de Midas, importara: En las Iglesias gastan toda la mañana, y a la tarde van indefectiblemente a Visperas, y si a passear despues se van, es con más silencio, que lleva en el Via Crucis un Frayle. En casa del Marqués de Monteleon, nuestro embaxador en Londres, me escusaba muchas veces, los Domingos, de ir, por el rubor que me daba, tanta bulla como allí se hacía, a vista del silencio, de ellos, porque en el precepto de respetar el Domingo, estamos todos iguales. Pero aquí, adonde tanta

84

Eso de ganar batallas bajando a pelear
en las nubes montado sobre un caballo
blanco son servicios excepcionales que
bien merecen una fiesta. (Tabla anónima.)

Más religioso me parece hacer
de la Iglesia un teatro que una sala para
mítines políticos o de protesta.

El género chico
es un retrato de
sí misma que hace
la clase media
española de fines
del XIX y comienzos
del XX, revelando
todos sus rasgos,
buenos y menos
buenos. (Una
escena de «Bohemios».)

jactancia del Catholicismo se hace, qué miramos? Qué práctica en la observancia del Domingo vemos? Qué? Todos los Zapateros, y los Sastres trabajando; todas las Tiendas abiertas, durmiendo hasta medio dia muchos, no caber en la Soledad, la gente a la Missa de las dos; salir de allí para la Taberna, para el Juego de las bolas, para ir a caza, a tomar asiento en la Cazuela, y sin acordarse más de Dios, ni de un precepto tan santo, embocarse en un burdel.

Así pasaban las cosas en el siglo XVIII. No es pues como para desesperar.

Pero ¿qué ha hecho la Iglesia para seguir viviendo sin olvidar de dónde le viene la vida? La Iglesia sólo puede vivir de vida, de la vida de todos los creyentes. ¿Y quién va a vivir si sólo se alimenta de abstracción? Demasiada doctrina, demasiadas lecciones, demasiada politiquería de birrete y mitra, demasiadas homilías, demasiados aburrimientos. La Iglesia nacional debería disponer de una institución destinada a estimular el *goce de la fe* en sus fieles, y este goce sólo es posible estimularlo mediante *vivencias* religiosas, o sea, mediante las artes. *El Misterio de Elche* es un ejemplo. En cada ciudad, región, comarca, debieran existir fuerzas creadoras artísticas que contribuyesen a retener en el redil las ovejas que se van porque se aburren. ¡Qué *santificar de fiestas* tendríamos entonces!

Porque no hay más remedio que reconocerlo. El tercer mandamiento no llama al pueblo a ninguna fiesta en el sentido que el pueblo le da a esta palabra. «Tocan a aburrirse», se dice la multitud al oír las campanas. ¿Por qué? ¿Hay que resignarse a que la Iglesia sea siempre lugar y foco de aburrimiento? ¿No es posible hacer pasar al pueblo por la experiencia de la emoción religiosa cuando ahí están esperando Palestrina y Vitoria, Cabezón y Guerrero, Vivaldi y Bach; Lope de Vega y Calderón de la Barca; y los que vendrían? ¿No sería más fecundo un gran servicio de artes religiosas que un seminario de marxismo cristiano?

Que la Iglesia se mueva ante la injusticia, nada más natural. Que batalle por el bien de los pobres, excelente. Con tal que batalle a lo divino, sin politiquear. Pero más esencial es todavía hacer valer el inmenso tesoro artístico que ha heredado de siglos pasados, y el increado que espera para florecer que el ambiente de la propia Iglesia le sea propicio.

La prueba de que los diez mandamientos abarcan los espacios vitales donde nos movemos todos es que los comentaristas catequizantes no logran abstenerse de rozar temas candentes. Y eso que lo procuran como pueden. Así, el Ripalda:

86

P.   ¿Será pecado grave trabajar en pocas cosas o necesarias?

Ahí le duele. Lo que pasa es que el Ripalda sólo insinúa y no se atreve a hablar claro; que la pregunta, en realidad, quiere decir: ¿quién va a lavar los platos el domingo? ¿Tú, yo, o el chico que sirve en la cocina de la fonda? Éste es uno de los problemas que plantea este mandamiento que tan inocente parece. El padre Ripalda no se contenta con plantear el problema envuelto en papel de seda, sino que se evade con elegancia jesuítica de la contestación que el tal problema pide.

R.   No, Padre. Mas, en duda de si lo es, bueno es preguntar a quien lo sabe.

Claro que esta evasión no nos satisface porque la tenemos por hipócrita; y en busca de otra más clara, acudimos al catecismo de los católicos ingleses. Acudimos, además, con la debida humildad, porque todos venimos diciendo hace siglos que la hipocresía es pecado característico del inglés; de modo que nos está bien empleado que tengamos que ir a buscar claridad a Inglaterra huyendo de la hipocresía española. Leamos, pues, el catecismo inglés.

P.   ¿Qué ordena el tercer mandamiento?
R.   El tercer mandamiento nos manda guardar santo el domingo.
P.   ¿Cómo vamos a guardar santo el domingo?
R.   Guardaremos santo el domingo oyendo misa y descansando de las labores serviles.

Esto es hablar claro, sin las envolturas y vaguedades del padre jesuita Ripalda. Y no queda aquí la cosa; porque el texto del tercer mandamiento va comentado a fin de aclarar eso de las labores serviles, y a fe que el comentario es sabroso.

LABORES SERVILES.   Aquellas labores que usan el cuerpo más que la mente y las suelen hacer los sirvientes y las gentes de oficios.

Ahora vemos la razón de prudencia que inhibía a nuestro padre Ripalda de meterse en honduras. De modo que santificar las fiestas es abstenerse de las labores serviles que suelen hacer los sirvientes y los obreros del campo o de la ciudad. De donde se deduce que, para el Ripalda solapadamente, y para el catecismo inglés, de modo explícito, las *labores serviles no son santas.*

Con todo respeto para las autoridades eclesiásticas, esta actitud me parece un disparate redondo. Toda labor, sea lo que quiera su objeto y quien la hace, debe ser santa para un pueblo religioso; y hacer intervenir en su definición de labores «serviles» la circunstancia de ser sirvientes o «gentes de oficio» los que las suelen desempeñar, me parece un tremendo anacronismo.

Por si quedase alguna duda en cuanto a lo que el redactor del catecismo inglés estaba pensando, todavía será útil seguir copiando su desdichado comentario al tercer mandamiento:

Se dan además dos especies de labores; a saber, las liberales, o sea aquellas que ocupan más la mente que el cuerpo, como son el dibujo, la música, la literatura, etc.; y las labores comunes, a que se entregan todas las clases, como la pesca, la caza mayor o menor, etc.

He citado estos textos porque revelan un grado de confusión mental que sólo se suele lograr en Inglaterra, a causa de su costumbre de pensar a lo empírico. Resulta, en efecto, que para santificar las fiestas, hay que abstenerse de toda labor servil, como guisar o fregar o barrer o hacer las camas; pero no de dibujar, tocar el piano o pergeñar un soneto. ¿Cuál es el criterio? Si consiste en que las labores que deben cesar el día de fiesta son las que hacían los sirvientes cuando todavía había sirvientes, estará permitido tocar el piano pero no la guitarra, ¿no? Además ¿quién va a comer qué? ¿Y dormir en qué cama? Y los hospitales ¿se cierran? ¿Dónde queda la caridad? Y salir con el mastín a matar perdices, faisanes y conejos, ¿es santificar las fiestas? Así al primer pronto, no lo parece.

Nuestra extrañeza se debe a un desfase en el tiempo. Cuando menos lo pensábamos, nos topamos con un anacronismo. Los linderos de clase rayan la plana clara y unida de nuestra común cristiandad. Yo recuerdo bien una gran casa inglesa donde la (digamos) «duquesa» convocaba a todo el personal —y era numeroso— a rezar al anochecer. Iban llegando, de un talante de lo más confuso y vergonzoso, la cocinera, las doncellas, el cochero, el mayordomo (todos a disgusto no sólo por tener que juntarse con los señores, sino por tener que juntarse entre sí siendo de capas tan distintas de servidumbre); y no sabían ni cómo sentarse, a pesar de las invitaciones que a tal efecto recibían de la «duquesa» en forma de órdenes; pero lo peor era el rezo en común. Así iban las cosas en el ambiente de entonces en Inglaterra.

En España entonces tenemos el testimonio del género chico, y sobre todo el de esa obra maestra del género que es *La verbena de la Paloma*. Bien leído, el género chico es un retrato de sí misma que hace la clase media española de fines del XIX y comienzos del XX, revelando todos sus rasgos, buenos y menos buenos; y así en la famosa verbena brota su limitación de clase en frases de una ingenuidad cómica a fuerza de increíble. ¿Qué más se puede pedir que esto?:

También la gente del pueblo
tiene su corazoncito;
y lágrimas en los ojos
y celos mal reprimíos...

Este trozo es como una ventana que de pronto se abre para que veamos lo que era el español medio de la clase media y mediocre en torno a 1900. Y se me antoja que eso de las «labores serviles», aunque dejado escapar por un descuido del catecismo inglés, corresponde por derecho propio al catecismo español.

Quedamos, pues, en que la manera de santificar las fiestas no parece tema que la Iglesia haya meditado con la debida atención. Parece que, en vez de proscribir los trabajos primarios, los que el catecismo inglés llama *serviles,* debió escogerlos como excepción para ser los únicos que, por su santidad natural, siguen siendo dignos de hacerse en plena fiesta, que así contribuyen a santificar, y que, en cambio, las labores «liberales» podrían, si no proscribirse en día de fiesta, por lo menos reorientarse hacia la meditación sobre el sentido de la vida del hombre y su relación con Dios. En cuanto a los trabajos «comunes», donde el catecismo inglés cita la pesca y la caza como ejemplos, convendría parar mientes en ello.

Voy a dejar la caza y la pesca para otro mandamiento: el que tan sólo dice: NO MATAR. Aquí daré cabida a todo un género de acciones a que oscuramente se refiere también el catecismo inglés bajo la etiqueta de «acciones comunes que practican todas las clases». Y que hoy casi agotan el tiempo reservado para santificar las fiestas.

Podríamos proponerle al Ripalda esta pregunta:

P. ¿Santifica las fiestas el que se pasa la tarde dándole puntapiés a una pelota no menor que un melón de Villaconejos?

Porque si la respuesta es «Sí, padre», no hay país en el mundo que santifique las fiestas más, si no mejor, que el nuestro. Y esto plantea un sinfín de problemas. No creo que se excluiría el bolapié (que en inglés se llama *football* y en castellanqui, *fútbol*) como labor o juego *servil* porque, por lo visto, este extraño adjetivo se aplica a las labores domésticas que hoy hace la mujer con o sin el auxilio del marido, a no ser que las haga el marido con o sin el auxilio de la mujer; y también porque los jugadores de bolapié pertenecen a la clase adinerada, la cual, hasta ahora, se ha solido llamar burguesía.

Si resultara, pues, que el bolapié es juego para fiestas de guardar, nadie las guardaría con más fervor que los españoles. Y quien dice bolapié, dice tantos otros pasatiempos importados de los Estados Unidos, como el baloncesto y demás.

Donde empiezan a estropearse las cosas es precisamente cuando volvemos a ingresar en el área nacional. ¿Que valen para la santificación de las fiestas, por ejemplo, las corridas de toros? No parece que jamás le haya inquietado el tema a ninguno de los grandes artistas de toros que debe España a Andalucía; pero entre escandinavos y demás nórdicos, la protesta sería unánime, como protestantes que son todos; porque al fin y a la postre, el toro sale muerto y arrastrado. Por eso, los nórdicos y luteranos prefieren con mucho un pugilato entre dos hombres ya que si uno sale medio muerto, no lo arrastran y además entró en la liza sabiendo lo que hacía y no, como el toro en la lid, sin saber lo que le esperaba.

Pero si dejamos a un lado los aspectos polémicos de estos problemas que plantea el tercer mandamiento, y nos atenemos a lo que se da, fuerza es reconocer que, en general, los españoles no le dan importancia alguna a la santificación de las fiestas, por considerar que lo que hay que hacer con ellas no es santificarlas sino celebrarlas. Dicho de otro modo, el español corriente, aun si es católico a machamartillo, da a la fiesta el significado de jolgorio y no de día santo; y no considera que ofende su religión divirtiéndose en ella a más no poder. Éste y no otro más ritual es el que le suele dar al segundo verso de

Esta noche es Nochebuena
y no es noche de dormir;

y cuando se examine cómo vive sus fiestas «religiosas» lo que se hallará es un sano y feliz paganismo que toma la fiesta del patrón del pueblo como pretexto para pasarlo bien.

De un modo general y sumario, para los españoles (y en general para los mediterráneos), la santificación de las fiestas es una tradición eclesial que intenta hacerlas gravitar hacia lo austero y triste. Respetada como tal tradición, esta tendencia logra inscribir en el programa de festejos por lo menos una misa; pero, ya cumplida esta obligación, los españoles se entregan con más libertad al aspecto más soleado y pagano del día santo; y si no lo santifican, por lo menos lo elevan muy por encima del día de trabajo.

Todo se aclara si damos con el sentido hondo del verbo santificar; el cual, claro está, quiere decir hacer santo. Pero esta definición evidente lo es quizá menos de lo que parece; porque si antes no sabíamos lo que era *santificar,* tampoco ahora sabemos lo que es *santo.*

La primera impresión que la palabra nos causa es la de una imagen en los altares; amén de esa adorable acepción ya cayendo en desuso, que lo hace sinónimo de *estampa* o *ilustración,* lo que revela bien el origen religioso de las ilustraciones de los libros. Pero también se dice el Santo Padre, la Santa Iglesia y hasta la Santa Inquisición. ¿Serán casos de alusión a la carencia de pecado o de debilidad para pecar, en las personas o instituciones a que se refiere? No lo creo. Más probable me parece que la palabra *santo* alude a la pertenencia a un orden claramente concebido.

Como *cristiano* significa perteneciente a la *cristiandad,* como *español* significa perteneciente a *España,* así *santo* significa perteneciente a un orden humano bien concreto, que quizá podría definirse como la cristiandad *consciente y militante.* Hacer *santo, santificar,* significaría entonces dar conciencia y militancia cristiana a una cosa o persona.

Esta transfiguración de un día cualquiera en un día santo y santificado equivale, pues, a inspirarlo del espíritu divino, o sea, del Espíritu Santo de los cristianos. La santificación es, pues, una operación puramente espiritual. No se trata de separar las cosas que son santas de las que no lo son; porque las mismas cosas pueden serlo y no serlo. *Dominus vobiscum* no significa lo mismo dicho en su lugar prescrito en la misa ante los fieles que medio jaleado a las tres de la mañana por una cupletista en un cabaret.

No se trata de ponerle adjetivos o motes a las labores o descansos que hagan amos o criados, directores u obreros. Todos los actos humanos pueden ser santos o nefandos (o indiferentes y neutros). Santos serán los que presuponen un orden religioso al que se incorporan como una especie de lenguaje.

Demos un paso más. En último término la santidad de un acto —o de una fiesta— no depende de lo que se hace sino de lo que de verdad es quien lo hace; ya que existe todo un sector de gentes que no son capaces no ya de pertenecer a un orden santo sino de concebirlo. Así las cosas, se explica la renuencia de los españoles ante el tercer mandamiento. No hay que santificar las fiestas. Hay que santificar a los que las celebran.

El cuarto mandamiento

El cuarto, honrar padre y madre. Ese verbo me choca en un catecismo. Evoca todo un mundo de sonoridades y armónicos mundanos que así tienen que ver con la ley de Dios como las coplas de Calaínos. El español que dice «¡A mucha honra!» ¿expresa una actitud religiosa? Todo lo contrario. Expresa orgullo donde el Evangelio pide humildad. *Honra* alude a una situación preeminente pero en una escena de este mundo, de este precisamente que figura en el catecismo como uno de los tres enemigos del alma. Honra es un concepto, una actitud muy difícil de compaginar con Jesucristo y tanto o más difícil con Sócrates.

Honra es un homenaje que se hace a otro para fines de privilegio en tiempo de paz y de alianza en tiempo de guerra. Así, pues, ya al primer paso que damos por este nuestro cuarto sendero del Decálogo, nos hallamos despistados y sin saber cómo y por dónde va nuestro camino y adónde nos lleva.

Por otra parte, el objeto de nuestro *honrar* es doble: padre y madre. Por donde se ve que nos hallamos en seguida en pleno misterio. Padre y madre son los depositarios del poder procreador que nos ha incorporado al mundo nada menos que de la nada. Su título a que los honremos arraiga en el misterio más opaco de la creación, tan por encima de nuestro entendimiento que sólo nos toca aceptarlo sin más. Ni siquiera aceptarlo. Al misterio accedemos, en él penetramos, a lo vital y empírico, sin problemas ni soluciones como sucede con la respiración o la vista. En esta índole del misterio pregenital ha arraigado durante milenios la idea indiscutida y natural del «honrar padre y madre». Esta idea ha sido siempre muy vigorosa entre los españoles.

Como suele suceder en los pueblos intuitivos como el nuestro, de los dos progenitores el más fuerte es el femenino.

Mira tú si es cosa grande.
La conocí el otro día.
La quiero más que a mi madre.

El más fuerte en el vástago. De la copla se desprende que no se puede querer a nadie más que a la propia madre; de donde, quizá por influencia oriental, cierto tabú sobre la madre, que se observa, por ejemplo, en nuestro teatro clásico, donde apenas hay madres, y no menos en las formas de conversación en que entra la madre.

Tan es así que, entre españoles, *honra* y *madre* son dos órdenes tangentes, tan íntimamente unidos que el uno alude al otro y el otro al uno en los más de los casos. En español, *canalla* e *hijo de mala madre* son sinónimos. No deja de darse un como regato a monte que liga este hecho y dicho con el cuarto mandamiento; y que descubre cómo honrar padre y madre presupone hijo de buenos padres o, por lo menos, de buena madre.

Este aspecto social y aun sociológico que al principio nos chocó en el verbo *honrar* comienza a aclararse cuando observamos la importancia de lo materno en la vida humana. El hombre es de suyo dado al libre juego de sus facultades, sobre todo al de su voluntad, sin mirar en su torno ni pararse en barras; pero la mujer lo ata al grupo, y la atadura se llama *hogar*. El hogar viene a ser como una ampliación del seno materno, en el cual acaba de formarse la criatura, adquiriendo las facultades colectivas.

Es, pues, evidente que el cuarto mandamiento es el que inserta al educando en su ámbito social. Honrar padre y madre significa aceptar la tradición inmemorial que hace del hogar un como seno materno de mayores dimensiones y de perspectivas colectivas.

Nuestras sociedades han vivido veinte siglos en el cauce de esta tradición. El hogar como unidad de defensa física, luego como unidad de defensa económica, han seguido cual desarrollos naturales al hogar como unidad biológica donde se acaban de modelar las nuevas criaturas; las cuales toman naturalmente respecto de padre y madre la actitud que luego prescribe el cuarto mandamiento. Aunque dudo que a ningún adolescente se le ocurriera expresarla con el verbo honrar.

Pero no vayamos a dejarnos despistar por estos cuadros verbales que vamos pintando: hogar económico, hogar de defensa; hogar biológico. No hay más que un hogar, el que componen el padre, la madre y los hijos, todos entretejidos en una unidad por la experiencia. Y éste es el hogar que viene inspirando el cuarto mandamiento desde los tiempos de Moisés hasta los tiempos de Ripalda.

No tan lejanos. El Ripalda que vengo usando en estas disquisiciones es de 1921. De hace muy poco más de medio siglo. En estos cincuenta y cuatro años, la situación del hogar y, por lo tanto, la del cuarto mandamiento, han cambiado radicalmente; de modo que cabe considerar que este mandamiento sea uno de los más sacudidos y amenazados de todo el Decálogo.

Las dos causas más activas y proteicas de esta verdadera revolución son, a mi ver, la casi desaparición de la mujer, sustraída del hogar por la gigantesca bomba aspirante de la industria, y la invención del automóvil. Estos dos cambios, cada uno en sí y además en combinación, han actuado como una verdadera catástrofe sobre el hogar.

En la clase obrera, ha desaparecido la madre. De ella no subsiste más que la función fisiológica; el embarazo y el parto; pero toda la función creadora posnatal y todo lo que de formativo tenía otrora el hogar se ha ido marchitando con desastrosa rapidez. La mujer del pueblo incorporada a la fábrica va adquiriendo un tipo humano distinto. Los estados de ánimo, las intuiciones, las cosas «consabidas», otrora arraigadas en un pasado tan misterioso como claro y natural, de donde surgían verticalmente como savia de árbol, se borran, mientras vienen a suplir el vacío ideas racionalistas adquiridas horizontalmente por la conversación, la prensa, la radio y la televisión; latiguillos, consignas, fórmulas, como monedas gastadas por el uso.

El hogar se ha transfigurado; ha perdido en hondura; ha ganado en higiene si no en limpieza, y en cierta amenidad de buen ver. De todos modos, se ha retraído a un segundo plano, dejando el primero para la colmena industrial. El recién nacido que llega del más allá no va a encontrarse creciendo en un ambiente de seno materno ampliado, sino en una especie de bar de estación de ferrocarril, abierta a los cuatro vientos, atravesado por todas las radiaciones ensordecedoras de los sentidos profundos, lugar que tiende a ser idéntico a cualquier otro lugar, en vez de ser, como el hogar de antaño, único y sólo idéntico a sí mismo.

Esta evolución —del pozo al charco— se dobla en la clase media con la desaparición del servicio doméstico. La cual ha venido a revelarse como una catástrofe cultural. La clase media española ha tenido siempre mala prensa. Primero por su insignificancia cultural (quizá exagerada por sus críticos); y más tarde por haberla identificado los marxistas españoles nada menos que con la burguesía, a lo que nuestra pobrecita clase media pudo haber recordado aquel verso y medio de Racine

... et je n'ai mérité
ni cet excès d'honneur ni cette indignité.

95

Las grandes virtudes burguesas, la inteligencia, la intención y la iniciativa son las mismas que en la Creación, al parecer muda, revelan al Creador. La burguesía, de que tantos burgueses estériles abominan, lleva tres o cuatro siglos creando el cauce de nuestra historia humana; manteniendo las normas y criterios del presente, e inventando las formas y fuerzas del porvenir. En esta labor, no cabe decir que nuestra clase media española haya hecho papel brillante si lo miramos en un conjunto europeo o universal; pero en la relatividad de las clases dentro de nuestra Península, ha sido la clase media la que ha permitido que España no perdiera contacto con Europa.

La desaparición del servicio doméstico ha cerrado la era en la que la clase media daba la tónica del país, y conservaba los criterios de la civilización, sobre todo, la justicia y la cultura. Los chicos a quienes la lotería divina hacía nacer en un hogar burgués español heredaban por mero ambiente estas tres íes, inteligencia, intención, iniciativa, de sus padres y hogar; que vertían en el acervo social y transmitían a su progenie.

Para esos chicos, pues, el padre y la madre no eran sólo lo que hoy suelen ser: los progenitores, sino también algo mucho más hondo, inefable, más vivido que pensado: eran los transmisores de una tradición de normas y reglas que, en último término, arraigaban en Atenas y en Jerusalén. No era necesario que el padre enseñara Historia en la Universidad ni que la madre vistiera hábito del Carmen o del Pilar; porque esos aromas, savias, que de Atenas y Jerusalén hasta ella llegaban, sin que se dieran cuenta circulaban en su cuerpo por la sangre y en su alma por el idioma.

Para las generaciones nacidas hasta hace medio siglo, el cuarto mandamiento era, pues, si acaso, superfluo; en todo caso, evidente. Pero la verdadera revolución del siglo, lo que se ha dado en llamar emancipación de la mujer, y en particular la absorción de la mujer del pueblo por la industria y la desaparición del servicio doméstico han privado el hogar de su savia creadora, encarnada como estaba en la madre; y por eso la nueva era ha dado una juventud moral y socialmente mutilada, una juventud privada de las ricas herencias de sus predecesores, que al sentirse defraudada, en vez de honrar padre y madre se rebeló contra ellos y los más violentos les escupieron a la cara.

Claro que todo venía envuelto en el concepto que la nueva era se hacía y hace de la Creación. O la Creación representa la obra de un Creador, fuente de inagotable inteligencia, iniciativa e intención, o el universo es una inmensa máquina que ha ido tomando forma y fuerza al encuentro del Azar con la Necesidad. Claro que si todos somos hijos del señor don Azar y de la señora doña Necesidad, es inútil el cuarto mandamiento; porque ¿quién va a interrumpir un buen almuerzo para honrar a la Necesidad y al Azar?

La burguesía, de que tantos burgueses estériles
abominan, lleva tres o cuatro siglos creando
el cauce de nuestra historia humana;
manteniendo las normas y criterios del presente,
e inventando las normas y fuerzas del porvenir
(«La familia de Flaquer», por Espalter.)

María Montessori vio claro y hondo
cuando aconsejó que se organizasen
las escuelas primarias a base de libertad.

Ello no obstante, la mayoría de los sabios de todo el mundo, los más por fe nihilista, los menos por cobardía, se declaran en pro de un universo ateo; y esta circunstancia arrastra otras consecuencias graves para el cuarto mandamiento. Porque si vamos a ver en la Creación una mera máquina que se ha ido perfeccionando por mero efecto del tiempo, de tanto que se aburría la pobre en los millones de siglos que llevaba siendo máquina, entonces la procreación no era una delegación de su poder proteico que el Creador transmitía a padre y madre, sino un truco de la máquina que aseguraba la especie sobornando a los progenitores con el placer sexual.

Esto, Inés, ello se alaba. El chico y la chica, sobre todo si nacidos en un hogar pudiente, que les da solaz para hilar pensamientos y tejer teorías, se ponen a meditar. «De modo que héteme aquí obligado a estudiar integrales y diferenciales, o la filosofía de Hegel, ¿todo por qué? Porque mi padre y mi madre no lograron resistir la tentación. Y ahora, todo es predicarme que la resista yo. ¡A buena hora! ¿Por qué no lo pensaron antes?»

Aquel *paterfamilias* que en otras generaciones revestía durante los años modeladores de sus hijos, la majestad del Creador, aparece hoy como el seductor de menores que, a su vez, un día, hace 15, 18, 20 años, se dejó seducir él. Y no hablemos de la madre. «¿Dónde está? ¡Ah! En la biblioteca nacional, estudiando su tesis sobre la economía entre los negros de Haití, mientras que este blanco de las Vistillas estaría encantado si pudiera comerse ahora un bocadillo de chorizo. Nadie. En esta casa no hay nunca nadie... Y todo por no haber resistido hace veinte años, que es cuando había que resistir. Y no ahora. Pues ¡hala! Me voy a buscar a Nora.»

Y claro, se va al garaje. Lo que el garaje y el coche han significado para otros mandamientos más escabrosos habrá de quedar en suspenso por ahora. Lo que ha significado para el cuarto mandamiento es un aporte formidable al desmantelamiento y casi total destrucción del hogar. Lo que el automóvil ha realizado es una revolución sociológica consistente en una expansión y aceleración de la vida. Para quien lleve la imaginación bien poblada de imágenes científicas, lo que ha ocurrido equivale a una elevación considerable de temperatura de un gas compuesto por personas en vez de moléculas. La velocidad aumenta; los encuentros mutuos aumentan. Los seres humanos viven más aprisa; ocurren más cosas; se encuentran más gentes; se habla más; y el ser, girando con más rapidez, siente su propia sustancia precipitarse hacia su superficie, evacuando el centro y fondo del alma donde reside la unión con el misterio que nos nutre y rodea.

Así, pues, el automóvil ha producido en el mundo occidental una revolución mecanizadora. No se trata sólo de que los coches van más lejos en menos tiempo; sino de que el coche propio, privilegio otrora de la gente rica, se generalizó, primero en la clase media y luego en la clase popular. La mecánica se interpenetra hasta lo más íntimo con la vida cotidiana en todos sus detalles y momentos, y multiplica los poderes del hombre.

El hogar pierde otro de sus aspectos que lo hacían único y señero, y como que se diluye en el ambiente exterior, la calle, el cine, el *dancing,* la carretera, la otra casa en el campo, hogar rival quizá, los amigos, la playa o la alberca de hotel. Los cambios que antes observamos en la relación padres e hijos se vigorizan, propagan, invaden el ambiente, disuelven la dependencia y unión tradicional. Todos somos unos, sólo que los padres ya están mandados retirar por sus ideas anacrónicas.

Esta evolución puede imaginarse como un destronamiento de la monarquía familiar. El rey y la reina han pasado al papel de meros ciudadanos de la ciudad doméstica. Antaño, su autoridad regia, absoluta primero durante la infancia del hijo, pasaba por gradaciones casi imperceptibles hasta el compañerismo casi igualitario con el hijo de edad madura. Pero quiso el espíritu del tiempo que por entonces aparecieran también modos de comprender la educación de los niños en espontánea y natural alianza con las otras fuerzas demoledoras del hogar.

Quizá se deba el origen de tanto mal a la intuición excelente de un bien. María Montessori vio claro y hondo cuando aconsejó que se organizasen las escuelas primarias a base de libertad. Los niños estaban sometidos a una disciplina férrea que sólo en casos de urgencia podían pedir permiso para suspender. Invocando un principio hondamente liberal, invirtió el sistema. La regla nueva sería la libertad, y sus límites sólo los de la disciplina, reducida a un mínimo indispensable. Idea excelente y que funcionó y funciona a la perfección.

Pero las cosas se torcieron y complicaron cuando otros reformadores quisieron ir más lejos: no limitar en nada la libertad del niño. No reñirle nunca. No corregirle. La represión podría torcer su personalidad. Esta concepción domina hoy un vasto sector de la clase media de todo el Occidente. El niño no se topa nunca con el muro social que mañana lo tendrá que contener. El niño crece como rey absoluto.

Estamos, pues, al otro extremo del diámetro. Si antaño nos pareció excesivo el absolutismo paterno, hogaño el rey absoluto es el niño todavía por hacer. Ya no se trata sólo de qué va a sucederle al cuarto mandamiento en un hogar en donde el padre es un cero a la izquierda. Lo peor es qué va a sucederle al hijo, educado para una vida de absolutismo personal sin disciplina alguna.

Cuentan de un gran matemático francés que trabajaba en sus altas álgebras sentado a la misma mesa con su hijo de diez años, que estaba preparando sus «deberes» para la escuela. Y dice el padre al hijo: «Anda, ve a cerrar esa puerta que nos está soplando una corriente de aire frío.» A lo que el chico contestó: «Voy, pero no porque tú me lo mandas, sino porque el argumento es bueno.» El papá irradiaba satisfacción (lo que el chico observaría, no sin daño para su alma); mientras que lo que le habría hecho mucho bien hubiera sido un paterno: «No digas tonterías, y a lo tuyo.»

Todos somos uno. Todos servimos para todo. No hay Creador ni hay misterio; y todas las piezas de esta máquina universal son intercambiables. El Ticiano, Mozart y el zapatero de la esquina son todos unos. Mi padre, 50 años de vida luchando por tener a flote nuestro hogar, y yo, 11 años, que acabo de leer una novela de Rousseau, somos iguales, sólo que él es un poco más anticuado que yo en su modo de pensar.

Se han dado tantas explicaciones de la rebelión de los baberos que sacudió el mundo en 1968 que apenas si se atreve uno a proponer una más. Pero no creo que sea posible negar la influencia de todas estas concausas que vengo aquí evocando. En Francia, entonces, la edad media de los rebeldes fue bajando a medida que subían las pretensiones de los protestatarios, y la actividad entre ellos de los agitadores comunistas, de modo que, ya organizados los chicos del bachillerato, comenzaban a solivantarse los rapaces de primera enseñanza y parecía ya posible que se organizasen los niños, no de teta, porque eso ya no se estila, pero los niños de biberón. De una rebelión de biberones vino a salvar a Francia el ínclito general De Gaulle.

Este desembocar en la política está ya prefigurado en los comentarios de los catecismos al cuarto mandamiento. En el Ripalda nos topamos primero con una declaración sorprendente:

P.   *¿Qué promete Dios a los que honran a sus padres?*
R.   *Vida larga y feliz, y después la gloria eterna.*

Declaro ignorar en qué texto divino está consagrada esta promesa; y dudo de que se pueda probar con datos concretos sobre cuánto suelen vivir los buenos hijos; en cuanto a la gloria eterna, recuerdo en efecto que, en *El condenado por desconfiado*, el ermitaño se condena por haber dudado de la palabra divina y el bandido se salva por haber confiado en ella haciendo valer que cuidaba a su padre anciano. Con todo se queda

Se han dado tantas explicaciones de la rebelión de los baberos que sacudió el mundo en 1968 que apenas si se atreve uno a proponer una más.

uno perplejo ante la confianza ilimitada del padre Ripalda no precisamente en la bondad divina sino en los planes y propósitos del Señor (pues no está demostrado que el vivir en este valle de lágrimas sin gozar de la gloria eterna sea cosa muy deseable).

Pasado este escollo, comienza el Ripalda a hacer preguntas tendenciosas:

P. *¿Quiénes otros son tenidos por padres además de los naturales?*
R. *Los mayores en edad, saber y gobierno.*

Algo hay en ello. La disciplina social iría ganando en que los mayores en edad y saber obtuviesen el respeto y la deferencia que implica el que se escuchara su opinión y consejo por los menos aptos; pero eso de añadir «gobierno» confieso que se me atraganta un poco. «Edad» y «saber» aportan consigo sus propios criterios, pero «gobierno» es un estado de hecho que no implica necesariamente que el que lo disfruta lo merezca por su saber y otras virtudes. Quizá sí. Quizá no. De modo que aun los que pensamos que los padres, por el mero hecho de serlo, merecen respeto y deferencia (aun en el caso de que, como tales personas, pudieran haber perdido su derecho a esta actitud), no podemos aceptar a priori que el mero hecho de ser superior en gobierno dé título a la obediencia de los «inferiores». Todo depende de las fuentes reales y efectivas de esta supuesta «superioridad».

Tampoco se trata de un mero escrúpulo teórico. Sobre este mandamiento se han construido otras supuestas obligaciones por mera analogía que un poco más de atención acaba por dejar malparada. Así, el padre Ripalda:

P. *¿Quiénes son nuestros padres espirituales?*
R. *Los obispos, sacerdotes y aquellos que nos instruyen.*

Lo que sigue es más ambicioso todavía; pero por ahora, con lo que tenemos delante nos bastará.

No creo que exista la menor base doctrinal para equiparar los obispos y los sacerdotes a los padres, con o sin adjetivo. No es prudente manejar con tanta facilidad palabras que, como el adjetivo *espiritual,* derivan del sustantivo *espíritu.* Obispos ha habido y hay que fueron y son padres espirituales de sus diocesanos, y sacerdotes que también lograron tal vigor de acción; pero, como se probaría recurriendo a sus casos concretos, se trataba, no de prestes que desempeñaban su ministerio (diócesis o parroquia) con tal o cual estilo u orientación, sino de hombres en cuyo ser animaba el espíritu, el cual, como dice la Escritura, sopla donde quiere.

Arriesgado sería imaginar que baste la jerarquía, por sagrada que sea, para dar por hecho la fuerza espiritual del que coloca alto. Por lo cual, la «Iglesia», en lo que tiene de armazón jerárquica, carece de la autoridad necesaria para conceder patente de espiritualismo.

Otrora el tema habría carecido de actualidad o de interés general; pero hoy, por razones que habrán de considerarse pronto, la prensa española sigue con la mayor asiduidad lo que dicen los obispos y hacen los curas; y se dan a veces homilías que logran más lectores que un cuento corto, a no ser que sea muy escabroso.

No haya error sobre esto. No se trata de un súbito anhelo de cumplir el cuarto mandamiento (corregido y aumentado por el padre Ripalda) honrando a nuestros padres espirituales, los obispos. Se trata de algo mucho más sutil y también mucho más casero. El caso es que, cuando eso de la oposición estaba otra vez volviéndose a poner difícil, se dio cuenta la gente de que los obispos se estaban situando a su cabeza, de modo que se daban homilías que valían más que un discurso parlamentario en un Parlamento de verdad.

Y ésos ya eran otros López. Porque está muy bien eso de honrar padre y madre, y aun eso de extenderlo a obispos y sacerdotes a título espiritual; pero, por bien que esté, no es cosa para soliviantar al español medio y sacarle de su bar y vaso de lo-que-sea con hielo. Mientras que si se va a tratar de discutir en una homilía alguno de esos temas candentes que «hay que ver lo que uno diría si le dejaran», y de pronto se lo lee uno todo en la homilía del obispo auxiliar de Alcorcón, es que se ve la onda de excitación eléctrica que sacude al país; y si luego resulta que el tal obispo lleva boina en vez del dos-tejas episcopal, no quiera usted saber lo que se entusiasma la gente. Porque eso del cuarto mandamiento es cosa de adormideras; pero hacer oposición es tentación de hule y riesgo de jaleo.

Y aquí viene aquel *leitmotiv* de nuestro carácter que a cada bocacalle de nuestras meditaciones sale a nuestro encuentro: que nos interesa más el poder que la justicia, y por lo tanto, nos interesa más acertar que dar con la verdad. Entre nosotros la discusión no se encamina hacia el fondo de verdad y dónde hallarla en el laberinto de las opiniones y argumentos, sino a probar que los que tienen razón son los azules o los verdes.

Esto, a su vez, se debe a que unos y otros discuten no *hacia* una conclusión a posteriori, sino *desde* una convicción a priori, lo que a su vez se debe a que no somos filósofos sino teólogos; porque para nosotros Dios es más importante que la verdad. De aquí la índole teísta de nuestros ateos. El español no tiene ni idea de lo que es ser ateo.

Por esta causa, nuestras discusiones tienden a cuajar en disputas («se armó la de *Dios es Cristo*», tema, desde luego, teológico), lo cual se logra por simplificación. Las cosas de la vida colectiva son complejas y sutiles, por eso es tan arduo el mero intento de resolverlas; y para llegar pronto a establecer la primacía de una actitud sobre la otra, se simplifica el problema y de un gris verdoso se hace blanco y de un gris azulado se hace negro, y adelante con los faroles de la oscuridad.

No hace mucho, me encontré con un caso así. Se le ocurrió a un obispo hacer una homilía en la que decía, entre no pocas buenas cosas, que *hay pobres porque hay ricos*; y a mí me pareció que esta proposición sería de mucho efecto (aunque no bueno) en un manifiesto político, pero no en una homilía episcopal. Así lo expliqué en un ensayo que el lector hallará al fin del capítulo como ilustración de estas páginas; pero quedaban por considerar los efectos de esta experiencia sobre el cuarto mandamiento que aquí nos ocupa.

Volvamos, pues, a nuestro texto fundamental que es el Ripalda:

P.   *¿A quién más obliga a obedecer este mandamiento?*
R.   *Al rey, que está en lugar de Dios, y también a sus ministros y demás autoridades legítimas.*

Resulta, si bien se piensa, que el pobre hijo de vecino tiene tantas gentes a quienes «la ley de Dios» le manda obedecer que ya casi no le queda nada que hacer que no le mande alguien cuándo y cómo hacerlo. Y todavía si sus padres, pastores, rey, autoridades y funcionarios van de acuerdo; pero si se ponen a discutir (cuando no a pelearse) por lo que dicen las leyes de Dios sobre las leyes fundamentales, y viceversa, ¿qué va a hacer el desdichado Juan Español mientras sus mandamases civiles, militares, eclesiásticos, económicos, financieros y técnicos *no se ponen de acuerdo?* «Aquí —me decía un labriego suizo un día—, todo lo que no está prohibido es obligatorio.»

Claro que el que sale perdiendo es el cuarto mandamiento. Con lo difícil que le cae la obediencia al español castizo, ¿qué hará frente a una compañía de mandadores todos exigiéndole obediencia, y cada uno la suya y todas distintas? Pues lo que hace. Se hace el chivo loco, y a vivir. Y allá que los mandamases se las entiendan o no.

Pero, al fin y al cabo, estamos meditando sobre Dios y los españoles. ¿Qué piensa Dios de todo esto? Nosotros, los no-ungidos, no poseemos más que las luces naturales que nos ha concedido Dios. No nos bastan para interpretar la ley de Dios con la seguridad con que lo hace el padre Ripalda. Sabemos que los actos humanos acarrean sus propias consecuencias siempre y cuando son nuestros y no impuestos a nuestra voluntad por la de otro que es o se dice superior; y concedemos que aquellos de entre nosotros que nutren su espíritu de la fe cristiana, en su forma cató-

Cuando eso de la oposición estaba otra vez
volviéndose a poner difícil, se dio cuenta
la gente de que los obispos se estaban situando
a su cabeza, de modo que se daban homilías
que valían más que un discurso parlamentario
en un Parlamento de verdad. (Reunión
de la Asamblea plenaria del Episcopado Español,
presidida por el cardenal Tarancón.)

Nos queda como un resquemor
o sospecha de que la actitud
bélica de no pocos clérigos
y algunos obispos de
la Iglesia nueva no sea
todo lo puramente evangélica,
limpia de toda pasión
política, que hubiera
sido de desear.
(Manifestación de sacerdotes en
el Arzobispado de Barcelona.)

sas sentadas de curas, esos
manifiestos firmados por
cuarenta, ochenta, cien
presbíteros... toda esa
polémica «contra» tal o cual
bispo, aun dado por sentado
e sean ellos los que tienen
razón, son actos contrarios
a la actitud del cristiano
(ya católico, ya protestante,
ya griego) y más aún a
la profesión sacerdotal.
(Manifestación de protesta
contra ciertas actitudes
gresivas del clero español.)

lica, apostólica, romana, hallan en la Iglesia total (no sólo en la docente sino en el conjunto de la sociedad cristiana) una sociedad que —nos dicen— Dios quiso perfecta. Todo nuestro problema consiste en tratar de delinear con algún rigor los linderos entre esta Sociedad cristiana y la Sociedad civil a que todos pertenecemos.

Dentro de la perspectiva del cuarto mandamiento, esto equivale a tratar de ordenar nuestras numerosas obediencias. ¿En qué difieren? No esperemos respuestas muy bien delimitadas porque la vida es una, y no se puede desentrenzar en actos religiosos, cívicos, etc. Hay de todo en todo. Pero en lo que más importa, que es la relación entre la sociedad religiosa y la sociedad civil, parece que se podría llegar a establecer una perspectiva clara:

A Dios lo que es de Dios y al César lo que es del César.

La proposición es como de quien viene. Pero ya en su misma formulación, parece oponerse a la invasión de uno de los poderes por el otro; cautela que viene a justificar la historia de la cristiandad, relatando a veces la clericalización de la sociedad civil y a veces la laicización de la vida religiosa.

Los textos aquí citados, así como los citados a propósito del tercer mandamiento manifiestan fuerte tendencia a apoyar como principios cristianos meros arrastres de actitudes y costumbres que ya no solemos admitir como válidos. (Recuérdese, por ejemplo, lo dicho con motivo de «santificar las fiestas» sobre las labores «serviles».) Pero en los últimos veinte años la Iglesia católica ha efectuado una casi total reorientación, iniciada por Juan XXIII y acentuada por su sucesor. Si se me perdona lo que pueda tener de irrespetuoso (que está muy lejos de ser mi actitud en este caso), se cuenta de un inglés que, portador de un exceso de whisky no todavía asimilado, no lograba subirse a la cama por el lado donde lo procuraba, que era el derecho. Se arrodilló y pidió al Señor que le otorgase poderes bastantes para vencer el obstáculo; hecho lo cual, se izó en el aire con tal vigor que cayó al suelo por el lado izquierdo.

Algo por el estilo parece haberle ocurrido a la Iglesia católica española durante los últimos pontificados. Y conste que va dicho con la simpatía mayor posible hacia sus pastores. La conducta general de los pudientes en España respecto de los pobres era hasta hace muy poco un insulto al Fundador de la hermosa religión cristiana; y que ésta se pasara al lado de los que sufren era lo que todo cristiano sincero podía desear. Ésta es sin duda la raíz del cambio que se observa en toda la Iglesia católica y muy especialmente en la española.

En sí, el cambio es de admirar y lo único que cabe reprocharle es que fuera tardío. Pero surgen en el ánimo, aun del más simpatizante, dos órdenes de reservas: una de principio y otra de práctica.

La de principio concierne un posible error que es natural y aun quizá inevitable; porque alude al deslinde de la frontera entre lo religioso y lo político; y este deslinde es de lo más delicado que puede darse. No se trata tan sólo del aspecto constitucional o jurídico de la cuestión, aunque tal sea la forma que la cuestión suele adoptar en el toma y daca de la vida cotidiana. Se trata de algo mucho más hondo y serio: no ya de la intención y del propósito a los que el clérigo subordina su actitud profesional; sino de algo todavía más hondo. He aquí una patente injusticia que una compañía hidroeléctrica comete contra un pueblo. El «Estado», es decir, los fulanos que por el momento ejercen sus poderes, no reacciona como debiera. El pueblo se indigna y yergue en cuasi rebeldía. El párroco lo siente así: se da cuenta de que el pueblo tiene razón y, como su pastor, se pone al frente de la rebeldía. La jerarquía lo llama al orden.

¿Cómo juzgar un caso así? El cristiano no está en lo que el párroco dice, ni siquiera en lo que hace. Está en lo que es. ¿Qué es? Si es un verdadero pastor verdaderamente evangélico, sus actos engendrarán de por sí un ambiente de comprensión y de paz que, tarde o temprano, dominará el problema y lo resolverá en bien de todos. Pero si no es un verdadero pastor verdaderamente evangélico, la lucha se enconará y extenderá.

Nuestra primera reserva será, pues, que no dan siempre los clérigos posconciliares la impresión de *ser* evangélicos puros. Reconocemos que la frontera, en la línea a veces confusa de los actos, es de muy difícil trazado; que el error es fácil; y que la indignación ante la injusticia tienta el ánimo a emprender el camino del conflicto. Todo esto es verdad. Pero nos queda como un resquemor o sospecha de que la actitud bélica de no pocos clérigos y algunos obispos de la Iglesia nueva no sea todo lo puramente evangélica, limpia de toda pasión política, que hubiera sido de desear.

Esta primera reserva se dobla y refuerza de otra inspirada no ya en el principio sino en la práctica de los conflictos a los que suele llevar. Hagamos primero vía directa y limpia sobre este tema de los conflictos. El conflicto en sí no es cosa cristiana. Inútil apuntar a Cristo echando a los mercaderes del templo. Cristo padeció lo indecible y murió como bandido muerto por hombres que no sabían lo que hacían. Digámoslo con toda claridad: esas sentadas de curas, esos manifiestos firmados por cuarenta, ochenta, cien presbíteros… toda esa polémica *contra* tal o cual obispo, aun dado por sentado que sean ellos los que tienen razón, son actos contrarios a la actitud del cristiano (ya católico, ya protestante, ya griego) y más aún a la profesión sacerdotal. En algo se han de distinguir los sacerdotes de una religión cristiana de los obreros de una fábrica.

Y esa huelga de «no hay misa», ¡qué extraño concepto de la religión! Dicho se está que si el motivo de la sentada o manifiesto es una pasión nacionalista, la obcecación es todavía peor.

Escribo estas páginas con plena conciencia de que levantarán fuertes protestas en uno u otro de los dos bandos en que tiende a dividirse el mundo y en particular España y que se suelen llamar derechas e izquierdas. Estos dos motes son grotescos ambos y no sirven más que para embrollar los problemas de la vida colectiva, de suyo bastante inextricables. Mi observación de la vida pública española de hoy y del papel que cada vez con más militancia viene tomando la clerecía —que no la Iglesia—, me obliga a correr este riesgo. Los clérigos hacen hoy labor mucho más simpática que la que venían haciendo desde hacía lo menos un siglo en la sociología española. Cierto. Razón de más para que quien, por todas sus circunstancias personales, puede dar seguridades de imparcialidad, les recuerde que no es ni evangélico ni sacerdotal confundir la cura de almas con la política y menos aún con la politiquería.

La tentación es grande. El poder del Estado es cada día mayor. Si antaño se pudo deslindar el mundo de César del mundo de Dios trazando la línea que separaba el Estado de la sociedad, hoy el Estado tiende a invadir aquellas zonas de que otrora se ocupaba la Iglesia (los hospitales, para no dar más que un ejemplo). Hay que reconocer que todo conspira hoy para hacer cada vez más dura, difícil, delicada, la práctica de la profesión eclesiástica. Pero es muy posible que ésa sea precisamente la causa de la mejora que se observa en todas partes, y ciertamente en España, de la calidad de los sacerdotes. Que baje su cantidad es mera consecuencia de su mejora de calidad.

Pero este mismo hecho vendrá sin duda a agudizar las dificultades que hallarán en el desempeño de su misión, porque tendrá que llevarlos a una actitud más evangélica y pacífica, siendo así que el español siente cierta atracción por el hule y el jaleo. No es cosa de analizar ahora por qué, cuando ya van varias veces apuntadas en estas páginas las raíces sicológicas del hecho. La misión del sacerdote en España debe ser en esencia una brega contra el espíritu de guerra civil. Al entenderlo así serán los mejores y más hondos intérpretes del cuarto mandamiento.

Ricos y pobres

«Hay ricos porque hay pobres.» Así lo leí. Lo firmaba persona que, por mera función social, tenía que ser de gran respeto, inteligencia y honradez. Pero me sonaba a falso. Me parecía que aquel hombre, autorizado por sí y por su función social, luego sembrador, no había examinado bien la simiente que a voleo echaba en los corazones. Y a todo esto, aquella simiente yo mismo no la había examinado tampoco. La había leído, y tan redonda y clara era que me parecía oírla. «Hay ricos porque hay pobres.»

Será verdad. Quizá lo sea. Al fin y al cabo, hay guapas porque hay feas; que sin la fealdad ¿cómo se va a distinguir la belleza? Bien es verdad que el común, el montón de las mujeres no se compone ni de guapas ni de feas. Un propietario de circo necesitaba un gigante y un enano. Puso un anuncio en los papeles. Se le presentaba un individuo que aspiraba a ambos cargos. «Soy un gigante chico y un enano alto.» Así de las mujeres «normales». Son guapas casi feas o feas casi guapas, y así van tirando y no les va mal. ¿No pasará lo mismo con los ricos y los pobres?

Protesta uno a la izquierda. ¡Qué monsergas! Esos fortunones que se ven por el mundo, esos hambrientos, no nos venga usted con un rico casi pobre como Rockefeller o con un pobre casi rico como los que se mueren de hambre en las aldeas indias. Razón que le sobra. Hay ricos y hay pobres. Los había ya en tiempos del rey Salomón, allá mil años antes de Jesucristo. De modo que, en la frase redonda que se me ha atragantado, lo que me estorba no puede ser ni los ricos ni los pobres. Será otra cosa. Claro. Lo que me estorba es ese *porque*.

Hay ricos *porque* hay pobres. Y el caso es que es verdad. Si no hubiera pobres... pero tate, si eso ya lo he pensado, si no de los ricos-y-pobres, lo pensé de las guapas-y-feas; y hallé que los más se quedan en el medio, ni lo uno ni lo otro. De modo que en este sentido, la frase no va. Hay ricos porque el montón de los hombres, sin ser pobres, no son ricos, o sea, sin vivir mal no viven en el lujo. Es como con los árboles. Los hay muy altos y los hay muy chicos, pero unos y otros son minorías. Las mayorías (hablo ahora de los árboles) no son ni lo uno ni lo otro. No. La frase no va. Lo normal es el río de lo común. Riqueza y pobreza son márgenes.

Todo eso está muy bien, amigo mío, pero recuerde lo dicho sobre aquel «don Juan de Robles, el que hizo un hospital y primero hizo los pobres». Excelente recordación. De eso precisamente se trata. De si es el rico el que hace a los pobres. Y en el caso de aquel señor don Juan, no cabe dudarlo, porque el dicho popular registra siempre algo acaecido. Bien que *Robles* es buen consonante de *pobres,* pero en fin, algo habría... cuando el río suena... Quedamos, pues, en que don Juan de Robles hizo un hospital para los pobres, pero primero hizo los pobres para el hospital. Lo que queda por demostrar es que suceda siempre y necesariamente así.

Madura, una manzana se cayó del árbol. Conclusión: todas las manzanas al madurar se caen del árbol. Otra más amplia: todo objeto inerte que pierde su apoyo, se cae al suelo. Sí. Pero los seres vivos no son objetos inertes; y el gato tiene siete vidas, y el hombre, luchando contra la gravedad, llegó a la Luna. Lo de don Juan de Robles sirve para uno, mil, diez mil casos de ricos que hacen pobres; pero no basta para afirmar que «hay ricos porque hay pobres». Habría que ver primero si hay ricos que no hacen pobres y si no había pobres antes de que hubiera ricos que los hicieran.

George Bernard Shaw nació en una familia pobre de Irlanda. Es muy posible que su pobreza original se debiera a algún Juan de Robles de su Dublín natal. Pero es también posible que no. De todos modos, murió millonario. Era, pues, rico. ¿Hizo algún pobre? No que se sepa; pero sí hizo no pocos ricos, o contribuyó a hacerlos, en el mundo del teatro; y pasada la segunda guerra mundial, solía dar como su profesión: «recaudador de contribuciones»; porque sus derechos de autor eran tan enormes que pagaba al Estado el 97,50 % de sus ingresos, de modo que lejos de hacer pobres, repartía casi toda su renta entre sus compatriotas. ¿Explotó a alguien? No que se sepa.

Cuatro muchachos de Liverpool se reunieron y formaron un cuarteto de música popular. Pertenecen los cuatro a familias modestas. Nada de burgueses ni de burguesía. Estos chicos llevan años ganando anualmente rentas de discos del orden del millón de libras esterlinas. Son, pues, millonarios y viven como tales. Tanto dinero ¿se lo han quitado a alguien? ¿Han hecho algún pobre? ¿Cabe decir que Shaw y los Beatles son ricos *porque* hay pobres?

Sigamos esta rápida revista de los hombres que, nacidos pobres, se han hecho millonarios en vida. Los casos de Ford y de Morris son gemelos. Ambos comienzan como dueños de una tienda de bicicletas, Ford en Detroit, Morris en Oxford; pequeños capitalistas que se emplean a sí mismos como obreros. Ambos fundan casas productoras de automóviles conocidas en todo el mundo. Ford concibe su negocio sobre una idea sencillísima: dar al obrero un salario suficiente para que los obreros sean sus clientes, es decir, puedan ir en coche propio, y simplificar el coche para que, en vez de ser símbolo de señorío, sea instrumento de trabajo. Además, aplica el progreso técnico sobre la convicción de que la técnica está para vencer los obstáculos; así, por ejemplo, con una terquedad admirable, en contra de la opinión de sus técnicos, logra montar sus instalaciones de fabricación de vidrio en forma de tela continua que no toca mano humana.

Ford desata una revolución en los salarios, y sobre su éxito asombroso se funda aquella anécdota de su visita a una fábrica de automóviles rusa durante la cual pregunta al ingeniero ruso que le guía: «¿De quién es la fábrica?» «De los obreros.» «¿Y aquel coche en el patio?» «Del director.» Ford invita a su guía a Detroit; y en el curso de la visita, están ambos mirando un parque de

Bernard Shaw:
sus derechos
de autor eran tan
enormes que pagaba
al Estado el 97,50 %
de sus ingresos,
de modo que lejos
de hacer pobres,
repartía casi toda
su renta entre
sus compatriotas.
¿Explotó a alguien?
No que se sepa.

Estos chicos
[los Beatles]
llevan años ganando
anualmente rentas
de discos del orden
del millón de libras
esterlinas. Son, pues,
millonarios y viven
como tales. Tanto
dinero ¿se lo han
quitado a alguien?
¿Han hecho algún pobre?

automóviles en columnas de a mil. «¿De quién es esta fábrica?» «Mía.» «¿Y esos coches?» «De los obreros.» Así, pues, ¿cabe decir que Ford se hizo millonario explotando a sus obreros? ¿Que Ford es rico *porque* sus obreros son pobres? Pero ¡si no lo son!

A medida que sus obreros iban pasando de pobres a ricos, Ford fue evolucionando y haciendo su coche barato cada vez menos feo, más bonito, menos barato y más caro. ¿Para explotar a sus obreros? ¡Si ganaban cada vez más! ¿Quién los iba a obligar a comprar un coche? Lo compraban porque ya se habían acostumbrado a tenerlo. Y *ainda más*. Contaré un cuento que me sucedió a mí. Estaba pasando unos días en California, huésped de un ilustre médico español casi-centenario, allí establecido, y solía ir y venir en el Lincoln de mi huésped, o sea el coche de lujo que hace Ford. El conductor del coche, yanqui, criado, pues, del gran médico, me dijo un día: «Usted, que tanta influencia tiene sobre el doctor, ¿por qué no le convence de que me regale este Lincoln?» Pregunté yo: «¿No tiene usted coche?» «Sí, señor —me contestó—, tengo un Ford muy bueno. Pero es que a mi mujer le da vergüenza salir en un coche así, que todo el mundo tiene.»

En cuanto a Morris, murió millonario y par del Reino con el título de lord Nuffield. Había empezado (como Ford) con un taller de reparar bicicletas; y del dinero que logró reunir, dio millones para fomentar hospitales y centros de investigación médica. Era de Oxford; y, aunque no llegué a conocerle, sé algo y aun no poco de él por el gran Trueta, el cirujano catalán cuyo triunfo, primero en Oxford y luego en el mundo entero, es otro caso asombroso del hombre hijo de sus obras. Y cuando Trueta, ya profesor de cirugía en Oxford, necesitaba unos cientos de miles de libras para un edificio, un laboratorio, un instrumental, sabía lo que hacer: ir a ver a Nuffield.

Entonces, ¿qué pobres necesitó Morris-Nuffield para hacerse rico? Uno solo, que se llamaba Morris. Cuando esto escribo dice la prensa inglesa de Mohamed Ali, el ex campeón de boxeo pesado, que desde octubre de 1970 a hoy ha hecho siete millones de dólares. ¿Cuántos pobres ha necesitado para hacerse rico? Sólo uno. Se llamaba y llama Mohamed Ali. ¿Cuántos millones tenía Picasso? Sólo Dios lo sabe, a no ser que Dios no creyera en Picasso, en vista de que Picasso, como buen comunista, no creía en Dios. Pero ¿a quién ha empobrecido Picasso para hacer sus millones? A nadie. Cuando malvivía en el Lavadero de Montmartre, era pobre. Murió millonario. No porque hay pobres, sino porque hubo un pobre, uno solo, que se llamaba Picasso, y ese solo le bastó para hacerse rico.

Así podríamos seguir hasta dentro de un año contando cuentos de hombres que se hicieron ricos *porque* había pobres, uno para cada rico, y del mismo nombre que él. A no ser que se lo cambiara, como Nuffield o el Cordobés. La famosa frase es, pues, falsa por excesiva y desmesurada. Hay ricos porque hubo pobres que no quisieron seguir siéndolo. Y ahora nos toca a nosotros no caer tampoco en desmesura.

Bien mirada, pues, la famosa formulita no resulta ni falsa ni verdadera. Viene a ser algo como aquella de que «los caballeros las prefieren rubias».

¿Cabe decir que Ford se hizo millonario explotando a sus obreros? ¿Que Ford es rico «porque» sus obreros son pobres?

¿Cuántos millones tenía Picasso? Sólo Dios lo sabe, a no ser que Dios no creyera en Picasso, en vista de que Picasso, como buen comunista, no creía en Dios.

El primer Rockefeller resolvía las huelgas de sus mineros acribillándolos a balazos.

Falsas no son, pero verdaderas tampoco. En primer lugar dependen del espacio y del tiempo. La de los ricos y pobres es injusta para Ford, pero no bastante condenatoria para el primer Rockefeller, que resolvía las huelgas de sus mineros acribillándolos a balazos. Parece apta para justificar toda esa dramatización de la vida social que hizo Marx inventando la fiera llamada «burguesía» y el héroe llamado «proletariado»; pero no explica por qué al solo anuncio de que Ford III se proponía instalar una fábrica en España se le colgaran de la chaqueta media docena de municipios para persuadirle de que viniera a explotar y hacer pobres a los del país y no a los de otros de España.

Ahora está de moda explicarlo todo por las maquinaciones de la siniestra burguesía, que, ¡ojo!, no es lo mismo que la burguesía de izquierda; y hasta se intenta explicar con esta luz la desamortización que hizo Mendizábal, la cual tiene tanto que ver con *Das Kapital* y su autor como con las coplas de Calaínos. En cada país las causas generales de la pobreza son distintas; y las específicas de cada pobre dependen además de cada cual. La expoliación de los bienes municipales que arrastró la desamortización ha sido una causa de la pobreza española que aún nos aflige; pero también tiene raíces esta pobreza en otros terrenos históricos, entre los cuales cabría recordar: la política de salvación del alma de los holandeses para que no se fueran al infierno (cosa que le importaba mucho a Felipe II, pero muy poco al pueblo español); la guerra de Sucesión; las guerras civiles de los siglos XIX y XX; el abandono de la ciencia por los gobiernos y la poca afición a ella entre nosotros; la infame guerra que nos hizo Napoleón; las guerras contra la emancipación del Imperio, desde las de Bolívar hasta la de Cuba; la guerra hispano-americana. Todo lo que sea intentar alumbrar este cuadro con luz marxista es mera fantasía, cuando no mera faramalla.

Pero ¡cuidado! Pese a todas estas causas de pobreza, en la realidad cotidiana vive mejor un obrero español que Carlos V o Fernando de Aragón; más cómodo, más limpio, mejor alimentado. Todo gracias ¿a quién? A los burgueses que han pensado la ciencia pura y hecho la ciencia aplicada, y le dan la luz, el calor, los baños, las alcantarillas, los transportes y las comunicaciones electrónicas. De modo que hagamos el cuadro completo antes de juzgar. Carlos V comía con los dedos. Hoy, triste es el obrero que no tiene tenedor, gracias a los burgueses.

Lo que hay que hacer es darse cuenta de que a esto tampoco se aplica lo de que hay ricos *porque* hay pobres. La pobreza española se debe, en efecto, en no pocos casos, a la mala educación moral de sus patronos, tanto en los campos andaluces como en las urbes vascas o catalanas; pero, como fenómeno general, tan general que abarca a patronos y obreros, la causa de nuestra pobreza es la historia de España toda entera, el modo peculiar de ser que ha criado en nosotros, y la enemiga secular causada en casi toda Europa contra España por el asombroso éxito inicial de su Imperio. Todo esto no tiene nada que ver con Marx ni con la burguesía, que es además una entelequia abstracta.

La forma que sirve de soporte, precario, a esta entelequia es en España la clase media, la pobrecita clase media que nos pinta Galdós y que apenas pesa en la historia. Intentar oponerla al proletariado es absurdo. En el siglo XIX, en cuanto un burgués español despuntaba tres pulgadas por encima de la me-

La causa de nuestra pobreza es la historia de España toda entera.

Los derrotados, desangrados, mutilados en una guerra civil, son sobre todo los pobres.

dianía general, tenía que recurrir a la burguesía de fuera, casi siempre francesa o inglesa. Pero aun aupada por esta burguesía ultrapirenaica, España no despegaba. Sólo ahora empieza a despegar; y el que pretenda que la burguesía yanqui y alemana viene a España a hacer pobres, tendrá mucho que explicar.

Entonces tendremos que concluir que, en general, a los pobres no los hacen siempre los ricos, y que cuando los hacen, es cada vez menos; y que los pobres que van quedando, cada vez los hacen más los mismos pobres, cada uno a su manera. Entre estas maneras no olvidemos la del pobre que se ha hecho a sí mismo desde rico, como su abuelo se había hecho a sí mismo desde pobre: padre zapatero; hijo banquero; nieto pordiosero. Pero hay una que recomienda el Evangelio: hacerse pobre de espíritu. No es tan buena la expresión como el concepto; porque se presta a confusión. Más valdría quizá decir pobre en espíritu. Lo es aquel que posee lo que tiene —mucho o poco— como si sólo fuera depósito confiado a su administración para gastar en algo que le fascina allende o más alto que él.

Pobres en espíritu fueron casi todos nuestros conquistadores; muchos de los cuales murieron pobres en un hospital. Lo que ganaban en una aventura lo invertían en la siguiente. Típico de todos ellos fue Hernán Cortés, que pudo haberse contentado con ser de hecho el monarca de Méjico, y se fue a California y a las Hibueras, arriesgando su conquista hecha, su conquista por hacer y su vida. La tan maltratada burguesía está repleta de pobres en espíritu, especie de conquistadores a lo económico que hundían los millones de un éxito en las incertidumbres de otro negocio. La historia económica de todos los países abunda en tipos humanos así. Tantos hay al menos como de esos tiburones de la finanza que parecen fascinar a la ideología.

Toda esta complejidad de la naturaleza humana, tan original, inesperada, refractaria a la clasificación, etiqueta, generalización, constituye obstáculo insuperable para cualquier principio general de presunta experiencia social. «Hay ricos porque hay pobres» es una de esas fórmulas redondas pero huecas (aunque no del todo).

Bueno, ¿y qué? La pregunta es válida. ¿Qué importa que circule esa moneda falsa si, al fin y al cabo, no lo es del todo y algún valor le queda? Éste es ahora nuestro problema final.

El caso es que estamos en época de siembra (¿cuándo no?) y hay que poner los cinco sentidos en la simiente. Siembra en todo el mundo y siembra en casa. En esta época, pues, toman los sembradores tremenda responsabilidad. Si siembran trigo, tendremos pan. Si siembran vientos, cosecharemos tempestades. Ahora bien, nuestro pueblo lleva ya cerca de dos siglos de guerra civil casi continua, causa verdadera de su pobreza no sólo económica sino política y cultural. Esta propensión a la guerra civil se debe en él a una profunda tendencia de nada fácil definición: hacer depender sus actos de hondas convicciones formulables en medallas verbales contundentes como «Dios, patria y rey», «Tierra y libertad», «Abajo la burguesía», y otras por el estilo, todo ello debido quizá a una predisposición absoluta como de pueblo bañado en teología.

Así las cosas, todo sembrador que lanza a la plaza pública una medalla verbal bien acuñada se expone a propagar —sin proponérselo— el espíritu de guerra civil. Que nadie se extrañe. De 1800 acá España no ha conocido más que la guerra civil, la posguerra civil y la preguerra civil, quizá con la única excepción (si es que lo fue) de la regencia de doña María Cristina de Habsburgo. A todos nos atañe, pues, velar con el mayor cuidado sobre lo que decimos y hacemos para no soplar sobre las estopas que podrían volver a encenderse.

La mayor responsabilidad corresponde a los sembradores, es decir, a todos aquellos que por su cargo, vocación o profesión, poseen poder sembrador. Echar a rodar una medalla verbal como «hay ricos porque hay pobres» es asumir una enorme responsabilidad. Es azuzar a los pobres contra los ricos, lo que, como queda comentado, constituye una tremenda injusticia para quizá la mitad de los ricos; y adoptar una postura que se acerca más a la demagogia que a la democracia. Este error no sería grave en una democracia ya constituida; pero en un país propenso a la guerra civil, es de suma gravedad; ya que, aunque sólo sea por el peso inexorable de la cantidad, los derrotados, desangrados, mutilados en una guerra civil, son sobre todo los pobres.

El quinto mandamiento

Hasta ahora, los mandamientos de la ley de Dios que hemos comentado han venido siendo positivos: *Harás esto*. Amar a Dios... santificar las fiestas... honrar padre y madre... Bien es verdad que el segundo prohíbe: *No tomarás Su santo nombre en vano*; pero, como su puesto indica, este segundo mandamiento viene a ser una consecuencia o un corolario del primero. Sólo con el quinto comienzan los grandes mandamientos negativos. *No matarás*.

Extraño, ¿no? El Creador omnipotente parece hacer aquí dos cosas contradictorias: crea un mundo en el que las criaturas poseen la facultad de entrematarse y luego les prohíbe hacerlo. Al fin y al cabo, era omnipotente. Pudo, pues, haber creado al hombre indestructible para el hombre, sujeto sólo a la muerte a manos de Dios. Pero no. Cualquier criatura puede quitarle la vida a cualquier criatura. Un microbio, invisible de pequeño que es, puede dar muerte a una ballena o a un elefante. Entrematarse es corriente entre animales y para los más hasta indispensable y aun normal. De modo que desde el zaguán del quinto mandamiento nos topamos con este misterio: nadie da la vida más que el Creador, pero cualquier quídam puede quitarla.

Parece, pues, como si este mandamiento fuese debido a un pensamiento tardío del Creador. Creó la casa, creó el jardín, creó los chicos que iban a jugar en ellos; y ya cuando se marchaba, se volvió otra vez a ellos y les echó una advertencia: «Cuidado, ¿eh?, os prohíbo que os matéis.» Y se fue diciendo o tan sólo pensando: «Aquí no mata nadie más que yo.»

Honradamente, esto es lo primero que se le ocurre a uno al leer el «quinto». ¿A qué viene esta prohibición del acto que la ley de acero de la naturaleza ha impuesto a todos los seres vivos (menos los vegetarianos como el elefante o el caballo)? ¿Qué les dice esta ley si no esta orden de verdadero espanto: *tendréis que vivir de la caza?* Porque la primera ley natural, luego divina, que rige la Creación es que la vida vive de la vida; y en el tigre, el lobo, el tiburón la acción de matar es como entre nosotros la de ir a la compra.

No se arguya que el tigre y el tiburón no razonan mientras que el hombre, que es animal racional, puede recurrir al reino vegetal; porque no es tan sencilla la cosa ni en un caso ni en el otro. Lo que a nosotros se nos hace cuesta arriba (si en ello pensamos) es que, para comer, matemos un gallo, cerdo, ternero, o sea, una criatura que había sido sacada de la nada amorfa para entrar en una existencia concreta con su correspondiente destino individual. De donde no resulta claro el derecho de otra criatura a consumirla, es decir, a consumarla en el estómago de otra criatura. Lo que nos desazona es este robo a mano armada del destino de otra criatura. Cuando vemos a un tigre abalanzarse sobre la nuca de una cebra, pensamos que la situación de derecho es la misma que la de un bandido sobre un viajero inerme o la de un aventurero armado sobre un pueblo sin armas.

Tampoco podemos consolarnos con el latiguillo de los darwinistas, *que ganen los más aptos,* porque en primer lugar nadie sabe de cierto cuál es el más apto (¿para qué?) y en segundo lugar, admitido el asesinato como medio de selección, el más apto puede resultar ser el microbio del cólera o el de la lepra. El quinto mandamiento sólo dice: *no matarás.* No limita a quién.

Todo lo que se le añada para condicionarlo, ya con circunstancias de propósito (alimento), ya con selecciones de víctimas (lobos, pero no perros; patos, pero no cisnes), será de origen humano. La ley de Dios sólo prohíbe matar, sin decir ni qué ni por qué ni para qué. Esta circunstancia plantea en toda su amplitud el tema de las relaciones entre la especie humana y los animales, que reservo para una «ilustración» o comentario al fin de este capítulo, ya que, al fin y al cabo, el capítulo mismo está consagrado al quinto mandamiento.

Hay dos maneras de acercarse a él: la religiosa y la intelectual o ecológica. Para el ecólogo, que ve como superstición rebasada toda creencia en Dios, la prohibición de matar se limitaría al hombre y tendría por objeto asegurar la especie. Lo de que fuese promulgada por Dios no pasaría de ser un escenario del astuto Moisés, pensando ya, como profeta a largo plazo, en las cinecintas de Hollywood. Para nosotros, los «anticuados» que creemos que el ateísmo es una mera superstición de intelectuales con antojeras y orejeras, «no matarás» quiere decir: «tú no tienes derecho a destruir lo que YO he creado».

Este mandato es, pues, una alusión al origen divino del alma de cada criatura. Sólo el que prende la luz tiene derecho a apagarla. Y claro que en seguida se eriza el campo de perplejidades y dudas. Surgen ante nosotros temas como la eutanasia, el crimen pasional, la pena de muerte, el servicio militar, el suicidio. ¿Cómo situarlos en la perspectiva de un mandamiento tan lacónico como el quinto, que se limita a decir: no matarás?

Pese a lo mucho que sobre la eutanasia se viene escribiendo, quizá no resulte ser el más arduo de nuestros problemas. Si se dan ciertos requisitos que excluyan el abuso por asesinato médico, no parece haber obstáculo ético a la eutanasia. Por ejemplo, si en opinión de varios médicos el enfermo padece un mal incurable e intolerable y tal que le haga desear la muerte, no se ve razón alguna para negarle la libertad de la espantosa cárcel en que se halla torturado. Que mañana se puede descubrir una cura no es argumento para hoy. Que otro toleraría lo que este enfermo no tolera, no es argumento para este enfermo. Que el suicidio es nefando no es tampoco argumento para un enfermo que está condenado por la naturaleza a no vivir ya hasta morir a la luz de lo que se sabe cuando del caso se trata. Claro que las fronteras y condiciones de su uso habrían menester de toda claridad en su definición y de toda inspección en su observancia; pero, bien definida, la eutanasia no parece pecar contra el espíritu del quinto mandamiento.

No cabe duda de que el crimen pasional es uno de los actos sociológicos que más apasionan a nuestro pueblo. Quizá sorprenda a muchos saber que los españoles figuran en el número uno de las estadísticas, no el más alto sino el más bajo, en crímenes de sangre y en accidentes de circulación. La relación es curiosa y se le ha ocurrido a un investigador anglosajón. De todos modos, viene a confirmar que la criminalidad del pueblo español se halla en relación directa con sus pasiones, y sobre todo con la amorosa.

El sentir del pueblo español en materia de crímenes pasionales es netamente contrario al quinto mandamiento. Claro que la opinión juzgará cada caso según sus circunstancias y el papel desempeñado por cada uno de los protagonistas en el drama de que se trate; pero si ha habido engaño o traición, y el engañado se encarga de hacerse justicia por su propia mano, la opinión suele aceptar lo hecho. Creo, además, que esta aceptación es más clara y descubierta si el engañado y vengador es él.

En otros países se va a los tribunales y se pide compensación financiera, que los tribunales suelen conceder y el «ganancioso», pagar. Y sale el vocablo Dios sabe cómo, justo cuando hay que recordar dos sabrosos versos de una copla asturiana:

> *El cortejar es de guapos:*
> *el ganar, de gananciosos.*

Porque, como suele suceder con las coplas asturianas, estos versos dan en el clavo de la cuestión. Que el ofendido vengue su ofensa con sangre, allá él. Pero que la opinión lo aplauda, ¿por qué? Porque el asunto tiene dos aspectos: el individual y el social, y éste vive animado por una raíz profunda.

El marido o amante ofendido venga su amor propio. El intruso ha revelado que otro le resulta a su mujer más convincente como amante; y esta ofensa no parece tener más remedio que la sangre. Dicen los franceses que en el amor como en la guerra se empieza como se quiere y se termina como se puede. El mal está en que si en el amor están satisfechos él y ella, no hay peligro; pero si uno u otra no halla satisfacción, el peligro es evidente. Las pasiones de amor propio inflaman la situación y la sangre brota.

Pero si la engañada es ella, la situación no repercute en el aspecto social del caso. Social o quizá mejor biológico o ecológico. Si el engañado u ofendido es él, interviene la especie. El amor es, para la naturaleza, el cebo de la procreación. La ofensa al marido o amante engañado no es sólo la individual de su orgullo humillado sino la colectiva que abre para la especie la sospecha de no ser él suficiente como procreador. Esta circunstancia viene a añadir una exigencia de sangre como prueba eficiente de que la sospecha no está fundada. El hombre rehace su reputación puesta en duda, lo cual, a su vez, se debe al recuerdo, arraigado en nuestro pueblo desde tiempo inmemorial, que identifica el valor con la potencia procreativa.

De este modo se explica la simpatía que halla en nuestra opinión el crimen pasional cometido por un amante ofendido que ansía recuperar lo que se suele llamar «su honor». También explica la tendencia contemporánea a darles cada vez menos gravedad a estos conflictos; porque esta tendencia, quizá originada por la observación de otras costumbres que ven estas cosas con más ecuanimidad y aun indiferencia, se topa con otra evolución que labora en el mismo sentido: la que ve cada vez menos en el amor carnal relación alguna necesaria con la procreación.

Al irse relajando este vínculo, la especie deja de sentirse aludida por lo que sus individuos hacen o dejan de hacer con sus órganos genitales. Téngase bien en cuenta que ni en el talante tradicional ni en el más moderno se halla comprometido ningún precepto religioso. Estamos todavía y seguimos estando en un mundo sin sacramentos ni mandamientos, en donde las fuerzas en juego son las naturales, espontáneas y primitivas. El único mandamiento que aspira aquí a jurisdicción es el quinto: *no matar*. La evolución en nuestros días y, en este caso concreto, la del crimen pasional, es favorable al quinto mandamiento, pero no ciertamente por las razones religiosas en que el mandamiento se apoya.

La pena de muerte es como la limosna, una de esas cosas que le dejan a uno disgustado e insatisfecho, ya se aplique o no se aplique. (Aguafuerte de Goya.)

Si ha habido engaño o traición, y el engañado se encarga de hacerse justicia por su propia mano, la opinión suele aceptar lo hecho.

La pena de muerte (...), por lo menos en los países cristianos, debiera estar prohibida como incompatible con la fe de Cristo. («Pati dels corders», obra de Ramón Casas.)

Bien conocido es el dicho francés (atribuido a Alphonse Karr) sobre la pena de muerte: «Que los señores asesinos la supriman primero.» Ésta parece ser, en efecto, la solución que dictaría el sentido común; pero un sentido común quizá algo anquilosado en la estabilidad. La pena de muerte es como la limosna, una de esas cosas que le dejan a uno disgustado e insatisfecho, ya se aplique o no se aplique.

España es uno de los pocos países fuera del mundo soviético y de ciertos grupos como el africano, en el que se aplica y no se suele discutir. Vista en la perspectiva del quinto mandamiento, la pena de muerte puede sólo constituir una excepción. Excepción grave. Porque si el quinto mandamiento es una ley de Dios, la pena de muerte sólo obedece a una ley humana. Parece, pues, que, por lo menos en los países cristianos, debiera estar prohibida como incompatible con la fe de Cristo.

La historia es testigo en contra de esta opinión. La Iglesia no le ha opuesto nunca un veto claro, en cuanto a crímenes laicos, y ha impuesto su aplicación en cuanto a crímenes religiosos o tenidos por tales. No es cosa de hacer aquí el proceso de la Inquisición; pero sí se puede recordar que ninguno de los prohombres de la Reforma opuso veto a la pena de muerte como castigo de la «herejía», es decir de una opinión contraria a las de la Reforma o a aquella a que Roma y la Reforma abrigaban en común.

Ello no obstante, es justo y objetivo hacer constar que los españoles son de los más duros en interpretar estas cosas del modo más contrario a la ley de Dios. No hay más remedio que repetirse. Ello se debe a que son más teólogos que filósofos; a que no *van* hacia una convicción sino que *vienen* de una fe, y a que, por lo tanto, como dijo San Pablo, «todo lo que no es de fe es de pecado». Ergo, la condena a muerte.

Ésa ha sido siempre la causa de nuestras guerras civiles desde la de tiempos de Viriato hasta la de los tres Franciscos.[1] Y en los nuestros, se ha agravado por la abundancia de fes (cada una al servicio de un Dios antropófago) causada precisamente por el ateísmo y la revolución. Cada hijo de vecino es hoy su propia fe, su Dios, su Iglesia y su verdugo.

Al aceptar la tesis que ve en el mundo y sus criaturas meros hijos del azar y de la necesidad, queda vacío el trono del Creador, que pronto ocupa cada quisque según su leal saber y entender. Dioses por doquier. Y diosas. La más proteica, variada, imprevisible e irresponsable de todos es la Revolución. Como tal diosa, la Revolución tiene designios inescrutables, lo que permite a cada cual imaginarlos a su manera. De ahí lo que podríamos llamar el *tupamarismo,* ya que nadie ha definido ni definirá jamás lo que es un *tupamaro.*

---

1. Giner, Largo y Franco.

Idealista, valiente, abnegado lo suele ser. Rebelde también, aunque no sepa muy de seguro contra qué. Resuelto, si necesario fuere, a aplicar la pena de muerte, la de secuestro, la de confiscación, la de tortura moral (que es el aspecto más repugnante del tupamarismo), el tupamaro está en guerra contra el quinto mandamiento. Si hay que matar, matará.

El tupamaro tiene sus antepasados. Eran los pistoleros, que reclutaban gente para sus sindicatos, pistola en mano; gentes, desde el punto de vista material, honradas; pero dispuestas a aplicar la pena de muerte por las razones que hemos visto, fundadas en la índole teológica, más que filosófica, del hombre corriente español.

Todo esto habrá de tenerse en cuenta para justipreciar y analizar el arduo problema de la pena de muerte en España. El mundo moderno está en general contra la pena de muerte. Son escasos los países que la conservan, salvo desde luego los comunistas, en los que el que no es comunista no cuenta como ser humano y muere con o sin pena de muerte a merced de sus carceleros. Importa echar una mirada a esta situación que no deja de ser anómala, porque se da el caso que los mismos grupos e ideologías que más se distinguen por su indiferencia con la vida ajena, suelen figurar entre los que con más ardor exigen la eliminación de la pena de muerte. Nadie hizo más por la abolición de la pena de muerte en Inglaterra que un diputado socialista, llamado Sidney Silverman, generalmente considerado como comunista.

Desde luego, el quinto mandamiento entra muy poco en el cuadro de las causas de esta situación. Los argumentos que más se suelen manejar proceden de una actitud más pragmática y positiva.

— El primero es que si ha habido error judicial, ya muerto el reo, no se puede rectificar.

— El segundo es que si cada hombre es un fin en sí, no hay derecho a matarlo porque él haya matado a otro. Si el individuo tiene (por decirlo así) derecho al error, la sociedad no lo tiene.

— El tercero es que no vale argüir que el temor a la pena de muerte frena la tendencia al homicidio porque las estadísticas prueban lo contrario, o por lo menos no prueban la afirmación. Pero, además, se añade un

— cuarto argumento: Que si el temor a la pena de muerte frenara los homicidios, no sería lícito tampoco aplicarla puesto que ello equivaldría a reducir al reo a la categoría de instrumento pasivo de la sociedad, en vez de ser, como es, fin en sí.

— Por la misma causa, la sociedad no tiene derecho a rebajar un hombre al oficio de verdugo.

Este frente de discusión es lo bastante amplio para que las fuerzas en presencia se equilibren. El tema no suele llegar a su conclusión positiva porque triunfe una u otra argumentación; sino más bien por otras causas casi siempre irracionales. Pero importa señalar que, en general, los partidarios de la pena de muerte son los gobiernos reaccionarios, los gobiernos conservadores y los *gobiernos* comunistas; mientras que son abolicionistas los individuos de ideología liberal, socialista y comunista (éstos, claro está, fuera de Rusia y sus satélites) y los gobiernos liberales y socialistas, pero no los comunistas.

Todas estas observaciones se aplican a la situación del problema en España. No parece que, en nuestro país, el problema de la pena de muerte se sitúe nunca bajo la égida del quinto mandamiento; y por otra parte, la actitud popular con el criminal suele aceptar su muerte como una retribución que establece el equilibrio. Tampoco parece darse en nuestro pueblo una pasión vengativa, que permitiría invocar la vindicta pública. El pueblo español ha adquirido a través de los siglos un arraigado escepticismo sobre todo lo que se hace y dice en nombre del Estado. Más que al Estado, mira al reo que su sino llevó a caer; y lo que juzga es el caso de «ese que pude haber sido yo».

En nuestra época moderna ha surgido un tipo nuevo de criminal que es el pirata del aire, el secuestrador de rehenes y el asaltador de bancos por ideología. Todo empezó con una fórmula imprudente de aquel sociólogo autodidacto y genial que fue Proudhon. *La propiedad es el robo.* Parece difícil imaginar disparate mayor; pero la frase comportaba una carga demagógica tan explosiva, que no tardó en lograr dignidad de axioma universal.

Bueno será, por lo pronto, recordar aquí que a fines del XIX se celebró en el Tribunal de Comercio de París, frente a la Sainte Chapelle, un juicio contradictorio entre dos compositores franceses que se disputaban la propiedad intelectual de la música de la *Internacional*. El himno, pues, de los que creen que la propiedad es el robo fue objeto de disputa judicial para dilucidar quién de los dos era el propietario legítimo, o sea (en la perspectiva de Proudhon), el ladrón legítimo.

Sea de ello lo que fuere, el caso es que en el siglo XX creciente número de gentes (que jamás oyeron ni hablar de Proudhon) están convencidas de que se yerguen a la estatura de héroes desvalijando un banco, aunque sea matando a uno o dos empleados, secuestrando a un embajador, hundiendo a su familia en la agonía de una tortura moral insoportable, o exponiendo a toda suerte de penalidades y aun torturas a un centenar de viajeros aéreos.

Hay que resignarse a reconocer la floración de toda una criminalidad «política», que intenta disfrazarse de honorabilidad adoptando nombres como «Ejército del Pueblo», «Cárcel del Pueblo» y toda suerte de hipo-

Los tres Franciscos:

Giner.

Largo.

Franco.

cresías análogas. Se trata de gentes que tienen prisa y que no se paran ante el obstáculo moral.

Surge, sin embargo, aquí el concepto de *violencia pasiva* que no cabe pasar por alto así como así. Toda situación prolongada que implica injusticia y que sólo se sostiene por el temor a la fuerza, tiende a provocar la contra-fuerza que se manifiesta en rebelión. Los Estados no logran evadirse de este peligro más que asegurando la libre y continua discusión de la legitimidad del poder. Sobre esta idea convergen los conceptos de libertad y democracia.

El peligro de las sociedades modernas procede de que cada cual aspira a definir la legitimidad a su modo —lo que es perfectamente legítimo— y a imponer su propio criterio como definidor, lo cual es un disparate. Ya lo es como principio; pero, cuando se pretende aplicar mediante los bárbaros procedimientos del robo, del asesinato, del secuestro y amenaza de muerte de rehenes, el disparate pasa a ser crimen.

En principio, no parece que el quinto mandamiento baste para impedir la aplicación de la pena de muerte a crímenes políticos de esta ralea; sobre todo si comprometen la vida de rehenes. Se trata casi siempre de casos de extrema dificultad, cuya solución depende casi siempre de circunstancias que lo matizan y distinguen. No existe —o por lo menos, nadie ha descubierto todavía— una solución general. Quizá haya que buscarlas del lado duro; se entiende, para los rehenes.

La razón para este modo de ver está en que si se negocia, se cede; si se cede, el crimen da fruto; y por lo tanto, se multiplicará. Por eso ha habido, desde que comenzó este mal, dos modos de enfrentarse con él: ceder o negarse; lo que equivale a salvar las vidas expuestas hoy exponiendo más vidas mañana, o resistir arriesgando las vidas de hoy para salvar las de mañana.

Quizá quepa en numerosos casos una solución intermedia; se trata de los casos en que los secuestradores o piratas exigen la libertad de prisioneros políticos. La legislación debe proteger a los rehenes de modo enérgico. Hacer a terceras personas víctimas de nuestras pasiones políticas es un crimen repugnante para el que se justifica la pena de muerte. También se justifica para el que, ya preso, se deja libertar por medio tan vergonzoso.

Así las cosas, el Estado en cuyo territorio se hallan los presos que se pretende rescatar pregunta a esos presos políticos si están dispuestos a ganarse la libertad por el secuestro y amenaza de muerte a los rehenes. Si dicen todos que no, falla el chantaje. Si dicen que sí, se declaran cómplices. En cuyo caso, el Estado puede anunciar que se ejecutará a tantos cómplices como rehenes mueran. El método es duro para los rehenes presentes, pero parece que salvaría vidas de más rehenes futuros.

Esta multiplicación de las víctimas futuras que tiende a causar la negociación se manifiesta de modo alarmante en el cuerpo diplomático. Por desalmado que parezca a primera vista, es posible que la solución esté en considerar a los diplomáticos como expuestos a los peligros que se aceptan como normales en tiempo de guerra para los militares. Si el pirata político se convence de que al diplomático no se le rescata, cesarán de secuestrarse diplomáticos en el porvenir.

Finalmente, habría que resolverse a expulsar de la comunidad de naciones todo Estado que haya dado cobijo a piratas políticos de este tipo repugnante y tratado de extraer provecho material o político de la amenaza contra la vida de los rehenes. De todos modos, pese al quinto mandamiento, la adopción de la pena de muerte no parece exceder de los límites del sentido común en lo que concierne a la piratería política.

Las naciones modernas son diosas que al mismo Dios se atreven a retar. *La France éternelle!* Entre sus privilegios divinos, claro está que exigen los sacrificios humanos. Antaño, los ejércitos eran o mesnadas o mercenarios. Con la Revolución francesa, se inicia el servicio militar pronto obligatorio. Entre los romanos, morir por la patria era privilegio de la nobleza. Los otros, que muriesen o no, ¿y qué? Pero con la democracia el honor de morir por la patria descendió hasta el pueblo.

Algo había que hacer. El foráneo, armado hasta los dientes, daba con las astas de las lanzas en las puertas. Peligraban las mujeres. Alarma. Al arma. Todos a la brecha. Y de este origen a la vez familiar y de sentido común, se va creando la fuerza militar permanente.

Interviene entonces el gran teorema n.º 1 de toda ciencia política: *No hay poder sin abuso de poder.* Lo que se fue creando defensivo, no tardó en hacerse ofensivo. Al poder militar le salen dos cuernos puntiagudos: el pretorianismo y el imperialismo. El soldado ingenuo pregunta: «Me pediste el servicio de que arriesgara mi vida para garantizar la vida y libertad de todos nosotros, y ahora resulta que sirvo a los que no sólo nos quitan libertad a los de casa sino que aspiran también a quitársela a los de fuera.»

Entonces, y no antes, se plantea el quinto mandamiento. *No matar.* ¿Aun a los que vienen a matarnos? Así surgen el pacifista y el objetor de conciencia. Ni uno ni otro tienen pinta de españoles. Más bien sugieren tal o cual de esos millones de turistas que se vierten cada año sobre España desde sus nativos países para ver si es verdad que el nuestro es tan diferente como dicen los carteles.

El pacifista y el objetor de conciencia huelen ambos a protestantes. No creo su postura muy convincente ni aun en sus países; en un español, no me convencen nada, a condición de que el país viva bajo instituciones libres. Y no es que la postura del país (sea cual sea su paralelo) que proclama su derecho a llevar a sus ciudadanos a «la gloria» (que es como se llama la muerte cuando viste de uniforme) sea más convincente; sino que un país que se enzarza en un conflicto internacional tiene que defenderse o perecer; y los ciudadanos, puesto que, por hipótesis, viven en instituciones libres, son todos responsables de la política que su país hace; de ella se aprovechan, si hay provecho; luego deber suyo es estar a las duras como estuvieron a las maduras.

La generalización del pacifismo y de la objeción de conciencia en estos últimos años aun a países como España con cuya sicología no armoniza nada, es muy curiosa y harto sospechosa también. Su origen es decididamente anglosajón y aun británico, y más bien escocés y galés, lo que llaman por allá, *low-church, iglesia baja,* forma popular, más bien izquierdista, nada elegante ni conservadora, ni clase «bien», sino tirando a republicano y socialista, formas políticas que, en contra de lo que sucede con los países latinos, son no sólo compatibles sino muy articuladas con la religión, sobre todo la de las sectas protestantes del cristianismo.

La primera vez que se dieron frecuentes casos de objeción de conciencia contra el servicio militar, fundado siempre en el quinto mandamiento, fue en Inglaterra durante la primera guerra mundial. Se crearon entonces tribunales especiales, cuyo principal objeto era deslindar los objetores sinceros de los que tan sólo deseaban rehuir el peligro y las penalidades de la guerra. Al objetor, pues, no se le obligaba a matar, pero se le exponía a morir. Los había tesoneros que se oponían a toda colaboración con la guerra. La postura era imposible, porque en tiempo de guerra no se puede deslindar lo que es acción de guerra y acción de paz en un país organizado.

Aquellos tribunales eran civiles, pero estaban asesorados por un militar, el cual, más de una vez, si el presunto objetor era un maula, se divertiría a su costa. Uno que argüía no poder servir, porque tenía las piernas desiguales, se vio rechazar su petición porque el asesor declaró: «Eso no tiene importancia, ya que el campo de batalla es tan desnivelado que ni lo notará.» Un famoso escritor, a pesar de sus barbas conocido y declarado «manflorita», arguyó sobre bases morales que el asesor intentó rechazar preguntando: «¿Qué haría usted si viera a un potente alemán disponerse a violar a su hermana?», a lo que el barbudo marica contestó: «Me interpondría entre los dos.» Lo dejaron gozar de inmunidad.

La extensión considerable de la objeción de conciencia producida por la guerra de Vietnam en los Estados Unidos fue ya un fenómeno más complejo en el que entraba un fuerte factor político de oposición a la guerra misma. Puesto que esta oposición fue en el mundo entero campaña organizada en interés de la Unión Soviética y de la China Popular, se perfila así uno de los elementos de propagación de la objeción de conciencia en países como España o Francia, donde esta actitud no armoniza con el carácter nacional. Los latinos no son gentes saturninas, que van por el mundo monologando como Hamlet sobre el estado de su conciencia. Es, pues, muy de sospechar que en esta moda ande oculta la mano omnipresente del comunismo. Por lo menos, en donde imperan Rusia o China, eso de la objeción de conciencia no se da.

La solución podría ser —y así lo propuse antaño— que el que no quisiera quebrar el quinto mandamiento matando, lo declarase antes, en plena paz, inscribiéndose en un registro especial, lo que no le privaría de servir en la guerra como enfermero o en otros cargos peligrosos. Quien a todo se negara, no parece merecer trato aparte; pero habría que juzgar cada caso según sus méritos sin olvidar que una cosa es la ley y otra la moral.

No terminaré esta sección sin recordar que, ya en tiempos de Hammarskjöld, presenté juntamente con Narayan, el admirable socialista hindú, un proyecto de tropa desarmada internacional que habría sido una manera de hacer positiva la objeción de conciencia. Esa tropa tendría por objeto hacer la guerra materialmente imposible. Los soldados, uniformados, no llevarían armas; pero separarían a los combatientes instalándose entre sus respectivas líneas. Desobedecerían toda orden militar de uno u otro bando, y sólo obedecerían a sus propios jefes. Estarían constantemente expuestos a la muerte por uno u otro bando; pero no tomarían medida alguna agresiva para defenderse de uno u otro agresor. La ONU no nos hizo caso.

Es evidente que el quinto mandamiento prohíbe el suicidio. El caso no se menciona de modo explícito en el catecismo, pero el texto del mandamiento es absoluto: no matarás, y por otra parte, el instinto de conservación es tan fuerte en la criatura humana que quizá haya parecido inútil insistir en lo evidente. Ello no obstante, la gente se suicida y cada vez más.

La causa más general del suicidio debe de ser el aburrimiento. Desde la plaza mayor de la ciudad provinciana hasta el sistema solar, la causa del aburrimiento es la costumbre de dar vueltas. Las jóvenes casaderas y los planetas no hacen más que dar vueltas y más vueltas; y las que da la tierra engendran a su vez la vuelta que da el día y que se repite semanas, meses, años, lustros, siglos y eras, siempre dando vueltas.

¿Qué va a hacer la gente sino darlas también? Pero las vueltas tienen un inconveniente muy fastidioso: pasado cierto lapso de tiempo, siempre el mismo, pasa uno por el mismo lugar una y otra y otra vez. Las vueltas son la perfección de la repetición, y es sabido que la repetición es la madre del aburrimiento. No en vano se ha dicho que en la variedad está el gusto. Los argentinos suelen contar en voz baja a los amigos que un embajador inglés, por lo visto marido no bastante activo para el gusto de su mujer, visitaba con ella una hacienda dedicada a la cría de ganado vacuno, y como la dama viera el toro cumplir con incansable vigor sus deberes de padreador, le dirigió al marido una mirada significativa, a la que él replicó: «Fíjate. Le cambian la vaca.»

Tiempo llegará de sacar de este apólogo las consecuencias que sugiera otro mandamiento, y aun otros; pero aquí nos toca hacer valer lo prescrito en el quinto y en particular la influencia del aburrimiento en el suicidio.

Aburrimiento. Embêtement. El lenguaje registra esa sensación de retroceso a lo animal que produce la monotonía en el espíritu humano. No tiene nada que ver con la inteligencia positiva. Las dos grandes categorías en que se pueden dividir los mortales —los aburridos y los divertidos— se nutren ambas de listos y de tontos. Es otra cosa. Es un don especial de moverse y navegar entre cosas y personas, un como sistema personal de acogida de los sucesos que crea en el receptor ya exaltación, ya atonía.

Por otra parte, la repetición cíclica de los sucesos personales es mortal para la esperanza. Esta curiosa actitud equivalente a un apetito de vivir, se nutre de novedad. Si se espera, es siempre algo nuevo, aunque a veces puede ser algo que ya se ha vivido, pero cuyo retorno se espera y, por lo tanto, se presiente como algo nuevo. Si no hay esperanza, se ve la repetición indefinida de lo ya tantas veces repetido, el aburrimiento y la muerte.

¿Hay derecho al suicidio? La vida es tan inesperada en sus combinaciones, que el ánimo no se atreve a expresar opinión. Si mi vida no es mía, no tengo derecho a destruirla. Por otra parte, si me la quito por no poder sufrir males mayores, mi actitud parece lógica. Leyendo en el *Gulag* de Solsyenitsin lo que dice sobre Bujarin, se topa uno con otra perplejidad: una vez enzarzado en él, el aparato extrajudicial inventado por Lenin y explotado por Stalin destruye al hombre público. Solsyenitsin parece considerar el suicidio como la única defensa frente a un calvario inaudito de torturas físicas y morales; y en este contexto, parece tener razón. El capitán de barco que siente como un honor hundirse con su barco y no salvarse, es otro caso. En la práctica, pues, el suicidio hace surgir frente al quinto mandamiento un cuadro de casos en los que otros deberes más altos en sí, o creídos como tales, exigen el sacrificio de la vida propia. En este conjunto, estimo que los españoles comprenden las cosas en el sentido aquí descrito; es decir, se atienen a su regla pragmática de hacer lo que estimen que el caso exige, *diga lo que quiera el mandamiento de tanda.*

«La propiedad es el robo» [Proudhon].
Parece difícil imaginar disparate mayor;
pero la frase comportaba una carga
demagógica tan explosiva, que no tardó
en lograr dignidad de axioma universal.

El marxismo está demasiado carcomido
de contradicciones para seguir
aspirando a ser ciencia y demasiado
desmentido por los hechos para
seguir aspirando a ser profecía.
(Celebración del 50 aniversario de la
Revolución en el Palacio del Kremlin.)

Dice el Ripalda, como comentario a este mandamiento, que también obliga a no «hacer a nadie mal en hecho, en dicho y aun en deseo». Siendo los seres humanos lo que solemos ser, y teniendo en cuenta además lo difícil que es en la práctica deslindar lo que es bueno de lo que es malo, esta exigencia ampliada del Ripalda equivale a un consejo de perfección inasequible al hombre.

Queda en pie, como tal, pero también como barrera positiva y práctica contra ciertas formas agresivas que puedan tomar las pasiones humanas. Una calumnia bien montada que equivalga, si sale lograda, a una muerte civil, es ejemplo claro de acción que sanciona el quinto mandamiento. Más claro todavía es el caso de la tortura.

La tortura tiene en la vida del hombre siniestros y antiquísimos precedentes. En Europa, donde todo tormento constituye insulto a Sócrates y blasfemia a Jesucristo, el tormento ha sido durante siglos auxiliar de la «justicia» con verdadero escarnio de la lógica y de la caridad. Contra tamaña negación del espíritu europeo se alzó el espíritu liberal, ya desde los tiempos de Erasmo y de Luis Vives, y la evolución iba por tan buen camino en el siglo XIX, que pudo haberse esperado la extirpación de tal cáncer moral para el XX.

Vergüenza es que, defraudada esta esperanza, viniera a deshonrar el siglo un régimen como el soviético, explícita si no oficialmente fundado en la tortura. Desde los tiempos de Lenin, se ha sabido todo lo que era necesario para demostrarlo y se han publicado libros que lo han demostrado plenamente. Hoy, además, se cuenta con un documento cuyo valor literario dobla y realza su valor documental.

El archipiélago Gulag, de Solsyenitsin, es una obra de tal vigor probante que los jóvenes marxistas no osan leerla y se abstienen de comentarla. Hay que tener en cuenta que el marxismo es una doctrina socialista, y por lo tanto burguesa, menos por socialista que por doctrina. A los obreros no les interesan las doctrinas sino lo que hay y lo que es, y el modo de enfrentarse con ello. Por eso no es posible vaticinar ya sobre el efecto que la obra de Solsyenitsin va a ejercer sobre la popularidad del marxismo entre los intelectuales.

En España, el marxismo es muy popular entre los universitarios, sobre todo entre los intelectuales, a quienes atrae por su aspecto de ciencia bien construida. Los intelectos más vigorosos no tardan en rechazarla, puesto que el marxismo está demasiado carcomido de contradicciones para seguir aspirando a ser ciencia y demasiado desmentido por los hechos para seguir aspirando a ser profecía. Pero precisamente, por esta causa, el sovietismo leninista se apoya en el uso sistemático de la tortura.

Claro que el quinto mandamiento les tiene sin cuidado a los comunistas, puesto que todos son (o creen ser) ateos. El trono divino, vacío a sus ojos, queda disponible para la Revolución. La Revolución manda destruir a sus enemigos, a quienes tortura y descuartiza con el estigma de «enemigos del pueblo». Y esta relación de intimidad lógica, por decirlo así, entre marxismo y ateísmo, ofrece al primero fácil acceso al mundo intelectual.

Ésta es, pues, la vía de acceso del comunismo al pueblo español. Una vez que se ha rodeado su religiosidad natural por el camino del comunismo, el ateísmo marxista cesa de ser obstáculo para el progreso del comunismo en nuestro pueblo; ya que las promesas de una sociedad «mejor» y la esperanza de más altos ingresos bastan para compensar el ateísmo marxista que no convence a las mujeres ni tampoco a los más de los hombres.

Así nos encontramos con una situación harto sutil. El marxismo progresa entre los burgueses, por vía de los menos preparados (estudiantes, periodistas, políticos) *gracias a su ateísmo*; y entre los obreros y aldeanos, *a pesar de su ateísmo,* gracias a sus promesas de mejora material. En ambos casos, el progreso del marxismo se debe a defectos ya de inteligencia, ya de cultura, ya de prejuicios científicos.[2]

El uso sistemático y desalmado de la tortura para la conservación de la dictadura del partido comunista sobre media Europa revela que, también en este terreno, no pocos extraviados del pueblo español, sea por ignorancia, sea por indiferencia, pasan por la tortura sin dárseles un bledo ni la caridad ni el quinto mandamiento, que la reprueba.

Ello hace todavía más notable, pero más natural, la aceptación de otros casos de tortura política, ya que la naturaleza humana se va corrompiendo y acostumbrando al mal. Pero surge aquí otra de esas paradojas de que se nutre la política. Como ya es muy tarde para seguir negando el papel primordial que desempeña la tortura en el régimen soviético, los comunistas han intentado rodear al adversario y, sin negar la tortura en la Unión Soviética, propagan y propalan los casos de tortura en los demás países donde se practica, que son casi todos.

Hábil maniobra. ¿Quién va a cruzarse de brazos ante casos bien documentados de tortura en otros países? Pero el caso es que estos casos los suelen hacer valer gentes simpatizantes con el comunismo, con lo cual revelan que no protestan en sí sino para distraer a la gente que se va alzando de hombros y murmurando: «En todas partes cuecen habas»; siendo así que en ninguno de los demás países acusados es la tortura elemento esencial del régimen; y en ninguno es comparable ni en crueldad ni en frecuencia y aun omnipresencia con lo que ocurre en el imperio ruso.

2. La ciencia no admite prejuicios, pero los científicos sí.

Ahora bien, en este terreno, nuestro pueblo suele ser poco sensible. Buena persona y desde luego contrario a todo maltrato, mientras razona en frío, se deja *caldear* fácilmente en cuanto se apasiona; y de todas sus pasiones la más caldeable es la política. De modo que, dando de lado a consideraciones como la importancia humana o inhumana del hecho en sí, el español corriente y moliente dejará asomar la oreja de su ideología con sólo colocarse en pro o en contra de la tortura de tal o cual país. Si se olvida de las que inflige el Vietcong o Rusia o China, es comunista, y si se horroriza de las del Uruguay o el Brasil, también. Volvemos a aquello de: «diga lo que quiera el quinto mandamiento».

¿Qué queda del quinto mandamiento en el español? Muy poco. Una raíz de tradición antiquísima, pero no muy jugosa de savia. Un respeto para la muerte que, en frío, basta para tener a raya el instinto criminal, también de antiquísima raíz en el alma de todo hombre. Como freno para detener la mano asesina, no parece muy fuerte el quinto mandamiento una vez que la pasión, buena o mala, ha prendido en el inflamable ser del español. Y si entonces se llega de algún modo a retener los efectos mortíferos del apasionamiento, no es probable que sea el recuerdo del *no matarás* la fuerza más vigorosa que actúe sobre el hombre airado, sino tal o cual rasgo de su carácter normal, tal o cual aspecto de la situación crítica que está viviendo.

Ello se desprende de otro rasgo del español normal: su radical renuncia a someterse a la regla común; ese instinto antigregario que tan ardua le hace la vida colectiva; esa verticalidad de su espíritu, que en todo momento se alza en contra de la horizontalidad del rebaño. Por eso la argumentación más fuerte contra un español que amenaza «perderse» no será nunca «eso no se hace» sino «eso no lo puedes hacer tú». El quinto queda excluido.

Guerra civil en 1546

En sus *Heterodoxos* relata Menéndez y Pelayo cómo un español docto y religioso mató a un su hermano para castigarlo de su herejía. Nuestro gran erudito está desde luego con el matador, por lo cual procura ennegrecer al hereje. Daré aquí el episodio con las palabras de don Marcelino:

Juan Díaz era de Cuenca, patria de los dos hermanos Valdés y cabeza del territorio en que nació el doctor Constantino. Estudió teología en la Universidad de París trece años o más (vixit Lutetiae totos tredecim annos aut eo amplius, dice su biógrafo). La lectura de malos libros, especialmente de los de Melanchton, y el trato con Jaime de Enzinas por los años de 1539 o 40, le hizo protestante. A principios de 1545 fue Díaz a Ginebra con Mateo Budé y Juan Crespin, para ver el estado de aquella Iglesia y entrar en relaciones con Calvino [...] Dicen que antes de salir de Estrasburgo había tenido Díaz un como presentimiento del trágico fin que le esperaba, y que por esto había ordenado su testamento y profesión de fe, que se publicó más adelante.

Un español llamado Marquina, especie de correo de gabinete que llevaba los despachos del emperador a la corte de Roma, oyó de labios de fray Pedro de Soto la apostasía de Juan Díaz, y se la contó a un hermano, Alfonso Díaz, jurisconsulto en la Curia romana. El cual, irritado y avergonzado de tener un hereje en su familia, no entendió sino tomar inmediatamente el camino de Alemania, con propósito de convertir a su hermano o de matarle [...] La entrevista de los dos hermanos fue terrible. Ruegos, súplicas, amenazas, a todo recurrió Alfonso para convencer a su hermano: le hizo argumentos teológicos; le habló de la perpetua infamia y del borrón que echaba sobre su honrada familia conquense; le presentó una carta de Maluenda, que ofrecía interceder en su favor con fray Pedro de Soto, confesor de Carlos V; le prometió honores y dignidades; se echó llorando a sus pies. Nada pudo doblegar aquella alma, cegada o vendida al sórdido interés [...] Entonces Alfonso, que maduraba ya el espantoso proyecto de quitar de en medio a su hermano, se despidió de él con dulces y engañosas palabras, no sin darle al mismo tiempo, para socorro de sus apuros, 14 coronas de oro. El mismo día volvieron a Neoburg Bucero y Frecht; pero Senarcleus se quedó con Díaz al cuidado de la impresión, que tocaba ya a su término.

Alfonso meditó la venganza de su honra con la mayor sangre fría y no en un momento de arrebato. Años después se la explicaba él a Sepúlveda como la cosa más natural del mundo: su hermano era un enemigo de la patria y de la religión; estaba fuera de toda ley divina y humana; podía hacer mucho daño en las conciencias; cualquiera (según el modo bárbaro de discurrir del fratricida) estaba autorizado para matarle, y más él como hermano mayor y custodio de la honra de su casa. Así discurrió, y comunicado su intento con un criado que había traído de Roma, desde Ausburgo dio la vuelta hacia Neoburg, deteniéndose a comer en Pottmes, aldea que distaba de Ausburgo cuatro millas alemanas. Allí compraron un hacha pequeña, que les pareció bien afilada y de buen corte; mudaron caballos, y continuaron su camino para ir a pasar la noche en la aldea de Feldkirchen, junto a Neoburg. Amanecía el 27 de marzo cuando entraron en la ciudad, y dejando los caballos en la hostería, se acercaron a la casa del Pastor, donde vivían Juan y Senarcleus, que habían pasado la noche en conversación sobre materias sagradas, si hemos de creer al segundo, que tiene un misticismo tan empalagoso como todos los protestantes de entonces. Llamó el criado de Alfonso a la puerta; dijo que traía cartas de su amo para Juan. Éste se levantó a toda prisa de la cama, vestido muy a la ligera, y salió a otra habitación a recibir al mensajero; tomó las cartas, y cuando empezaba a *leerlas con la luz de la mañana, el satélite de Alfonso sacó el hacha, le hirió en las sienes y le destrozó la cabeza en dos pedazos. Alfonso contemplaba esta escena al pie de la escalera. Cuando estuvieron seguros de que los golpes eran mortales, salieron de la casa, tomaron sus cabalgaduras, y renovándolas en Pottmès, llegaron a marchas forzadas a Ausburgo, con intento de dirigirse por la vía de Insbruck a Italia.*

Hasta aquí, Menéndez y Pelayo. Añadiré, resumiendo su información, que no se logró vencer la oposición del emperador ni la del Papa a que la justicia entendiera en el asunto.

El hombre y los animales

«El peor mal de los males es tratar con animales.» Así dice el español. Y el inglés dice «cuanto más trato con los hombres, más me gustan los perros». Así vemos retratados por sí mismos los dos tipos extremos de la relación humana con el animal. El español, poco o nada abierto para los seres que forman el reino animal; el inglés, refugiado en el reino animal casi como un fugitivo de la sociedad de los hombres.

Dos actitudes que separa un mundo de diferencias, y sin embargo, fundadas ambas en una actitud más general que con diversos matices y coloridos se aplica a todos los seres humanos. Tema penoso y hasta vergonzoso: porque el que se pare a mirar la conducta humana con los animales, sólo puede sentir asco de saberse parte de nuestra especie. Esa soberana inteligencia, esa divina sensibilidad que el hombre recibe al nacer y que con tanta maestría aplica a las artes y a las ciencias, ¿dónde se quedan o aduermen cuando de habérselas con los animales se trata? ¿Quién ha visto un mercado, para no hablar de un muelle de pesquería o de un matadero, que no sienta repugnancia ante lo que ve? Ladrones para los huevos de las gallinas y la leche de las vacas, tigres para la carne de sus animales domésticos, los hombres prolongan en el reino humano la terrible ley natural que obliga a tantos animales a nutrirse de otros más débiles. Y ¡qué lección de nobleza da al hombre el reino animal haciendo vegetariano al más poderoso e inexpugnable de todos los animales: el elefante! Parece como si el Creador le dijera: «Ya ves. El más fuerte de los animales, el que se podría nutrir aun del león más fiero, no come sino cañas y hojas de palmera. Tú que eres aún más fuerte por tu razón, abstente de sangre.»

Pero los hombres, sordos y ciegos ante esta lección, recogen y adoptan la ley carnívora, y aun la agravan y empeoran porque le aplican los poderes únicos que nos confía la ciencia al otorgarnos la inteligencia. Explotamos sin escrúpulo la vida animal, la sometemos a nuestros apetitos y gustos, y aun forzamos el ritmo natural de la vida de los animales para desviarlo todo en pro-

138

vecho de nuestro estómago y de nuestro paladar; y para no citar más que un ejemplo entre tantos, gozamos las delicias del *foie-gras* sin recordar la tremenda crueldad implícita en el modo de cebar las aves que lo producen mediante la hipertrofia del hígado.

El progreso —esa inmensa falacia, apariencia y en gran parte mentira del progreso— está en nuestros tiempos esclavizando aún más a los animales para más someterlos aún a los intereses no ya alimenticios sino también financieros de la infame especie humana. Es lo que se llama industrialización de la granja. Este concepto equivale a eliminar del animal doméstico todo lo que vive y, como tal vida, merece respeto, para considerar a los animales como meras piezas de una maquinaria. De aquí salen las instalaciones para gallinas y pollos en hileras de jaulas calculadas al mínimo indispensable; la inseminación artificial, que preña a la vaca prescindiendo de la unión sexual con el toro, y tantos otros horrores y torturas que la avaricia humana impone sin piedad a las otras criaturas naturales.

Sólo la ignorancia de los hechos y la insensibilidad con lo que otros seres sufren puede explicar que la especie humana, cuando tan ufana se sentía de su progreso, haya caído a un nivel tan repugnante de corrupción espiritual. En la Creación, la conciencia moral e intelectual concedida a la especie humana constituye una confianza nobilísima por parte del Creador. «Ahí te confío mis criaturas.» ¿Merece el hombre esta confianza? No se me oculta que el tema encierra un tremendo misterio. ¿Por qué consiente el Creador por un lado que los seres vivos tengan que alimentarse de otros seres vivos o perecer; y por el otro que los seres humanos lleven en la conciencia el peso de la repugnancia que nos causa tener que matar para vivir? Ante este enigma, la mente humana no puede ni debe tomar una actitud cínica ni indiferente ni resignada. El Creador le ofrece hechos naturales de muy distinto nivel, pero también la noción de *nivel* para juzgarlos. El hombre debe pronunciarse en pro de lo que le indican sus más altos pensamientos y sus sentimientos más delicados. La campesina que lleva a vender sus gallinas colgadas de los pies cabeza abajo, sin reparar en lo que las pobres aves irán sufriendo, da lástima y compasión; pero el «industrial» que reduce sus gastos al mínimo encerrando miles de pollos en cárceles que apenas bastan para sus exiguos cuerpos, es inicuo y repugnante.

Tratar así a los animales es cosa inicua precisamente por esa inmensa ventaja que les llevamos. Por ser conscientes, por ser capaces, si abusamos de esta capacidad para concebir planes y proyectos a costa de los animales, hacemos traición al Creador, que nos los ha confiado a nuestra guarda. El elefante desaparece lenta pero seguramente de las tierras africanas por la codicia del marfil; y del mar la ballena, por la codicia del esperma. Y cuando los animales más gigantescos se ven así perseguidos, ¿qué será de los menos grandes?

No entraré a discutir en el avispero de la vivisección; me limitaré a hacer constar que los que la sostienen como lícita se apoyan en un concepto de la vida centrado en el egoísmo humano más cerrado. Defender el arte de torturar a los animales alegando los progresos que permite al arte de curar a los hombres es crear una alternativa entre dos males. Me atrevería a sugerir de pasada que un organismo intervenido, como es el de todo ser sometido a vivisección, deja de ser normal y aun quizá de ser un organismo verdadero; con lo cual se desvirtúan las conclusiones de los experimentos. Pero, aunque así no fuere, subsistiría el argumento de más fuerza dentro de la perspectiva humana: que el vivisector se degrada; como la degradación del verdugo es el argumento de más fuerza contra la pena de muerte.

Ante este cuadro, nosotros los españoles venimos obligados a reconocer que nuestra manera de ser con los animales deja mucho que desear; mientras que los ingleses dan al mundo un modelo admirable de cómo tratar a los que ellos llaman «nuestros amigos mudos». En la actitud inglesa hay quizá no poca misantropía, y por eso cité al empezar aquello de «cuanto más trato con los hombres, más me gustan los perros». Porque la misantropía en el inglés es actitud del ánimo que aspira a equilibrarse de su sociabilidad disciplinada y aun sumisa. Pero siempre queda que le gustan los perros, y así los observa y cultiva, habla y juega con ellos, y se da cuenta de lo que hay en ellos de persona, que es precisamente lo que no ve quien dice: «El peor mal de los males es tratar con animales.»

Creo, en efecto, que lo que hay de defectuoso —y no es poco— en nuestra actitud despectiva y distanciada con los animales, procede de una falta de observación y de intuición de su personalidad. Importa extender hasta a los animales esa observación tan reveladora que ve en cada hombre un ser único y original. Aun en los países y épocas en que se quiso adocenar, regimentar, hacer en serie los seres humanos, terminaron por imponerse las diferencias y las originalidades de cada individuo. Pues bien, lo mismo sucede no ya con los animales y hasta con las plantas. El sauce difiere de la encina; pero el segundo sauce de mi jardín difiere del primero, ya que cada uno tiene su genio y su figura; y si los perros difieren de los gatos, no hay ni dos perros ni dos gatos que se parezcan.

Esto de los perros y gatos me recuerda a Martínez, el cual era un gallego andaluzado cuyo segundo apellido era Stern, lo que indicaba que le guiaba alguna buena estrella; y quizá por esa protección, celeste si no divina, había llegado a poseer y regir un buen restaurante en Londres. Durante la segunda guerra mundial, aquel hombre benemérito guardó abierto su establecimiento toda la noche por si las víctimas de los bombardeos aéreos deseaban refrigerio; y una noche, ya casi de madrugada, se le presentaron dos mujeres de clase media, ya setentonas, preguntándole si tenía gatos o perros.

Caían bombas tudescas por doquier. Martínez miró a las dos viejas y reaccionó como andaluz. «¡Qué gatos y perros! ¡Nosotros los echamos al arroz!» Pero ellas insistieron. «No es tiempo de bromas. Si tiene gatos y perros, nos los llevaremos al refugio para que no se los maten las bombas.» Entonces, el gallego andaluzado se emocionó. Él había pensado en los seres humanos, y por eso guardaba abierto el comedor toda la noche; pero ellas pensaron en un refugio para perros y gatos, y para salvar a sus «amigos mudos» exponían sus vidas en la noche erizada de explosiones.

Este espíritu de confraternidad con la grey animal es natural y espontáneo en Inglaterra, causa y efecto a la vez de una comunicación más abierta y continua con los animales, sobre todo, claro está, los llamados domésticos. Que los perros, los gatos, los caballos, las aves de corral, no hablen, es un hecho; pero que ello baste para erigir un muro de incomunicación absoluto con el hombre no puede sostenerse. Muy por el contrario, el hombre puede llegar a hacerse comprender de sus animales, como lo sabe hacer perfectamente, no sólo el labriego o el cazador sino cualquier persona que lo haya intentado de veras. Y tan es posible esta comunicación, que cabe poner en duda si es lícito excluir a ciertos animales de toda luz de razón. La voz, el tono, y sobre todo las circunstancias naturales —mal tiempo, oscuridad— bastan para persuadir a un perro inteligente de que su amo no lo puede llevar consigo.

Perro inteligente. Los perros y los gatos lo son sin duda, aunque de modo muy distinto, y saben muy bien dar su opinión sobre todo aquello que les interesa. En el perro, además, se da, como es archisabido, un tesoro de emociones nobles, y sobre todo, de abnegación para su amo. Hay caballos también muy inteligentes, y en cuanto a los burros, los más cortos de caletre suelen ser los bípedos.

Esta inteligencia, este «uso de razón» de que dan constantes pruebas ciertos animales plantea un problema de interés primordial. La facultad intelectual equivale a un acceso al fondo común del espíritu. Mucho se habla de un *sotasí* o subconsciente humano cuyo descubrimiento se suele atribuir a Freud y a Jung. Pero ¿cabe hacer comprensible el concepto mismo y la experiencia misma de la inteligencia sin dar por supuesto y por consabido un *sotasí* común? A mi juicio, no. Es como si una persona hablara un buen rato y *se hiciera comprender de aquellos que le escucharan,* y se negase después que aquellos ruidos orales eran un lenguaje.

Por lo tanto, el mero hecho de que el hombre logre —como lo hace— entenderse con muchas especies de animales, basta para probar que el *sotasí* general humano abarca a los animales; y que lo que pudiéramos llamar alma colectiva de los seres vivos es accesible a las especies no humanas; por lo tanto, cuando decimos que tal perro o tal delfín es muy inteligente, lo que queremos decir es que tiene buen acceso al fondo del alma colectiva, que a todos, hombres y animales, incluye.

¿Cabe argüir en contra alegando la ferocidad de las fieras? Volvemos al misterio de la Creación, que, al menos en nuestro planeta, manda que ciertos animales se nutran de otros. Si el tigre o león, falto de alimento, se topa con un hombre, es posible, aunque no seguro, que lo devore. Aquel gran escultor animalista que fue Mateo Hernández, cuya obra genial, o lo que de ella han dejado los grandes museos, debiera recogerse amorosamente y exponerse en Madrid o en su Salamanca natal, me decía que en su experiencia personal la única fiera terrible era la pantera, y lo explicaba con sencillez: las fieras fuertes no tienen miedo, y si no ven indicios o gestos que interpretan como de peligro, no atacan. Mateo Hernández aseguraba que él no temía nunca penetrar en la jaula de un tigre o de un león; pero sí en la de la pantera por ser animal más imaginativo y, por lo tanto, espantadizo.

Hay, pues, que considerar estas cosas con los matices necesarios que inspira el respeto hacia la gente animal, y sobre todo, con plena conciencia de que

POPPY

para Mimi

¿Qué pasa? No te oigo.
Ya no vas a ladrarle al gato intruso
al fondo del jardín; ya no me avisas
de que llegó un extraño a dejar cartas
o latas de pimiento.

¿Qué pasa? No te oigo. Te he buscado
por todos tus lugares favoritos.
Tu colchoneta oculta
debajo de la mesa de escritorio,
vacía,
tu cama blanda y amplia,
donde arropada en mantas te dormías,
vacía.
Tu puesto acostumbrado
entre mi silla y el armario blanco
que guardaba el tesoro
de los piñones dulces,
vacío.

¿Qué pasa? No te oigo.
He salido a buscarte
oh, ya sabía
donde estaba tu cuerpo,
sólo que no quería ni acordarme…

He salido a buscarte, y te he encontrado.
¿No había de encontrarte?
Fiel como siempre,
me hiciste compañía.
Fiel, humilde, paciente,
has venido conmigo de paseo.
Duro el sendero, verde y húmeda

la yerba blanda, y los rugosos árboles,
desperezando sus nudosos brazos
al sol tépido y pálido,
todo sólido y todo así pesado.
Pero tú, ¡qué ligera!
Aun más que ayer cuando tus patas blandas
apenas si pesaban sobre el suelo
viniste, sombra líquida
con ingrávido paso acompañando
mis tristes pensamientos,
y has estado a mi lado
mucho más cerca y más continuamente
que cuando en carne y hueso
corrías o parabas
a capricho de ráfaga o querencia
de viento o de deseo.
Sombra de seda de oro
y de aguda nariz inquisitiva
y sombra de ojos negros
pozos de hondos sentires y de vislumbres
                                    [de pensares
allá dentro en sus orbes condensados
jamás desparramados
en la charca común de la palabra.
Sombra fiel y paciente, sombra humilde,
hoy eres para siempre
sombra de compañía.
Y porque estas tres joyas de tu alma
lo fueron de oro puro,
de esencia de las cosas verdaderas,
porque fuiste y porque eres
onduela del espíritu perenne,
eres mi compañía para siempre
en esta vida que es la vida eterna.

los animales se hallan en contacto directo con el alma colectiva. Yo recuerdo haber sido objeto de una agresión por parte de un loro, que intentó escupirme, porque el día anterior había intentado yo imitar su lenguaje; y, cosa notable, no se sintió insultado en el instante de mi broma, sino un día después, ya madurado y hasta avinagrado el resentimiento; y en Australia conocí a una cacatúa blanca elegantemente tocada con un plumero amarillo, que se dejaba admirar con gran satisfacción, pero en cuanto el admirador se alejaba lo despedía con tono y frase despectiva como diciendo: «Vete, vete, que eres indigno de mí.»

También recuerdo haber tenido un gato muy sensible a la música, con el cual, una velada, nos salió un experimento involuntario e inesperado, pero de muchos bemoles, como se verá. Parecía dormido en un sofá junto al fuego de la chimenea; pero estaba escuchando el quinteto en sol menor de Mozart, y gozándolo sobremanera a juzgar por los ronroneos que de cuando en cuando emitía, por cierto muy discretamente, para no echar a perder la obra maestra. Terminó el quinteto y pusimos el primer disco de *La consagración de la Primavera*, de Stravinski, y al cuarto o quinto compás el gato se puso en pie, se erizaron los pelos de toda la pelliza, le fosforecieron los ojos y, como alma que lleva el diablo, salió disparado por la puerta del jardín.

Seguro estoy de que tales ejemplos de coexistencia humano-animal, y aun mejores, se dan en la vida de muchas personas familiarizadas con animales; en quienes, desde luego, se observan cualidades y defectos «humanos», como los celos, la envidia, el egoísmo, la generosidad, el valor, el miedo, la vanidad y hasta desviaciones notorias como la pasión homosexual. Todo lo cual confirma el fondo síquico común a toda la vida tal y como la conocemos en este planeta; y por lo tanto la confraternidad que nos une con los animales, que, por otra parte, se expresa en la semejanza de tales personas con tales animales, de modo que todos conocemos al hombre con cara de caballo o de zorro o de buey, o de toro o de lechuza, y no hablemos de otros seres más peligrosos como la serpiente, la víbora, y decimos que Fulano no es ninguna águila, y que Menganita es una urraca.

Cabe, pues, afirmar que el reino animal, incluso la especie humana, constituye una sociedad *sui generis*; y que, por lo tanto, existe una base racional para los muchos, si no bastantes humanos, que aspiran a «humanizar» la actitud de los hombres con los animales. Pero ya la frase misma que acabo de escribir revela una contradicción: ¿cómo es que hay que humanizar la actitud de los humanos?

La respuesta va inclusa en el *sui generis* que le hemos colgado a la sociedad de los animales. En sí, toda sociedad debiera buscar la paz interior y las buenas relaciones entre sus socios. Pero la sociedad animal se rige por la ley tremenda que hace de una especie el alimento de otras, con lo cual no llega a establecerse la paz en la sociedad animal; lo que, a su vez, le permite al hombre conservar una libertad absoluta para su actitud.

Esta circunstancia complica sobremanera el aspecto sicológico del problema. El hombre siente que lo espontáneo en él no es un amor franciscano a todos y cada uno de los animales como criaturas divinas. El hombre observa que su actitud sicológica con sus compañeros de Creación es mucho más compleja, y que comprende toda una gama de sentimientos, desde el amor casi humano que siente por el perro hasta el asco que le inspiran ciertos insectos, la aversión que le causa la rata, y cierto horror que le producen no pocos moluscos. El hombre no tarda en darse cuenta de que es incapaz de amor franciscano para todo el reino animal; y que casi se inclinaría a pensar que sólo es capaz de afecto positivo para media docena de especies.

Ni tampoco estaría dispuesto a contentarse con el contraste amor-aversión o gusto-asco. En la sociedad moderna todo se va industrializando, todo va perdiendo su aspecto vital. Un ser humano puede muy bien haber devorado en todo o en parte miles de terneras, bueyes y gallinas sin haber entrado en familiaridad con uno solo de aquellos animales a quienes robó su vida; pero el campesino entra en amistad y confianza con los seres animales que luego devora sin compunción alguna. Y no es el alimento el único objetivo que induce al hombre a matar el animal para satisfacer sus ansias.

Todo ello va envuelto en una actitud más general consistente en hacer del animal mero instrumento del hombre para lo que sea. Y como el hombre siente una maravillosa variedad de apetencias, toma del vasto jardín que es el mundo toda suerte de animales para sus múltiples usos personales. Sucede, pues, que la primera consecuencia de esta situación es que, donde quiera que van los hombres, los animales pierden la libertad.

La libertad es para los animales, tanto como para los hombres, un bien incomparable; el mayor y más profundo de los bienes. Misterio es este que nunca será bastante explorado y meditado por los humanos. Basta ver un insecto del tamaño de una i minúscula recorrer una página de papel blanco, y exponerlo a una aventura poniéndole delante la punta de un lápiz. El insecto lo ve y probablemente siente la depresión que el lápiz causa sobre el papel; observa, pondera la situación, y vira a derecha o izquierda.

Él sabe lo que quiere y adónde va o desea ir y, al toparse con el obstáculo del lápiz, decide según su leal saber y entender, su intención y su temperamento. El poder hacerlo es lo que nosotros llamamos *libertad,* de modo que la libertad es el estado natural de todos los animales; tan sólo limitada por la lucha entre las libertades dentro de la especie o de especie a especie.

Cabe, pues, admitir como naturales las limitaciones a la libertad de individuos y especies que los seres humanos infligen a los animales; pero el mero hecho, ya observado, de ser la libertad bien tan primordial y consustancial con la vida de todo lo que vive parece que debe imponer al hombre deberes más estrictos de los que se esperan de otros animales; puesto que los dones de inteligencia, iniciativa e intención, las tres íes de la Creación, le han sido otorgadas por el Creador en tan generosa abundancia que casi significan admitirle a una colaboración en la Creación que se sigue haciendo.

Aquí precisamente es, pues, donde la especie humana no parece todavía merecer esta confianza en ella puesta por el Creador. Tan poseída está de sí misma, que todo lo que le place se justifica a sus ojos por el mero hecho de

«El peor mal de los males es tratar con animales.»
Así dice el español. Y el inglés dice «cuanto más
trato con los hombres, más me gustan los perros.»

placerle. Si fuéramos a decirle a la fulana del tercero derecha que meter en una jaula un jilguero, libre ciudadano de los aires, es un verdadero acto de tiranía, nos miraría como a locos de atar. Ello no quita para que la jaula sea un instrumento de tortura para toda ave voladora, y no menos cárcel, y como tal horrenda, para encerrar en ella cualquier animal por peligroso que sea en libertad. Dándose cuenta de este hecho, los arquitectos tienden ahora a construir los jardines zoológicos en forma tal que la libertad de los animales expuestos con fines educativos se cercene sólo en un mínimo tolerable. Pero hoy, con la televisión, ¿para qué esas monstruosas cárceles para animales?

Nuestro pueblo no ha sido de los primeros en adentrarse por este camino *humano,* epíteto que parece inspirado en excesivo optimismo sobre el modo de ser de nuestra especie. Quizá haya en ello cierta adhesión a un concepto articulado que, hasta hace muy poco, sólo ha visto en los animales algo como máquinas sin alma. Considerando que el alma se les ha venido negando hasta hace poco a las mujeres, tendremos que ser modestos. Cuando el criado gallego de una pieza de género chico que fue famosa en mis juventudes cantaba que iba a hacerse con una vaca, una cabra y una muller

> *...y con estos tres animales*
> *¿qué más puede apetecer?*

todo era broma, pero en fin aun la broma deja de serlo si se aleja en demasía del sentir general. Otro tanto digo de aquel baturro que en otra obra del género chico cantaba

> *mira tú si te querré*
> *que anoche, cuando te vi,*
> *la borrica se me fue*
> *y yo me fui tras de ti*

donaire de poco respeto a la mujer y quizá también al baturro.

Hay, pues, en la actitud de buena parte de nuestro pueblo con los animales cierta «distancia vertical» que los considera como seres brutos y pasivos que no mueven ni a la piedad ni menos al respeto. Pero quizá se dé también en nuestro modo de tratar a los que más íntimamente conviven con nosotros cierta actitud precisamente contraria; un como descenso al nivel animal que en accesos de primitivismo hace que se manifieste el hombre como adversario del animal, a quien habla o insulta de tú a tú: el arriero que, airado, le da a una mula de puñetazos en el hocico; el dueño de casa que agarra a un gato que le ha ensuciado el baño y lo tira escalera abajo, son hombres que se han dejado rebajar por la cólera a un nivel no tanto animal como infrahumano.

Pero aún hay más; porque lo que, al fin y al cabo, falta en nuestras relaciones con los animales es ese sentido de confraternidad de ser unos y otros criaturas divinas, de modo que no acertamos siempre a sentir, por ejemplo, en nuestra piel, las *mataduras* («no matarás») del animal que lleva mal colocados los arneses, las llagas comidas de moscas, la sed, el hambre, el sol, la fatiga que obligamos a padecer a nuestras bestias, no siempre por necesidad, más a veces por desidia, sequedad de alma indiferente.

146

No hay que imaginarse como mera extravagancia la confraternidad entre todas las criaturas de Dios. Pese a esa tremenda ley de la sangre que hace al tigre devorar la cabra y al gato torturar y luego devorar al ratón, la confraternidad existe y con persistencia y buena voluntad se puede llegar a desarrollarla de modo, a veces, maravilloso. Los animales no tardan en darse cuenta desde el instante en que ven amanecer esta actitud comunicativa en el alma de un ser humano.

Daré aquí dos recuerdos de Lima. Fuimos, un día, Mimi y yo, a almorzar en los arrabales a casa de un escritor y hombre público amigo que llamaré D. El cual había logrado reunir en su jardín un buen grupo de animales que se llevaban muy bien. Uno de ellos era una tortuga chica, con la cual Mimi trabó pronto cordial conversación acariciándole la nuez que es, por lo visto, lugar sensible a la amistad en las tortugas.

Hacía calor y después de almorzar tanto D. como yo escogimos sendos cuartos frescos para la siesta, pero Mimi prefirió que le llevasen una silla larga para echarse al otro extremo del jardín. Mientras medio dormitaba, le despertó un ruido de arena hollada y arañada, y pronto divisó su nueva amiga que se le venía acercando desde más de cien metros, con sus ángulos y vueltas, dirigida por infalible instinto. Hubo, pues, otra entrevista de amistad, con su conversación y cosquillas de garganta; lo que me hizo pensar que Mimi, tan buena lingüista ya, dominaba además el *tortugués*.

Claro que le contó el caso a D. El cual, experto conocedor de animales, nos contó a su vez el del mono cuyas proezas de gimnasta habíamos admirado antes de comer. El caso databa ya de un par de años. Había llovido por la mañana, pero D., confiando en el clima de Lima, salió estrenando un inmaculado traje de seda blanca. De pronto vio cómo, casi a su lado, paraba un coche cuyo conductor, con cara de muy pocos amigos, se volvió hacia el mono que acababa de comprar, el cual escabulléndose del poder de su malhumorado dueño, saltó sobre la acera y de un brinco trepó y se encaramó sobre D., sentándose en su cabeza y dejando el traje blanco no poco manchado de barro. D. lo compró al instante a su irascible dueño, y en su casa y jardín el mono pudo al fin disfrutar plena libertad.

Hay, pues —o puede haber—, entre hombres y animales una comunidad suficiente para que se pueda llegar entre unos y otros a una cuasi-amistad. Pero aquí manifiesta otra vez la natura su incomparable sutileza. El hombre escoge en la sociedad humano-animal los animales que le gustan y los que no le gustan. Esta frase oculta o expresa un doble sentido: puede aludir a lo que el hombre come de buen grado o le repugna; puede referirse a los animales que le son simpáticos o no.

En el primer sentido se dan variaciones de tipo nacional. En los países mediterráneos, comer pájaros fritos es tan corriente como comer terneros o bueyes; en los países del norte europeo, comer pájaros fritos es una abominación. Pero ¿qué será aquella evocación romanesca y sentimental que hace Garcilaso de los pájaros que lleva colgando por un bramante que atravesaba los ojos? ¿No se trata de una verdadera diferencia de sensibilidad? Y eso que los pája-

EL CORZO

Aire al galope, corzo
del prado breve huésped,
apenas con pie leve besa el césped
cuando otra vez al viento
vierte en fluido escorzo
su raudo movimiento,
ráfaga viva, corzo,
imagen presurosa
esquivo pensamiento...

Río, sierpe sedosa,
sueño de cielo en agua diluido,
mirada luminosa
que sobrevive al agua en que ha vivido.
Aire al galope, el corzo aquí ha venido
para aplacar la sed que le atormenta,
quizá para esconderse
o quizá para verse
en el espejo líquido del río,
vibrándole las formas y colores,
suspenso de sí mismo en el vacío...

Álamos tembladores,
almas abiertas a la luz y al viento;
cipreses soñadores
que, vestidos de verde macilento,
yerguen su tenso anhelo
hacia la etérea bóveda del cielo.
Por entre aquestos troncos, con el viento,

fluye, ráfaga viva,
el corzo que se esquiva
del álamo al ciprés, y se diluye
en el río del aire,
así como el donaire
se diluye en el goce que de él fluye...

Colina, roca viva,
que el tiempo mordisquea y no destruye,
y deja patinada,
perfil que sobre el cielo
corta el bisel buido
de la mirada.
Al ápice ha subido,
huido,
aire al galope, el corzo,
posando su pie leve
sobre la roca breve
para aspirar con místico alborozo
el aire de la altura
que ha frotado la nieve
y que ha afilado el yelo.
El corzo
recógese en escorzo
y arrojando hacia atrás la roca breve,
en un súbito salto
al cielo da el asalto,
ráfaga viva vuelta hacia lo alto.

ros son uno de los animales «favoritos» del hombre, porque el ave, de suyo, quizá como habitante de la región aérea, le resulta simpática al hombre.

Releamos una de las escenas más idílicas del más fino y sensible de nuestros poetas:

> *En mostrando el aurora sus mejillas*
> *de rosa, y sus cabellos de oro fino*
> *humedeciendo ya las florecillas,*
>   *nosotros, yendo fuera del camino,*
> *buscábamos un valle, el más secreto*
> *y de conversación menos vecino;*
>   *aquí con una red de muy perfeto*
> *verde tejida, aquel valle atajábamos*
> *muy sin rumor, con paso muy quieto.*
>   *De dos árboles altos la colgábamos,*
> *y habiéndonos un poco lejos ido,*
> *hacia la red armada nos tornábamos,*
>   *y por lo más espeso y escondido,*
> *los árboles y matas sacudiendo,*
> *turbábamos el valle con ruido.*
>   *Zorzales, tordos, mirlos, que temiendo*
> *delante de nosotros, espantados*
> *del peligro menor, iban huyendo,*
>   *daban en el mayor, desatinados,*
> *quedando en la sutil red engañosa*
> *confusamente todos enredados.*
>   *Entonces era vellos una cosa*
> *estraña y agradable, dando gritos,*
> *y con voz lamentándose quejosa.*
>   *Algunos dellos, que eran infinitos,*
> *su libertad buscaban revolando;*
> *otros estaban míseros y aflitos.*
>   *Al fin las cuerdas de la red tirando,*
> *llevábamosla juntos casi llena,*
> *la caza a cuestas y la red cargando.*

¿Diose jamás mezcla más extraña de sensibilidad y de crueldad que en estos versos inmortales? Garcilaso es, en esta vena, inagotable.

>   *Y cierto aquesta es cosa de contarte*
> *cómo con los que andaban con el viento*
> *usábamos también de astucia y arte.*
>   *Uno vivo primero de aquel cuento*
> *tomábamos, y en esto sin fatiga*
> *era cumplido luego nuestro intento;*
>   *al pie del cual, un hilo, untado en liga,*
> *atando, le soltábamos al punto*
> *que vía volar aquella banda amiga.*

Apenas era suelto, cuando junto
estaba con los otros y mezclado,
secutando el efeto de su asunto.

  A cuantos era el hilo enmarañado
por alas o por pies o por cabeza,
todos venían al suelo mal su grado.

  Andaban forcejando una gran pieza
a su pesar y a mucho placer nuestro;
que así de un mal ajeno bien se empieza.

Pero aún habré de recordar una tercera escena porque en ella se destaca con claridad la superior virtud de ciertas especies animales sobre sus vanidosos tiranos, los hombres:

  Acuérdaseme agora que el siniestro
canto de la corneja y el agüero
para escaparse no le fue maestro.

  Cuando una dellas, como es muy ligero,
a nuestros manos viva nos venía,
era ocasión de más de un prisionero.

  La cual a un llano grande yo traía,
a do muchas cornejas andar juntas
o por el suelo o por el aire vía;

  clavándola en la tierra por las puntas
estremas de las alas, sin rompellas
seguíase lo que apenas tú barruntas.

  Parecía que mirando a las estrellas,
clavada boca arriba en aquel suelo,
estaba a contemplar el curso dellas.

  De allí nos alejábamos, y el cielo
rompía con gritos ella, y convocaba
de las cornejas el superno vuelo.

  En un solo momento se ayuntaba
una gran muchedumbre presurosa
a socorrer la que en el suelo estaba.

  Cercábanla, y alguna, más piadosa
del mal ajeno de la compañera
que del suyo avisada y temerosa,

  llegábase muy cerca, y la primera
que esto hacía, pagaba su inocencia
con prisión o con muerte lastimera.

  Con tal fuerza la presa y tal violencia
se engarrafaba de la que venía,
que no se despidiera sin licencia.

  Ya puedes ver cuán gran placer sería
ver, de una por soltarse y desasirse,
de otra por socorrerse, la porfía.

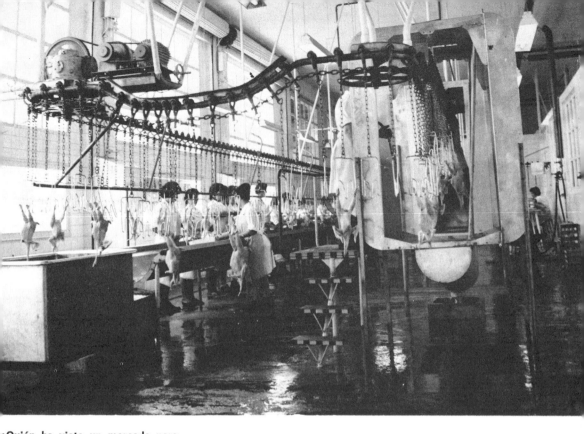

¿Quién ha visto un mercado para
no hablar de un muelle de pesquería
o de un matadero, que no sienta
repugnancia ante lo que ve?

El elefante desaparece lenta pero
seguramente de las tierras africanas
por la codicia del marfil.

Al fin la fiera lucha a despartirse
venía por nuestra mano, y la cuitada
del bien hecho empezaba a arrepentirse.

¿Cuál es la conclusión que aquel excelso ejemplar humano saca de tantas torpezas morales tan lindamente descritas? El orgullo o la vanidad le dicta estos tristes versos:

A ningún ave o animal natura
dotó de tanta astucia que no fuese
vencido al fin de nuestra astucia pura.

Pero hay especies que no nos inspiran sino repugnancia y aversión, como las chinches, las cucarachas, las ratas (no los ratones), las víboras y en general los reptiles, que hasta arrastran por el mundo una aversión divina, sin duda debida a una calumnia humana, porque Dios no puede odiar ni siquiera el mal, cuando menos una serpiente, cuya «maldad» es sin duda invento del hombre.

Los animales no hablan más que, a todo tirar, los que imitan la voz humana; y, al parecer, las gallinas. No pueden, pues, defenderse de las cosas que se nos antoja decir y hacer de ellos. Entre éstas habrá que escoger tres de los pasatiempos que los hombres han inventado y que no pueden gozar sino a costa de los animales: la caza, las carreras y las corridas de toros.

Lugar común es ya, y no nada novel, el comparar la caza a la guerra. Trátase, en efecto, de una verdadera guerra contra tal o cual especie; y si se hace como debe ser (iba a escribir «como Dios manda») resulta tan beneficiosa como la guerra para endurecer y fortificar el cuerpo del hombre, sea cual sea su efecto sobre el alma.

Suelen añadirse a estos efectos beneficiosos de la caza otros, no tan convincentes, sobre el equilibrio de las especies, la necesidad de limpiar el campo de alimañas como el zorro o el lobo, y otros tales argumentos. Dios sólo sabe la verdad de todo ello; pero parece natural sospechar que a lo que se sale de caza es a dar suelta a la agresividad natural del hombre. En mis tiempos de golf solía observar qué jugadores le daban a la bola con más ferocidad; y mediante discretas investigaciones, solía confirmar mi sospecha de que eran hombres malcasados, malqueridos o malarrimados, con mucha agresividad reprimida deseosa de darse aire.

Y no precisamente con una vuelta de golf. Había antaño, en mi juventud, un coronel que en Burgos ejercía la función de mayor de plaza. No era ya joven y había cristalizado su vida en costumbres muy geométricas y exactas. A las diez apagaba la luz, y a dormir. Pero el capitán general de la región era hombre joven y nocherniego; y al volver a casa a eso de las dos de la mañana, solía llamar al coronel para preguntarle si había novedad, a lo que el coronel, mal desencapotado de las nubes del sueño, respondía: «Sin novedad, mi general», y es cosa de notar que entre nuestras autoridades «sin novedad» es sinónimo de «nada malo». Pues bien, al coronel le llegó su retiro; y a partir de aquel día, dio instrucciones a su asistente para que todas las noches viniera a despertarle y decirle: «Mi coronel, llama el capitán general.» Entonces, el coronel eruptaba como un volcán, pero de improperios en vez de lava. «Dile a ese hijo de tal que no me da la gana de levantarme para hablar con un idiota como él.» Hoy eso se hace mejor jugando al golf.

No hay que darle vueltas: la caza es contraria al quinto mandamiento. También lo es matar una gallina en la cocina; pero, al menos, en este caso, se trata de que hay que comer, y si no es una gallina será una liebre o un pedazo de cordero, carnero, ternero o buey; y no pase inadvertido ese cinismo tan humano (en el mal sentido de la palabra) de llamar *carnero* a un animal. Si los animales hablaran, dirían: más claro, el agua.

Pero en fin, comer es una primera necesidad; mientras que no parece darse una necesidad imperiosa que obligue al hombre a cazar lo que come. Sólo que aquí se nos presentan otros problemas. Si no voy de caza a matar lo que como, y puesto que no lo como vivo, tendré que echar sobre los hombros de otro la responsabilidad de matarlo. Y hay que confesar que los vegetarianos, al echar mano de este argumento contra los carnívoros, sabían lo que hacían. El problema ético es aquí formidable; porque la familiaridad con la operación que consiste en dar la muerte ha de pesar por fuerza con graves consecuencias en el alma del que, por su oficio, lo tiene que hacer tanta veces.

Como siempre sucede en estos casos, tratamos de pensar en otra cosa; pero el hecho es que nuestras sociedades reposan sobre la existencia de multitudes de hombres encargados de dar muerte y descuartizar a multitudes de animales para nuestro alimento; y si este estado de cosas no es contrario al quinto mandamiento, que venga Dios y lo vea.

El caso es que no viene, aunque lo ve y no dice nada, y que nosotros nos refugiamos en el olvido de ese «detalle» cuando nos sirven el asado sobre la mesa. En París supe yo de un millonario excéntrico y cínico que era además vegetariano; y que, cuando en uno de sus frecuentes banquetes, llegaba el momento de servir la carne, exclamaba: «*Maître d'Hotel, faites servir le cadavre.*»

Cadáveres futuros son los caballos que vienen a ver correr tantos ingleses y franceses; y se dirá que, a esa cuenta, cadáveres futuros son también los que los van a ver correr. Pero la diferencia estriba en que unos les quitan vida a los otros, los cuales se la dan en forma de placer a sus atormentadores. Las carreras de caballos son un deporte cruel. El esfuerzo que se exige del caballo de carrera es agotador; y aquí también acude la hipocresía a cubrirlo todo con un manto de utilidad pública, so pretexto de la mejora de la especie mediante la cría caballar. Pero, para empezar, pongamos en claro que de lo que se trata es de ganar dinero.

Se gana dinero de tres modos: primero por las entradas; luego por las apuestas; finalmente, por el sobrevalor que adquiere el caballo de buena historia como corredor y ganador de premios para padrear en las grandes cuadras. En su primera forma, la ganancia es lícita y, si el empresario lleva bien su

PEZ

Onda apenas más densa,
en sí misma condensa,
para captar más luz y más intensa,
date el agua el ojeo
que brilla en tus escamas, espejeo,
pero ese forcejeo de tu cola
a la tierra lo robas
y a la tierra lo pagas
cuando ya lento bogas,
genio del agua, capto ya en talento.
Y cuando pasas,
y en el agua que dejas, ojos posas,
oh pez, quizá ya casas
los casos y las cosas
de tu universo, el agua,
y en el agua ya fragua
tu primeval talento
el primer elemento
de nuestro pensamiento.
Onda apenas más densa
con esa densidad del que ya piensa,

el aire en agua tragas
y por el aire con el agua dialogas,
el agua, tu universo...
Y al respirar con trabas
en sorbos y medidas, como en verso,
poeta eres quizá, quizá ya trovas.
Ovas
con semen lavas que de vida adobas,
y del deseo sufres añagazas
cuando la hembra rozas.
Si amor gozas,
de deleite adelgazas,
y ya piensas y trovas,
y al agua, tu universo, espacio robas,
para en él instalarte
con firme voluntad, mas de tal arte
que finges ser onduela
que se desliza humilde y paralela
en iris transparentes.
Forjado ya de miras diferentes,
oh pez, ya eres espíritu.

espectáculo, derecho tiene a sacarle fruto. Las otras dos formas de ganancia piden más atención.

Las apuestas constituyen una lotería apenas disfrazada por las profecías seudocientíficas de los especialistas que predicen cuál es el caballo que va a ganar la carrera. Aquí parece que pierde el deporte la respetabilidad que procuran otorgarle sus adeptos; porque la carrera exige tan descomunales esfuerzos, que la salud de la mayoría de los caballos que corren tiene que padecer graves acometidas. La cría caballar se revela así como un velo que no basta para ocultar una verdadera ruleta, sólo que de «bola» viva que padece en su salud a fin de que los jugadores gocen de su pasión favorita.

Cuentan de un potentado que en las numerosas versiones de la anécdota suele ser el Xa de Persia, que, invitado en París (o Londres) a ir a la gran corrida de caballos del país, contestó: «No, gracias. Antes de salir de Teherán ya sabía que uno de los caballos llegaría antes que los demás.» Verdad de a puño. Pero la indiferencia del monarca asiático procedía de su inmensa riqueza personal. De haber sido un burgués o proletario francés o inglés, habría vivido en un sueño siempre renaciente de hacerse rico apostando al caballo ganador, y yéndose a casa con su pingüe ganancia, satisfecho además de haber contribuido al progreso de la economía nacional mediante la mejora de la cría caballar.

Todo esto es hipocresía y ruleta viva, diametralmente opuesto al quinto mandamiento; pero, por la misma causa, poco activo entre nuestro pueblo, donde las carreras de caballos no han logrado nunca arraigar como espectáculo fuera de reducidos contingentes de ricos extranjerizados y aristócratas caballistas, con sus correspondientes nubes de *snobs*.

En cuanto al tercer modo de ganar dinero, basta con observar que si y cuando sale un caballo buen corredor con todas sus demás condiciones físicas en buen orden, este modelo que las grandes cuadras se disputan a precio de oro, se ha producido a expensas de Dios sabe cuántos caballos perdedores que se han ido muriendo con los pulmones exhaustos.

Téngase muy en cuenta porque las carreras de caballos se suelen oponer a las corridas de toros como ejemplo de un deporte limpio y nada opuesto al quinto mandamiento. Éste es, desde luego, el punto más flojo del toreo; y hay que declarar honradamente que, en general, a los españoles apenas si se les ocurre relacionar lo que pasa en el ruedo con el mandamiento *no matarás*. Quizá sea nuestra lengua la única, al menos europea, en donde se da un oficio que tiene por nombre *matador*, cosa que, en sí, se da de cachetes con el quinto mandamiento.

Convengamos también en que aquellas corridas que realzaron con su presencia y arte los ases de antaño, Frascuelo y Lagartijo, Guerrita y el Espartero, Joselito y Belmonte, caían a veces, casi siempre, en escenas abominables de repugnancia y fealdad, en las que la víctima inmediata y física era el caballo vaciando sus entrañas sobre el ruedo, y la otra víctima era la belleza que es al fin y al cabo, y a pesar de todo, la justificación suprema del espectáculo.

La casi universal denigración de los toros se debe en buena parte a estas abominaciones de antaño y aun de hogaño por poco que se descuide la gente; aparte de esa otra causa de denigración que procede por un lado de la Inquisición y por el otro de la inmensa potencia que logró acumular el Imperio español de 1500 a 1650 y aun hasta un siglo después. Sobre esta doble raíz se viene a injertar el casi-monopolio de Inglaterra sobre el mundo del deporte.

Ah, se dirá, pero es que las corridas de toros no son un deporte. Claro que no. Pero precisamente por eso «los toros» viven sobre una continua mala inteligencia que es indispensable dilucidar.

«Los toros» no son tampoco una «corrida», y por creerlo así se añade otra confusión sobre lo que son. Porque la corrida sugiere rivalidad como en las carreras; y aun oposición si no enemistad como en el boxeo, lo que el inglés expresa llamando a la corrida *bullfight;* y de ahí la donosa exigencia de sus críticos ingleses, según la cual debe dársele al toro el mismo albur que al torero. Esta manera de someter el toreo a las estadísticas revela lo poco aptos que son (o que quieren ser) los ingleses para juzgar las cosas de España.

Sobre lo cual recordaré aquí cómo un día, hallándome pasando un fin de semana en la casa del rector de uno de los colegios de Cambridge, me trajeron tres telegramas a las 7 de la mañana. Dos eran del *Times* y uno del *Observer,* y los tres se referían a la muerte de Joselito, de que me informaban, pidiendo sendos artículos. Uno de estos artículos comenzaba en estos o parecidos términos:

La muerte de Joselito a los 27 años tras 8 de ejercer su arte, durante los cuales fue herido siete veces, dos de mucha gravedad, parece que debiera poner fin al argumento de que el toro no tiene a sporting chance. *Tanto tiene como el zorro o la perdiz y más que el salmón, porque jamás ha llegado a mis oídos caso alguno de un* British gentleman *que haya perecido víctima del ataque de un salmón.*

Pasaron los años y, siendo yo profesor de la Universidad de Oxford, me ocurrió trabajar en la Biblioteca frente a un investigador histórico que hacía un libro no sobre sino contra Felipe II, en quien veía un modelo de crueldad. Como yo le apuntara que, al lado de Enrique VIII, era Felipe II una hermana de la caridad, me aludió a la crueldad *natural* de los españoles, como lo demostraban las corridas de toros. Yo le pregunté si no se había parado nunca ante un escaparate de anzuelos para la pesca como deporte y si podía imaginar nada más cruel que llevarse a un salmón colgado por el paladar de un anzuelo de ocho ganchos durante media hora de tiempo y media milla de distancia, a lo que arguyó que el pez es animal de sangre fría.

Todo esto ha debido de ocurrir en un río de muchas vueltas porque este salmón nos ha llevado lejos de nuestro rumbo. El cual no iba a otra cosa que a hacer constar que los juicios ingleses sobre el toreo se suelen plantear ya falseados por confundir las corridas con un deporte, especie de torneo de boxeo entre el toro y el toreador. Con cuya idea de los toros, los toros de verdad no tienen nada que ver. De modo que ahora nos toca delinear y definir en qué consiste el espectáculo nacional.

El cual es, en efecto, un espectáculo cercano al teatro mímico; y dentro

Las carreras de caballos son un deporte cruel. El esfuerzo
que se exige del caballo de carrera es agotador.

No hay que darle vueltas:
la caza es contraria
al quinto mandamiento.

El toreo es un duelo entre el miedo y la
serenidad; de tal calidad ésta, que el artista
sea capaz de transfigurarla en belleza.

de esta clase teatral, una tragedia. Sólo que el teatro y sus tragedias son mera representación en la cual «caen muertos» los que luego se levantan frescos y sanos a recoger los aplausos en cuanto baja el telón sobre su muerte, y vuelve a subir sobre su resurrección. En el teatro no muere nadie. En los toros, muere el toro siempre y a veces también su matador.

Estamos, pues, en pleno arte; y el que no haya comprendido que correr un toro es algo que no hay que comparar con correr un caballo, sino más bien con pintar un cuadro o representar *La vida es sueño,* no sabe por dónde se anda. El artista hace una obra de arte con ciertos materiales sobre los cuales posee un poder especial. Esos materiales se pueden considerar como la materia prima de su arte: para el escritor, palabras, imágenes y conceptos; para el pintor, colores y una tabla o tela; y así con cada arte. Pero ¿cuál es la materia prima del torero?

A primera vista, parece que la respuesta sería: su cuerpo y el del toro. Su arte, en efecto, consiste en hacer que el grupo hombre-toro resulte bello en todo momento, no sólo de belleza estática en cada instante, sino de belleza dinámica en los movimientos. Ésta es la vera esencia del toreo. Y, sin embargo, yendo más a fondo, el toreo sugiere otra materia prima de orden más espiritual, que es el valor personal. No hay gran toreo donde al artista creador le falta el espíritu para dominar el miedo. El toreo es un duelo entre el miedo y la serenidad; de tal calidad ésta, que el artista sea capaz de transfigurarla en belleza.

La belleza se resuelve en un contrapunto de líneas. En el toreo se dan tres líneas dominantes: la del toro, horizontal (así como la del caballo), la del torero, vertical, y otra línea oblicua, que va del rostro del hombre al lomo de la bestia y que no se realiza sólo en la espada del matador sino también en las banderillas y en la pica. La esencia del placer estético del toreo la expresan en su movimiento estas tres líneas geométricas: la agresión del toro, horizontal; la defensa, a cuarenta y cinco grados, de las banderillas, de la pica y de la espada; y la vertical, o sea la voluntad humana, que sortea y vence a la muerte.

Los toros encarnan, pues, y no sólo *representan* sino que *presentan* el espectáculo de la muerte de la horizontal al filo de una línea inclinada manejada por una línea vertical. La horizontal es el rebaño, la tierra, el animal que se nutre de sus propios excrementos apenas transfigurados por la tierra en yerba comestible; la vertical es el hombre, árbol que se ha metido su tierra en el tronco y ha echado a andar. La vertical es la prolongación del radio de la Tierra; la vertical, pues, que todo árbol adopta por su crecimiento y desarrollo, es la línea que sigue el espíritu para desencarnarse y alzarse sobre la tierra, o sea, huir de ella. Los toros presentan la tragedia entre la carne terrenal y el espíritu ultraterreno. De todas las formas que toman las relaciones entre el hombre y el animal, el toreo es la más noble y profunda pese a quienes la mancillan con su brutalidad para el caballo. Que lo perciban o no quienes van a ver la tragedia, ¿qué importa?

158

Sexto y nono mandamientos

Afligen a estos dos mandamientos nada menos que dos confusiones. Una deriva de la variedad de sus propios textos. En cuanto al sexto, dice el Ripalda con lapidaria brevedad: «No fornicar»; pero el catecismo de los católicos ingleses dice: «No cometerás adulterio.» Y luego, el nono, en el Ripalda, manda: «No desear la mujer de tu prójimo», que a su vez traduce en inglés el catecismo de la archidiócesis de Westminster.

Parece, pues, que podría interpretarse el sexto como una prohibición de toda actividad sexual no encaminada a fecundar la mujer propia: aunque hay textos del *Éxodo* que parecen dar al verbo *fornicar* un sentido meramente biológico sin color ético alguno. El Ripalda peca aquí de lacónico en demasía. El *Deuteronomio,* en el que figuran los mandamientos en textos más diluidos, da el sexto como: «No adulterarás.» Hay, pues, para escoger. Los austeros disciplinarán el sexo sometiéndolo a la procreación, y bajarán los ojos si las amigas son muy lozanas; y los menos austeros harán lo que puedan para pasar la aduana de San Pedro.

Pero luego se inyecta sobre esta primera confusión otra no menos confusa. Dice el texto español del mandamiento noveno «no desearás la mujer de tu prójimo», pero este desear se expresa en inglés por el verbo *covet* que no es desear sino codiciar. Y en el mismo Ripalda se pregunta y responde:

P.   *¿Qué vedan el nono y el décimo mandamiento?*
R.   *Las codicias deshonestas y de hacienda.*

Donde ya el desear se ha vertido en el codiciar. Y por si no bastan, el *Deuteronomio* (5) expresa con estas palabras tan conturbadoras lo que más tarde vino a ser el conciso mandamiento nono:

LOS ABEDULES

Mañanitas rosadas,
tardes azules,
el río se ha enredado
en los abedules.

Los abedules vieron
en la pradera,
entre sedas y gasas
seno y cadera.

Se va el río riéndose,
muy colorado.
Le rebrilla la risa
de prado en prado.

Mañanitas rosadas,
tardes azules.
En el silencio tiemblan
los abedules.

No codiciarás la mujer de tu prójimo, ni desearás la casa de tu prójimo, ni su tierra, ni su siervo, ni su sierva, ni su buey, ni su asno, ni ninguna cosa que sea de tu prójimo.

Así, pues, cuando abordamos el sexto mandamiento, sobre todo llevando también presente el nono, nos encontramos en plena confusión. Codiciar la mujer, desear la casa. ¿No están trastrocados los verbos? ¿De qué se trata? ¿De esa fuerza tremenda que es el sexo o de la no tan tremenda codicia más o menos ribeteada de envidia? ¿Y acaso no nos volvemos a encontrar aquí con la mujer como instrumento de labor más aún quizá que de placer?

Algo borda y complica esta doble confusión la manera como está expresado el adulterio que se prohíbe. Parece como si no pudiera cometerse más que con la mujer del prójimo. De solteras no se habla. De viudas tampoco, y eso que las habría de buen ver. Quizá aluda a que entre los hebreos se procuraba «colocar» pronto a las hijas; de modo que el marido poco satisfecho que se ponía a echar en torno miradas de gallo en celo sólo veía hembras ya colocadas.

Pero cabe otra explicación. Si recordamos que el soltero en busca de aventuras se suele ver y suele ser visto como un hombre a caza de mujeres, el atractivo aquí sería la caza en vedado o coto cerrado. De mis años estudiantiles en Francia, recuerdo una región en el Flandes francés adonde acudían a trabajar en el campo hombres del Flandes belga, de quienes se me dijo que no pasaban a Francia en su «emigración golondrina» sin haber dejado a la mujer bien embarazada. Todo esto sugiere que en cuanto se adentra el pensamiento por las relaciones, ya amorosas ya meramente sexuales, de los seres humanos, los temas se sutilizan y adelgazan que es un primor. En nuestros días, no constituyen las casadas señuelo de más éxito que las solteras, de modo que, para darse cuenta de lo que pasa entre nosotros con el sexto mandamiento, hay que darle al nono un valor más amplio para incluir en el objeto de los deseos deshonestos a las mujeres en general y no sólo a las casadas.

El tema es delicado por demás, pues consta aun al más distraído de los observadores que el adulterio sigue al matrimonio como la sombra al cuerpo. Hay quien intenta justificar el adulterio en el hombre como parte de la estrategia de la especie para hacerse con buena progenie; pero se da un bípedo másculo que así argüía con una avispada discutidora a quien intentaba convencer de que se justificaba el adulterio del hombre, pero no el de la mujer, la cual le cerró la espita de los argumentos con un breve: «No hay adulterio ni de hombre solo ni de mujer sola. El adulterio exige hombre y mujer.»

Vale el argumento de la especie en un ambiente de guerra de sexos, en la cual se esfuman los mandamientos concernientes; pero en un ambiente donde se reconoce el vigor ético de la ley de Dios, la ley meramente biológica de los sexos no rige; o al menos cede. Justo es reconocer entonces que el sexto mandamiento impone una obligación a los cónyuges, que puede revelarse muy dura.

Por paradójico que parezca, esta ley podría llegar a quebrar el matrimonio si se siguiera no sólo en su tersa expresión tal y como la da el texto, sino adaptándola a tal o cual comentario del Ripalda:

> P. *Los casados, con sus mujeres, ¿cómo deben haberse?*
> R. *Amorosa y cuerdamente, como Cristo con su Iglesia.*

En estas cosas de campanario abajo, no quisiera uno ser ni aun parecer displicente y menos festivo; pero, en fin, parece que el consejo que aquí da el padre Ripalda a los casados peca algo de abstracto en un terreno como el del amor, que tan concreto suele ser en sus exigencias: tanto que si el casado de la calle... bueno, el de la alcoba, fuera a atenerse a él como línea de conducta con su legítima esclava, nos iban a oír los sordos. El buen padre Ripalda no dudaba del amor de Jesucristo con su Iglesia, pero tampoco parecía sospechar que lo que en el amor sueña una mujer sana y bella, no es precisamente que alguien la tome por una iglesia por majo que sea el templo en cuestión. Y conste que dejo intacta la inmensa perspectiva que abre aquella copla:

> *Eres una y eres dos;*
> *eres tres y eres cuarenta.*
> *Eres la iglesia mayor,*
> *donde todo el mundo entra.*

Tampoco creo que las estadísticas confirmasen el éxito de las casadas que se atuvieran al consejo ripaldino correlativo: conducirse con el marido «con amor y reverencia, como la Iglesia con Cristo». ¡Hay tantos amores! Y el de la joven casada no parece que respiraría feliz en un ambiente de «reverencia».

Los mandamientos hoy luchan además con un ambiente radicalmente distinto, sobre todo en lo concerniente a la cultura social y sexual de los hombres y aún más a la de las mujeres. A principios de siglo circulaba de susurro a oído entre hombres el cuento de la novia que se casó sin más instrucción sexual que unas palabras de su tímida y perezosa madre: «Bueno. Pues en realidad, no pasa nada. Ya lo has visto la mar de veces en la calle, cuando un perro da con una perra.» Llegada la hora íntima, la novia, temblando de miedo, exclamó: «Bueno, Pepe, lo que tú quieras,

En España la estabilidad de la familia se
ha debido siempre en la clase media a la
influencia tradicional de la Iglesia.

El ser femenino es por natura
hondo como un pozo, reservado
oscuro, lleno de vida interior.

pero ¡no me arrastres por los pasillos!» Y del mismo tenor es aquel cuento de Barbey d'Aurevilly sobre *La última conquista de don Juan,* que lo pinta ya en retirada de su venturosa y aventurera vida, visitando a una de sus amadas y, ya ido, describe Barbey cómo la hija de esta amada fue el día siguiente a confesar a su madre que estaba encinta de don Juan por tan sólo haberse sentado en la misma butaca que había ocupado el apuesto libertino.

Hoy esos cuentos hacen sonreír hasta a las ursulinas. La vida sexual se ha transfigurado de modo asombroso de 1914 acá; y, a mi ver, la razón culminante ha sido la confluencia de cuatro corrientes: el abandono del hogar por la mujer, bajo la presión del hambre de mano de obra que ha padecido la industria; el progreso del ateísmo, que ha precedido al destronamiento del padre como rey de la familia; la omnipresencia de la muerte, y la evolución de una sociedad dominada por el hombre a otra dominada por la mujer.

Todos estos factores han terminado por efectuar una evolución sociológica notable tanto por su extensión como por su profundidad, cuyas características concretas cabe describir con hechos y sucesos que van ocurriendo en todas partes; pero la revolución en sí es algo mucho más hondo que los datos colectivos e individuales que se van acumulando y multiplicando. En su conjunto, equivalen a una nueva orientación del ser humano.

Ya se ha intentado en estas páginas una estimación de las causas y efectos de la sustracción más fatal que la historia humana ha vivido y está viviendo: la que se ha llevado a la mujer del hogar a la industria. Aquí también se trata de una nueva orientación de toda el alma. El hecho concreto equivale a transformar un pozo en una charca. El ser femenino es por natura hondo como un pozo, reservado, oscuro, lleno de vida interior. El siglo lo ha obligado a salir a luz, a verterse y trocar su forma vertical, oscura y protegida por la oscuridad, en la horizontal de charca o laguna expuesta al sol y a la intemperie.

Guardo un recuerdo personal de este contraste cuando en mi primer viaje a California observé las casas tan bien puestas, con tantas cosas útiles y bellas tan bien y tan aptamente colocadas cada una en su sitio... pero la casa ¡qué vacía! Casa, bueno. Hogar, no. ¿Dónde, cuándo y cómo decir «aquí muere el hogar»? no es pregunta fácil. Pero el hogar va muriendo, y de su muerte salen, como mariposas de la putrefacción, individuos sueltos sin tradición ni ambiente.

Nuestro pueblo está lejos de ser el primero o el más adelantado en esta evolución. Antes bien cabe considerarlo como uno de los que con más tenacidad ha venido defendiendo la integridad de sus hogares. Bien que

164

las fuerzas que a ello han contribuido no se distingan por su homogeneidad, aparte de que difieren de clase a clase.

¿Quién se atrevería a deslindar en estas cosas sutiles lo que conserva la tradición y lo que destruye la libertad amén de lo que ocurre a la inversa? En España la estabilidad de la familia se ha debido siempre en la clase media a la influencia tradicional de la Iglesia; mientras que, en el pueblo, la virtud femenina parece haber nutrido su vitalidad de intuiciones más profundas y ancestrales que no dependen tanto de la unción sacramental. Sucede a veces en el pueblo español que los matrimonios más estables y felices son precisamente aquellos que menos peso le dan a lo que exige la Iglesia y aun el Estado.

En ambas clases va cediendo lo social y tradicional ante el avance de una curiosa actitud anarquista de rechazo en estas materias de toda disciplina social. Sería del mayor interés adentrarse por este laberinto, sobre todo en lo que supone de rebelión ilógica contra lo establecido en ciertos sectores de la multitud. Se rechaza lo que la sociedad aspira a imponer; se penetra con pie firme por el sendero de la marcha individual, formando pareja; pero se mantiene una reclamación, un «derecho» a percibir «del Estado» las sumas necesarias para sostener una familia.

Sicológicamente, parece que se parte de una condena global de la sociedad, con lo cual, la pareja se liberta de toda inhibición frente a actos y actitudes que la sociedad rechaza como inmorales. Hay grupos que intentan crear entre ellos una sociedad *paralela*. No parecen haber dado de sí nada concreto en ninguna parte. La trabazón de las cosas y sus distintos aspectos en un inmenso ser humano colectivo que abarca todo el planeta y toda su población es hoy tan profunda que todos estos intentos juveniles inspiran mucha más simpatía que respeto. Se trata de un esfuerzo de los jóvenes, emocionante a veces, para recrear colectivamente la *madre* que la industria les robó. La empresa nace muerta.

Entre tanto, se ha procedido a condenar a muerte y a ejecutar a Dios. No es cosa de abrir aquí otra vez el legajo que hemos estudiado a propósito del primer mandamiento. Para cierta juventud, Dios ha muerto; y los más eminentes de los científicos parecen estar de acuerdo con Nietzsche. Con el Arquetipo del Padre mueren todos los padres de todas las familias.

El centro de gravedad de la vida humana se desplaza del alma al cuerpo. Ya no guía el cura, «director espiritual», sino el médico o la esteticista. La limpieza y vigor de la conciencia importan menos que la forma y fineza de los senos; la salud, no ya la salvación, es el objetivo. La separación que todo ello implica entre la vida sexual y la vida íntima, permite a la mujer dar el sexo sin dar el alma; y el sexo así se vulgariza y pier-

(Intuición del amor puro)

Tengo de subir subir,
tengo de subir al puerto,
aunque me cubra la nieve.
Si la nieve resbala, ¿qué hará la rosa?
Ya se va marchitando la más hermosa.
Ay mi amor,
si la nieve resbala, ¿qué haré yo?

Copla asturiana

*(Intuición de la potencia sexual
del clérigo)*

El cura de nuestro pueblo,
carajo, y qué fuerte mea,
que se arrima a la pared,
carajo, y la agujerea.

Copla andaluza

de secreto y recato. Muchos modernos dirían: «Yo no codicio ni deseo la mujer de mi prójimo; sino sólo un poquito de su cuerpo y sólo media hora»; en lo que hallarían acuerdo de buen grado en la mujer así tan pobre y concretamente codiciada.

Esta actitud halla no sólo el consenso sino el consejo de la ciencia médica de muchos países que se modelan sobre el modo escandinavo; el cual tiende a considerar la práctica sexual como un elemento primordial de la salud, y ve una expansión amorosa como una mera forma de bocadillo o merienda, cuando no de aspirina o barbiturato. De ahí la píldora, con su apasionante debate: ¿exactamente cuándo es un feto una persona; o sea, cuándo exactamente pasa el aborto a ser asesinato?

Daré por lo pronto a esta pregunta una opinión autorizada. Trátase de un eminente tocólogo europeo a quien durante un banquete preguntó una bellísima vecina de mesa: «¿Cómo evitar el embarazo?» A lo que el galeno, sonriente, contestó: «Muy sencillo. Un vaso de agua.» «Ah... Pero ¿antes o después?» «No, ni antes ni después. En lugar de.»

Claro que no era solución ni para la bellísima comensal ni para Ninon de Lenclos, que oraba a la Virgen: «*Vous qui avez conçu sans péché accordez-moi l'art de pécher sans concevoir.*»

De eso a intentar colocar al sexo en el trono ahora vacío del Señor, no va ni un paso; porque el Señor es ante todo el Creador y una vez que se le ha negado toda existencia, el único creador que queda, por decirlo así, tangible, es el sexo. El hombre que, guarde o no la fe dogmática, ha conservado y aun confirmado su fe en la existencia del Creador como premisa indispensable de la Creación, sólo verá en el sexo una de las formas en que se manifiesta el poder creador. Si es artista, percibirá también en su propio ser ese goce único que lleva consigo la creación, emoción y poder delegados al hombre por el Creador. Pero el hombre que, como Laplace y tantos laplazuelos modernos, renuncia y niega al Creador, ¿qué va a hacer sino agarrarse al pobrecito sexo? Esos falos que se erigen en orgullosa rigidez por esos mundos de Dios ¿de qué se ufanan si saben que tal rigidez sólo la logra o del sexo contrario, sí, contrario, o de algo todavía más misterioso: la imaginación?

¿Se quiere acaso prueba más dramática y evidente de la existencia de Dios que la erección sexual causada por mera imaginación del ser amado? ¿A qué vienen aquí las explicaciones basadas en nervios y vasos sanguíneos para dar un semblante mecánico a fenómeno tan natural, a prueba tan evidente del poder de lo inmaterial sobre lo material?

Era de antemano evidente que la muerte de Dios proclamada por Nietzsche y aceptada como hecho (?) científico (??) por la opinión culta, tendría que ir a una explosión sexual. Esta tendencia a ver el goce sexual como un sustituto del religioso está ya implícita y latente en el hombre, y se revela en sus expansiones desde las altiplanicies de la mística hasta las más modestas bocacalles de la experiencia. Para lo uno, valga lo ya citado de San Juan; para lo otro, vaya esta *rengaine* que hacia 1900-1910 iba cantando por las calles de París un mal afinado terceto de voces populares cuya cantilena aún recuerdo:

> *Une étoile d'ivresse,*
> *une étoile d'amour;*
> *les amants, les maîtresses*
> *s'aimaient la nuit, le jour...*
> *un poète m'a dit*
> *qu'il était une étoile*
> *où l'on s'aimait toujours.*

Helo ya lanzado al viento de calles y plazas, el mito del coito continuo. Sobre este ideal animal sin reservas vinieron a actuar otras fuerzas aquí analizadas o evocadas, de modo que hoy las sociedades humanas se ven expuestas a un sexualismo tan dominador que ya dan a luz las mujeres antes de cumplir los diez años. Es inútil lanzarles a las pobrecillas anatemas basados en la «moralidad». ¿Qué significa lo moral sino lo que está en las costumbres? Y si se aspira a reformar las costumbres, ¿quién va a hacerlo cuando las madres se han ido a la fábrica o a su despacho profesional, y el padre se ha muerto al morirse Dios? ¿Los políticos? ¿Ahora que ya se vota a los 18 años?

Y en qué momento se vino a morir... cuando la muerte avanzaba a zancadas óseas sobre los campos de batalla de cinco partes del mundo.

> *Por el aire amarillo*
> *pasa la muerte.*
> *Los ojos, dos balazos,*
> *hueca la frente;*
> *en la boca vacía,*
> *treinta y dos dientes*
> *que van castañeteando:*
> *¡Viva la Muerte!*

Así cantaba la muerte mientras los españoles gozaban su guerra civil. Durante tres años la muerte fue el suceso más normal y corriente de los que acaecían en España; y la juventud sabía que lo normal y natural era que nadie llegase a la edad madura y mucho menos a la vejez. Esta cuasi seguridad de la muerte joven fue el fondo, el poso, el centro de meditación de los españoles durante tres años y aun más, porque el paño

ANNO $ANTO? ...e l'aborto?

De ahí la píldora, con su apasionante debate: ¿exactamente cuándo es un feto una persona; o sea, cuándo exactamente pasa el aborto a ser asesinato? (Campaña en favor del aborto en Italia.)

El hombre que, guarde o no la fe dogmática, ha conservado y aun confirmado su fe en la existencia del Creador como premisa indispensable de la Creación, sólo verá en el sexo una de las formas en que se manifiesta el poder creador. («Diadumeno», Museo del Prado.)

negro de la guerra civil resultó prolongarse en largos flecos no menos negros. Para la inmensa mayoría de aquellos jóvenes, el Dios creador se había eclipsado, dejando sólo encendido en el firmamento del alma un ideal de tal o cual color: idénticos ambos, porque la color no es el ideal; que el ideal es la voluntad del yo endiosado que se yergue para dominar el otro yo. En el fuego de aquellos dos ideales ardieron cientos de millares de seres. Su ejemplo cundió, y la guerra civil europea, prendida al fuego de la española, consumió vidas a millones de hombres y mujeres, que criminales políticos como Hitler y Stalin multiplicaron todavía en monstruosas hecatombes. Toda esta juventud perdió la vida en aras de dioses nacionales o políticos surgidos del cuerpo muerto del Dios creador que Nietzsche había matado.

¿Y ésta era la vida? ¿Y para eso nos trajisteis aquí, vosotros, nuestros padres, cegados por la satisfacción de un efímero placer carnal? Desde esta plataforma que ni que erigir tuvieron, pues la hallaron hecha, los de la nueva generación volvieron a matar a Dios, y a su vez se entregaron a lo único que hallaron de creador en su miserable y efímero cuerpo. La nueva generación quiere destruir el orden que tan infames crímenes cometió y sufrió; y aspira a sustituirla por otra, para lo que le falta ¿qué? Precisamente la inspiración creadora.

Ante la bancarrota masculina, salen a escena las mujeres. Pero las mujeres tienen su propio modo de hacer las cosas. Es el siglo de las sufragistas, una de las cuales le clava un puñal a la *Venus* de Velázquez donde más bonita es. Buena puntería en verdad. Pero no vayáis a creerla tonta, que bien sabía lo que hacía. En el Rincón de Hyde Park, donde todo el que quiera puede plantar una caja de embalaje en el suelo, subirse a ella y empezar a perorar lo que le venga en gana, una de sus compañeras abogaba por el derecho al sufragio de las mujeres, y en el auditorio le llevaba la contraria un adversario de masculinidad no muy convincente y atiplada voz, el cual le disparó esta pregunta: «¿Le gustaría ser hombre?» Y la otra, al segundo: «¿Y a usted?»

Allí, en Inglaterra, es donde nació la era de las mujeres, la de hoy, que otras ya hubo y no precisamente inglesas. Hoy se dan primeros ministros mujeres en todos los continentes y no parecen haber conseguido hacerlo peor que los hombres. Antes de lograr tan vertiginosas alturas, las vimos hacer la guerra con bravura. Los que les habían negado el voto por temor a su sabiduría natural, se lo concedieron al verlas batirse y arriesgar vida y juventud al juego de la muerte. Así lo dijeron los hombres al concederles el sufragio, lo cual equivalía a darles el voto por haber hecho la guerra como hombres, pero no por haber guardado la paz como mujeres.

Hombres... Mujeres... ¿Qué más da? De hombres y mujeres salen mujeres y hombres; pero no, como tantos lo parecen imaginar a quien razonar los escucha, hombres de hombres y mujeres de mujeres. No parece sino que la especie humana se compone de dos, una de hombres y otra de mujeres. Espanta pensar lo que habría sido de este nuestro planeta si el único Creador le hubiera concedido la facultad de crear seres humanos a un solo sexo. Otra vez diremos: ¿qué mayor prueba de la existencia de un Creador que el haber negado a ningún ser pensante la procreación monosexual? Aterra pensar lo que el mundo hubiera sido con tantos dioses sueltos, capaces de procrear solos. La existencia de la mujer como elemento indispensable en la procreación ha salvado a la humanidad del manicomio universal.

Hoy mandan las mujeres, las cuales no se prestan con tanta predisposición como los hombres a aquellas funciones del pensamiento que tienden a alejarlas del río de la vida. Sentadas a la vera del río, bueno; pero siempre por lo menos con un pie mojado por el agua de la acción. Las mujeres suelen vivir en un estado constante de pensamiento-sentimiento-acción que les permite alcanzar con mayor frecuencia que los hombres ese estado de gracia humana que llamamos sabiduría.

Como en todas las épocas femeninas, llevan la voz cantante en la nuestra Francia e Italia, lo que no quiere decir que estas dos naciones sean afeminadas, ni mucho menos. Los pueblos masculinos, o sea inspiradores de Europa, son el ruso, el inglés y el español, más ricos de sustancia que de forma; los pueblos femeninos, ricos de forma más que de sustancia, son Francia e Italia.

Tanto Francia como Italia, por ser pueblos de espíritu femenino, son indulgentes con el pecado carnal y los errores de la juventud; y precisamente por ser los dos países a quienes Europa debe el sentido de la forma, tanto en arte como en política y moral, son los dos a quienes Europa hallará siempre abiertos al cambio, ya por evolución rápida, ya por revolución. Profundamente conservadores en su esencia, se hallan más abiertos que otros al cambio de las formas. Francia e Italia prefieren no dejarse embaucar por ideas con pretensiones de absoluto por si del absolutismo de las ideas se contamina el Estado.

Esta relación subyacente de identidad entre el absolutismo de las ideas y el de las pasiones políticas es un rasgo que no parece afligir a franceses e italianos pero sí a los ingleses, los rusos y los españoles. A los primeros los salva otro rasgo de su compleja sicología, el empirismo que tan felizmente atenúa y adapta el absolutismo ideológico inglés a las formas efímeras que va dando el espacio-tiempo. Subyacente, no obstante, el absolutismo inglés permanece como el esqueleto en el cuerpo más amasado de leche y rosas. Pero entre rusos y españoles el absolutismo campa por sus respetos.

Claro que el absolutismo es un rasgo masculino, de modo que no hay que asombrarse si Rusia y España intentan imponérselo a Europa, cada cual a su manera, ni es de desdeñar tampoco la opinión de los que ven en el jipismo inglés la forma que toma entre los ingleses el absolutismo de un imperio en liquidación. Por lo pronto, muchos jóvenes españoles, aun muchos no tonsurados, se sienten atraídos por el absolutismo ruso, al oír crujir bajo sus zapatos el secular absolutismo español.

En el remolino de estas cuatro corrientes —la que le robó la madre al hogar, la que acepta la muerte de Dios, la omnipresencia de la muerte y la feminización de las sociedades humanas— se va remodelando una sociedad cuyo resultado neto es la puerilización de la vida, el dar por consabido que los jóvenes han logrado una madurez que están muy lejos de poseer. La consecuencia resultante es un deseo de fuerza pública que sustituya a las instituciones socavadas por la impaciencia juvenil. Las instituciones son el esqueleto natural de la sociedad. La fuerza, el absolutismo político, rojo, negro o azul, viene a ser la camisa de fuerza del loquero o el chaleco de acero que se impone al desquiciado.

Con la influencia social de las mujeres creciendo a medida que menguaba la de las madres en el hogar, se ha exagerado la parte concedida a la juventud en la maduración del consenso social. Las mujeres en su conjunto, el «matriarcado», protegen a los jóvenes aun a los más extravagantes. ¡Son tan guapos! Y así hemos visto y seguimos viendo por doquier mozuelos que apenas han salido del cascarón y ya hablan como aspirantes a jefes de partido, opinando infaliblemente sobre el arte más difícil del mundo, que es el de gobernar.

Ahora bien, la sabiduría, pese a las apariencias, no es cualidad característica, ni aun siquiera don normal, de la vejez; pero lo que sí se puede afirmar es que entra en ella demasiada experiencia para que florezca en la juventud; de modo que toda esa prisa en formar en filas detrás del más desmedrado rábano de hombre de Estado que con excesiva frecuencia han revelado hasta profesores y aun rectores en Alemania y en Inglaterra y en Francia, no puede atribuirse más que a debilidad de carácter o demagogia.

Demagogia que también se manifiesta en lo que se quiere hacer pasar por pensamiento de tal o cual partidario del erotismo para salirse por la tangente. Arduo sería intentar descubrir algo más desesperadamente tonto que el eslogan de los jipis: *no hagáis la guerra; haced el amor*. Ni por asomo se les ocurrió a los que tal disparate forjasen que la guerra y el amor son dos tiranos del hombre y que es muy raro que el ser humano pueda rehuir la tremenda fuerza de obligar que una y otro ejercen sobre él.

Durante tres años la muerte fue el suceso más
normal y corriente de los que acaecían
en España; y la juventud sabía que lo normal
y natural era que nadie llegase a la edad
madura y mucho menos a la vejez. (Cuartel
de la Montaña. Madrid, julio de 1936.)

Arduo sería intentar descubrir
algo más desesperadamente tonto
que el eslogan de los jipis:
«no hagáis la guerra; haced el amor».

Está bien. No hay que tomar a lo trágico los «descubrimientos» que cree hacer la generosa pero ingenua juventud; pero tampoco hay que tomarlos tan en serio. De todos modos, y afortunadamente, la juventud es una enfermedad que se cura con el tiempo.

En el campo de otros mandamientos hallaremos quizá ocasión de tropezar con otros errores análogos a éste en la demagogia para la juventud que hoy prevalece en todo el planeta menos en los países comunistas, demagogia a la que no le falta cierto método en su insensatez, ya que a favor de la prosperidad mundial de los años 60, la juventud, solicitada (como sus madres) por el hambre de mano de obra que padeció entonces la industria, y favorecida por la plena aplicación del Estado Asistencial, pronto se vio tan pujante que la prensa no tardó en darse cuenta del valor que concedían a los jóvenes los productores de artículos de consumo, de donde la imperiosa necesidad de admirar a los jóvenes para que (como en la fábula famosa) soltasen el queso que llevaban en el pico.

Aspectos todos de la desintegración de nuestra sociedad como consecuencia directa o derivada de la instalación oficial y general del ateísmo. Y no precisamente porque la afirmación de la existencia de un Creador baste para resolver los problemas humanos que aquí venimos procurando dilucidar en torno a los mandamientos de la ley de Dios; lo que sólo puede hacerse en los casos de fe segura y fundada sobre una confesión concreta; porque, en el caso más general, si cabe demostrar que la Creación presupone un Creador, no es posible probar que el Creador sea ni infinitamente bueno ni siquiera absolutamente omnipotente. En mi opinión, lo único que la inteligencia humana puede establecer sobre Dios es que existe y es causa de la Creación. Sobre todo lo demás, vivimos rodeados de misterio.

Este misterio, no obstante, nos libera de las incongruencias a que conduce su negación, consecuencia inevitable de adoptar el ateísmo. El orden de cosas en que bañamos nos rebasa de modo tan inconmensurable con nuestra pequeñez que al renunciar a nuestra soberanía intelectual nos purificamos de los errores, grandes y chicos, del endiosamiento.

También nos apercibimos contra la soledad. La negación del Creador y la aceptación de un universo sin más padre que el Azar ni madre que la Necesidad nos condena a una soledad espantosa. Las confesiones pueblan esta soledad, los creyentes pueden elevar el pensamiento al Plano Divino y hallar en él consuelo y equilibrio; pero el que ve que el universo es una creación y que, por lo tanto, carece de sentido sin un Creador, no está siempre dispuesto a expresarse con igual convicción sobre si el Creador es así o asá. Creador, sin duda alguna. La soledad, si no se desvanece, se atenúa. Pero cómo es este misterioso Creador cuya existencia nos parece evidente, eso no lo sabemos. Aun así, consta Su ser y Su poder.

Creo, pues, que por este camino se puede intentar otear el paisaje que ofrecen el sexto y el noveno mandamientos en la vida española. Las raíces hondas de la vida y actitud sexuales en nuestro pueblo nos han facilitado cierta reserva y dignidad durante la adaptación de las costumbres a los vientos y vendavales de disolución venidos de fuera. Estos dos mandamientos conservan en nuestro país cierta autoridad secular que actúa como un freno a la disolución de las costumbres, que España padece como los demás países, pero menos que los más de ellos; y al fin y al cabo, subsiste para el sexto y el noveno la regla general que rige para todos: en cada caso, este español hará lo que juzgue adecuado, digan lo que quieran los mandamientos.

El sétimo y el décimo

Los mandamientos de la ley de Dios no parecen redactados por un Comité de Juristas (cosa muy de sorprender habiéndolos tan buenos y capaces en la Gloria). Unos invaden el terreno de otros, los hay que pecan de decir cosas de más, y los hay que no dicen bastante para poner en claro lo que quieren decir. Entre éstos, figuran los prohibitivos, que suelen ser lapidarios y, al parecer, sin asomo de idea de la existencia de complicaciones.

«No matarás» parece a primera vista cosa tan evidente que ni discutirla cabe; pero al mirarla de cerca, revela hechos y actitudes de índole tan aleatoria y compleja como el suicidio, el servicio militar, la pena de muerte y otros que en su tiempo procuramos dilucidar; y otro tanto sucede con el séptimo.

No hurtar. Clarísimo, ¿verdad? Pero ¿qué es hurtar sino quedarse con la propiedad ajena? ¿Y no es el momento para recordar que el décimo mandamiento prescribe «no codiciar los bienes ajenos»? Volvemos al verdadero lío conceptual que revelan ser los diez mandamientos de la ley de Dios, porque «no hurtar» y «no codiciar los bienes ajenos» van unidos como efecto y causa que son; y no olvidemos tampoco que con motivo de «no fornicar» hemos visto ya las perspectivas de deseo del bien ajeno que el sexto mandamiento revela a sus comentadores.

No podremos, pues, ni intentar dilucidar el séptimo sin adentrarnos por el territorio del décimo. Con lo cual lo que se nos plantea no es sólo ese juego de lo tuyo y lo mío de la gente que solía llamarse antaño rateros y que los cursi-anglejos llamaban y aún llaman *pickpockets,* sino que nos obliga a plantear de frente el tema de la propiedad.

¿Qué quería decir Proudhon al definir la propiedad como el robo? En mis tiempos de colegial en París oí no pocas veces alegar un proverbio corriente entre adolescentes franceses: *chiper n'est pas voler,* o sea que quedarse con el lápiz o la goma de un compañero distraído, olvidadizo o indiferente, birlar, en suma, no era robar; y, aunque a primera vista parezca el tal proverbio una proposición insostenible, no deja de tener defensa, dadas las costumbres a que alude; porque el que *chipe* o birla un lápiz no es un ladrón: no busca apropiarse de lo que vale el lápiz o la goma, sino aprovecharse de una situación que le permite su uso, mientras dura.

No es cosa de investigar aquí el valor jurídico de este curioso refrán escolar francés, pero sí de observar que ya en los comienzos del ser social, el colegial se da cuenta de lo borrosas que son las lindes del concepto de propiedad, tras de cuyo inicio de observación se da una como intuición de que todo lo que se crea debe estar a disposición de todos los que lo crean. Así, pues, estas dos palabras *no hurtar* vienen a ser a modo de un cartel mal colocado que en realidad corresponde a uno de los desacuerdos más hondos que afligen a nuestra sociedad: el que separa a los socialistas de los liberales o individualistas.

El séptimo mandamiento, y desde luego el décimo, como casi todos los diez, alude a una sociedad agrícola primitiva en la que había que luchar contra la naturaleza para que rindiera toda la riqueza que era capaz de rendir, y, por lo tanto, situaba al agricultor capaz en la posición ventajosa de propietario. El joven colegial de 1900 en París no estaba tan seguro de que el derecho de propiedad fuera tan rígido.

Hay por lo menos dos actitudes ante este conflicto: declarar la propiedad sagrada o declararla socialmente injusta y abolirla. Pero en este segundo caso ¿a quién pertenecen los bienes? Así nos tropezamos casi de bruces con el cogollo mismo de nuestro problema, el cual no es si la propiedad es un robo o no, sino a quién atribuirla. No abolirla sino a quién confiarla.

Éste es el fondo del conflicto entre liberales y socialistas. Los liberales ganan la primera baza: la prueba de la importancia social de la propiedad es que no se puede abolir. Todo lo más se puede pasar de una casilla a otra del ajedrez social. ¿De dónde procede este tesón de la propiedad en persistir en su ser?

El problema se oscurece quizá por cierta falla inicial del vocabulario. Propiedad es un vocablo abstracto que no alude a nada tangible. Dimana de la época romántica de la política, en la que abunda esta suerte de palabras. Antes de llegar a la famosa trinidad laica de la Revolución francesa: Libertad, Igualdad, Fraternidad, se solía dar muchas veces como la tercera abstracción Propiedad; concepto mucho más perceptible y asimilable para el francés medio que el de Fraternidad. Pero el problema real queda oculto tapado por estos paños de abstracción. La libertad alude a los seres humanos. Es el requisito de que han menester para vivir. La igualdad es un anhelo patético de los hombres, que se sa-

El Museo del Prado, evaluado por una de las grandes casas de subasta artística, valdrá miles de millones de dólares, lo que se quiera. Cualquier cifra que se dé será pura fantasía nominal. Pero esa colosal riqueza no se ha robado a nadie.

ben desiguales y ansían protegerse contra ese estigma que les impone la indiferencia divina para con la mera justicia. Pero la propiedad sólo se refiere a los seres humanos por un polo; el otro se apoya en las cosas.

No hay propiedad mientras no hay cosa que apropiarse. Por lo cual, no cabe resolver nada pertinente a la propiedad mediante el capricho, la convicción o las ilusiones de cada cual. La necesidad de apoyarse en una cosa impone a la propiedad un elemento objetivo que le otorga peso y constancia. No se puede tratar del mismo modo la propiedad de un campo de trigo, la de una esclava, la de un caballo y la de un violín. Igualdad y libertad pueden discutirse horas enteras sin más aparato que la lógica; pero la propiedad plantea en seguida una pregunta: propiedad ¿de qué?

Un aristócrata escocés que fue primer ministro de la Corona inglesa hace dos generaciones, lord Balfour, era un violonchelista aficionado bastante bueno y poseía un instrumento de alta alcurnia italiana. Un día, regresando a casa de un viaje, halló que su ama de llaves tenía su inestimable violonchelo acostado en el baño y se disponía a enjabonarlo y frotarlo bien para quitarle la pátina, que aquella buena mujer consideraba como mera suciedad.

La propiedad tiene, pues, dos polos; lo que implica que el propietario tiene para con las cosas que posee tantos deberes como derechos. Porque también las cosas tienen sus derechos.

La propiedad es un tema fértil que atrae la atención sobre la parte muda y pasiva de la sociedad, que son las cosas. Cada persona dispone de un grupo de cosas, mayor o menor, según su idiosincrasia y medios para servirla. A Diógenes le bastaba un barril. A Alejandro no le bastaba un imperio. La vida consiste precisamente en ir creciendo en el espíritu al rodarse unos con otros seres de tan varias y contrarias disposiciones.

A su vez, las cosas apropiables varían tanto como las personas que serán sus presuntas poseedoras; y una de las numerosas gamas que ofrecen al hombre ambicioso es la de su duración como tales cosas que son. Las hay que duran indefinidamente, como la tierra; o algo menos, como los árboles, como las viviendas, y así van bajando de lo sempiterno a lo efímero hasta la rosa que le ha dado su novio a la niña. Otra gama es la utilidad, en la que se insertan cosas ya siempre útiles como la misma tierra o la casa o cosas cuya utilidad va haciéndose cada vez más efímera —un pantalón, unas botas— hasta desvanecerse en mero aroma.

Salta a la vista que la propiedad, por ser inexplicable sin las cosas, se incorpora todas estas gamas de lo sempiterno a lo efímero y es por lo tanto un fenómeno social de inextricable complejidad y delicadeza, al lado del cual la brutal declaración proudhonesca resulta un exabrupto sin sentido.

Hay que acercarse a la propiedad con cierto respeto, que es (y van tres) objetivo como basado en las cosas; y no tiene nada que ver con las clases y otros prejuicios marxistas. Quizá se me permita comenzar con un ejemplo de la propiedad intelectual. Había unos metros cuadrados de tela, unos colores aplastados sobre una paleta y unos pinceles. No había más. Vino Velázquez, pasó allí unas horas ensimismado, y ya había otra cosa: había *Las meninas.*

Sucedió, empero, que pasó por allí de madrugada un pinche de la cocina del rey. Iba algo titubeante con el par de botellas de Su Majestad que había dejado vacías, y vio el cuadro recién terminado. ¿Por qué no tú también?, le preguntó el vino del rey que se le había subido a la cabeza. Y por encima de *Las meninas* pintó cuatro patochadas.

Claro que esto del pinche del rey lo he inventado yo al correr de la pluma; pero mi propósito era hacer constar que hay cosas que pueden, pero no deben suceder. Hay que proteger las cosas de la creación humana contra los incapaces de respetarlas y de conservarlas. A tal fin, hace falta una institución. Esa institución es la propiedad intelectual.[1]

Mientras vive, el protector será el autor, que es su propietario, es decir aquel que más hondo interés siente en que no se estropee lo que él ha creado. Sí. Creado. Porque antes que él dirigiera con maestría cómo colocar aquellos colores sobre aquella tela, el poema que llamamos *Las meninas* no existía y hoy existe. Murió Velázquez, y el cuadro quedó protegido por el rey de España.

Vino la República, y el cuadro pasó a ser propiedad del Estado español. Pero el Estado español es una mera abstracción cuyos poderes ejerce un grupo variable de hombres, que a veces ni españoles son. Bajo la influencia de este grupo en un momento dado de su historia, *Las meninas,* con toda la ilustre compañía que habitaba el Museo del Prado, corrió peligros sin cuento y fue a pasar a Ginebra, donde se exhibió. Algunos cuadros habían sufrido bastante de sus aventuras. Hoy sufren del venenoso aire de Madrid.

Se alegó que era indispensable el riesgo y el viaje para evitar que la riqueza intelectual allí acumulada pereciera en el sitio de Madrid. Ocurrió que, por aquel entonces, era yo presidente del Consejo Internacional de Museos; y puedo afirmar que el depósito del Prado, instalado a treinta metros bajo tierra debajo del Banco de España, era entonces el más per-

---

1. De una famosa aristócrata escocesa se cuenta que, ardorosa antialcohólica, al enviudar echó al lago a cuya orilla vivía una bodega de vinos de su marido que, vendida, le hubiera producido millones.

fecto y seguro en su género en todo el planeta. Aquella operación fue un acto sectario de lo peor que padeció nuestra República.

¿Estoy acaso diciendo que para guardar la propiedad intelectual no sirven las repúblicas y sí las monarquías? Claro que no. Lo que estoy diciendo es que el derecho que toda obra de arte tiene a ser conservada y defendida es cosa sagrada que puede caer en manos desdichadas si la estructura política del país viene a toparse con algún terremoto ya político ya de otra suerte; y que este peligro no disminuye, antes bien, aumenta, si, como remedio, se recurre a la mal llamada nacionalización, que es una mera estatización. Porque el Estado es un vaso vacío que puede llenar cualquier grupo que el azar de la política arme de poder.[2]

El Museo del Prado, evaluado por una de las grandes casas de subasta artística, valdrá miles de millones de dólares, lo que se quiera. Cualquier cifra que se dé será pura fantasía nominal. Pero esa colosal riqueza no se ha robado a nadie. Toda ella es riqueza creada *ex nihilo*, que no existía antes. Procede del poder coordinador de ciertos cerebros nacidos con ese don; el cual les permite sacar de la nada objetos que por su propia belleza y capacidad de crear emoción, son estimados en grado sumo por un gran número de personas. Esta alta estimación engendra el deseo de posesión; y por este camino, la obra de arte entra en el mercado por la puerta grande.

Queda todavía por decir que la obra intelectual no es artículo de primera necesidad cuyo monopolio o acumulación pueda producir escasez. Autores de piezas de teatro, y aún más, de películas, hay y ha habido, que han hecho grandes fortunas. ¿A quién le quitaron ese dinero? A nadie. Ir o no ir al teatro o al cine es cosa que cada cual decide como le place. Si no dan en su ciudad la obra que querría ver, no morirá por ello, ni perderá un quilo de peso. La riqueza intelectual, por ser de nueva creación, no empobrece a nadie, ni obliga a nadie a adquirirla. La riqueza intelectual no crea contrapartida de pobreza. Es ganancia pura para todos, aunque los más no sepan apreciarla.

La obra intelectual, elemento objetivo de la propiedad intelectual en el sentido en que venimos aquí construyendo el concepto, es no obstante una actividad esencialmente subjetiva. De nada serviría que Zurbarán le viniera a corregir la plana a Velázquez; y dicho se está que cualquier otra intervención sería más desastrosa todavía. Desde el momento en el que la inspiración, vivencia de índole masculina y fecundadora, ocupa el ánimo del artista, pasa éste por un período similar al embarazo: la

---

2. Esta aventura loca e irresponsable me inclina a pensar que la riqueza artística del Estado, toda ella, hasta los edificios nobles, debiera confiarse a una entidad profesional de más responsabilidad que el Estado; por ejemplo, el Instituto de las Academias, el cual debería tener poder, responsabilidad y presupuesto mucho mayor del que ahora se le echa desdeñosamente en el platillo.

ria intelectual, queda casi exclusivamente reducido a la pintura, y aun la excelencia del grabado moderno atenúa la escasez de los grandes cuadros.

Ah, pero eso es dinero, se argüirá. Y así entramos en el cogollo del asunto cuando, saliendo del palacio de las Bellas Artes, pasamos al mercado. La gente hace ascos. Se vuelven los recuerdos al de Jesús echando del templo a los mercaderes a latigazos, y se habla de la Santa Violencia.

Pero hay que llevar las cosas con más cautela y discreción. Sobre las bascas que se le hacen al dinero bueno será recordar aquello de «No quiero, no quiero, pero échamelo en el sombrero». Lo esencial aquí es que *el dinero es poder social.* Como el agua, el aire, el tiempo, el espacio y el papel, el dinero es neutral; de modo que en el vaivén, torbellino, tiovivo de las cosas y personas, el dinero no pregunta quién es o qué piensa o para quién trabaja el que lo lleva. Quien tiene una onza, la cambia. Con ella compra lo que desea. La onza basta como explicación.

Tan desastroso sería para la sociedad de los hombres que el dinero tomase partido de opinión —la que fuere— como si el papel se negase a dejarse pintar opiniones católicas o protestantes, clásicas o relativistas. Los medios neutros son como la sangre en el cuerpo humano, maravilloso instrumento de comunicación y circulación entre las vísceras.

Pero el mero hecho de ser el dinero fuente neutra de poder social lo hace sospechoso como agente de corrupción. ¿Por qué trabaja el hombre? Escuchemos al Arcipreste:

> *Por dos cosas trabaja el hombre: la primera*
> *por haber mantenencia; la otra cosa era*
> *por haber yuntamiento con fembra placentera.*

Típica española esta respuesta. Al Arcipreste no se le ocurrió ni un momento que el hombre trabajase para subir en la escala social, y que el modo más seguro de conseguirlo es la acumulación de poder, o sea, de dinero.

De ahí nacen la codicia y la desconfianza que el dinero inspira. Si comparamos cualquier actividad económica con la actividad intelectual, vemos que la pasión que domina al artista es la creación de una obra de arte. Sin duda la obra podrá darle dinero, pero no es en eso en lo que piensa el artista sino en la perfección de su obra; mientras que en lo que solemos llamar producción, el dinero, la rentabilidad pasan a primer plano.

Hay que mirar esto más de cerca; porque el caso es que *en toda empresa de producción, aun la más prosaica, se da un meollo de creación intelectual,* con todo lo que el hecho implica de desinterés, por lo menos en el *spiritus rector* de la empresa.

Si no se da en la producción este elemento de creación y este desinterés, la empresa fallará irremisiblemente; porque si sólo la impulsó el cebo del dinero, sólo por el cebo del dinero trabajarán sus colaboradores; y sobre esta base, no se puede tener en pie nada serio. Por otra parte, de la vera esencia de la producción depende que la unidad productora —granja, fábrica, oficina— se salde en una creación de riqueza nueva y, en suma, sea rentable. Por lo tanto, al labrador, fabricante, mercader, le interesa la estabilidad financiera y económica de su obra tanto como al artista la integridad estética de la suya. Parece, pues, que en las críticas que se dirigen a veces contra «el capitalismo» se suelen olvidar estas consideraciones elementales.

Al abordar otros temas más hondos hemos insistido en estas páginas sobre las tres íes características de toda creación y de toda criatura: la inteligencia, la iniciativa y la intuición. En lo que hoy se ha dado en llamar capitalismo como en sociedades que ni tal vocablo conocieron, la vida de la nación, grupo, pueblo o lo que fuera pendía de las personas dotadas de las tres íes de modo excepcional. El grupo iba vegetando como podía durante años o siglos hasta que salía un Tres-íes excepcional y todo se transfiguraba.

Todos conocemos los casos deplorables de corrupción a que ha dado lugar el sistema capitalista. Pero volvamos a la fábula de Esopo sobre la lengua: lo mejor y lo peor del mercado. La iniciativa privada es lo mejor que hay en el mundo, y lo peor. Porque así es el hombre, síntesis y compendio de todo y de todos. Además, la propiedad es —repitámoslo— bipolar. Al otro polo, la propiedad se apoya en la cosa poseída. En abstracto poco cabe decir sobre la propiedad a secas. ¿Qué se posee? ¿Un quilo de oro? ¿Un fusil? ¿Una bomba? ¿Un quilo de dinamita? ¿Un tigre? ¿Un cuadro de Picasso? ¿Un jardín? ¿Una máquina? Otros tantos modos de considerar el asunto.

Mucho depende de la duración de la cosa considerada. Escuchada entera y gozada por mil personas una sinfonía de Schubert, la sinfonía subsiste íntegra. No ocurre lo mismo con un queso manchego, del que mucho menos de mil personas no dejarán ni las migas.

A su vez, este aspecto de la cosa propia depende del abasto que de ella se tiene. El caso típico es la tierra. Hay mucha: pero hay siempre (al menos en nuestra Europa) mucha más gente que tierra. Contemplemos un caso concreto. Hay unos obreros del campo que no trabajan, ganan ni comen porque no tienen tierra que cultivar. Hay un dueño de tierra que cultiva, digamos, apenas la mitad de la que tiene. Los entendidos le dicen que la cultive toda con lo cual él ganará doble renta y comerán doscientas familias. Pero él contesta: «Estoy bien así.» Y en cuanto a que las doscientas familias pasen hambre, a eso no le concede ni un pensamiento.

Los socialistas,
sobre todo Besteiro,
Largo Caballero
y Saborit, hicieron como
concejales de Madrid
una gestión ejemplar.

Besteiro

Largo Caballero

Saborit

¿Qué les dice el décimo mandamiento a las doscientas familias fieles? *Que no codicien los bienes ajenos.* No parece posible aceptar este consejo como sana y honrada interpretación de lo que quiso Jesucristo, ni siquiera Moisés. Si esas doscientas familias «codician», o sea, ansían poseer esa mitad de un bien ajeno, no es por mera envidia de poseer lo que otro posee; sino por pensar, y con razón, que al privarlos de esas tierras, hoy estériles, que ellos fecundarían con su trabajo, se los priva de un derecho natural a la vida.

Ante espectáculo tal, cada cual reacciona según su temperamento: unos, con más sangre que juicio, van derechos a la revolución; otros prefieren la reforma. Una vez llegó a Méjico un emigrado asturiano. Se llamaba Noriega. Era hombre de ojo avizor y de oído alerta. Pronto se enteró de que, no lejos de la capital, se extendía bajo el bravo sol mejicano una vasta tierra baldía porque estaba saturada de agua, una verdadera marisma. Por el poco dinero que llevaba, la compró, la saneó, la hizo fértil, y pasó de la noche a la mañana de emigrante español a terrateniente mejicano.

No le robó nada a nadie. Al contrario. Gastó dinero en jornales para obreros que, antes de su llegada, no tenían qué comer. Lo que hizo fue crear riqueza donde no la había; porque vio en su imaginación campos de trigo y de maíz y de maguey donde no había más que charcos y aves acuáticas; y esto lo vio con la misma alegría íntima que animaba a Velázquez al ver en su sueño a *Las meninas.* Caso ilustre y limpio de iniciativa privada.

Pero en Méjico se daban también casos ni ilustres ni limpios de explotación de la tierra y de sus campesinos; y como consecuencia, se vio el país invadido por hordas de revolucionarios que aspiraban a resolver el problema de las doscientas familias hambrientas por medios radicales y expeditivos. Ellos no conocían más que un sistema: quedarse con las tierras y echar a los propietarios de las suyas y, si se resistían, de este mundo. A sí mismos se llamaban los agraristas: pero pronto se ganaron a pulso el título de *agarristas.*

Uno de esos grupos de agarristas se quedó con la hacienda creada por Noriega. No sé lo que fue del capaz y emprendedor asturiano; pero ganó la revolución, se organizó el Estado revolucionario, y, andando el tiempo, llegué a conocer la casa y hacienda que había sido la creación y la propiedad de Noriega. Pertenecía al ex presidente de la República general Plutarco Elías Calles.

Entre los días en que la hacienda era de Noriega y los días en que era ya de Calles, corrieron en Méjico ríos de sangre y se fusiló, asesinó o de otro modo eliminó del poder a media docena de prohombres de todo pelo y pluma. Los campesinos se hartaron de revolución. La revolución satisface más al apasionado que busca no sólo justicia sino vengan-

Escuchemos al Arcipreste:
«Por dos cosas trabaja el hombre: la primera
por haber mantenencia; la otra cosa era
por haber yuntamiento con fembra placentera.»
(Grabado.)

Hay unos obreros del campo que no trabajan,
ganan ni comen porque no tienen tierra que
cultivar. Hay un dueño de tierra que cultiva,
digamos, apenas la mitad de la que tiene.
(Campos de olivos en la provincia de Jaén.)

za por los males sufridos. Tiene además la revolución el atractivo de la rapidez. De la noche a la mañana, lo de arriba cae abajo; lo de abajo se yergue arriba. Pero lo que olvida la Revolución es que subsiste siempre el Abajo y el Arriba; y que pase lo que pase y sean quienes sean los que ocupen una y otra situación, una proporción de los de arriba, indigna de su situación, ya sea tradicional o conquistada por la fuerza revolucionaria, seguirá humillando y explotando a los de abajo. En Rusia, antaño mandaba el terrateniente, que era el boyar de la nobleza; hogaño, manda el comisario del partido comunista. Al obrero del campo le toca obedecer.

Parece, pues, que el décimo mandamiento no iba tan descaminado. Codiciasteis los bienes ajenos. Disteis un empujón durante el cual hicisteis añicos de otro mandamiento (no matarás) y todo para que ahora fueren otros, y no vosotros los propietarios de esos bienes «ajenos» que ahora siguen siéndolo para vosotros. Para ese viaje no necesitabais alforjas.

… Gran indignación. Pero lo que nosotros queremos no es que esos bienes ajenos pasen a ser nuestros, sino que sean de todos… Gran ingenuidad. Los bienes de todos no son bienes de nadie. Nadie perderá el sueño porque esas tierras estén cultivadas. Uno habrá quizá para quien cultivar bien aquella tierra sea un sueño como la *Incompleta* lo fue para Schubert hasta que la escribió. Pero Schubert no tenía que hacer más que tomar pluma y papel, escuchar su sinfonía, cantar en su alma y pasarla a los pentagramas; mientras que el Pérez que haría cantar cosechas en las tierras hoy banales, tropieza con la burocracia que le pregunta por sus credenciales, y él se va triste a casa entre rastrojos.

Hay, sí, la reforma; cuando la hay. Una ley que impusiese la misma contribución a las tierras iguales, produzcan o no, pronto despertaría de su marasmo al terrateniente adormilado; y una sabia política de impuestos sobre la vivienda pronto acabaría con los pisos vacíos. No nos perdamos, sin embargo, en detalles. Estamos tan sólo en el séptimo y el décimo mandamientos.

La propiedad valdrá siempre lo que valgan sus elementos: el propietario que posee y la cosa poseída. Y aquí, precisamente porque no está de moda, habrá que hacer el elogio del capitalismo. Lo que olvidan los que contra él alzan tamaña gritería (los más de ellos criados a los pechos del capitalismo, al que le deben casi todo lo que son) es la inmensa, incalculable capacidad creadora que ha tenido. ¡Cuidado! No vayamos a caer en el error o la ilusión de tantos anticapitalistas y socialistas que parecen creer en un Don Capitalista, de fuerte vientre, largo puro y ojos saltones que se come los millones crudos. El capitalismo no pasa de ser un modo de hacer las cosas que por cierto nadie inventó sino que se fue haciendo por el rodar de las cosas mismas rozando con las personas. En los dos siglos escasos que ha durado, ha multiplicado en cantidad increíble la riqueza de toda la humanidad, sobre todo de la atlántica. En el período de la historia al que ha otorgado su carácter y ritmo, se han producido aquí, allá y acullá, en tal o cual tiempo, crímenes, errores, inhumanidades espantables, debidas a las desviaciones que la naturaleza humana causó en tales o cuales casos, pero no por aplicación sino por violación de sus principios, como el que ve un cine obsceno no aplica sino viola los del arte cinematográfico.

Gracias a la libertad, alma del capitalismo como lo es del liberalismo, han aumentado de modo prodigioso en estos dos siglos los dos polos de la propiedad —el personal y el real—, las cosas y las personas con su capacidad para apreciarlas. Jamás había caído la humanidad en más negra ingratitud que al abominar del capitalismo-liberalismo, al que debe casi todo lo que es.

Que hoy se orienta hacia otros cauces, otras formas, así es la vida. No hay en ello tan sólo la necesidad de lo nuevo, que es parte inherente de la juventud; hay también cierta necesidad de adaptar relaciones económicas y sociales a la era de los continentes que viene a suplantar la era de las naciones. A lo que se va, lo irán dibujando las cosas y las personas, en su constante relación, como hace dos siglos fueron dibujando el capitalismo; lo que no cabe dudar es que la obra nueva, el siglo XXI, valdrá más o menos según logre purificarse o no de la envidia del rico y de la codicia de sus bienes.

El octavo mandamiento

No levantar falso testimonio ni mentir. Pero ¡estos mandamientos...! Parece que no logran resolver la cuestión de fronteras. Ya habíamos observado cómo, en el segundo, se daba una doble interpretación, que es como darle al mandamiento un doble territorio, y cómo uno de estos territorios equivalía a no tomar (a la ligera) a Dios por testigo. Henos aquí ahora prohibiendo, desde el Sinaí, que el buen judío... bueno, el buen cristiano levante falso testimonio. Viene a ser lo mismo, pero en más rudo y primitivo; y para que no haya duda, el mandamiento añade: *ni mentir*.

Ángela-María, por ahí empezaras. Cuentan de una niña a quien su madre preguntó de repente: «¿Por qué me dijiste ayer aquella mentira?» A lo que la niña preguntó: «¿Cuál?» Éste es el problema. No mentir. ¿Cómo? ¿Nunca, nunca, nunca? ¿Ni por acción, ni por omisión, ni por estadística? ¿Ni por diplomacia, ni por piedad, ni por cortesía? Piénsalo bien, «ley de Dios», piénsalo bien. ¿Es posible vivir sin mentir?

Conocí yo un general andaluz (floreció en los años veinte) que sostenía con toda la seriedad de que era capaz (y no era mucha) que la base de la civilización era la mutación que había hecho perder la cola a la especie humana; porque de tener hoy todavía cola hombres y mujeres, no se podría hacer conversación que la cola no desmintiera: «Cuánto lo siento, señora», diría el caballero compungido; y la cola entre tanto le bailaría tales arabescos de alegría que quedaría desmentido ante la viuda.

Aparte de que no hay sólo el sí y el no, sino los matices. Ese «viuda» me lo recuerda. Le dice una dama a un caballero: «A mis cosas nunca viene usted. Apuesto a que ni a mi entierro vendrá en su día.» «Señora, a su entierro vendré con el mayor gusto.» Aquí la cortesía se hizo un lío espantoso, cosa que le pasa muchas veces, porque al menos en la cortesía formal, que es la más somera pero la de uso más frecuente, el lubricante más necesario es precisamente la mentira.

De este modo se establece en la cortesía una curiosa doblez que (por extraño que parezca) recuerda los laberintos sicológicos en que se pierden los místicos al dar sus sufrimientos como goces que les otorga el Señor, con lo cual cesan de ser sufrimientos y pierden su gusto de privilegio divino.

> *Ven, Muerte, tan escondida*
> *que no te sienta venir,*
> *porque el placer de morir*
> *no me vuelva a dar la vida.*

Algo tan retorcido se manifiesta en la conocida anécdota sobre Bismarck, a quien el rey de Prusia preguntó dónde iba a pasar el fin de semana. «En mi casa de campo», le contestó. «¿Por qué mentís? Vais en efecto a vuestra casa de campo, pero me lo decís para que crea que estaréis en otro sitio.»

Y hasta Sancho...

Llegó Sancho a su casa tan regocijado y alegre, que su mujer conoció su alegría a tiro de ballesta; tanto, que la obligó a preguntarle:

—¿Qué traéis, Sancho amigo, que tan alegre venís?

A lo que él respondió:

—Mujer mía, si Dios quisiera, bien me holgara yo de no estar tan contento como muestro.

—No os entiendo, marido —replicó ella—, y no sé qué queréis decir con eso de que os holgárades si Dios quisiera, de no estar contento, que maguer tonta, no sé yo quién recibe gusto de no tenerle.

—Mirad, Teresa —respondió Sancho—; yo estoy alegre porque tengo determinado de volver a servir a mi amo Don Quijote, el cual quiere la vez tercera salir a buscar las aventuras; y yo vuelvo a salir con él porque lo quiere así mi necesidad, junto con la esperanza que me alegra de pensar si podré hallar otros cien escudos como los ya gastados, puesto que me entristece el haberme de apartar de ti y de mis hijos; y si Dios quisiera darme de comer a pie enjuto y en mi casa, sin traerme por vericuetos y encrucijadas, pues lo podía hacer a poca costa y con no más de quererlo, claro está que mi alegría fuera más firme y valedera, pues que la que tengo va mezclada con la tristeza de dejarte: así que dije bien que holgara, si Dios quisiera, de no estar contento.

—Mirad, Sancho —replicó Teresa—; después que os hicisteis miembro de caballero andante habláis de tan rodeada manera, que no hay quien os entienda.

196

—*Basta que me entienda Dios, mujer* —*respondió Sancho*—, *que Él es el entendedor de todas las cosas.*

Sorna cervantina sobre la delicada complejidad de las relaciones humanas y el concepto de veracidad que de ellas se desprende, y que no se funda en lo textual de las afirmaciones sino en su intención.

En el fondo, la intención es la clave del valor ético de una proposición y, por lo tanto, de lo que es la tal proposición: verdad o mentira.

> *Dineros son calidad.*
> *Verdad.*
> *Más ama quien más suspira.*
> *Mentira.*

Este cínico epigrama de Quevedo no es una verdad en sí; pero es a modo de un *animómetro* o medidor de almas que definirá lo que vale aquel a quien se aplica.

Por eso la mentira vive en la intención, desde luego en la intención consciente de serlo; razón por la cual es más arduo de lo que parece vislumbrar cuándo comienzan a mentir los niños. Se da una fase en su evolución en la cual el niño no se da cuenta de la linde entre mentira y verdad, estado de ánimo que refuerza el ambiente de ambigüedad entre una y otra que van creando los cuentos para niños con sus variados modos de pintar lo maravilloso.

Tan es así que en muchos casos de revelación de lo que es la mentira le viene al niño de madres y niñeras. Lo espontáneo en él es una serie, más bien un fluir de datos y detalles a los que concede una fe idéntica; y sólo muy gradualmente va dándose cuenta de que no todos son verosímiles. Esta delicadísima evolución suele dar pie a acusaciones brutales de «embustero» cuando el niño no sólo no lo merece sino que ni siquiera lo entiende, por no haberse formado en él todavía el concepto de la mentira.

Shelley parece haber conservado hasta muy tarde esta casi incapacidad de distinguir la verdad... ni siquiera podemos decir... de la mentira; porque lo que otros llamaban «mentira» no lo era para él, sino una imaginación tan fuerte que se grababa en su ánimo con la impronta de la verdad.

Otro tanto sucede con el concepto y actitud de broma. El niño no suele crear ni descubrir solo esas vivencias paralelas que son la broma y la mentira. Se finge algo de broma y el niño comienza por tomarlo en serio, es decir, como lo toma todo. Las primeras veces que se topa con la broma se queda desconcertado, sin saber explicarse lo que está pasando, porque para él no existe todavía más que lo que es, todo uno y todo verdad. Hasta sus propios sueños.

Por eso sus primeras «mentiras» suelen revestir para él un aspecto de verdad, que si no no las diría. Verdad puesto que las dice. Con sólo decirlas, las incorpora al fluir de lo que es, las hace verdades. Y no deja de subsistir algún elemento de este curioso proceso sicológico en personas mayores de fuertes pasiones y viva imaginación como en el caso de Shelley.

El octavo mandamiento se revela, pues, harto sencillo para nuestra experiencia. Lo que hemos venido observando para los niños, esta casi incapacidad para discernir la verdad de lo que ellos creen serlo también, ocurre con otras formas y matices entre personas mayores, de modo que el juicio sobre si un aserto ha de tomarse por verdadero o falso no es cosa de coser y cantar.

Y si todavía no entrasen en juego más que los dos juicios: el del presunto embustero y el de su juzgador. Pero la vida es mucho más sutil. El que afirma, con toda la seguridad de su juicio, que cree bien plantado en tierra, lo lleva prendido de la memoria y la imaginación, dos alas inmensas de su espíritu que se abren la una sobre el pasado, la otra sobre el porvenir, dejando su juicio suspenso en el aire sobre su precario y estrecho presente, ancho como filo de cuchilla. Y para que nada falte a este cuadro de complejidad, la imaginación se nutre de memoria, y la memoria de imaginación, sin que el sujeto se dé siempre cuenta de este mutuo refuerzo de sus alas fantaseadoras.

Mas no para aquí la cosa. Porque el que ha de juzgar si el presunto embustero miente o no, tampoco juega con su juicio desnudo y puro, sino que se halla suspendido sobre un precario presente por las dos alas de sus propias memoria e imaginación, y recibirá los indicios de veracidad con los prejuicios que estas dos facultades le inspiren. Nada, pues, tiene de extraño que la búsqueda de la verdad sea tan difícil y necesite aparatos como el juramento-perjurio, los testimonios y otros que lo estorban ayudándolo y viceversa.

Y al fin y al cabo, ¿qué es la verdad?

La pregunta viene dando vueltas en torno al sol de la inteligencia humana desde que el planeta las viene dando en torno al Sol; y a cada libro que escribimos para contestarla, más zahareña se yergue en su perenne misterio. No parece razonable cargar sobre los hombros del octavo mandamiento tan vasto y ponderoso problema filosófico. Los mandamientos son gente modesta. De lo que se trata es no de adueñarse del secreto de la verdad sino de prohibir y condenar el engaño. Volvemos, pues, al mismo terreno que ya hemos hollado. Todo depende de la intención.

Aun en el niño. La primera vez que miente es cuando se propone

«Dineros son calidad.
        Verdad.
Más ama quién más suspira.
        Mentira.»
        (Quevedo.)

En muchos casos de revelación de lo que es la mentira le viene al niño de madres y niñeras.

mentir. La mentira, en suma, existe en cuanto excluye la verdad adrede. El propósito de sustituirse a la verdad es lo que crea la mentira.

En el fondo se trata de un mandamiento que apunta menos al intelecto que a la acción. Bueno. Dos y dos son cuatro. Pero ¿tú qué te propones al traerlo ahora a cuento... o a cuenta? Pasamos así del pensamiento-filosofía a la acción-ética-moral. Moisés no iba desierto adelante rodeado de filósofos, sino de labradores y comerciantes, gentes para quienes verdad y mentira no eran aspectos y conceptos de la teoría del conocimiento, sino modos de llevar a cabo tratos y contratos. Éste es el sentido que hay que dar al octavo mandamiento.

No mentir es, pues, no dar gato por liebre; no sisar en el peso o el volumen o la calidad. Es el principio del comercio honrado, la base de lo que iba a ser el capitalismo moderno, la banca, el cambio, la estabilidad monetaria, todo lo que reinó en el mundo atlántico hasta la primera guerra mundial.

Había una vez en un mercado un vendedor de escobas que hacía un gran negocio porque las vendía mucho más baratas que sus competidores. De pronto se presentó otro vendedor que las vendía aún más baratas, con lo cual el primero se arruinó. Curioso, fue a visitar a su fortunoso rival y le dijo: «¿Cómo te las arreglas? Yo robo los mangos, robo las ramillas y robo el cordel para atarlas.» A lo que el rival victorioso contestó: «Yo robo las escobas ya hechas.»

Este apólogo no pretende ser un esbozo del «honrado» comercio; pero corresponde a la idea que de él se hacen no pocos críticos modernos y comerciantes indignos. El hecho es que, en su gran época, el comercio occidental fue una simplificación de los métodos tradicionales del antiguo, que consistían sobre todo en regatear. El comerciante moderno que surge en el siglo XIX no regatea. Aparece el cartel: PRECIO FIJO.

No se crea que este cambio no fue revolucionario hasta desconcertar al comprador ingenuo acostumbrado al regateo. Yo he vivido en persona una escena contraria. Cuando ingresé de ingeniero inspector de trenes en la Compañía del Norte (1911), fui haciendo prácticas en todos los servicios del movimiento y de la explotación y así pasé unos días despachando billetes en las taquillas de la estación de Madrid. En tan corto lapso de tiempo, tuve que habérmelas con dos casos distintos de campesinos de la Sierra que regateaban y querían que les hiciera una rebaja en los billetes.

Esta actitud correspondía a un principio empírico contrario al octavo mandamiento: que el vendedor mentía al comprador y viceversa. Pero el procedimiento resultante no era bastante eficaz para los grandes negocios; para los cuales vale más atenerse al octavo y enseñarle las cuentas al comprador, con el beneficio bien a la vista. De esta manera se lanza el gran capitalismo. No, desde luego, a cien por ciento de pureza en el cumplimiento del *no mentir*; pero en un campo influido por los dos principios contrarios: la verdad y el regateo en un ajedrez de mentiras tácticas.

A veces, se topan los dos principios como dos carneros que se encuernan de frente; y el resultado puede ser muy cómico. Yo recuerdo una escena en Granada, allá por el 1913, que lo ilustra a maravilla, precisamente porque enfrenta no dos meros intereses materiales sino dos criterios. Acompañaba yo a dos amigas de Escocia que hacían su primer viaje a España; y se habían metido en una tienda de antigüedades y españolerías, donde estaban extasiándose ante la belleza de unas mantillas de blonda negra. «Baratísimo», le decía la una a la otra en inglés. «Pero fíjate si son hechas a mano.» Sucedió que la tendera sabía el inglés bastante para haberse enterado y con gran indignación replicó: «Pero, señora, ¿qué se ha creído? ¡Todo aquí está hecho a máquina!»

¿Cómo atar aquella mosca por el rabo? La tendera mentía, la escocesa tenía razón, pero los criterios se cruzaban y al hacerlo se retorcían contra sí mismos. Todo lo había liado y embrollado el propio demonio manejando *la intención*.

La intención viene a ser, en efecto, el atributo cuya calidad determina la dimensión ética del aserto. Cuando Raquel se sienta sobre su camello ocultando bajo el trasero los ídolos que su marido Jacob le había robado a su suegro, todo depende de la intención con que se sienta y miente: ¿por evitar que su padre adore a otros dioses que Jehová? ¿Por robarle al padre cosas valiosas para aumentar el caudal de su marido? Puede darse el caso de que una mala intención inficione una verdad hasta rebajarla al nivel de la peor mentira. Esto lo vio el gran poeta inglés William Blake, y lo plasmó en dos versos lapidarios:

> *A truth that is said with bad intent*
> *beats all the lies you can invent,*

o sea (poco más o menos),

> *Verdad que mal intento inspira*
> *peor es que la peor mentira.*

Y justo es reconocer que este atisbo del genial poeta abre anchas avenidas a la mentira. Cabe incluso preguntarse si las inexactitudes que autoriza merecen el nombre de mentiras a la luz de lo que ya va dicho sobre la intención. Vaya primero un recuerdo de la época parlamentaria de Winston Churchill. *Mentira* es en inglés un monosílabo: *lie*, y Churchill claro está que sabía que acusar a un colega con *Lie!* era exponerse a una reprimenda del *speaker* de la Cámara. Se levantó, pues, y dijo: «Eso es una *inexactitud terminológica*... y lo pude haber dicho de un modo más breve.» Éstos son los hallazgos que hacen de la Cámara inglesa tan ameno club político.

A cada pueblo le va —o le sale— una actitud especial y suya propia para la mentira; y los ingleses dicen que no hay lengua en la que sea más difícil decir la verdad que el francés. Ello se debe a que el mero hecho de decirla es menos importante que otra cosa que, según el país, se revelará en cada caso. En el francés esta otra cosa es cierto sentido literario que incita a todo francés a expresarse con elegancia, aunque padezca la verdad. Este anhelo de elegancia literaria es la esencia de la cortesía francesa.

La cual no reposa, como la inglesa, en un deseo de complacer al otro, de hacerle la vida llevadera; sino en mantener un nivel general de buenas maneras que no presta especial atención al bienestar interior del otro. Tan es así que el francés no rehúye humillar al otro si cree un deber darle una lección de cortesía. Ahora que lo hará del modo más cortés.

De un modo o de otro, la cortesía suele ser incompatible con el octavo mandamiento. Las cosas y las personas son así; no dan para más; y puesto que la cortesía las anhela mejores, no le queda más remedio que fingir.

Aun así, no sale el octavo tan maltrecho como podría; porque las mentiras de cortesía son las más de las veces tan convencionales que todos los presentes están al cabo de la calle y a nadie se le ocurriría tener por embustero a una persona que meramente por cortesía se salta a la torera el octavo mandamiento.

Hay casos más sutiles. El propio Balfour, a quien ya traje a cuento con motivo de su violonchelo, encontrándose en un apuro como jefe del Gobierno sobre confiar a no confiar a la Cámara un secreto de Estado, salió del paso declarando que «la diplomacia es como el matrimonio: no toda la verdad en todo momento»; lo que le valió al perspicaz solterón una ovación de una Cámara de maridos.

El dicho, en efecto, es para meditarlo; aparte de que viene a recordarnos otra dimensión de nuestro problema. *Toda* la verdad. En efecto, hay verdades escuetas que no admiten más o menos. Tales, las aritméticas. Dos y dos son cuatro. Pero si aspiramos, por ejemplo, a afirmar una verdad algebraica que contenga $\sqrt{-1}$, cantidad que no existe y sin embargo actúa con asombrosa actividad en los cálculos reales, ya estamos en el terreno de «Sí, pero...» que es lo común y corriente en los dominios del octavo mandamiento de la ley de Dios.

Que el matrimonio no puede sobrevivir a un régimen de mentiras, es evidente. Que exige la devoción más leal a la verdad, es evidente. Pero que no por eso deja de convenirle el sagaz adagio de lord Balfour, aunque no tan evidente, es cosa que muchos maridos y muchas mujeres comprenderán. Sólo que hay que recordar el papel esencial de la intención. No toda la verdad en todo momento, pero a condición de que la verdad que se da garantice la pureza de la intención del total. Si, por el contrario, el elemento que en la revelación parcial se reserva el o la cónyuge, permanece oculto precisamente para no descubrir una intención dañada o torcida, el matrimonio va por mal camino.

Bueno, se dirá. Pues se disuelve. No vamos a discutir aquí a fondo el tema del matrimonio sino para recordar que la honda crisis que atraviesa es parte también del endiosamiento del *homo vulgaris* debido al vacío divino creado por el ateísmo. Sabido es que los matrimonios entre dioses y diosas en la antigüedad no eran tales como para servir de modelo a los meros seres humanos. De todos modos, el tema es escabroso, ya que las situaciones a que da lugar suelen no reconocer otro motor que el sexo, la fuerza humana menos sujeta a razón, luego a verdad, luego al octavo mandamiento.

Pero cuando nos acercamos a todo este campo de la experiencia humana con ánimo comparativo, y volvemos los ojos a nuestro pueblo español, nos aguardan algunas sorpresas. Venimos de Europa, de una Europa ya de vuelta de muchas cosas, ya relativizados todos sus absolutos, analizadas sus emociones, interpretados sus sueños, sonriente, un poco triste, al fin de toda ilusión.

¿Qué dice Europa sobre el matrimonio? He aquí la anécdota inglesa. Bodas de oro. Pregunta alguien al marido: «¿Y en esos cincuenta años no pensó usted nunca en el divorcio?» Medita el marido y contesta: «Pues no. En el asesinato algunas veces. En el divorcio nunca.»

Admirable presentación de esa virtud de perennidad que parece haberse conquistado el matrimonio hasta hace poco y que puede aún salvarlo como institución pasada la presente crisis.

La anécdota de Francia hela aquí. Estamos reunidos unos quince o veinte comensales en Londres a la mesa del agregado cultural francés. El orador de la fiesta es el embajador francés, que nos habla de escritores diplomáticos. Llega el turno de Paul Morand, y dice monsieur Clauzel que después de treinta años de tierna amistad, Morand asombró a sus amigos casándose con su amiga. Y a las preguntas de sus amigas, él replicaba: «*C'est pour rompre!*»

Pues bien, pese a lo mucho que ha cambiado todo, y lo mucho que se han aflojado las ataduras más sagradas, he guardado siempre cierta reserva con este talante «europeo» cuando del matrimonio en nuestro país se trataba. Siempre he sentido que entre nosotros o había penetrado más hondamente la Iglesia o, por virtud de nuestro propio carácter, el talante era muy otro.

Daré primero aquí dos apólogos modernos sobre la Iglesia católica, uno inglés, francés el otro. Viene un desconocido a ver al *clergyman* que tiene a su cargo una parroquia inglesa, y con el desconcierto natural, declara que ha cometido un asesinato y pide consejo. «¿Consejo pedís? —pregunta el clérigo—. Vamos en seguida a la policía.» Da largas el pecador, y se va al párroco católico más cercano. «Acúsome, padre, de haber asesinado.» Sin inmutarse, el cura le pregunta: «¿Cuántas veces, hijo mío?»

El cuento inglés deja aquí las cosas sin ir más a fondo en lo de «las veces»; que es precisamente lo que ilustra la historieta francesa, debida nada menos que a Anatole France. Semana de Pascua. El párroco del pueblo se ha pasado el día confesando pecadores y pecadoras, pero ya son la siete de la tarde y está invitado a cenar al Chateau, y tiene prisa. Sólo quedan dos devotas.

«Bueno, bueno. A lo esencial, que tengo prisa.» «Es que, señor cura, mi marido...» «Bueno, bueno, ¿lo engañas o no?» Sólo quedabais tú y la Juana. «Te callas, ¿eh? Y ¿cuántas veces?» «Siete.» «Bueno, bueno. Pues doce padrenuestros y te absuelvo.»

Llega la Juana. La misma historia. «Y ¿cuántas veces?» «Pues cinco, señor cura.» «Vaya por Dios.· Pues, espera, espera. Cinco es a siete como doce... ¡Al diablo con vuestras cuentas impares! Vaya, que no tengo tiempo. Doce padrenuestros y le engañas dos veces más.»

Puro ·Anatole France (si cabe aquí aplicar el epíteto) pues aquel ingenio no respetó nada que pudiera servirle de materia prima para sus centelleos. Pero el español se resiste a entrar en este talante frívolo cuando del matrimonio se trata, y aunque todo lo que toca y rodea a tan añeja institución y sacramento se ha ido corroyendo por el escepticismo general, parece que entre nosotros hay algo muy hondo que queda intacto.

Diré a este propósito que de todas mis variadas vivencias entre tan variadas gentes, las que más impresión me han causado han sido las de los anarquistas, cuyos matrimonios prescinden de las vallas religiosas como de las tapias judiciales. He conocido algunos «matrimonios» de anarquistas; y de muy distintos ambientes y edades; y los he encontrado de lo más estable que cabe imaginar. Estabilidad que me pareció manar de una como ,seriedad profunda de la relación libremente aceptada y establecida.

La repetición de este ejemplo anarquista me ha dado en pensar —por paradójico que a primera vista parezca— que la estabilidad del matrimonio anarquista entre nuestras gentes debe no poco al octavo mandamiento. A mi ver, los siglos vividos bajo la disciplina del octavo man-

Shelley parece haber conservado hasta muy tarde esta casi incapacidad de distinguir la verdad... ni siquiera podemos decir... de la mentira.

Puede darse el caso de que una mala intención inficione una verdad hasta rebajarla al nivel de la peor mentira. Esto lo vio el gran poeta inglés William Blake y lo plasmó en dos versos lapidarios: «Verdad que mal intento inspira peor es que la peor mentira.» (Ilustración de William Blake para su poema «Milton».)

damiento han contribuido a establecer ese hondo compañerismo que es la base del amor conyugal entre anarquistas y que justifica, honra y embellece la palabra *compañera* que les sirve para designar a sus mujeres como tales esposas.

Estos aspectos del complejo español suelen olvidarse cuando se evoca la vida fácil de jolgorio y goce del instante al vuelo que suele evocar la mera palabra *Mediterráneo*. El tiempo dirá si esta reserva de dignidad sencilla y espontánea, pero fuerte, de nuestro pueblo, le salvará del desastre moral que a todos nos amenaza. Por lo pronto, daré aquí, como jalones que quedan incólumes en nuestro camino, dos casos que ilustran el tema. De intento los he recogido en la extrema derecha y en la extrema izquierda de nuestro espectro político.

Del primero es protagonista el benjamín de los seis hermanos Ansaldo, aviadores todos, vascos, falangistas, monárquicos, derechistas; para la izquierda y aun el centro, reaccionarios puros. Donosa expresión en la que el crítico siente el adjetivo, «puro», como refuerzo y agravante del sustantivo, reaccionarios; pero ¿no le sale el tiro por la culata? ¿No habrá verdadera *pureza* en su actitud que ellos, los críticos, no ven?

Cuenta Juan Antonio Ansaldo que en un momento de su activísima vida, estando juntos en servicio todos los hermanos, alojados los casados en una casa y el más joven en otra para solteros, vino éste a ver a la esposa de Juan Antonio para rogarle que le diera aunque fuera un catre en un pasillo en la residencia de los casados. Había en la otra una chica joven, hija del ama de llaves, que jugaba con ellos a veces por las mañanas cuando los venía a despertar, y no quería salir luego en su avión y arriesgar caer estando en pecado mortal. Cada lector leerá esta página con su emoción propia, que en su almario lleva su alma; pero bien clara resulta la actitud del trasfondo español, o por lo menos, de un aspecto de él, que me parece más real que el de la estampa vulgar del señorito juerguista.

Por otra parte, leyendo el libro de Joaquín Maurín *Revolución y contrarrevolución en España*, hallo el relato de la visita que hizo Ángel Pestaña a Lenin; y estamos ahora en una izquierda tan extrema que luego iba a considerar a Stalin como un reaccionario criminal. Pues bien, este Pestaña, estando en Móscova con motivo de un congreso comunista, recibió recado que Lenin deseaba verle y esta entrevista no puede ser más reveladora de lo que hay de insobornable y puro en el anarquista español.

Apareció Lenin. Sonriente nos tendió la mano que apretamos con verdadera efusión, y nos sentamos frente a frente.
  —*¿Estáis contentos del trato que os hemos dado los comunistas?*
  —*Mucho —contesté.*

Después de un rato de charla-discusión a propósito de «dictadura», «centralismo», «revolución», Lenin preguntó a Pestaña:

—*A propósito, ¿qué concepto, como revolucionarios, os merecen los delegados que han concurrido al Congreso?*
—*¿Queréis que os sea franco?*
—*Para eso os lo pregunto.*
—*Pues bien, aunque el saberlo os cause alguna decepción, o penséis que no sé conocer el valor de los hombres, el concepto que tengo de la mayoría de los delegados concurrentes al Congreso, es deplorable. Salvando raras excepciones, todos tienen mentalidad burguesa. Unos por arribistas y otros porque tal es su temperamento y su educación.*
—*¿Y en qué os fundáis para emitir juicio tan desfavorable? ¡No será por lo que han dicho en el Congreso!*
—*Por eso exclusivamente, no; pero me fundo en la contradicción entre los discursos que pronunciaban en el Congreso y la vida ordinaria que hacían en el hotel. Las pequeñas acciones de cada día enseñan a conocer mejor a los hombres que todas sus palabras y discursos. Por lo que se hace y se dice es por lo que puede conocerse a cada uno. Muchos granos de arena acumulados hacen el montón. No el montón a los granos. La infinita serie de pequeñas cosas que hemos de realizar día tras día, demuestran mejor que ningún otro medio, el fondo verdadero de cada uno de nosotros. ¿Cómo queréis, Lenin, que creamos en los sentimientos revolucionarios, altruistas y emancipadores de muchos de esos delegados que en la vida de relación diaria obran ni más ni menos como el más perfecto burgués? Murmuran y maldicen de que la comida es poca y mediana, olvidando que somos los delegados extranjeros los privilegiados en la alimentación, y lo más esencial: que millones de hombres, mujeres, niños y ancianos carecen, no ya de lo superfluo, sino de lo estrictamente indispensable. ¿Cómo se ha de creer en el altruismo de esos delegados, que llevan a comer al hotel a infelices muchachas hambrientas a cambio de que se acuesten con ellos, o hacen regalos a las mujeres que nos sirven para abusar de ellas? ¿Con qué derecho hablan de fraternidad esos delegados que apostrofan, insultan e injurian a los hombres de servicio del hotel porque no están siempre a punto para satisfacer sus más insignificantes caprichos? A hombres y mujeres del pueblo los consideran servidores, criados, lacayos, olvidando que acaso algunos de ellos se han batido y expuesto su vida en defensa de la revolución. ¿De qué les ha servido? Cada noche, igual que si viajaran por los países capitalistas, ponen sus zapatos en la puerta del cuarto para que el «camarada» servidor se los limpie y embetune. ¡Hay para reventar de risa con la mentalidad «revolucionaria» de esos delegados! Y el empaque y altivez y desprecio con que tratan a quien no sea algo influyente en el seno del gobierno en*

el Comité de la Tercera Internacional irrita, desespera. Hace pensar en cómo procederían esos individuos si mañana se hiciera la revolución en sus países de origen y fueran ellos los encargados de dirigirnos desde el Poder. ¡Poco importan los discursos que hagan en el Congreso! Que hablen de fraternidad, de compañerismo, de camaradería, para obrar luego en amos, es sencillamente ridículo cuando no infame y detestable. Y, por último, esas lucrativas componendas que presenciamos los que estamos asqueados de tantas defecciones; ese continuo ir y venir tendiendo la mano y poniendo precio a su adhesión, reviste todos los caracteres de la más infame canallada, de la más indigna granujería. Eso es tan bajo, ruin y miserable, como lo sería una madre que vendiera su hija para satisfacer un capricho de los más abominables e inmundos. ¿Cómo vamos a creer en el espíritu revolucionario y en la seriedad de esas gentes? ¿Que desean la revolución en sus respectivos países? Eso sí; pero quieren que se haga sin peligro para sus olímpicas personas y en beneficio exclusivo de sus concupiscencias. Naturalmente que esto no quiere decir que en el seno de los partidos comunistas y de las multitudes, por esos delegados representadas, no haya centenares de individuos de buena fe, dispuestos al sacrificio y dignos de todo respeto y consideración. Éstos quedan aparte. Estas censuras no tienen más alcance que el puramente personal y en relación a los delegados concurrentes al Congreso. Ésta es nuestra opinión sinceramente expuesta.

Conclusión

Estos comentarios que hemos venido haciendo a la actitud de los españoles de hoy ante los diez mandamientos dejan el ánimo del que los escribió (y quizá el de sus lectores) con una impresión dominante: ¡qué modestos son! Cuando Moisés sube al Sinaí y se rodea de toda una escenografía impresionante para recibir del Señor las Tablas de la Ley, ¿no era de esperar un nivel moral inmarcesible? Pero baja uno a la falda de la montaña sagrada y ¿qué lee en aquellas Tablas? *No robes, no mientas y no forniques.* Lo demás son precauciones de un Dios celoso de sus posibles rivales y consejos de familia. La modestia de las exigencias del Señor con aquel pueblo que fue su favorito y protegido, asombra. ¿Y para eso separó las aguas del mar Rojo, como un guardia de tráfico o una mera luz roja en una calle de Tel Aviv, a fin de que pasaran los hebreos?

Bien es verdad que aquellos hebreos que casi tuteaban a Jehová, que hablaban con Él y concertaban pactos con Él cada lunes y cada martes, vivían en un ambiente moral de lo más modesto. Hay relatos en el Antiguo Testamento que provocan admiración por la fuerza de la fe y de la abnegación que revelan: el sacrificio de Isaac, por ejemplo. Pero el nivel usual es tan pobre que se explica la persistencia secular de los pastores de la Iglesia católica en sustraer tan escabrosos textos al conocimiento del rebaño humano.

«Siendo Abram de edad de noventa y nueve años —reza el capítulo 17 del *Génesis*—, apareció Jehová y le dijo: "Yo soy el Dios Todopoderoso. Anda delante de mí, y sé perfecto".» Magnífico exordio. Pero ¿qué es lo que cuenta este capítulo? Que Dios ha decidido cambiarle el nombre por el de Abraham, porque va a hacer de él «padre de muchedumbre de gentes... y reyes saldrán de ti». Además añade Jehová: «Y estableceré mi pacto entre tú y yo y tu simiente después de ti en sus generaciones por alianza perpetua, para serte a ti por Dios y a tu simiente después de ti.»

Cosa grande y solemne si jamás la hubo. Y como su parte del pacto, Jehová dará a Abraham «toda la tierra de Canaán en heredad perpetua». Palabras mayores, en verdad, y dichas por el Altísimo. Bien. Pero a cambio de tan inmensos favores, ¿qué pide Jehová?

«Éste será mi pacto, que guardaréis entre mí y vosotros, y tu simiente después de ti: Será circuncidado todo varón de entre vosotros. Circuncidaréis, pues, la carne de vuestro prepucio, y será por señal del pacto entre mí y vosotros.»

Si no lo dijera el Antiguo Testamento, ¿quién lo creyera? Toda aquella majestad, aquellos dones en verdad divinos, aquella protección perpetua para Abraham y «su simiente», el Señor lo da a cambio de unos miles de prepucios. ¿No hubieran bastado estos pasos del *Génesis* para impedir que la religión que sobre ellos se apoyaba arraigase en España?

Y cuenta que es sólo un principio. ¿Qué decir del episodio de Lot, el sobrino de Abraham? Aun olvidando lo de Sodoma y Gomorra, ¿qué decir de las dos hijas de Lot, aprovechando la borrachera del padre para acostarse con él y hacerse madres de sendas criaturas a la vez hijos y nietos del padre? Y del propio patriarca, ¿qué decir? Hubo hambre en la tierra y Abraham bajó a Egipto, «y aconteció que, cuando estaba para entrar en Egipto, dijo a Sarai, su mujer: He aquí que ahora conozco que eres mujer hermosa de vista. Y será que cuando te hayan visto los egipcios dirán: su mujer es. Y me matarán a mí y a ti te reservarán la vida». El patriarca no vaciló: «Ahora, pues, di que eres mi hermana para que yo haya bien por causa tuya y viva mi alma por amor de ti.» Así que entraron en Egipto y al ver la hermosura que era Sarai, se la llevaron a casa de Faraón, el cual «hizo bien a Abraham por causa de ella». Mas no cesa aquí la historia, porque «Jehová hirió a...» ¿A quién? ¿Quién es aquí el culpable, el marido que explota la belleza de su mujer o el Faraón que aprovecha las ocasiones? Pues cada cual pensará como quiera, pero Jehová pensó que el reo era Faraón y lo castigó. «¿Por qué me dijiste: es mi hermana. Poniéndome en ocasión de tomarla para mí por mujer?» Y sin aguardar contestación, Faraón concluyó: «Ahora, pues, he aquí tu mujer. Tómala y vete.»

Fuese Abraham, pero rico, «riquísimo en ganado, plata y oro».

No vale decir «una golondrina no hace el verano» porque la estratagema de Abraham pasó a su simiente. Bien que parecía no sólo perdonada sino santificada por Jehová que no sólo no castigó a Abraham, sino que lo ensalzó y prometió tierras a perpetuidad y reyes de su estirpe con tal que sacrificara su prepucio y los de toda su simiente. Así se comprende que Isaac aspirase a repetir la hazaña de marido complaciente explo-

ando Moisés sube al Sinaí y se rodea de toda una escenografía impresionante para recibir del Señor s Tablas de la Ley, ¿no era de esperar un nivel moral inmarcesible? («Moisés», por Miguel Ángel.)

tando a Rebeca, como su padre había explotado a su madre, y no precisamente a los 99 años.

Sería vano proseguir esta disquisición recordando episodios de la Biblia que no cabe considerar como edificantes, porque el pueblo español no lee la Biblia. Todo lo más, nos toca admirar la correa del pueblo inglés, que la solía leer y aun sospecho que la sigue leyendo, tragándose todos esos enormes lagartos que hacen del Antiguo Testamento la escritura religiosa más incongrua del mundo.

De todo lo cual se desprende que los diez mandamientos no parecen ejercer sobre el pueblo español una influencia mensurable en términos de conducta. La incorporación del Antiguo Testamento a las escrituras sagradas del pueblo español no se ha realizado, quizá por darse una distancia excesiva del carácter de nuestro pueblo de hoy al de los hebreos de los tiempos de Salomón y aun de los de Herodes.

Pero si el Dios del Antiguo Testamento no ejerció nunca sobre España una jurisdicción comparable a la que tuvo sobre los países del centro y norte de Europa, sobre Inglaterra, Alemania y la misma Francia, el del Nuevo Testamento logró incorporarse al panteón español, y esta historia, profunda y sutil, circula aún hoy por las venas de todo español consciente.

Hemos recorrido los diez mandamientos tomando como base de referencia el catecismo del padre Ripalda que sirvió de texto para la enseñanza católica de los españoles hoy (1975) maduros. En el curso de estas disquisiciones nos hemos referido también a ciertos textos de fondo, ambiente o comentario que quizá hayan contribuido a precisar o al menos, ambientar la valía de esta enseñanza y el espíritu en que estaba concebida.

Toca ahora reconocer el notable progreso realizado en este terreno, de que dan testimonio los catecismos del año 1966. En ellos se refleja el cambio notable de rumbo que Juan XXIII y Pablo VI han infundido a la Iglesia y, lo que quizá sea más notable aún, la buena voluntad que la mayoría del pueblo español ha puesto no ya a seguir a sus dos pontífices reformistas sino a veces precederlos. Que en este último aspecto de su actividad no hayan sido siempre ni prudentes ni afortunados, no priva de su mérito intrínseco a una Iglesia que se ha acercado tanto al Evangelio y tanto alejado del conformismo ni generoso ni religioso en que antaño se había dormido.

Los nuevos catecismos han tomado un aspecto que en nada recuerda el del antiguo (y no tan antiguo) Ripalda. El papel no es ya aquel papel de estraza en que se solían, aún anteayer, imprimir estos libritos destinados a los pobrecitos niños que no se merecían más; y la presentación tipográfica, las ilustraciones y disposición general revelan una atención cuidadosa a lo que se hace y una plena conciencia de para qué se hace. La redacción es buena y a veces excelente;[1] y la concepción de lo que se dice revela un deseo de situar el catecismo en el paisaje cultural europeo, en vez de aislarlo en un mundo encastillado en prohibiciones como solían hacer los antiguos textos.

Todo esto y mucho más podría decirse de los nuevos catecismos; pero en cuanto al texto de los mandamientos, los cambios son pocos, no significativos y quizá no siempre en mejora del original. Estos cambios afectan a los mandamientos segundo, sexto, séptimo, octavo y noveno.

SEGUNDO. Decía el Ripalda: *No jurar su santo nombre en vano*; y dice el nuevo: *No tomarás el nombre de Dios en vano*. Ha cambiado el tiempo de verbo de infinitivo a futuro, cosa que algunos catecismos de antaño ya hacían. Este cambio parece que reviste a los nuevos mandamientos de un garbo más inmediato y ejecutivo, en armonía con el aire yanqui que ha tomado el país. Con él armonizan la supresión del epíteto «santo» antes del sustantivo «nombre»; y la sustitución de *jurar (jurarás)* por «*tomar*» («*tomarás*»).

Confieso que no acierto a dar con el espíritu de estos dos cambios. Parecen ambos imbuidos del deseo de quitar solemnidad y dar sencillez a los textos, algo así como hacer que los mandamientos se pongan de *clergyman*; y si es ésa la intención, a mi ver sobra. No me parece que estos cambios contribuyan a mejorar la situación que sobre este mandamiento describí al ocuparme de su texto viejo, aunque tampoco creo que los cambios sean graves.

SEXTO. El antiguo: *No fornicar* es ahora: *No cometerás actos impuros*. Con todo respeto, declaro que aquí hemos retrocedido. Concedo que el verbo «fornicar» no es de una claridad meridiana, y así lo hice constar en su lugar; pero estimo que «actos impuros» es mucho más vago todavía, y que el cuerpo, que quiera que no el Decálogo, tiene que cometer a diario actos impuros o morir. Una cosa es la decencia y otra la claridad. En este caso, pues, la reforma no parece haber sido una mejora.

SÉPTIMO. Dice el séptimo antiguo: *No hurtar*; y el moderno: *No robarás*. Hallamos aquí un talante contrario al anterior. En el sexto, el redactor parece como que se anda por las ramas; pero en el séptimo ya

---

1. Con una sola excepción que está en la ultimísima línea de la ultimísima página o cubierta posterior. «Secretariado Nacional de Catequesis.» La palabra *Secretariado* no es española. Si lo fuera, querría decir el conjunto de todos los secretarios, la carrera de secretario, pero no lo que se le quiere hacer decir aquí que es *Secretaría*. En toda España se dice Secretariado por Secretaría; pero nadie diría *notariado* por *notaría*. Es, subconsciente al menos, traducción del francés *Secretariat*.

se sube a la copa. Quizá corresponda *robar* mejor que *hurtar* a lo que este mandamiento se propone. De todos modos, puesto que de robar se trata, conste que el catecismo nuevo se pronuncia con energía y sin ambages en favor de la propiedad. Ello parecería indicar cierta disposición a refrenar las tendencias proudhonescas de algunos sectores jóvenes y emprendedores del clero moderno. Es muy posible que se oculte aquí una de las líneas de discusión en la opinión eclesiástica. Los contrarios a hacer de la propiedad un tabú intangible, que lean a Jovellanos.

OCTAVO. Decía antes: *No levantar falso testimonio ni mentir*. Ahora dice: *No dirás falso testimonio ni mentirás*. Otro caso de simplificación, de sencillez, de ponerse de *clergyman*. Cuando de falso testimonio se trata, *decir* no vale lo que *levantar*; y con sólo esta sustitución, se apaga la escena al perder la luz de tan dramático verbo. Estimo este cambio un verdadero error por falla de la sensibilidad en el corrector; aparte de la exactitud, ya que un falso testimonio puede levantarse sin decirse. De todos modos, el cambio, en cuanto al fondo del precepto, es malo.

NOVENO. *No desear la mujer de tu prójimo,* decía el Ripalda; y ahora: *No consentirás pensamientos ni deseos impuros.* Esta vez se da un cambio de fondo. Lo que el texto pierde en precisión lo gana en territorio. Ahí es nada no consentir pensamientos ni deseos impuros. El cambio no parece favorecer la disciplina que, aun siempre difícil, lo es menos cuanto más concreta es la barrera que se opone al capricho libre.

El nuevo catecismo suprime aquella especie de resumen que a los diez mandamientos hace el Ripalda: «Estos diez mandamientos se encierran en dos: servir y amar a Dios sobre todas las cosas y al prójimo como a ti mismo.» En cambio añade un «mandamiento de Jesús», citándolo de San Juan (13. 34-35): «Un mandamiento nuevo os doy: que os améis unos a otros como yo os he amado.»

Añade además el comentario que el evangelista pone en boca de Jesús: «En esto conocerán todos que sois mis discípulos: si os tenéis amor unos a otros.»

Aquí parece evidente la mejora del texto. El resumen tradicional no era convincente y más bien olía a cátedra y deseo de memorializar lo sagrado. En cambio, la cita de San Juan es en sí un verdadero mandamiento que emana de Jesucristo y que corresponde a un modo de ser muy «Nuevo Testamento» en contraste con el aire Antiguo Testamento que tienen los «de la Ley de Dios» del Sinaí.

Cada cual pensará como crea oportuno sobre la autenticidad de estos

214

En este talante a pico sobre el abismo del mal absoluto, ha habido austeros inquisidores y aun monarcas como Felipe II, que han dado la muerte por amor de Dios. (Cuadro de Alonso Sánchez Coello.)

Aquellas guerras civiles, de una crueldad inaudita; aquellos frailes y curas que se revelaban mucho más aptos y adeptos del trabuco que del hisopo. (Cuadro de Goya.)

versículos de San Juan. Lo cierto es que llevan el estilo no sólo de la expresión, sino del Ser de Jesucristo. Por este mandamiento, pese a su sencillez, Cristo eleva la altura de las relaciones entre cristianos a un nivel tan alto que ya más alto no lo hay. Se puede argüir que, al hacerlo, ha marcado a los humanos un ideal tan alto que es ya inasequible y por lo tanto inoperable e inoperante. Pero el mandamiento subsiste incólume, como lo que Cristo consideraba como digno del hombre. Ya no estamos aquí entre aquellas barreras elementales: no matarás... no robarás... no fornicarás... aquel nivel indigente de moralidad beduina. El deber ha subido a lo más elevado de la escala ideal; y el mandamiento de Jesús no es sólo el resumen del Decálogo sino algo mucho más hondo y más alto: su fundamento y su visión.

¿Cabe decir que los españoles han procurado vivir el mandamiento de Cristo? Tremenda pregunta para quien lo hace en serio y frente al espejo sin tacha de la conciencia divina. A buen seguro que, en la vida común y corriente de las inmensas multitudes, éste ha debido de ser el mandamiento más maltratado; pero en todo momento de la historia y en todo lugar donde se han dado españoles, esta regla de oro de la conducta humana ha debido regir también no menos que entre otras estirpes.

Jesús no dice aquí «ama al prójimo como a ti mismo», sino «amaos los unos a los otros». El tremendo yoísmo del español haría peligrosa la primera formulación, ya se evoque la calidad como la cantidad de ese amor. Pero aun en aquel siglo XVI, el de las grandes hazañas de nuestro pueblo, se dieron casos de hermosa abnegación entre frailes y aun soldados españoles de la conquista, que consuelan de los casos de espanto también acaecidos con excesiva frecuencia entonces. Pocos casos habrá fuera de la historia española como el de aquel médico que se imponía severas penitencias por cada error de diagnóstico que cometía. Y en cuanto al río de callada, ignorada, desconocida abnegación que alimentó de caridad nuestros hospitales, de ultramar como de España, no cabe duda de que de este sacramento cristiano manaba.

Pero sería pecar de insinceridad no reconocer que, específicamente, los españoles no suelen ser propensos a las cumbres albas de la caridad. Lo normal en el español es *encastillarse* en una idea-voluntad-pasión inexpugnable de la que expulsa al amor cristiano; y se han visto entre nosotros en todos los tiempos casos de inaudita crueldad inspirados (o así lo creían sus autores) en este sublime mandamiento. En este talante a pico sobre el abismo del mal absoluto, ha habido austeros inquisidores y aun monarcas como Felipe II, que han dado la muerte por amor de Dios, y muy sinceramente. En la política antigua y en la moderna se dan casos, si no idénticos, por lo menos paralelos. No creo probable que se den en el siglo de la política teatral que fue el XIX.

Hubo política real en el siglo XVIII y la hay en el XX; no la hubo,

Toda aquella lucha feroz
de sedicentes liberales
contra sepensantes
carlistas, no sólo
fue para España sangría
cruel y precursora
de otra aún mayor,
sino que impidió que
madurase la educación
cívica del pueblo,
que todavía aguarda.
(Entrada de las tropas
vencedoras en la Seo
de Urgel, con los
prisioneros carlistas, 1875.)

¿Y cómo iba a vivir en paz
el siglo XX cuando
la reconciliación entre
ambos bandos se limitaba
al aparatoso, elemental,
primitivo abrazo de Vergara?
(Grabado en madera.)

o muy poca, en el XIX. Claro que las circunstancias del XVIII eran muy distintas de las del XX. La seriedad en el XVIII fue posible porque los sectores y niveles que formaban la opinión, materia prima de la política, eran muy reducidos. Se hará valer el motín de Esquilache, los acontecimientos de Aranjuez; pero ¿qué significaban aquellos desórdenes sobre el fondo de una nación cuyo pueblo era todavía, políticamente, poco menos que inerte? El pueblo, como en otra página de esta obra se ha dicho, era ya al fin del siglo, «todo», pero la política no levantó emociones reales en él hasta la invasión napoleónica que amenazó su vera existencia.

La realidad de la política en el siglo XX, que empieza en 1909 y se acentúa con la guerra internacional, se debe por el contrario a que es el primer siglo en el que la política absorbe todo el pueblo. Y no va a ser uno de los menores obstáculos a que cuaje la realidad política en nuestro siglo la escasa educación general y política del campesino y aun de ciertos sectores del obrerismo español; la que a su vez viene a agravar la boga superficial de que goza el marxismo entre los intelectuales menos dotados y aun en algunos de los más dotados.

Política real, pues (aunque por razones distintas), si bien insuficiente tanto en el XVIII como en el XX, pero meramente nominal en el siglo XIX, mientras se va operando la decadencia de la religiosidad en el país. Se acusa entonces esa separación de *izquierda* y *derecha* que tanto iba a contribuir a sembrar la confusión y la superficialidad; y una y otra van a afanarse en vaciar a España del aspecto más valioso de su espíritu, cada una a su manera y según —si no sus luces, por lo menos— sus candiles.

La izquierda mete más ruido, pero no es la peor. Su responsabilidad surge de lo somero de su cultura. Con un par de libros franceses se declaran no ya anticlericales, lo que sería perdonable y aun en muchos casos útil, sino anticatólicos y ateos. Caso típico el de los masones, que al dividirse entre los del rito inglés, creyentes, y los del rito francés, ateos, se van todos como borregos al ateísmo. Pero ¿qué decir de la derecha? ¿Cómo conciliar la firme adhesión a la Iglesia y la no menos firme adhesión de la Iglesia a los reaccionarios más cerriles, saltando sobre los mandamientos de la ley de Dios, y no hablemos del hermoso mandamiento de Jesucristo? Aquellas guerras civiles, de una crueldad inaudita; aquellos frailes y curas que se revelaban mucho más aptos y adeptos del trabuco que del hisopo; aquellas escenas que Larra inmortalizó en las fronteras de la España «apostólica», todo aquel mundo hoy increíble para nosotros (salvo que quizá con atuendo y lenguaje distinto lo vivimos y lo viviremos todavía), toda aquella lucha feroz de sedicentes liberales contra sepensantes carlistas, no sólo fue para España sangría cruel y precursora de otra aún mayor, sino que impidió que madurase la educación cívica del pueblo, que todavía aguarda, sí, hermanos españoles, que todavía aguarda. Porque no ha dejado de adelantar nuestro pueblo, pero aún quedan por florecer muchas avideces, y no todas en las clases manuales.

¿Cómo iba a sostener su esplendor divino aquella Luz para proteger la cual rechazaba antaño nuestro pueblo las prestigiosas luces? ¿Cómo iba a resistir la divinidad de Cristo un siglo de lucha a sangre y fuego entre los que la negaban y los que, para afirmarla, la deshonraban? ¿Y cómo iba a vivir en paz el siglo xx cuando la reconciliación entre ambos bandos se limitaba al aparatoso, elemental, primitivo abrazo de Vergara?

Como si no bastara esta tragedia de un pueblo partido en dos que se entremata sobre cuál es, de las dos, la mayor blasfemia, sobreviene otra tercera y mucho más insensata: inventada en su corazón, resentido, por Carlos Marx. Aquí también lo que parece fe no pasa de mero lenguaje. Que quieras que no, hay que meter la historia del pueblo más original y reacio a las etiquetas, en el lecho procrústeo del marxismo, siendo así que ahí están para describirlo en toda su espontánea vitalidad y desorden los dos historiadores más grandes que el espíritu de nuestro pueblo haya tenido: Galdós y Valle-Inclán.

¡Lucha de clases! ¡En un país como el nuestro que tan sabrosas ensaladas de clases sabe aliñar! En cuanto comienza esa jerga marxista en un libro de historia española, ya sabemos que hemos dado en hueso y que se acabó la visión penetrante y viva. Porque el pueblo español ha estado siempre en contacto subconsciente con las fuentes espirituales de la vida, y la interpretación mecanicista no sirve más que de estorbo a quien trata de comprenderlo. Ésta es la dirección que vamos a tomar ahora para recorrer nuestra historia.

SEGUNDA PARTE

Endiosado y pordiosero

BREVE HISTORIA DE LA CIENCIA

Cuentan de un sabio que un día
en el bosque se perdió.
Adónde iba, lo sabía.
De dónde venía, no.

La de Dios es Cristo

Si con relación al Dios del Antiguo Testamento salen los españoles más bien fríos y escépticos seguidores de las leyes de Dios, cabe interpretar el hecho como una prueba más de la rebeldía de nuestro pueblo a toda ley. Bien es verdad que algo por el estilo hemos visto que pasaba con los hebreos que el Señor no lograba convencer más que maravillándolos con un milagro, ya fuera transformar en serpiente la vara de Aarón o sacar agua de una peña o darle un hijo a Sarai cuando esta venerable matrona había cumplido los noventa y nueve años.

Es cosa bien reveladora de la natura humana, esta de los milagros; porque a primera vista parece que el Dios que aspira a imponer su ley lo hará dando ejemplos de obediencia a la ley, echando mano del didáctico lema: *dura lex sed lex.* Pero no. Para hacer que sus súbditos mortales obedecieran a sus leyes, Jehová les demostraba que Él, al menos, era capaz de violarlas, que las leyes de la naturaleza, al fin y al cabo, suyas eran. Más de una vez hemos visto a tal o cual monarca que, para corregir la desobediencia a la ley que era vicio de sus súbditos, violaba él la constitución, que es la ley más sagrada de todas; monarca humano al fin; ¡pero que en tal error de lógica caiga todo un Dios omnipotente!

El caso es que Dios lo hizo con relativa frecuencia tanto ante los hebreos como ante los españoles; y que lo hizo siempre con éxito singular; tanto, que hoy el que no demuestra ser capaz de violar las leyes naturales (o sea, divinas) haciendo por lo menos un milagro, no pasa de la beatificación ni es canonizado por quien puede.

¿Qué significa esta actitud espontánea y natural entre nosotros? Nada menos que la confirmación y beatificación del través que tantas veces ha habido que dar como eje del carácter español: su tendencia a preferir el poder a la justicia. La ley, positiva o natural, es la formulación general

Bárbaros aragoneses
que habéis querido casar
al Santo Cristo de Burgos
con la Virgen del Pilar.

La Virgen de la Fuencisla
le dijo a la del Pilar:
si tú eres aragonesa,
yo segoviana y con sal.

de la justicia de las cosas; el milagro es el poder de violar una ley natural. Y tan aficionado es el español a ver violar (en su favor) la ley natural, o sea, tal es su afición al milagro, que el español, y no otro pueblo, es el que concibió y expresó el escandaloso proverbio: *hágase el milagro y hágalo el diablo.*

Así se explica la importancia que ha llegado a adquirir el diablo entre los españoles, pueblo en el que circula con más libertad y familiaridad que en ningún otro, quizá porque le sea más fácil entre nosotros disolverse en la multitud sin tener que disfrazarse. El diablo así toma parte en aquello que es la mayor fuerza y gloria de la religión católica en España: la hondura de su encarnación en nuestro pueblo.

No basta decir que el español es católico a machamartillo, y cosas por el estilo, como eso de la fe del carbonero y tantas cosas más. Lo que caracteriza al catolicismo en España no es el vigor de su fe, ni sus virtudes morales, ni su rigor en cumplir con los sacramentos y con los mandamientos de la Iglesia —en ninguna de cuyas manifestaciones de religiosidad es el español aventajado—; lo que constituye la originalidad y fuerza de su catolicismo es que lo lleva en la sangre, y que cuando se hace ateo o protestante (a lo que él cree o se imagina) su ateísmo y aun su protestantismo huelen a Concilio de Trento.

En una palabra, el español vive el catolicismo. Lo vive, crea en él o no. Eso lo vio muy bien Unamuno y tan bien como él aquel benemérito español de quien tantas veces he evocado la figura y el dicho inmortal: que, instado a hacerse protestante, respondió: «¿Cómo quiere usted que me haga yo protestante cuando ni siquiera creo en la religión católica, que es la única verdadera?» Ésta es la buena. Porque no se trata de practicar, ni siquiera de creer, sino de vivir una religión. Si de los treinta y cinco millones de españoles, apenas si habrá uno de cada mil que sepa lo que es su religión, todos ellos (de esos millones hablo) sienten, viven, la convicción de que es la única verdadera, aunque muchos ni lo piensen ni lo crean.

Pero que no les vengan a ellos con el Antiguo Testamento y su tremendo Jehová, contratista, patriotero, racista y racialista, celoso y envidioso de todos los demás dioses. Con Jehová no quieren nada; pero con Jesucristo sí. Y aun a trueque de pasar por un hereje digno de la hoguera, me atrevería a afirmar que, al menos entre nosotros, el primero a quien Jesucristo salvó fue el Padre Eterno.

Reduciré este aserto por demás osado añadiendo que lo salvó en el corazón de los españoles y aún más en el de las españolas. Porque el Padre Eterno, aunque en posesión de todas Sus divinas perfecciones, presentaba ante los españoles un aspecto negativo y repelente: se parecía demasiado a Jehová. El peligro se disipó por haber sido Jesucristo el verdadero Dios de la religión católica, la verdadera, la que iba penetrando en el corazón de los españoles; el cual, una vez dueño del alma hispana, instaló en ella a su Padre.

Éste sí que fue milagro: y se debió no al poder de violar la ley natural, sino al poder de henchirla de vida humana. El alma humana es bipolar. Es posible que la española sea la más inhumana a ratos, pero es la más humana del mundo. Este rasgo supremo de nuestro carácter vino a ser como una especie de *negativo* de la imagen positiva que le aportaba la religión católica; y por eso llegó a ser esta religión una como forma interna del ser español.

Ante todo, nada de teorías y principios; sino una humanización de la familia celestial. Eso del Cielo y de la Gloria queda muy lejos. Abajo todos, que aquí se está muy bien. Y así la religión queda transfigurada en una casa muy grande donde hay sitio para todos.

Así lo canta la copla popular, desde lo más fino y tierno:

> *La Virgen lava pañales*
> *y los tiende en el romero,*
> *y los pajaritos cantan*
> *y el agua se va riendo*

hasta lo más burdo:

> *Bárbaros aragoneses*
> *que habéis querido casar*
> *al santo Cristo de Burgos*
> *con la Virgen del Pilar.*

Y si vamos a buscar estas emociones en los versos de los poetas, aquí está Lope de Vega:

> *Zagala divina,*
> *bella labradora,*
> *boca de rubíes,*
> *ojos de paloma,*
> *Santísima Virgen,*
> *soberana aurora,*
> *arco de los cielos*
> *y del sol corona,*
> *tantas cosas cuentan*
> *sagradas historias*
> *de vuestra hermosura,*
> *que el alma me roban;*
> *que tenéis del cielo,*
> *morena preciosa,*

226

El español, y no otro pueblo, es el que
concibió y expresó el escandaloso proverbio:
«hágase el milagro y hágalo el diablo».
(Detalle de un frontal del siglo XIII.)

Con Jehová no quieren nada
[los españoles]; pero con Jesucristo sí.
(Frontal del siglo XIII.)

la puerta en el pecho,
la llave en la boca.

Aquí se ve y se oye cómo se entremezclan las emociones celestes y las terrenas de aquel gran poeta al contemplar lo que los Padres de la Iglesia quisieron ver una entelequia pura que llevase sin pesar sobre la tierra los misterios de la encarnación y él no pudo ver sino como una zagala divina, morena preciosa, boca de rubíes, ojos de paloma, y tal que, viéndola, le brotaran piropos de la boca a todo español castizo. Y así oscilando entre el cielo puro y la sabrosa tierra va desgranando su bellísimo rosario de imágenes el poeta enamorado de la Virgen.

Así tiene que ser en España. Porque los españoles, con este apego incoercible a la vida real, tangible, asible, sopesable, los españoles no aceptan la vida celeste precisamente porque no se cae, o sea, porque no tiene peso. Lo que de veras conquistó a los españoles fue la Sagrada Familia, el burro siempre presente o nunca lejos, la huida, la llegada a Jerusalén, los animales junto al recién nacido en Belén. Sí, se daban detalles que no eran naturales: eso de la paternidad meramente putativa de José. Pero, al fin y al cabo, era una familia eterna, la eternización de cada familia española.

Esta unión síquica entre el alma del español y la historia, maravillosa y sin embargo familiar, del Evangelio, es lo que hace de su religión para el español la única verdadera (crea en ella o no, eso es otro problema); porque poco importa lo que digan los libros, si él la lleva en la sangre. De modo que le es indiferente que el resto del mundo, los sabios y los filósofos, no crean en ella, porque ¿qué saben ellos?

Claro que cuantos más detalles inverosímiles y aun absurdos revela la historia de Jesucristo, más hondamente cree en ella, que, al fin y al cabo, esos detalles les parecerán imposibles a los profesores, pero el caso es que han pasado ya dos mil años y no hay quien no crea en ellos, ni siquiera los que no creen en ellos.

Porque hay muchos modos de creer y descreer. Hay quien no cree en la virginidad de la Virgen porque dicen que tuvo varios hijos y no sólo Jesús; pero vaya usted a saber lo que pasó hace dos mil años y ¿vamos a tirar por la ventana una virginidad de dos mil años así como así? Aparte de que la cosa ni se plantea para el español medio, porque la Virgen era virgen, que si que no ¿cómo la iban a haber llamado LA VIRGEN durante veinte siglos?

Todo esto no se debate a nivel de cerebro, sino en capas más hondas. Lo que está en juego —juego inmortal y eterno— no es tanto la maternidad de María como la paternidad del Señor. Los españoles son un pueblo masculino; y ésta es otra de las causas de su apego a la religión de

Jesucristo; en cuya prédica toma parte tan predominante el Padre, no sólo el Padre de Jesús, sino el Padre Eterno.

Era menester que María siguiera siendo virgen en el parto, antes del parto y después del parto; porque al ser embarazada del Padre se excluía el comercio natural, y el embarazo se producía por voluntad expresa de Dios. De este modo, se eliminaba toda posibilidad de mezcla en las venas de Jesucristo de sangre humana otra que la de María, de modo que la sangre divina no se diluyera más allá que en Jesucristo. Antes, en, y después, era por lo tanto condición indispensable y consecuencia inevitable de la concepción a lo divino.

El español no comprendería el nacimiento de Jesucristo de otro modo que de una mujer como madre y de Dios como Padre; de modo que los rasgos absurdos que el cuadro presenta no son tan absurdos como lo serían las consecuencias de haber sido María una mujer casada cualquiera, con hijos humanos antes y después del hijo divino.

Queda, pues, eliminada, aun antes de examinada, la idea de un Dios espíritu puro, asexual y aun la de un Dios puro espíritu asexual que reviste masculinidad a fin de fecundar a lo humano a una Virgen. Desde el comienzo, se trata de un Dios masculino porque es un Dios padre; lo que no deja de revestir a la Tercera Persona de la Trinidad de especial significación, ya que de otro modo, hubiera parecido el Espíritu Santo relegado al olvido.

Todo esto, vuelvo a decir, no se despliega como argumento intelectual en toda su amplitud lógica; sino que se vive y concibe de un golpe de intuición. Al español le cae más fácil un Dios Padre que un Dios espíritu puro; y los problemas que puede plantear la paternidad de Dios como los que sugiere la maternidad de la Virgen no le parecen ni merecer su atención frente a la importancia de afirmar la masculinidad y paternidad del Creador.

Por la misma causa, no se plantea otro tema no menos delicado. Fuerza es confesar que la idea de fundar una religión sobre un adulterio parece al primer pronto un desafío descabellado al buen sentido: y los escépticos, críticos y cínicos no han dejado caer la ocasión de sacarle punta al papel «desairado» que desempeña José. ¿Por qué hacer a la Virgen casada y exponerla así a una sospecha de oprobio? Pero el caso es que no hay adulterio. Hay fecundación a lo divino, sin comercio alguno carnal entre el Padre y la Virgen; y por lo tanto, sin que pueda plantearse la situación adúltera. La paternidad a lo divino satisface la masculinidad del español sin ofenderla como lo habría hecho un adulterio; y aunque haya sido todo fruto de una evolución parahistórica ecuménica relativamente lenta, el resultado se ha ajustado perfectamente a lo que pedía nuestro modo de ser.

Al Dios-Niño se le dotó de una familia; y a pesar de que los rasgos

JÚPITER A DANAE

No pesaré sobre ti más que
la sombra del árbol sobre la yerba;
grávida, empero, quedarás
sobre las blancas sábanas...
De aquel instante fugaz
soñarás en tus largas soledades negras
y en tus breves albas diáfanas.

más salientes de esta familia no armonizarían con los de una familia normal española, el Dios Padre vino a llenar la función de prototipo del *paterfamilias* y ni que decir tiene que la Virgen y el Niño han sido siempre para nosotros el prototipo de la maternidad.

Si ahora nos preguntamos por qué no se evitaron todos estos riesgos haciendo que Gabriel le llevase la buena nueva a una joven soltera, nos topamos con todos los precedentes olímpicos. El tipo de semidiós, hijo de dios y mujer humana o de dios y diosa, era en vida de Jesús cosa corriente y, por decirlo así, normal. El estado civil de las diosas a quienes Zeus-Júpiter concedía sus favores no consta siempre en la mitología, y de todos modos, el único himeneo del Olimpo parece haber sido el de Zeus con su hermana Hera, cuyo carácter no fue tal como para hacerle buena propaganda al matrimonio, por lo menos entre dios y diosa.

Estos precedentes paganos, más que modelos, han podido servir a los modeladores de la religión cristiana como ejemplos de escollos que evitar. Si tomamos por caso concreto el de Hércules, este semidiós nació de Alcmena y de Júpiter o Zeus; pero aquí nada de eso de «como un rayo de luz atravesando un cristal sin romperlo ni mancharlo», sino un vil adulterio donde toda la vileza está del lado de Júpiter o Iovis-Pater, que se disfrazó de Anfitrión, marido de Alcmena, para gozar a la mujer. Bien claro se desprende de este ejemplo que los precedentes paganos no podían ser más contrarios al espíritu nuevo que iba a revivificar todo el Occidente.

Ello no obstante, damos con coincidencias curiosas. Juno, nombre que los romanos dieron a la hermana y mujer de Júpiter, ostentaba entre sus numerosos epítetos y apodos los de *virginalis* y *matrona,* es decir, que ya acumulaba este par de atributos en contraste; y aunque el primero parece aludir no a su propia condición sino a la de las vírgenes humanas cuya protectora solía ser, es sustancioso el precedente como tal, es decir, como estimulante de imaginaciones venideras.

La idea, en efecto, de casar lo humano con lo divino «llovía sobre mojado»; y puesto que vino a realizarse de modo tan discriminatorio, tan capaz de ir soslayando errores y evitando parecerse a lo caduco, algo dice en pro del espíritu nuevo que entonces soplaba sobre las aguas de la historia.

Esta historia humana estaba entonces harto ocupada en muchas cosas, y entre tantas, en ir constituyendo en la península ibérica una nación. ¡Una nación! Cosa entonces nueva. Lo que había era unas docenas de pueblos apenas ordenados y como organizados bajo autoridades apenas reconocidas. La más «universal» y reconocida era la autoridad de la Iglesia, que bajo los visigodos había tomado en lo que iba a ser España una parte importante, y aun a veces primordial en la organización del Estado.

Las demás autoridades se apoyaban en las armas, con lo que el momento histórico aquel se desarrolló bajo el signo del caballo. La caballería fue la forma que entonces tomó la oligarquía reinante; y para el pueblo hispano, la caballería pronto pasó de ser romana a ser goda. Ahora bien, los godos eran arrianos, y de este modo el Dios de los españoles iba a poner a prueba por primera vez al pueblo que estaba modelando en la Península.

Porque el arrianismo era precisamente la doctrina que negaba la divinidad de Jesucristo por ser Jesús no creador sino criatura de Dios. ¿Cabe negar que el arrianismo era más lógico que el Concilio de Nicea, que lo había condenado como herejía? Que, al fin y al cabo, si como quiere y decreta el Concilio, Jesucristo era Dios de la vera e idéntica sustancia de Dios Padre, ¿cómo es que su vida, la de Jesucristo, empezaba con la del hijo del carpintero? Y si no, ¿qué había hecho desde el principio de la Creación hasta que lo engendró su Padre en la época de Augusto? El tema está erizado de problemas insolubles: y como Leovigildo era arriano y perseguía a los que no lo eran, el debate en aquel entonces fue agudo y no se dio tregua a ningún argumento.

No vayamos a pensar que nos sea posible captar las fuerzas entonces en presencia con toda la exactitud que nos permita juzgar los hechos históricos con seguridad alguna sobre su sentido; pero, parece al menos que, cuando Recaredo se pronuncia al fin rechazando el arrianismo y haciendo ingresar a su reino en la comunidad de cristianos que acatan el Concilio de Nicea, lo que hace es, como gobernante prudente, ponerse del lado del sentir general; de modo que, por primera vez, se pone de manifiesto que, para el «pueblo español», sea esto lo que fuere en aquella coyuntura, la opinión estaba con la divinidad esencial de Cristo y contra la lógica.

La cuestión no dejó de debatirse a pesar de la conversión de Recaredo; porque parece haber sido una de las páginas de la teología que más apasionaba a los españoles; y de esta pasión ha quedado huella imperecedera en la costumbre siempre viva de aplicarle a toda polémica ardua con vistas a trifulca la frase *se armó la de Dios es Cristo*. El arrianismo vino a ser en España la primera forma que tomó el racionalismo; el cual tuvo por su más hondo resultado estimular y aun exaltar el irracionalismo esencial de los españoles.

Al situarse así del modo más decidido por la divinidad y contra la lógica, y al insistir en esta postura como vamos a verlo después, los españoles irán creando también la raíz más fuerte de su credo político, que es el monarquismo. Que la monarquía política deriva de la monarquía reli-

Ante todo, nada de teorías
y principios; sino una humanización
de la familia celestial.
Eso del Cielo y de la Gloria
queda muy lejos.
(«La Sagrada Familia
del pajarito», por Murillo.)

Era menester que María siguiera
siendo virgen en el parto,
antes del parto y después
del parto; porque al ser
embarazada del Padre se excluía
el comercio natural, y el embarazo
producía por voluntad expresa de Dios.
(«La Inmaculada», por Murillo.)

giosa, viene siendo hace siglos lugar común de nuestros teólogos: no por deducción lógica (que suele ser formulada a posteriori) sino por convicción y analogía intuitiva, que es una actitud a priori. La imagen del Estado reproduce y calca la imagen celestial. A ello contribuye esa concepción tan católica de la comunión de los Santos; porque los Santos colocan en el cuadro nada menos que la parte que en la Ciudad Terrenal corresponde al pueblo.

La idea de buscar la libertad de todos en el mando de uno solo no parece ajustarse con especial rigor a las leyes de la lógica intuitiva (que es la única buena, desde luego, en la práctica). Pero volvemos aquí a la tensión entre la lógica y la proposición «Dios es Cristo» o «Cristo es Dios». Los españoles hacen bajar su monarquía del cielo a la tierra: Cristo en carne pontifique. Desciende Dios humanado.

Así resulta el absolutismo español genuino, que fue el de la Casa de Austria, una delegación de Dios en la tierra; o sea un absolutismo relativo. Y pese a los tremendos errores que el carácter de cada cual les inspiró, cabe decir que todos los reyes de aquella dinastía acataron el principio de que sólo su obediencia a los dictados de la ley divina era base de su omnipotencia regia.

Pero, para llegar aquí, el Dios eterno que contemplaba a los españoles los tentó durante siglos haciéndolos convivir con judíos y con moros de modo mucho más íntimo y largo que ningún otro pueblo europeo. Cabe considerar este hecho como una de las pruebas a que Dios sometió a los españoles a fin de prepararlos para sus altos destinos.

Se dirá que toda la Europa balcánica, hasta Hungría lo menos, ha estado largo tiempo en convivencia estrecha con judíos y con turcos; pero no cabe comparar. Los turcos han sido pasivos en su islamismo. Turquificaron, pero no islamizaron; y aun en el turquificar, fue Turquía más Estado que nación y más nación que pueblo (caso, en verdad, directamente inverso al de España). Mientras que los árabes eran, y siguen siendo, la encarnación nacional del Islam.

Ahora bien, los españoles han tenido en casa a los judíos desde tiempo inmemorial. «Cuando vinieron los hispanos a Toledo llevaban ya más tiempo mis antepasados en Toledo que lo que ustedes, los cristianos, llevan aún hoy», me decía un día en París un sefardita de Sofía, que aspiraba a convencerme de que a Toledo la habían fundado los judíos, dándome por pruebas: primero, que los barrios judíos en Toledo, en vez de ser los peores, como suele suceder, son los mejor situados de la ciudad; y segundo, que Toledoz (o Toledoth) es vocablo hebreo que significa *generaciones*. Dios lo sabe (que sin duda entiende el hebreo y aun se calla en él), pero el caso es que ya en tiempos de Salomón, mil años antes de Jesucristo, había judíos en España y los siguió habiendo hasta hoy a pesar de que fueron expulsados en 1492.

En cuanto a los árabes es sabido que entraron en España (ayudados, por cierto, por los judíos) en 711 y, aunque expulsados del reino de Granada en 1492, todavía hubo que volver a expulsarlos en el reinado de Felipe III. La operación llamada Reconquista no fue, como se ve por las fechas, cosa de mucho entusiasmo y prisa. Los españoles se tomaron nada menos que 781 años para echar a los moros del país, y más de un siglo todavía en expulsar a los que se habían quedado cultivando sus tierras.

Resulta, pues, que por providencia divina los españoles por línea recta de cristianos vivieron un mínimo de ocho siglos con los islamíes y muchos más con los judíos, en intimidad jamás alcanzada por ningún otro pueblo europeo. Pero se da el caso que tanto los judíos como los árabes rechazan explícitamente la divinidad de Jesucristo: los judíos, porque le niegan dignidad mesiánica aunque se la conceden profética; y los árabes porque no creen que murió en la Cruz ni que resucitó.

Son muchos siglos para que diferencia tan honda y notoria sobre tema tan grave haya resistido tan incólume no sólo a la usura del roce con los dos tipos de hombre que sostenían principios contrarios, sino a los numerosos certámenes y disputaciones que solían sostener sobre el tema frailes y rabíes y frailes y doctores del Islam o alfaquíes. Sobre la divinidad de Jesucristo, los hispanos pura sangre no aceptaban componendas.

Claro que no hay que exagerar y que no fue ésta la causa de la Reconquista, sino el deseo que los cristianos tenían de quedarse con las tierras que antaño les habían quitado los moros a sus antepasados; pero en cuanto a los judíos, sí que han tomado parte en la expulsión, sobre todo si se tiene en cuenta que la expulsión de los judíos se debió sobre todo a los conversos. Los cuales no podían ignorar qué clase de agua llevaba el arroyo que habían cruzado al convertirse.

No hay que olvidar que el tema era doble. Por un lado, la negación de la divinidad de Jesucristo reducía al Salvador al rango de semidiós a lo pagano, cuya existencia comenzaba con su nacimiento en Belén, en vez de no tener comienzo ni nacimiento como tal Dios eterno que era; y por el otro, *no menos importante que el primero, la libertad de optar por lo absurdo,* si en el fondo del ser individual este absurdo posee más fuerza de convicción que lo lógico.

Abrigo vehemente sospecha de ser esta segunda actitud de los españoles todavía más grata que la primera a los ojos de Dios. Todo en la Creación indica en efecto que Dios es muy adicto de la libertad y detesta la pedantería que toma la lógica demasiado en serio. Así, por ejemplo, se explica que por mor del orden, crease tres clases distintas de animales, los de la tierra, los del mar y los del aire; pero sólo a Él, como amante de la libertad (sobre todo de la Suya), se le pudo haber ocurrido hacer ratones volantes como el murciélago, palomas nadantes como la gaviota y peces andantes cuya inexistencia (que yo sepa) no merma ,sino que acrece la libertad divina.

Vislumbro, en efecto, que una de las razones que tuvo Dios para escoger el pueblo español como el primer protagonista de Su historia fue precisamente este siempre hirviente deseo de libertad que muy temprano dio de sí nuestro pueblo, siempre dispuesto a no pararse en barras ni barreras, ni a reconocer linde alguna entre lo posible y lo imposible; porque, claro está, el Señor sabía ya lo que el pueblo español ignoraba: que había sido escogido por Dios para descubrir el Nuevo Mundo.

Y no sólo para descubrirlo, sino para conquistarlo, pacificarlo y organizarlo en una veintena de sociedades tales que pudieron muy pronto contar como reinos cristianos. Esta verdadera hazaña, militar, política y cultural, revela tan asombroso vigor que desde entonces se obstinan en negarla, vituperarla y mancillarla los que ni por asomo han podido ni acercarse a igualarla; casi siempre por ser hombres que en el fondo no creían en la divinidad de Jesucristo aunque este aserto parezca a primera vista de ardua demostración. En la práctica, este aspecto de la cristianización del Nuevo Mundo se manifiesta en la creación de universidades. Por doquier que iban los españoles nacía pronto una universidad; y al cumplir los tres siglos, cada universidad novomundana daba de sí una nación a la europea.

Búsquese con el candil de la historia y no se hallará caso igual. La razón es obvia. Los demás países europeos se ocuparon de las cosas, o sea, de la economía; nosotros nos ocupamos de la divinidad de Jesucristo, es decir, de la salvación por medio de la muerte de Cristo que era y es Dios. «Pero, por los clavos de Cristo, ¿qué dice usted? ¿Cómo iba a morir Cristo, que es Dios, si Dios es inmortal?» A lo que nosotros, los nosotros de entonces, contestábamos: «Sí, ya sabemos que la cosa tiene sus inconvenientes, entre ellos ese de la muerte de un ser inmortal, pero hay que aceptarlo, porque, si no, el que muere en la Cruz no es Dios sino un hombre, y la muerte de un hombre no puede salvar a todos los hombres del pecado de haber nacido.»

En vano protesta el otro (de donde, eso de *protestante*): pero ¿cómo va a salvar a millones de millones de culpables la muerte de un ser que no es sólo Dios inmortal sino Dios sin pecado? ¿Puede darse ejemplo más monstruoso de falta de lógica que sacrificar como infame en la Cruz al único inocente de la historia, y encima, para salvar a billones y trillones de seguros culpables?

Esto, francamente, al español no le incita ni a pestañear. Lejos de parecerle una injusticia y una falta de lógica, le parece una forma de justicia superior, pero le parece así a nivel tan hondo que ni siquiera se plan-

Cuando Recaredo
se pronuncia al
fin rechazando
el arrianismo
haciendo ingresar
a su reino en
la comunidad
de cristianos que
acatan el Concilio
de Nicea, lo que
hace es, como
gobernante prudente,
ponerse del lado
del sentir general.
(«Conversión de
Recaredo», obra
de Muñoz Degrain.)

El Dios eterno que contemplaba a los españoles
los tentó durante siglos haciéndolos convivir
con judíos y con moros de modo mucho más íntimo
y largo que ningún otro pueblo europeo.
(Arriba, el Salón de Embajadores
de la Alhambra de Granada; a la derecha,
judío, pintura del siglo XIV.)

tea el problema: porque si al fin fuere a resultar que la justicia divina funcionaba como la Audiencia de Valladolid, no, ni pensarlo.

Esta asombrosa fidelidad de nuestro pueblo a la verdad trascendental y superlógica de la divinidad de Jesucristo ha debido de impresionar hondamente a su Creador a juzgar por las pruebas que continuó dando a los españoles durante todo el siglo xv, sin duda concebidas y decretadas por Dios para preparar a los españoles a la grande obra del descubrimiento de América. Que esta aventura fue el *magnum opus* del Creador como historiador en su sentido de creador de historia, no deja lugar a duda, basta con mirarla; que se le confió a los españoles por voluntad divina expresa no es menos evidente, porque para Dios la obra de España en América es una prolongación de la Reconquista, ya que en 1492 se termina la Reconquista en Granada y se inicia el Descubrimiento en el puerto de Palos.

Obligado vengo a añadir que el Señor puso especial empeño en sugerir, a Su modo sutil e indirecto, la relación entre este magno suceso y la divinidad de Su Hijo, haciendo coincidir estas dos fechas de esplendor con la expulsión de los judíos, así como confiando el Descubrimiento a un judío converso que, por lo tanto, había abjurado la lógica para acatar la divinidad.

Teniendo en cuenta que Nuestro Señor sólo habla por medio de actos, la observación de los que llevó a cabo en 1492 basta para establecer la divina intención que guió los del año 1492; y esta conclusión se confirma y realza examinando cómo Dios se sirvió de una de sus siervas más activas y útiles —la Muerte— para no permitir que España realizara tan descomunal hazaña en situación de pueblo libre de sus destinos; sino tan sólo como nación atada por hondas raíces monárquicas a toda la cristiandad.

Conocido es el tesón con que los Reyes Católicos y la dinastía de Portugal persiguieron la unidad peninsular mediante una red de matrimonios. Pero ya el primero que hicieron, el de don Juan con la infortunada Margot de Borgoña, lo deshizo la muerte, disfrazada, en este caso, de amor. El pobre amador murió de amor en el esplendor de su juventud. Y entonces comenzaron aquellas muertes de príncipes portugueses que cavaron cada vez más hondo la separación de Portugal y terminaron por pasar la Corona de España a un flamenco.

La terquedad de Fernando e Isabel en darle España a Portugal se topó con el tesón divino en no permitirlo; pero el flamenco integral no era tampoco del agrado del Autor de la historia, el cual, asegurada ya la existencia del hispanoflamenco Carlos, tiró a un camposanto el cuerpo de su padre, el vanidoso flamenco integral, y redujo a su mujer, la española integral, a la pérdida de la razón. ¿Se quiere más clara indicación de la intención divina? «Sí. Descubrir, sí. Pero conquistar y dominar sólo lo haréis, españoles, bajo un príncipe que será rey español pero emperador europeo.»

No fue cosa de coser y cantar. Muchas veces me he imaginado que aquel momento de la Historia, que un judío converso tuerce de un golpe de voluntad, desviándola del África mora que la espera a la América virgen que la ignora, ha debido de ser objeto de profundo estudio en la Gloria; y aun he osado imaginar la escena en el diálogo inverosímil que ahora mismo reproduciré.

El descubrimiento de América

DIÁLOGO INVEROSÍMIL

El arcángel llamó a la puerta con tres golpecillos discretos y aguardó. La voz del Señor vibró, sonora: «Adelante»; y el arcángel entró en la cámara desde cuyo espacio inmaculado se concibió la Creación y se gobierna el universo. Con la mano derecha sacó un papel del entrepluma del ala izquierda, y comenzó a leer:

«Boletín de noticias para el viernes nueve de junio de 1967 de la era de Nuestro Hijo, enmendada por nuestro vicario Gregorio: Nuestro pueblo elegido, según el Antiguo Testamento, ha derrotado a nuestro pueblo elegido, según el Alcorán, mientras nuestro pueblo elegido, según el Nuevo Testamento, lo veía todo con tan pública indiferencia como secreta satisfacción; y nuestro pueblo elegido, según el evangelio de San Marx, rechinaba de los dientes (casi todos postizos).»

«¿Quién es ese San Marx?», preguntó el Señor.

Gabriel se ruborizó hasta la raíz del cabello que le decoraba la cabeza y le caía sobre el rostro en cascadas de oro: «Señor, pido el perdón que no merezco. No pude resistir la tentación. Había pasado el rato charlando con San Francisco María Arouet...»

«Voltaire, vamos, Voltaire —corrigió el Señor, indulgente—. Así lo llama todo el mundo. Pero ¿qué tiene que Ver Voltaire con...? Que yo sepa, San Francisco Arouet, como tú le llamas, no tiene facultades para canonizar a nadie. Ni siquiera llegó a cardenal, aunque se carteaba con el Papa. ¿Quién es ese Marx que querías meter de contrabando en la gloria de los Elegidos?»

«Confieso mi culpa, Señor. Pero Marx iría muy bien con todos los Santos, porque de haber nacido veinte siglos antes, figuraría en el coro de los profetas del Libro Grande, que empieza con Isaías y termina con Habacuc.»

Con severo semblante y voz magistral, el Señor reprendió al siempre joven arcángel: «Hora es de que releas nuestro gran libro»; dicho lo cual pareció quedarse absorto en un como ensueño o nube de pensamientos. Gabriel aguardaba en respetuoso silencio. Volvió a resonar la Palabra Divina: «Bien. Te perdono esa travesura, pero hay que ser más serio. ¿Te has olvidado de que eres el Santo Patrón de los medios electrónicos de comunicación? Más seriedad.» Gabriel escuchaba muy compungido. Cambió el tono de la voz divina. «Vete a San Ambrosio, mi archivero-bibliotecario, y pídele que te encuentre el acta de nuestra sesión de Navidad de 1491, y tráemela en seguida.» Preguntó Gabriel: «¿Le digo que venga él también?» Alzando las augustas cejas (espectáculo muy de admirar, pues eran como dos arco iris rodeando dos soles) contestó el Señor: «¿Quién? ¿San Ambrosio? No. Déjale en paz al pobre viejo. Con esa tos que padece, no me deja oír mis propios pensamientos.»

Volvió Gabriel con el Acta, y el Señor le mandó que la leyera. Gabriel empezó: «Acta de la sesión de Navidad de 1491»; pero el Señor le cortó el resuello: «Deja toda esa hojarasca covachuelista. Al grano. ¿Qué es lo que se dijo en pro y en contra del descubrimiento de América y de quién lo iba a hacer?» Obediente, el arcángel barrió con el pulgar las páginas preliminares, y al fin exclamó: «Aquí está.» Con una mirada al Divino Rostro, leyó en él la venia del Señor:

«Isidoro propuso que se confiase la empresa a los españoles... —se interrumpió y explicó—: Antes, habían convenido que, para ganar tiempo, no usarían sus dictados usuales...» «Ganar tiempo. Qué cosas dices, muchacho. Y ¿qué nos importa el tiempo aquí? Lo hicieron por humildad. Sigue.» Gabriel, sin embargo, deseaba explicar. «Sí, Señor. Quería decir que este Isidoro era el gran obispo de Sevilla.» El Señor recibió las palabras, para Él inútiles, del arcángel con más severidad que paciencia, lo que no dejó de observar el siempre joven Gabriel, que buscó refugio en el texto y su lectura.

«Isidoro propuso para la empresa a los españoles, alegando que su sangre goda les otorgaba tamaña fiereza de ánimo y dureza de cuerpo que bastaría y aun sobraría para explorar a todo un continente y domeñar a tantos salvajes, mientras que su fe profunda en la Santísima Trinidad y otros misterios les infundiría valor para arrostrar los misterios naturales, siempre desconcertantes, de un mundo nuevo.

»Habló entonces San Agustín de Canterbury para proponer que tomaran la empresa los ingleses, que no eran menos feroces que los españoles, y que eran tan aptos para adaptarse a toda suerte de gentes, ya fuesen refinados como los romanos o bárbaros como los daneses, de modo que serían muy capaces de hacer frente a todo lo que viniera.

»Aquí intervino Abelardo de París para proponer que se confiase la empresa a los franceses. "Yo dudo mucho, con perdón del obispo de Canterbury, de que los ingleses sean tan feroces como los españoles"; a lo cual, San Agustín de Canterbury replicó con alguna vivacidad: "Pues no lo dude el señor doctor Abelardo, que, como francés, no entiende de estas cosas: porque los ingleses no le cedemos en ferocidad a ningún país del mundo." Abelardo, con gestos denegatorios, se excusó: "En mi ánima y conciencia declaro que no fue mi intención ofender al venerable arzobispo. Estoy dispuesto a conceder que los ingleses son tan feroces como los españoles, pero aunque así fuese, la conquista de un nuevo continente no la hacen ni la ferocidad ni la adaptabilidad. La hace la inteligencia. Yo hace tiempo que vengo observando ese nuevo mundo; y ya veo cómo lo irían a conquistar los españoles, al fuego de lo pasional, y los ingleses, al tuntún de lo empírico. Apostaría a que los franceses lo abordarían con un plan estratégico, y pronto encontrarían sus dos grandes portalones, la boca del Mississippi y la del San Lorenzo."

»Aquí habló Tomás de Aquino: "El hermano Abelardo se adelanta un poco. Se olvida de que el continente es doble, y tiene otras bocas, como la del Amazonas y la del Plata; y, además, de que la pasión y el empirismo suelen ser buenos aliados del intelecto. Por último, hasta ahora se viene tratando de conquistar; pero antes hay que descubrir."

»"Ahí le duele. Ahí le duele. ¿Qué será de la cristiandad si metemos en la Historia un continente entero de gentes que no son ni cristianas ni judías ni moras?" Esto lo preguntaba San Agustín de Hipona, el Africano.

»"¡Tantas etimologías nuevas!", lamentó Isidoro con voz temblorosa.

»"¡Tantos templos a tantos dioses! —lamentó Santo Tomás de Aquino—. ¿No se podría excusar ese descubrimiento?"

»Todos miraron al Señor. El silencio se henchía de peso al henchirse de tiempo. Al fin se oyó la voz divina: "¿Es posible que aquí, aun aquí arriba, tengáis ánimo tan pobre que no comprendáis la Ley? Lo que es no llega a serlo hasta que se hace dueño de sí. ¿Cómo lo va a lograr si no entra en esa conciencia del yo que es su segundo nacer? Lo creado ha de descubrirse sean cuales sean las consecuencias. La cristiandad creará descubriendo. Con el descubrimiento, tomará parte en mi creación."

»Todos callaron, hasta que Isidoro habló: "Se me ocurre, Señor, otra razón de darles la empresa a los españoles. Se mezclan mejor. Si van al nuevo mundo, procrearán con las hijas del país."

»"¡Qué horror! —exclamó San Agustín de Canterbury—. Con mujeres de color. ¡Habrá que oír el acento con que pronunciarán el latín!"

»Abelardo intervino: "El amor todo lo iguala. Si van los ingleses, procrearán con ellas, o reventarán. A no ser que..."»

Alzó el rostro Gabriel. «Aquí, Señor, hay dos renglones tachados por la censura.»

«Sigue leyendo y no te metas en honduras», mandó el Señor.

«Habló Agustín de Hipona: "Que me perdone el hermano Isidoro; pero yo creo que llevarse tan lejos a los españoles es hacerle un malísimo servicio a la cristiandad."

»"¿Cómo puede ser eso? —replicó Isidoro de Sevilla—. Los españoles se han aguerrido a maravilla en siete siglos de lucha contra los infieles..." Sonó un trueno en la lejanía, y el rostro del Señor se oscureció. "¿Infieles dijiste, desdichado? Mi pueblo escogido, según el Alcorán, ¿lo llamas infiel?" Rojo como el sol poniente sobre el Guadalquivir, Isidoro murmuró: "Perdona a tu humilde siervo. Pura costumbre, impura costumbre que tomé de mis diocesanos que me han llegado de allí en estos siglos. No quise ofender... Mi argumento sigue en pie. Con siete siglos de guerra al hombro, los españoles apenas si entienden de otra cosa. Dentro de poco —cosa de meses— entrarán en Granada. Si no les damos otro campo para su energía bélica, se destruirán unos a otros, o ambos bandos a la cristiandad."

»Agustín de Hipona replicó: "Hágase lo que yo propongo y no les faltará labor."

»"A ver —era la voz del Señor, magistral y potente—. Escuchemos todos a Agustín de Hipona."

»"Propongo, pues, que el Espíritu Santo inspire a Isabel de Castilla y a Fernando de Aragón para que encierren a Cristóbal Colón en un manicomio."

»"Ése y no otro es su domicilio natural", afirmó rotundamente Tomás de Aquino.

»"Esto hecho —prosiguió Agustín de Hipona—, propongo que el Espíritu Santo inspire a Enrique VII de Inglaterra."

»"Imposible. De todo punto imposible", declaró Bonifacio.

»"Nada es imposible para el Señor —sentenció San Agustín de Hipona, no sin una mirada de soslayo al Señor. Pero el Señor se limitó a mirarle en silencio; así que el Santo prosiguió—: Propongo, pues, que se persuada a Enrique VII."

»"Ese modo de decirlo me parece preferible", asintió Bonifacio; a lo que el Señor se sirvió añadir: "A mí también."

»Muy reconfortado con la aprobación divina, siguió diciendo Agustín: "Muy bien. Entonces, persuadido Enrique VII por Bartolomé Colón, los ingleses se encargarán del descubrimiento de América. Con esa tarea, tendrán para un buen rato. Siglos. Y eso que no son menos aptos para la guerra que los españoles."

»"Mucho más", dijo el otro San Agustín, el de Canterbury.

»"Eso queda por ver —replicó algo picado Isidoro de Sevilla—. Pero vuelvo a preguntar al otro Agustín, al de África, ¿qué van a hacer los españoles mientras los ingleses guerrean en el Nuevo Mundo?"

»"Ahí aguardaba yo a mi hermano Isidoro —replicó Agustín de Hipona—. Por lo pronto van a echar de Granada a los moros en cosa de semanas, si no de días. Recordaré al Consejo que ya hemos decidido la toma de la plaza para el primero de enero de este año que viene. Después, el camino queda abierto. Ya lo trazó el cardenal Cisneros en Orán. Todo indica que el destino de los españoles está en África. Allí encontrarán sus adversarios siete veces seculares cuyas artes bélicas conocen bien. Los españoles son el único pueblo que ha sabido igualar si no superar los viajes aéreos de Mahoma con los del apóstol de Compostela. Este pueblo, único en la cristiandad de fe bastante robusta para crear el invencible '¡Santiago y cierra España!' podrá entrar en el Magreb al grito de '¡Santiago y abre África!'"

»Tomás de Aquino meneaba la cabeza: "Mucho me temo que esa interpretación de ¡Santiago y cierra España! no le agrade a Nebrija, el maestro de las lenguas. Pero lo de·la igualdad de las leyendas aéreas de ambos pueblos me parece exacto y muy de meditar. Sin el aire no hay victoria posible. Banderas y creencias han de ondear muy por encima de los cascos que los caballeros llevan en la cabeza y sus caballos en los pies para que los ejércitos se alcen a

242

más altura de la que tienen de suyo; y para estos fines tanto da un tapiz como un caballo blanco."»

«¿Estás seguro, Gabriel? —interrumpió el Señor—. ¿Dice eso el Acta? ¿Lo dijo así el de Aquino?» El arcángel recorría el texto con los ojos azules como el cielo de una mañana de mayo: «Sí, Señor. Como lo he leído.» Y en silencio, el Señor musitaba: «¡Quién lo diría! ¡Por lo visto ya al crear al de Aquino iba yo imaginando a Voltaire! ¡A tantos siglos de distancia!» Ajeno a la meditación divina, Gabriel seguía leyendo:

«Agustín de Hipona, así reforzado, arribó a su conclusión: "Ésta es precisamente la causa de mi propuesta. Los españoles no nacieron para ir a fecundar continentes remotos, sino para cristianizar toda la costa sur del Mediterráneo, que es la costa norte de África. Aquellos países, debidamente hispanizados, constituirán la frontera meridional de la cristiandad."

»Dijo entonces el Señor: "El obispo de Hipona sabe más de lo que yo creía si sabe para qué nacieron los españoles. ¿Qué piensa Abelardo?"

»"Señor, veo dos problemas distintos. Quién ha de descubrir y cristianizar al Nuevo Mundo, y para qué nacieron los españoles. Sobre este segundo problema, ¿cómo va a tener opinión propia una mera criatura de Vuestra Divina Majestad? Yo sólo puedo atenerme a los hechos de los españoles. Hoy es Santiago su Santo Patrón. Esto les inspira altos vuelos heroicos. Mañana el fervor de ánimo que los anima quizá merezca que los represente aquí alguna alma mística todavía increada, quizás una mujer de su hermosa y fría altiplanicie, tan cerca del cielo. Pero tengo para mí que su predisposición a reunirse y charlar en bodegones y otros lugares donde se venden bebidas calientes o frías, los llevará a perder el cielo y la tierra en eso que llaman tertulias, y que tengamos que asignarles como Santo Patrón al bendito Tertuliano."

»"Otro candidato a Voltaire", pensaba el Señor, y al rostro divino asomó una sonrisa cuyo resplandor hizo soñar a Abelardo, entonces objeto de la aprobación divina; con lo cual, así animado, prosiguió: "En cuanto al otro problema, el de quién va a hacer el descubrimiento, Señor, el plan del obispo de Hipona es de lo más ingenioso, y si se lleva a los ingleses a Occidente y a los españoles al Sur, es muy posible que abra una era de paz entre cristianos. Pero yo me pregunto: ¿qué papel confía el obispo de Hipona a los franceses?"

»"Buena pregunta —replicó San Agustín—. Porque los franceses no son menos belicosos que los ingleses y los españoles. Pero en esto es mi plan irreprochable; porque si les cedo el Nuevo Mundo a los ingleses y África a los españoles, reservo para los franceses el trozo más vasto y suculento del planeta del Señor: la inmensidad que va de Francia a la costa siberiana del Pacífico; día vendrá, si se adopta mi proyecto, en el que se hable francés desde los Pirineos hasta los Urales. Espléndida perspectiva para las ciencias, las artes y las letras."

»Isidoro, cuyo rostro expresaba honda preocupación, dio entonces suelta a sus dudas de que los ingleses aceptasen tamaña empresa. "Son gente de mucha cautela y cálculo, y todo lo reducirán, según su costumbre, a una cuenta de debe y haber. Aquí se ha dicho que Cristóbal Colón se merece un manicomio, y así es; porque la aventura que propone es descabellada. Pero, precisamente por eso, son los españoles los únicos europeos bastante locos para emprenderla. Aun así, habrá que írsela revelando poquito a poco, de modo que no sepan cada día más de lo que necesitan saber."

»"¿Quién se embarcaría en esas condiciones?", preguntó escéptico Abelardo.

»"Los españoles —contestó serenamente Isidoro de Sevilla—, gentes que, con perdón del hermano Abelardo, no son nada inclinados a bodegones y tertulias, sino a batallas a lo humano o a lo divino. Además, hay que conocer a Enrique VII. Es el avaro más empedernido del mundo y jamás gastará un céntimo en cosa tan etérea como la fe."

»A esto contestó San Agustín, el de Canterbury, que si los españoles se encargaban de la empresa, se irían a los países más fragosos. "¿Por qué?", preguntó San Isidoro. "Por dos razones. Porque les gusta la dificultad y, como ellos mismos dicen, la cabra tira al monte, y los españoles son sueltos y no andan en rebaño como los ingleses; y además porque el oro donde se da es en los países montañosos y de difícil acceso."

»"Pues que se vayan a lo fragoso, ¿qué importa?", preguntó San Isidoro.

»"Mucho. Porque se irán a las regiones del Sur, que son casi inaccesibles, y dejarán abandonado el semicontinente norte, y entonces vendrán los franceses y los ingleses, y ya tenemos allí otra vez tres lenguas y seis causas de guerra."

»A esto interpuso Tomás de Aquino: "Eso es muy cierto, pero se podría evitar. El Espíritu Santo podía inspirar al vicario de Cristo en Roma que repartiese el Nuevo Mundo entre los españoles y los portugueses, dejando a los ingleses fuera y a los franceses también."

»San Agustín de Canterbury meneaba la cabeza. "No creo que los ingleses se dejaran impresionar habiendo oro de por medio."

»"Ni los franceses", confirmó Abelardo.

»"Pues de ser así —concluyó San Agustín—, es mejor que se encarguen los ingleses de todo, y habrá paz y se hablará inglés en todo el continente nuevo, francés en toda Europa y español en todo el Mediterráneo."

»"¡Dios mío, qué monotonía! —exclamó Isidoro—. No recuerdo ni un solo momento en la historia en el que permitiera el Señor que se hablara una sola lengua en todo un continente."

»Los dos arco iris de la augusta faz se unieron en una sola barra en la que predominaba el carmesí. "Todos habláis y escribís sobre Mí como si mi poder no tuviera límites, sin daros cuenta de que mi poder ejercido fija el límite de mi poder ejercible. En cuanto he creado un continente con todas sus facciones, montañas, llanuras, ríos, mares, estrechos y bahías, he perdido el poder de evitar que en él se hablen muchas lenguas. Que las lenguas son las formas que toma el espíritu de los lugares donde habita."»

Al llegar aquí, Gabriel alzó la vista del papel y se quedó mirando al Señor en silencio. «¿Qué pasa?», preguntó el Señor; y contestó Gabriel: «Que me suspende el caso de América del Norte, donde todos hablan la misma lengua y el país es más grande que Europa con sus veinte o treinta idiomas, sin contar el francés que hablan los ingleses que creen hablarlo.»

244

«El inglés de América no es una lengua natural. Se la llevaron los ingleses allá en el *Mayflower*. Los angloamericanos son un país artificial. Esto es lo que olvidaban todos estos sabiondos en aquel famoso debate.» Gabriel se quedó esperando la revelación que las divinas palabras prometían, pero en vano. Así que se disponía a seguir leyendo cuando volvió a mirar al Señor con ojos suplicantes: «Pero, Señor, de Méjico a Patagonia sólo se habla español.»

«Porque el español es también lengua importada; pero el país no es artificial, porque los españoles enraizaron por las mujeres naturales. Los indios del Norte son gentes de museo; los del Sur son la raíz del pueblo. Y como son distintos, han dado pueblos distintos. Quizá por eso salven el mundo. Pero ahí no hemos llegado todavía. Sigue leyendo.»

«"San Isidoro —dijo el Señor—, oigamos el resto de tu argumento." "Casi no merece el nombre, Señor. Me limitaba a decir que todo un continente hablando inglés sería de una tremenda monotonía."

»"Bendita monotonía si trae la paz", exclamó San Agustín, el de Canterbury. A lo que Isidoro de Sevilla replicó: "El lenguaje común no es garantía de paz. Vea el hermano Agustín cómo viven los ingleses, con un lenguaje sólo pero dos rosas, y hay que ver cómo se vacían los ojos unos a otros por un quítame allá esas pajas. Los españoles, que hablan tres o cuatro lenguas, también se matan y degüellan que es un primor, pero no por las lenguas que hablan. Ahora que van a echar a los moros de Granada, se les van a aburrir las manos y se matarán unos a otros como si hablasen la misma lengua."

»El Señor hizo cantar una campanilla de oro que ante él sobre la mesa brillaba al sol. "Mucho me temo que este debate se está desviando de su verdadero propósito. Lo que estamos tratando de dilucidar es si vamos a confiar el descubrimiento del Nuevo Mundo a los ingleses o a los españoles. ¿Qué opina Tomás de Aquino?"

»"A mí, Señor, el argumento de Agustín de Hipona me impresiona bastante. Si pensamos que es menester cristianizar la costa norte del África, sólo los españoles son capaces de hacerlo. Si dejan de hacerlo para irse a cristianizar el Nuevo Mundo, el África mediterránea quedará en posesión del Islam."

»"¿Por qué no? —preguntó el Señor—. Mi pueblo escogido, según el Alcorán, en algún sitio ha de vivir. ¿Por qué no donde ya vive ahora?"

»Explicó entonces Tomás de Aquino que lo peor era que no se quedarían donde estaban. "Si no los para Carlos Martel, se meten hasta París. Si los dejamos en la costa sur de nuestro mar..." "¿Nuestro mar? El mar es mío", recordó el Señor. "Razón de más —replicó Tomás de Aquino—, para que no consintamos en él piraterías y otros crímenes que los moros no vacilarán en cometer contra los pueblos ribereños. Yo fui siciliano y sé algo de eso. Tampoco habrá paz entre ellos. No sostendrán el progreso al paso rápido de los cristianos; se dividirán, se empobrecerán; y un día, los judíos, que ahora expulsa España, se harán ricos y exigirán su retorno a Jerusalén."

»"¿Y por qué no? —preguntó el Señor—. Mi pueblo escogido, según el Antiguo Testamento, me parece a mí tener mayor derecho que ningún otro a vivir en Jerusalén. ¿Quién sabe? A lo mejor un día, otro Salomón..."

»Se transfiguró el Divino Rostro, que parecía una encendida puesta de sol en el esplendor de cuyos colores, rayos en rueda de luz sobre fondo azul puro, se disolvieron sus facciones. Los santos consejeros bajaron los ojos, casi cegados por tanta luz; y en el silencio iluminado resonó otra vez la voz divina:

»"No todo es luz de razón. Al Nuevo Mundo lo descubrirá Colón, precisamente por loco, que otro no iría a cruzar el mar en una cáscara de nuez. Loco seguido de locos; y, por lo tanto, de españoles. El Nuevo Mundo se explaya en inmenso creciente de Norte a Sur. El mundo viejo se aguza como una inmensa espada de Este a Oeste. Allende vuestra visión, en el trasfondo de la Historia, se prepara la gran estocada. La espada eurasiática impulsada por una divinidad rival, intentará penetrar hasta el corazón del Nuevo Mundo. Su misma fe desviará el peligro. Porque esta fe no se funda en el verbo sino en el número; y el número que en su esencia es tan eterno como el verbo, en sus atributos atrae a los pueblos de razón, por ser el número algo así como el esqueleto de la razón. Razón, relación, proporción, cantidad, medida, justicia, comercio. Éste es el peligro de la mera razón. Cuando la espada eurasiática penetre en la carne del Nuevo Mundo, morirá el nuevo mundo ánglico, preso en la mera razón, como la fe rival que lo ataca. Pero se salvará el Nuevo Mundo hispánico porque es invulnerable a las armas de la mera razón, y del número."

»Entonces fue cuando Cristóbal Colón oyó tras él el galope del caballo del mensajero de Santángel.»

«¿Quién dice esto?», preguntó el Señor. «Nadie, Señor. Está escrito en la margen de mano de San Ambrosio.»

La verdadera fundación de Méjico

Aniversarios y centenarios ¿qué son sino invitaciones a la meditación, altos en el camino que el peregrino aprovecha para mirar el paisaje, el recorrido y el por recorrer? Aquí estamos los hispanos, contemplando los cuatro siglos y medio que han pasado desde que, sobre las ruinas del Tenochtitlán de los aztecas elevó Hernán Cortés el Méjico de los mejicanos. A poco que lo miremos, surgirán de nuestra meditación toda suerte de imágenes, ideas, problemas, misterios.

Misterios, sí. Porque nuestro Méjico de hoy nace del encuentro de dos misterios que quizá ni aún hoy hayan conseguido inter y contrailuminarse para así resolverse y disolverse mutuamente en una luz común. Misterio azteca en sí, misterio español en sí, y doble, mucho más que doble misterio el en-

246

cuentro de ambos, reflejándose el uno en el otro y multiplicándose como en dos espejos paralelos.

No hay quizás en toda la historia humana una sola nación —ni aun el Perú— que pueda disputarle a Méjico la nobleza de su venida al mundo como nación moderna. Ello se debe a que el encuentro de los dos pueblos que la procrean se produce en un ambiente de singular altura; tanto que da pena pensar que, por carecer unos de la misma altura, otros de la buena fe indispensable para manejar la historia verdadera, esta historia que parece leyenda, esta leyenda que resulta ser historia —la confluencia de los dos pueblos progenitores de Méjico— se vea tantas veces rebajada a cuentos y recuentos de cargamentos de oro y de pies abrasados y de corazones sangrando, cuando su esencia es el encuentro de dos misterios nobles; dos misterios que, como tales, procrean nobleza.

¿Dónde se hallaría, en qué historia, relato más ricamente engarzado en la tragedia humana, collar de escenas, cada una un diamante inolvidable, si no es en la conquista que procreó al Méjico actual? A buen seguro que ello se debe a los españoles que por doquier en la historia dejan escenas inolvidables —Balboa cayendo de rodillas al divisar el mar del Sur, la raya en el camino trazada por la espada de Pizarro—, pero ninguna de ellas vale en belleza y nobleza lo que tantas que esmaltan el collar de diamantes de historia que al conquistarlo echa al cuello del Anáhuac el gran Hernán Cortés. Y ello se debe a dos causas: la superioridad de Hernán Cortés como hombre, y como adalid; y la nobleza natural del indio mejicano, encarnada en Moctezuma y en Cuautemoc.

Así, pues, lo que más unía en el fondo a indios mejicanos y españoles era ese don de la nobleza natural tan difícil de definir como fácil de adivinar; y pudiera muy bien ser que este don común a españoles y a indios mejicanos se debiera a la presencia constante entre ellos de la más fiel compañera del hombre, que es la muerte. Cierto, las formas que la muerte solía presentar entonces en el Anáhuac provocaban honda repulsión entre los españoles; pero, si, venciendo esta repugnancia, penetramos hasta la raíz de las cosas, nos daremos cuenta de dos aspectos de la cuestión que merecen apuntarse: la diferencia, a este respecto, entre aztecas y españoles era cosa de grado más que de índole; y la familiaridad de unos y otros con las hazañas más feroces de la muerte otorgaba tanto a los aztecas como a los españoles una nobleza singular. Todo lo que hacían revestía ipso facto el tono mayor de quien vive al borde del abismo, y, sin embargo, vive con sencillez y sin aspavientos.

El mero hecho de considerar como cosa normal y usual los sacrificios humanos o la descuartización de los criminales o adversarios no basta, claro está, para otorgar nobleza a una cultura. Otras cosas han menester y ésa no; o dicho de otro modo, la condición de codearse con la muerte no es ni necesaria ni suficiente para lograr la nobleza. Pero en la historia humana no se da relato de más espléndida nobleza que el de la tragedia de Hernán Cortés, Moctezuma y Cuautemoc; y en ello entraba en no poca dosis el hecho de que todos, unos y otros, protagonistas y coros, vivían con natural sencillez al borde de la muerte.

Hernán Cortés, padre del Méjico actual, es una de las grandes figuras de la historia universal, y la más grande no ya de la conquista de América sino de la historia de España. Así como los ingleses, hombres de acción, han dado a Europa en Shakespeare su poeta más excelso (poeta: hombre de pasión), así los españoles, hombres de pasión, han dado a Europa y a Méjico en Cortés su más grande estadista y hombre público (hombre de acción). Si Hernán Cortés se hubiera llamado Courtley y hubiese nacido en Plymouth, sería un héroe universal; pero como es español... así va el mundo. Porque, era «latino» y sabía leyes, que había aprendido en Salamanca, y porque manejaba armas y caballos casi por don natural, vino a encarnar como una síntesis de aquellas dos ramas del vivir humano que tanto ocupaban a don Quijote: las armas y las letras; y maestro en ambas, escribió al emperador unas cartas de relación que constituyen la primera obra en fecha y quizá también en mérito de la literatura mejicana.

Este hombre que iba a conquistar a Méjico lo llevaba ya dentro antes de haberlo visto, pues en su ánimo predominaban el águila y la serpiente, símbolos de su futura patria; y toda su carrera se irá desarrollando por inspiración ya del ave que domina las alturas ya del reptil que se adapta a los recovecos. Pero, astuto, nunca fue falso; y, cauto, siempre fue valiente; al punto que en su estilo de vida domina una tendencia neta a escoger siempre entre dos riesgos el mayor, y ante un peligro acudir siempre en persona al punto mismo en que ardía su destino.

Porque Hernán Cortés sólo era serpiente en la táctica, y siempre águila en la estrategia. Y esta claridad y aun clarividencia de su visión fue la virtud que lo hizo adalid de hombres; que los hombres de acción, como lo son los soldados, han menester clarividencia y claridad; y «sobre todo corazón, que es lo que importa», como dice su gran soldado y cronista Bernal Díaz del Castillo al escribir su retrato. Cosa, en efecto, importante, porque sin corazón se siente el hombre desarmado no sólo frente a la acción, sino también a veces frente al pensamiento, que en el hombre todo contribuye a todo, y a quien le falta valor le es más difícil reconocer la verdad al paso. Cortés poseía como pocos esa virtud suprema del hombre de acción que es la objetividad. Veía las cosas como las tenía delante, sin dejarse engañar por nada ni por nadie; de modo que en aquel grupo de hombres de dos mundos que vivió la tragedia hispano-azteca era con mucho la inteligencia más capaz, amplia y moderna. Este su juicio para estimar y ver lo que estaba pasando fue su don supremo como adalid.

Este hombre singular, modelo de hombre de acción, no habría sido español si en su árbol espiritual no hubiera brotado un ramo de locura, esa querencia hacia lo irracional que al faltar en el hombre puede hacer de él un triste o un alcohólico. De su férrea razón Cortés se escapaba por la claraboya de la fe. Cuántas veces, después de haber logrado su propósito con luz de inteligencia y vigor de voluntad, pondrá en peligro su gran empresa echándolo todo al albur de una quijotada religiosa, como su golpe de barra al entrecejo de Uitchilópochtli, con el cual, por choque de los dos misterios encontrados, provocó a enemistad mortal al hasta entonces su amigo Moctezuma.

HERNAN CORES

Así como los ingleses, hombres de acción,
han dado a Europa en Shakespeare (arriba)
su poeta más excelso (poeta: hombre de pasión),
así los españoles, hombres de pasión, han
dado a Europa y a Méjico en Cortés (a la izquierda)
su más grande estadista
y hombre público (hombre de acción).

Pero Cortés había nacido para más de lo que él sabía y quería. Él vio desde muy pronto una Nueva España como otro de los reinos a poner bajo el cetro del ya tan coronado Carlos V: mas no vio (ni podía verlo, que se lo estorbaba un promontorio de tres siglos de tiempo) que lo que de veras estaba fundando era la nación mejicana de hoy.

Fue, sin embargo, Cortés el primer patriota mejicano; el primer hombre que se enamoró de la tierra mejicana y la equiparó a España, por su grandeza y elevación, que así es en efecto Méjico, como España, una señoril altiplanicie; y no he escrito «señoril» a humo de pajas, que Cortés escribe a Carlos V cómo dictó ordenanzas para que los españoles se quedaran en sus tierras y no alzaran el vuelo (como lo habían hecho en las Islas) en cuanto las hubieran esquilmado, «mayormente siendo esta tierra, como muchas veces a V. M. he escrito, de tanta grandeza y nobleza». Padre de Méjico, no sólo por la labor histórica —trágica pero creadora— de la Conquista sino porque cuando fundó su capital ya llevaba a Méjico en el alma.

Tierra y hombres. El sentido, no libresco y teórico, pero sí espontáneo y vívido, de la más perfecta igualdad animaba no sólo a Cortés sino a todos sus compañeros. Éste es el aspecto más original de las conquistas españolas, nunca más evidente que en la de Cortés. Los españoles llamaron siempre a las dos indias que tan fielmente acompañaron una a Cortés, otra a Alvarado, doña Marina y doña Luisa, por ser hijas de familias potentes que en España habrían llevado el *don;* así que doña Marina era *doña* cuando Cortés era sólo Hernán. Esto no es un detalle, sino una flor de honda raíz. Tan «don Martín» fue el hijo que tuvo con doña Marina como el que tuvo con su aristocrática segunda mujer. Cuando Cortés repartió tierras para que floreciera su cultivo (y pedía a Carlos V semillas de todas las hortalizas de España) no se limitó a conceder haciendas (con indios para cultivarlas) a los conquistadores, sino que las dio por igual a indios capaces. Lo que hoy se llama «racismo» era totalmente ajeno a los españoles, que en realidad fundaban la conquista sobre el hecho mismo de ser todos los humanos hijos de Adán y Eva.

Pero esta noción del parentesco inicial de todos los hombres era en los más entonces mera actitud del ánimo, si bien los salvó de caer en el racismo de otros europeos; mientras que en Cortés era un verdadero impulso del corazón que le llevó toda su vida a no recurrir a la fuerza hasta haber agotado las posibilidades de una negociación. De los varios episodios trágicos de tan trágica vida, ninguno quizá más elocuente que el contraste entre sus dos conquistas de Tenochtitlán. La primera obedeció a su estilo personal. Hubo —¿quién lo duda?— circunstancias especiales que obraron en su favor; pero fue caso claro del *fortuna juvat audaces;* y sea de ello lo que fuere, el caso es único en la historia de una fuerza extranjera —¡y qué extranjera!— que toma una ciudad contra la voluntad del monarca y del pueblo y sin causar ni un arañazo. Esta entrada fue la obra maestra de Cortés.

¡Pero la segunda! ¡Qué dolor que nadie expresó como él! ¡Qué destrucción inútil de cosas y de gentes! ¿Y por qué? Porque la segunda conquista la hace no como la primera, un Cortés libre, aplicando su cerebro y su corazón a circunstancias arduas y espinosas, pero objetivas, que termina por dominar, sino un Cortés obligado a hacer frente a situaciones creadas por el fogoso y atolondrado Alvarado, por el envidioso Velázquez, por el inepto Narváez. Destino triste el de los españoles de primera: tener que luchar no sólo contra el adversario sino contra los españoles de segunda y tercera de que se tienen que rodear.

Pues bien, este español de primera fue el primer mejicano de la historia. Cortés crea no sólo la capital, no sólo otras ciudades —y cuantas veces lo dice: «para ennoblecer la tierra»—, sino también el cultivo del campo, la minería, el estudio de las costas, la marina, la red de comunicaciones, el derecho, las normas de la vida política. Todo lo ve y a todo acude, y todo lo tiene en cuenta. Cuando se trata de escoger el lugar para la capital de la nueva nación que iba a nacer de la unión de ambos pueblos, pide opinión a derecha e izquierda y al fin se decide por Tenochtitlán, pues le dice a Carlos V «era cosa tan nombrada y de que tanto caso y memoria siempre se ha fecho»; y le anunciaba que «la dicha ciudad de Temixtitán se va reparando; está muy hermosa; y crea V. M. que cada día se irá ennobleciendo en tal manera que, como antes fue principal y señora de todas estas provincias, lo será también de aquí adelante».

Pero, al lanzarse a su asombrosa aventura, a una empresa que, por ley natural de su propio ser, quería lograr más por la razón que por la fuerza, este hombre singular no sospechó la presencia del misterio. Hecho a verlo todo, no vio el misterio; y el misterio era lo principal. El misterio consistía en la existencia de una forma de vida humana para él desconocida. El pensar, el sentir, el obrar de aquellas gentes que salían a su encuentro o lo rehuían, no era el suyo y de sus compañeros; pero ni él ni ellos podían imaginarlo, partiendo como partían de la unidad humana, ya que todos éramos progenie de Adán y Eva; y para colmo de misterio, tampoco era este pensar-sentir-obrar de los indios completamente extraño y nuevo. Había cosas parejas; otras que no lo eran. Y todo esto, nadie tenía él a su alcance que se lo descubriera y explicara. Había que irlo descubriendo, día a día, palabra a palabra, desastre a desastre.

Dice no sé dónde Anatole France que a fuerza de sentidos falsos (*faux sens*), sentidos disparatados (*nonsens*) y contrasentidos (*contresens*), los teólogos habían logrado dar un sentido a la Biblia. La larga caminata de Veracruz a Méjico por Cempoal, Tlaxcala y Cholula a través de malas inteligencias sin cuento, recuerda esta humorada del gran escritor francés. Poco a poco, después de tantos encontronazos, algunos de ellos en los que la inteligencia de Cortés salía vencida de modo que sólo le quedaba el arma de su formidable voluntad, Cortés vivió al fin aquel sueño que en la realidad era aún más esplendoroso: el encuentro con Moctezuma a las puertas de una ciudad que a su vez era un ensueño. Los españoles venían como presa de un encantamiento. Aquella laguna, aquellos puentes, aquella multitud cobriza, ni cristianos ni moros, aquella belleza y majestad de los edificios, el color de todo bajo el cielo azul, y luego, la vastedad del poder en torno a aquellos cuatrocientos hombres, los tenía a todos suspensos como si anduviesen sobre nubes, irisadas por el alba. Lo irreal en lo real.

Pero más irreal en lo real era todavía el mundo invisible que asomaba a los ojos de Moctezuma; porque aquellos dos hombres que se iban acercando el uno al otro, recién apeados Cortés de su caballo, Moctezuma de su litera de oro, iban, sí, aproximando sus cuerpos, pero dentro de sus cuerpos cada uno llevaba un mundo que era para el otro un misterio cerrado.

No creo exagerar ni errar al decir que en aquella tragedia el héroe de más talla después de Cortés fue Moctezuma. No de otro modo cabe explicar que los soldados españoles sintiesen por él tan hondo respeto, tanta admiración y después tanto sentimiento cuando cayó víctima de la guerra que tanto había hecho para evitar. Hay que tener en cuenta las influencias de las órdenes y aun del ejemplo de Cortés, que siempre exigió y observó la mayor deferencia con Moctezuma, así como el agradecimiento ingenuo de los soldados ante la «generosidad» de un «señor» siempre dispuesto a darles oro. Claro que la «generosidad» y el «señor» eran transposiciones de lo azteca a lo español que ellos se hacían cada cual a su modo. Porque mediaba el misterio. ¿Cómo meterle en la cabeza a un español o europeo cualquiera de aquellos tiempos que el oro no tenía valor mercantil entre los indios? La moneda se componía sobre todo de almendras de cacao. El oro era un mero metal de adorno.

Pero aun descontadas estas malas interpretaciones, queda amplio testimonio de que Moctezuma poseía una personalidad fuerte, que impresionó con su señorío, su elegancia de cuerpo y de conducta, su vivacidad, su cortesía y buenos modales, y su entereza, a un grupo de hombres como los compañeros de Cortés, tan hechos por la experiencia a catar y calar la calidad humana. Y esta es quizás una de las circunstancias que revisten de tanta dignidad las escenas de la conquista de Méjico: dignidad real, prístina y genuina de la que ni uno ni otro de los protagonistas se daba cuenta en sí aunque sí en el otro, porque unos y otros no hacían sino vivir a su modo natural.

El núcleo focal, el centro vivo de esta dignidad era en ambos lados el valor físico y moral. En Cortés queda consagrado por todos los testigos comenzando por Bernal Díaz; en Moctezuma, no sólo lo confirman nuestros cronistas sino que sabemos por Sahagún que el sistema de instrucción y educación del Anáhuac era tal que hacía impensable el acceso al poder de hombre alguno que no fuera capaz de sostener la mirada hueca de la muerte. Los sucesos tal y como se fueron trenzando en el tiempo también tienden a probar que Moctezuma era hombre de gran inteligencia. En suma, Cortés halló en Moctezuma un interlocutor digno de él.

Digno de él quizás aun allende lo normal. Porque hemos visto en Cortés un hombre ante todo de razón, pero capaz de imaginación creadora y aun dado a evadirse de lo razonable por un ramo de locura religiosa; y, aunque no quepa simetría exacta, pues los dos «misterios» eran no sólo distintos sino remotos, siempre queda que en Moctezuma florecía no menos que en Cortés el ramo de locura religiosa, y que quizás haya que ver en ciertos virajes de su conducta una como querencia a entenderse con lo español, a entrar, pues, en los designios a la vez audaces y sagaces de Hernán Cortés.

Todo esto, que hoy puede ayudar a los que cuatro siglos y medio después intentamos reconstruir no sólo los hechos sino los pensamientos que se cruzaron en aquella epopeya, venía entonces a hacer más densa la cerrazón entre los dos misterios, lo que a su vez imponía a uno y a otro vueltas y con-

Cortés halló en Moctezuma un interlocutor digno de él.
(«La coronación de Moctezuma», de la «Historia de Indias» de Diego Durán.)

Españoles ayudados
por indios
conquistan Méjico.
Lienzo de Tlascala.

travueltas de acción que a su vez cerraban aún más la cerrazón entre ambos. Además, no hay que imaginarse que los motivos de acción, las opiniones, las creencias, sean como las piezas de recambio de una máquina que, una vez acrisoladas, guardan su forma intacta; sino verlas más bien como formas vivas, ondas de espíritu, aptas a toda suerte de cambios y mezclas. Así, por ejemplo, ¿qué pensaba Moctezuma sobre la identidad de Cortés con Quetzalcoatl? ¿Lo sabía él mismo? Era, no era, quizá lo fuera, pronto lo veremos, si lo es vencerá, si no venceré yo, vamos a ver. La conducta de Moctezuma sólo se explica sobre la base de que su fe en Cortés-Quetzalcoatl era a modo de canoa en la laguna, en constante columpio de olas y contraolas chocando de cuando en vez con el palo duro de las cosas que iban ocurriendo.

A su vez, Cortés apenas si era capaz de vislumbrar todas estas fluctuaciones de la fe de Moctezuma. Hay una escena en la que Moctezuma recuerda a don Quijote. ¿Cómo evitarlo entre tantos españoles? Le reprochan los suyos que se avenga a seguir en su propia casa prisionero de Hernán Cortés; y él explica que no es él quien lo ha decidido, sino Uitchilópochtli, y la prueab es que está así prisionero y no se alza en rebeldía, porque si él está como está es cosa de Uichilobos. Poco falta para que, como don Quijote en la jaula sobre la carreta de bueyes que lo lleva a su pueblo, no preguntara Moctezuma: «¿Pues qué? ¿Creéis que estaría yo aquí si no me lo mandara Uitchilópochtli?»

Y esta cerrazón del misterio de Cortés ante el misterio de Moctezuma explica el cambio más grave de los que tuvieron lugar en el ánimo del Uei Tlatoani. Porque nuestras convicciones no son (como tantas veces las imaginamos ser) a modo de pilares pétreos que sostienen nuestros actos, sino más bien como miembros vivos donde circula la sangre de nuestra alma, tan pronto de la fe al acto como del acto a la fe; y en aquellos días tan graves Moctezuma necesitaba más fe que nunca para que Uichilobos lo sostuviera en su decisión de seguir cautivo a fin de poder seguir cautivo Dios (o Uichilobos) sabe por qué. Y, en efecto, ¿por qué se dejó ir cautivo? Miedo físico no pudo ser. No cabía en Moctezuma. Los razonamientos de Cortés, por buenos que fueran para él, no valían nada para Moctezuma. Parece natural pensar que el Uei Tlatoani, sagaz tanto como templado, vislumbró la posibilidad del acuerdo, la solución de Cortés, en último término, el Méjico de ambos pueblos —la vislumbró quizá de un modo tan sólo elemental y rudimentario, pero la vislumbró—. De ahí, sin duda, la oferta a Cortés de una hija suya.

Para darle fuerza, savia de vida, Moctezuma se convenció a sí mismo de que la idea venía de Uichilobos. Y por eso se creó en él esa circulación vital de fe entre Uichilobos a un extremo y Quetzalcoatl al otro. A veces, ya en sus primeras conversaciones, Cortés y Moctezuma se reían y el Uei Tlatoani decía: «Ya veo que no sois *teules*.» Pero luego, ya solo, obligado a reconstruir el edificio de su fe, volvía a creer, o por lo menos a dudar. Otro tanto, en su propia clave distinta, ocurría con los españoles. Negaban a los dioses aztecas, pero más bien renegaban que negaban; pues los más de ellos las más de las veces creían, en realidad creían, en la existencia de Uichilobos y compañía, lo que, como cristianos, les era posible gracias al demonio, cuya omnipotencia para el Mal sólo cedía a la omnipotencia para el Bien del Supremo Hacedor.

254

Por este puente, llegaron los dos misterios a comunicar, y vino a consolidarse el ensueño de Cortés: hacer una nación de ambos pueblos, es decir, dar a luz al Méjico actual. No deja, pues, de tener su almendra de verdad el remoquete que los aztecas duros dirigían a Moctezuma: «mujer de los españoles». Ellos lo disparaban con desprecio y odio; pero la historia puede lavarlo de tanta inmundicia, porque en el espíritu, si Cortés fue padre del Méjico de hoy, lo que Moctezuma vino a encarnar fue su madre: Cortés trajo el espíritu; Moctezuma, la carne y la tierra.

Cuautemoc es el tercer personaje de la tragedia. El jefe de los duros. El símbolo del enemigo irreconciliable. Digno compañero de tragedia de los otros dos, ídolo de los suyos, admirado por los españoles precisamente por su intransigencia y quizá más por su disposición para seguir luchando aun después de perdida toda la fe en la victoria, que éste es un estado de ánimo que sólo conocen en Europa los españoles, los irlandeses y los polacos. Cuautemoc, no obstante, fue capaz de transigencia y de acuerdo, y así lo propuso a su Consejo, cuando le pareció que era inútil continuar luchando; pero, rechazada su proposición, se aferró a la desesperación como otro lo hubiera hecho a una esperanza, y en esto también se daba en él cierto ramo de locura de aire muy español. Queda, pues, Cuautemoc en la historia como símbolo de la nobleza, la dignidad, la entereza y el valor del Anáhuac.

Pero ¿qué tiene que ver Cuautemoc con el Méjico *de hoy*? Nada absolutamente. El Méjico de hoy es hijo de Cortés y de Moctezuma y vive y representa todo lo contrario de lo que vivió y representó Cuautemoc. El Méjico de hoy es cristiano en vías de descristianización como toda la cristiandad ambiente; pero una descristianización que será lenta y quizá menos profunda de lo que parece; es europeo vía España; y vive un ambiente semejante al de todo el mundo hispano incluso España. Adónde va el alma de Méjico, en compañía de las demás almas occidentales, no lo sabemos. Pero sí sabemos que no va ni a Uitchilópochtli ni a los sacrificios humanos; no, pues, a Cuautemoc. Si Moctezuma vislumbró el Méjico actual por muy rudimentaria que fuera su vislumbre, Cuautemoc no llegó a concebir más que un retorno al Anáhuac y un festín más o menos «ritual» de carne española. Hay que tener la franqueza y la honradez de escribir lo que todo el mundo sabe y calla. Haber hecho de Cuautemoc el héroe y símbolo del Méjico de hoy es un disparate.

Disparate quiere decir algo que no se conforma a la realidad. Que un país hispano-indio, de tradición, lengua y cultura hispánicas (si bien injertas en raíces indias) se empeñe en adoptar como símbolo nacional al héroe que negó lo español hasta la muerte, significa inyectar en la conciencia nacional mejicana un obstáculo grave a la vida y salud de su propia naturaleza; una profunda y gravísima mentira; algo como si un hombre, por lo demás sano, llevara un hueso fósil en el estómago. De ahí la índole ficticia de casi toda la vida de la nación mejicana, país donde nada parece lo que es y donde nada es lo que parece. La mentira de Cuautemoc fluye por todo el organismo nacional y lo desvía de su ser natural. La consecuencia es grave. Méjico y los mejicanos carecen de espontaneidad.

Importa, pues, preguntarse por qué, cómo ha sido posible tamaña aberración. Quiso la suerte que, llegado aquí en mis pesquisas, me viniera a las manos un librito, chico por el tamaño, grande por la sustancia y los errores. Se llama *Posdata* y lo firma Octavio Paz. La mera perfección de su estilo, lenguaje castellano noble a fuer de sencillo, claro, sereno y denso aunque ágil, bastaría para justificar a Hernán Cortés. En este librito, Octavio Paz se propone investigar precisamente el porqué y cómo de la mentira institucionalizada que para él es el Méjico actual. No voy a hacer una reseña de esta obra, debida a uno de los ingenios más preclaros de la cultura hispánica, ni a aludir a tal o cual punto de vista sobre el cual discrepo del autor. Voy sólo a referirme a lo que concierne a mi propia meditación tal y como la voy pergeñando.

Penetrante y honrado, Octavio Paz va derecho «al bulto» y centra el problema en seguida; y de modo tan claro y certero que el lector se dice: he aquí la luz, al fin. Pero a medida que avanza en la lectura, sorprende al lector la tendencia de este investigador del Méjico de hoy a ocuparse mucho del Anáhuac precortesiano, poco de la conquista y casi nada de lo que pasó después. La conclusión se impone: Octavio Paz también *cuautemoquiza,* aunque a veces parece reprochar a otros el hacerlo. Se da en él cierta inhibición que le impide apoyarse en fuentes españolas y aun estudiarlas. Y así llega —él, escritor de primera categoría en castellano— a cometer esa tremenda cursilería de llamar a Hispanoamérica, América Latina.

En otro menos autorizado, el error queda y pasa. Pero el error en los elegidos es fatal: y, en efecto, el ensayo, que comenzó tan claro, transparente, luminoso, pronto se oscurece y embrolla hasta terminar por despeñarse por un precipicio de incoherencias. «Hay un hecho que posee una significación particular y en el cual, que yo sepa, nadie ha reparado: la capital ha dado un nombre al país. Es algo extraño. [...] La extrañez del caso mexicano aumenta si se recuerda que para los pueblos que componían el mundo prehispánico el nombre de México-Tenochtitlán evocaba la idea de la dominación azteca. Mejor dicho: la realidad terrible de esa dominación. Haber llamado al país entero con el nombre de la ciudad de sus opresores es una de las claves de la historia de México, la historia no escrita y nunca dicha. La fascinación que han ejercido los aztecas ha sido tal que ni siquiera sus vencedores, los españoles, escaparon de ella: cuando Cortés decidió que la capital del nuevo reino se edificaría sobre las ruinas de México-Tenochtitlán, se convirtió en el heredero y sucesor de los aztecas.»

Todo fantasmagoría (con el mayor respeto sea dicho). Dar al reino el nombre de la capital ha sido en todo tiempo costumbre inveterada de España, asentada en otra costumbre: la de dar al municipio de la capital carácter representativo de toda la provincia o reino. Así hubo en España los reinos de León, Toledo, Valencia, Sevilla, Jaén, Murcia y tantos otros, y en América, el de Quito. Cortés siguió la costumbre española por carecer el país de nombre colectivo, como no fuera Nueva España; pero de ningún modo por fascinación de lo azteca. Y el que lo hiciera sin preocuparse de los recuerdos de la dominación azteca no prueba que esta fascinación hubiera bastado para superar el horror de los pueblos indios de Méjico al recuerdo de la dominación azteca, sino todo lo contrario: que bajo el régimen español fue cayendo en el

La iglesia de San Francisco, en Quito,
uno de los grandes tesoros artísticos
que España dejó en América.

olvido tal pesadilla; porque los tres siglos de régimen español fueron los más prósperos y felices, y (por extraño que parezca) los más «sociales», que ha conocido Méjico.

Así desviado de la realidad, Octavio Paz establece en una página notable de su opúsculo una continuidad entre el mundo de Cuautemoc y el de Calles, Alamán y *tutti quanti*: «Del mismo modo que la Roma cristiana prolongaba, rectificándola, a la Roma pagana, la nueva ciudad de Méjico era la continuación, la rectificación y, finalmente, la afirmación de la metrópoli azteca. La Independencia no alteró radicalmente esta concepción: se consideró que la colonia española había sido una *interrupción* de la historia de México y que, al liberarse de la dominación europea, la nación restablecía sus libertades y reanudaba su tradición. Esta ficción histórico-jurídica consagraba la legitimidad de la dominación azteca.» Ergo, Cuautemoc. ¿Quién escribe estas palabras? Ningún Pitalpitoque, tratando de expresar como puede, en un lenguaje extraño para su espíritu, sus lucubraciones de indio cristianizado aprisa por algún fraile distraído; sino un hombre que se llama Octavio Paz, y que escribe un castellano espléndido que debe claro está a su don natural, pero también a Hernán Cortés. ¿Y qué escribe? Que la colonia —¿qué colonia?— española —o sea, él mismo que la lleva dentro— se consideró como una mera interrupción de la historia de Méjico, como si esa «interrupción» no hubiera transfigurado a Méjico en su vera esencia, vertiendo en sus venas toneladas de sangre española y siglos de cultura europea, y que «al liberarse de la dominación europea la nación» —¿qué nación?— «restablecía sus libertades» —¡qué libertades!—. Antes de Cortés, en lo que *hoy,* gracias a Cortés, llamamos Méjico, no había ni nación ni libertades. Y ¿quién va a creer que Iturbide, Hidalgo, Morelos y Juárez dieron en su vida la milésima parte de su pensamiento a la culpa que los aztecas sentían (¿la sentían?) por la crueldad de su dominio sobre las demás tribus?, ¿o que se echaron al campo para cerrar la interrupción europea y volver a Cuautemoc? Ni vale salvarse diciendo que todo esto era una ficción histórico-jurídica porque Octavio Paz, *de hecho,* luego la hace suya.

Con todo el respeto, toda la admiración que me inspira Octavio Paz, declaro que esta página es otra fantasmagoría. En los tres siglos de régimen español, no de *colonia* como él dice, sino de reino de Nueva España, Méjico, todo él, el de los de arriba y el de los de abajo, vive una vida que en nada tiene que ver con la pirámide y los sacrificios humanos, una vida regida, inspirada, normalizada por reglas y formas europeas; en otras palabras, no vive a lo Cuautemoc sino a lo Cortés, que es como vive hoy. Porque el Méjico de hoy ha vivido a Cortés y desde entonces es otro, irreversible al de antes; y la «interrupción» no es tal sino transfiguración. Y entre los días que lo han transfigurado cuenta como el que más aquel en que Cortés, al saber que los doce apóstoles que habían venido de Castilla a petición suya para enseñar cristianismo a los indios se acercaban a la capital después de haber subido a pie desde Veracruz pidiendo limosna de aquellos indios que sólo conocían a los españoles conquistadores, Cortés, digo, sale a su encuentro con un brillante escuadrón de capitanes, cascos de oro, espadas de acero, espuelas y estribos de plata, caparazones de damasco, tapiz de ensueño de aquella caballería de *teules,* y ante miles de indios que lo veían con ojos incrédulos aquel dios conquistador se apea de su caballo y besa el borde del hábito del prior. Aquel día Cortés afirmó ante el Nuevo Mundo entero la supremacía de lo espiritual sobre lo temporal. Y ésta es escena que sólo un español y grande como él, pudo imaginar y vivir. Ésta fue la verdadera fundación de Méjico.

Éste es el Méjico que creó Cortés. Y los mejicanos que hoy luchan, como lo hace Octavio Paz, porque domine más claramente el poder del espíritu en el Méjico de hoy, luchan porque lleve en las venas no la sangre de Cuautemoc, sino la de Cortés; porque Cortés les dice que el poder del espíritu debe pasar antes que el poder de la materia, e inspirarlo; y son, pues, hijos de Cortés aun los que no lo saben, aun los que no lo quieren.

Lo ocurrido para que Cuautemoc volviera no a regir sino a resurgir en la imaginación y en los sentimientos de la mayoría de los mejicanos de hoy que saben leer, es mucho más sencillo y mucho más triste que lo que Octavio Paz propugna. Lo ocurrido es algo que en nada singulariza a Méjico entre las naciones desgajadas del Imperio español. Al ir a la Independencia hubo que marcar a hierro como enemigo todo lo español; hubo que denigrar a España. Con ayuda de los países entonces en plena expansión —Inglaterra, Estados Unidos, Francia, Holanda— fue cosa fácil. Como estos países iban a lo suyo, que era hacer a los reinos españoles de Ultramar independientes de España para someterlos a dependencia económica de ellos, aquellos reinos perdieron de vista las onzas de oro mejicanas y peruanas, las sedas y los cueros, que, como atestigua el inglés Gage, hasta los artesanos vestían y calzaban; y conocieron la calderilla, el algodón, la alpargata y la ruana. Tanto más necesario fue conservar vivo el antihispanismo entre ellos. Esto se intentó y consiguió ensalzando a Cuautemoc y rebajando a Cortés; sobre todo por medio de la escuela y de sus libros de texto. Donde se tuerce la realidad de verdad del mejicano no es porque tire de él un misterioso hilo de continuidad con el Uei Tlatoani (hilo que los frailes se encargaron de cortar), sino por una enseñanza orientada de modo deliberado a la falsificación de la Conquista y del virreinato, tan lograda que sitúa al mejicano en oposición violenta contra un tercio, la mitad o dos tercios de su propia sangre.

Grave situación de que se sonríe el gringo. Cuando un eminente crítico de arte inglés dio cuenta en un gran diario londinense de su visita al Nuevo Museo de Antropología de Chapultepec, no dejó de subrayar los ojos azules y el pelo de oro de la señorita guía que le decía con dolor: «Ya ve lo que hicieron con nuestra cultura», y lo decía junto a unas piedras de sacrificio con su agujero para la sangre. Pero aquí se salva —casi— por su honradez intelectual el escritor de quien con dolor discrepo en otros casos, pero coincido en éste: «Los verdaderos herederos de los asesinos del mundo prehispánico no son los españoles peninsulares sino nosotros, los mexicanos que hablamos castellano, seamos criollos, mestizos o indios.» Dije que coincidía, pero ahora añado: no en todo. Coincido, y ya hace cerca de cuarenta años que vengo insistiendo en ello, en que los méritos y culpas de la conquista y civilización europea de Hispanoamérica corresponden mucho más a los hispanoamericanos que a los españoles, aunque discrepe en cuanto a llamar «asesinos del mundo prehispano» a quienes, como la Conquista lo demuestra, fueron nobles y dieron tanta sangre como tomaron y con menos crueldad, dicho sea en defensa de los antepasados de Octavio Paz. Difiero aún más en las consecuencias sicoanalíticas que Octavio Paz saca de su declaración y que vienen a constituir una tercera fantasmagoría, esta vez freudiana. Pero aplaudo el valor cívico de quien así sabe y osa expresar una verdad histórica.

Verdad. Verdad. Ésa es la clave, y no otra, de la historia de Méjico y de toda la historia. Verdad es Méjico y no México; verdad es Guajaca y no Oaxaca. Verdad es Cortés y Moctezuma pero no Cuautemoc. Verdad es Hispanoamérica y no América Latina. Y el que (como Octavio Paz lo hace con tanta honradez y gallardía) aspira a que Méjico llegue un día a expresar su verdad más honda, tendrá que comenzar por la verdad de la sangre. En la carne, español es Méjico por lo menos tanto como indio; mucho más que indio en el espíritu. Hora es de que deje de llamarse latinoamericano y de que deje de apartar la vista de Cortés; que mal se podrá encontrar a sí mismo quien evita mirar a su padre.

Autolatría

Hasta aquí, lo razonable ha sido pensar que si el pueblo hebreo fue el favorito de Jehová, hubo un tiempo en que el favorito de Dios Padre fue el pueblo español. Esta idea, raíz de idea, sombra, recuerdo, conciencia heredada de idea, que el pueblo español era el elegido de Dios, puede haber sido transferencia del fondo hebreo que el pueblo español fue adquiriendo durante su convivencia multisecular con el de Israel. Eco sin duda de tan antigua y potente convicción parece que se vislumbra en la famosa página de la *Crónica de España* «que mandó componer» Alfonso el Sabio.

E cada una tierra de las del mundo et a cada prouincia onrro Dios en sennas guisas, et dio su don; mas entre todas las tierras que ell onrro mas, Espanna la de occidente fue; ca a esta abasto el de toda aquellas cosas que omne suel cobdiciar. Ca desde que los godos andidieron por las tierras de una part et de la otra prouandolas por guerras et por batallas et conquiriendo muchos logares en las prouincias de Asia et de Europa, assi como dixiemos, prouando muchas moradas en cada logar et catando bien et escogiendo entre todas las tierras el mas prouechoso logar, fallaron que Espanna era el meior de todos, et muchol preciaron mas que a ninguno de los otros, ca entre todas las tierras del mundo Espanna a estremança de abondamiento et de bondad mas que en otra tierra ninguna...

Espanna es abondada de miesses, deleytosa de fructas, viciosa de pescados, sabrosa de leche et de todas las cosas que se della fazen; lena de uenados et de caça, cubierta de ganados, loçana de cauallos, prouechosa de mulos, segura et bastida de castiellos, alegre por bueno uinos, ffolgada de abondamiento de pan; rica de metales, de plomo, de estanno, de argent uiuo, de fierro, de arambre, de pluta, de oro, de piedras preciosas, de toda manera de piedra marmol, de sales de mar et de salinas de tierra et de sal en pennas, et otros mineros muchos: azul, almagra, greda, alumbre et otros muchos de quantos se fallan en otras tierras; briosa de sirgo et de quanto se faze del, dulce de miel et de açucar, alumbrada de cera, complida de olio, alegre de açafran.

Espanna sobre todas es engennosa, atreuuda et mucho esforçada en lid, ligera en affan, leal al sennor, affincada en estudio, palaciana en palabra, complida de todo bien; non a tierra en el mundo que la semeie en abondança, nin se eguale ninguna a ella en fortaleças et pocas a en el mundo tan grandes como ella. Espanna sobre todas es adelantada en grandez et mas que todas preciada por lealtad. ¡Ay Espanna! non a lengua nin engenno que pueda contar tu bien...

Pues este regno tan noble, tan rico, tan poderoso, tan onrrado, fue derramado et astragado en una arremessa por desabenencia de los de la tierra que tornaron sus espadas en si mismos unos contra otros, assi como si les minguassen enemigos; et perdieron y todos, ca todas las cibdades de Espanna fueron presas de los moros et crebantadas et destroydas de mano de sus enemigos.

Ésta es la perspectiva en la que hay que ver la hazaña de Colón. Mírese como se quiera, el descubrimiento de América ha sido la obra magna de la historia humana; y si se quiere erigir en su rival la arribada de los usianos a la Luna, acepto el reto para ganarlo, según consta en la «ilustración» que sobre ello reproduzco más adelante.

Lo que pasó en aquel momento dramático en la historia de la humanidad fue que para Dios-Padre y todos sus consejeros se presentaban dos cauces de acción en que lanzar la enorme energía acumulada por los españoles, súbitamente golpeando contra un dique magno al rendirse en Granada el adversario multisecular: ¿qué inundar con aquella vida palpitante? ¿Toda el África mediterránea, o aquel continente cuya mera existencia seguía siendo un secreto para los demás habitantes de la tierra?

Era notorio que la cristianización definitiva e irrevocable del África mediterránea no la podrían hacer más que los españoles; no sólo porque se hallaban ya en Gibraltar, sino porque sólo ellos poseían (si bien de modo inconsciente) el secreto de las conversiones irreversibles, que es la adhesión a un dogma superior a toda lógica u otra forma de contabilidad verbal. Pues ¿qué otra cosa es la lógica que mera teneduría de libros conceptuales? Ahora bien, los españoles habían demostrado su adhesión hasta heroica al dogma de la divinidad de Jesucristo: de modo que su éxito en la cristianización de África era seguro.

Y, sin embargo, pese a que de no hacerlo ellos ningún otro país europeo lograría llevarlo a cabo, el Todopoderoso decidió renunciar a tan

**El Omnipotente hizo que gobernase España una sin igual pareja
de reyes: él, de lo más realista y astuto que jamás se vio
en Europa; ella, pletórica de buen sentido femenino para los días
de trabajo, pero florecida en los de fiesta de un ramillo de locura.**

**Cuando Fernando rechazó a Colón por lunático, Isabel lo apoyó, precisamente
porque lo era.** («Colón ante Isabel la Católica», por E. Llorens.)

Cuando en ancas de mi potro
te llevo yo a pasear,
todas las mozas del barrio
se paran para mirar.
Porque tengo unas patillas,
¡qué patillas, puñalá!
como no la' ha visto naide
ende Jesucristo acá.

Popular

hermosa perspectiva imponiendo a los españoles aquella torsión violenta de su destino, que los lanzaba no ahí enfrente donde las mezquitas son, sino más allá del fin del mundo donde nadie ha estado jamás ni es seguro que jamás nadie llegue. Y como la idea era descabellada, el Omnipotente hizo que gobernase España una sin igual pareja de reyes: él, de lo más realista y astuto que jamás se vio en Europa; ella, pletórica de buen sentido femenino para los días de trabajo, pero florecida en los de fiesta de un ramillo de locura que había heredado de su madre y pasado a su hija; de modo que cuando Fernando rechazó a Colón por lunático, Isabel lo apoyó, precisamente porque lo era, prueba final, si necesario fuere, de que el Señor se daba perfecta cuenta de dónde le apretaba el casco al pueblo que había escogido para sus altas empresas históricas.

Lo más maravilloso del caso es que todas estas actividades y excursiones allende la linde lógica obedecen, sin embargo, en su propia estructura, a una lógica tan impecable. La idea de escoger a un hebreo loco vuelto cristiano para dirigir la empresa más disparatada de la historia no puede ser más lógica en sí; de modo que cuando, en uno de sus viajes, se vio Colón en Jamaica abandonado (a lo que él creía) hasta por Dios, concibió aquel magno proyecto de rescatar a Jerusalén de los infieles, proyecto que todavía vive y bulle en modernos cerebros, porque hay tantos colores de infieles que siempre hay y habrá que rescatar a Jerusalén sea de quien sea.

Claro que por muy alta que sea una empresa, en cuanto se le confía a un ser humano, por loco que esté, como lo estaba Colón, se empaña y aun empuerca al contacto con las flaquezas y bajezas de nuestra especie, sobre todo si se atiene a los dictados de la razón. Colón se empeñó en hacer esclavos de los indígenas del Nuevo Mundo y la reina Isabel, ateniéndose a su propio ramo de locura, se lo prohibió. Colón pensaba en comerciante. No en vano se había asegurado el diez por ciento de todas las transacciones de los «nuevos reinos» para acumular el oro que necesitaba para las espuelas. Pero los españoles no pensaban así. Para ellos, la conquista del Nuevo Mundo era una continuación de la Reconquista, la cual consistía en quitarle a los moros de allende el cerro por lo menos tanta tierra de labrantío como sus padres les habían quitado aquende; y, claro es, en hacer que los moros vencidos por cada cual labrasen la nueva como los que vencieron sus padres todavía labraban la suya.

En estas cogitaciones no entraba para nada la divinidad de Jesucristo, al menos de un modo explícito; aunque sí su negación porque formaba parte de las herejías que justificaban la expulsión del moro de sus suculentas fincas, por lo cual cabe asegurar que la fe en la divinidad de

Jesucristo fue uno de los motivos que sostuvieron la energía de la Reconquista, mal que le plazca a Marx.

La conquista vino a ser un trasunto de la Reconquista. Ya no quedaban cerros en España, ni, por consiguiente, tierras allende el cerro, que no estuviesen en manos cristianas, gracias a Dios; de modo que la hazaña de las tres carabelas era clara señal de que Dios reservaba a los españoles cerros sin fin, tierras, y, sobre todo, ya que no moros, por lo menos indios que las cultivaran; por lo cual, los españoles conquistadores-pobladores veían con muy malos ojos que Colón se propusiera vender en Europa aquella mano de obra en que habían puesto buena parte de su esperanza.

Porque la Reconquista había ido creando en España una clase de gente hecha a mandar, pero no a trabajar. La lucha sí, y tan penosa como se quiera. *Pasar trabajos, sí. Pero no hacerlos.* Está en la ley del poblador, nombre que ya en sí sugiere que los trabajos de la procreación tampoco arredraban al español castizo. Todo esto se ha involucrado con la pereza y otros vicios negativos, sin echar de ver que los españoles no habrían podido llevar a cabo todo lo que hicieron sin pasar trabajos descomunales. ¡Qué pereza ni qué niño muerto! Lucha viva. Reconquista, pero señorío.

¡Señorío! ¿Por qué misteriosos caminos vamos a dar a esta palabra que debiera significar la soberanía de Dios, que es el único Señor que de veras hay! Más no. Los españoles llamaban señorío a su propia soberanía. Y aquí se inicia quizá el enfriamiento que va alejando al Señor del pueblo que hasta entonces había sido su favorito.

Este enfriamiento no es cosa segura, científicamente demostrada con un calorímetro. No pasa de una hipótesis. Los españoles, hasta entonces, habían sabido aliar el señorío con la sencillez. Todavía la reina Isabel incitaba a un visitante a que se quedara a almorzar con ella y su regio marido tentándole con que había pollo asado; y al prior Talavera, su confesor, le procura convencer de que, reina y todo, sólo poseía seis vestidos.

La ostentación y los placeres de la mesa vinieron a España con Felipe el Hermoso y su vástago imperial, ambos comilones y bebelones, y nada dormilones en cuanto a tenerse despiertos para otras actividades talámicas. Los españoles tendrán y seguirán teniendo su ramo de locura, pero siempre tuvieron —y aun entonces guardaron— un ramo de austeridad. Lo que pasó en las reconditeces de su alma con el Imperio que el Todopoderoso les otorgó como premio a la conquista de América es harto sutil, demasiado sutil para que lo comprendiesen los malévolos holandeses o los ingleses envidiosos. Sólo lo comprendieron los agudos franceses; pero, como agudos que eran, no lo revelaron jamás. Se les ha acusado de tantas cosas que no cometieron... Aún siguen escribiendo los roepapeles de California que bajo el régimen español quedó despoblado Méjico, como si no bastara ver lo que aún hoy hay en Méjico y lo que había de gente de todos los matices desde Cuautemoc hasta el pelirrojo Alvarado para probarles que no saben dónde se andan. Todavía bullen por esas universidades contadores jurados y ensayadores sacándoles la cuenta del oro y la plata que vino a España, cuando todo el mundo sabe que esos metales, tan codiciados por los españoles como depreciados y desdeñados por los demás europeos, iban siempre a parar a Amsterdam, salvo los que iban a parar a Rotterdam o Amberes. Todo esto no pasó más que en la imaginación de los enemigos de España, y si hubiera pasado en la realidad le hubiera tenido sin cuidado a Dios.

Concedo que es cosa por demás ardua el interpretar el augusto silencio. El único lenguaje divino es el de los sucesos; pero cuál sea su recta interpretación es ya harina de otro costal. El error de los españoles se explica perfectamente. Del descubrimiento de América a la abdicación de Carlos V, pasan del provincialismo más provinciano de toda la cristiandad a la cúspide del poder humano en la tierra. El Todopoderoso depositaba en sus manos cetro tras cetro, corona tras corona, ínsula tras ínsula, continente tras continente. Muere el emperador, pero poco después el Omnipotente les regala Portugal y su imperio.

¿Adónde queda el oro de Potosí al lado de tanta majestad? El gran pecado de los españoles no fue ni la crueldad ni la codicia, sombras de su carácter que, al lado de lo que han sido en otros pueblos, cuentan poco; el pecado de los españoles fue la *autolatría*. Pecado, como vamos a ver, en estrecha relación con la fe en la divinidad de Jesucristo.

La primera fase de este mal abominable —verdadero cáncer del espíritu— es una identificación del rey de la tierra con el rey del cielo. Partimos de que de toda la Trinidad, la persona más cercana al español es Jesucristo; porque es el que muere por nosotros y nos salva. Por eso es tan importante para nosotros que Cristo sea Dios, y no meramente Hijo de Dios, sino Dios eterno desde siempre; que si no, mal puede haber salvado a toda la humanidad.

Consecuencia de este modo no ya de pensar sino de sentir, el Todopoderoso es el Dios-Padre de todos, y no sólo de Jesucristo —de donde la hermandad de los cristianos—. Pero esta estructura celeste nos sirve de modelo para nuestra estructura terrestre, de modo que los españoles conciben la nación como una monarquía en la que el rey es la imagen de Dios en la tierra.

Este modo de sentir la monarquía es incompatible con el absolutismo, porque el rey sólo lo es si puede seguir siendo la imagen de Dios; pero también es incompatible con todo lo que se parezca o huela a Constitución, porque eso es cosa de leguleyos pero no de teólogos, y me quedo corto.

Así que los españoles tuvieron que imaginar un sistema político que armonizase con su idea básica: la divinidad de Jesucristo antes, en y después del Parto; lo que hicieron sentando que la soberanía residía en Dios, el cual la otorgaba al pueblo, quien a su vez la depositaba en el rey... mientras la mereciera. La responsabilidad del rey era, pues, enorme: de él dependía seguir mereciendo o no encarnar la imagen de Dios.

Es evidente que, en esta ingeniosa interpretación de la monarquía, le quedaba todavía al pueblo un papel formidable que desempeñar. A él correspondía velar por que la conducta del rey no fuera nunca indigna de la divina delegación que él, el pueblo, le había otorgado. Ya sabemos lo que pasó. El pueblo español, una vez delegados sus poderes en el monarca, se dedicó a vivir a sus anchas o estrechas según la estación de cada cual; y permitió que los reyes fueran poco a poco corroyendo sus instituciones. Ahora bien, las instituciones son los miembros y las vísceras que hacen de una masa inerte un pueblo organizado y una nación consciente; de modo que, cuando los españoles permitieron que Carlos V decapitase las Cortes, es vehemente tentación imaginar que el Señor debió de pensar: «Si lo llego a saber a tiempo...»

Porque sí, todo esto ocurría por la excesiva confianza de los españoles en la virtud intrínseca de la divinidad de Jesucristo; pero, en fin, no hay que exagerar nada, ni aun la virtud de un monarca para hacer las veces de Dios; y no deja de tener sus bemoles y aun sus sostenidos que el nervio y alma de los comuneros hayan sido los conversos, gentes no precisamente propensas a exagerar la fe en la divinidad de Jesucristo.

Dios, si intentamos vislumbrar Sus intenciones por Sus hechos, hizo todo lo que pudo para demostrar a los españoles que no se podían fiar de hombre alguno para representarlo en la tierra. A Carlos V dio por sucesor Felipe II, rey que en dignidad y grandeza de pensamiento no desmerecía tanto de su imperial padre, pero que, en punto a divinidad, todavía rayaba a menos altura. Y como si tuviera prisa de darles a los españoles una primera demostración, el Todopoderoso dio por presunto sucesor al gran Felipe el Prudente, aquel desdichado Carlos que tan corta, menguada y triste vida iba a desgranar sobre la cumbre.

Tremenda lección para el pueblo que había osado tomar por costumbre que al rey se le hablase de rodillas, borrando así la distancia vertical incalculable que separa todo lo humano (incluso lo regio) de lo divino. A este pueblo, en el ápice de su poder, cuando equiparaba a su rey con Dios y a sí mismo con su rey, dio Dios por heredero aquel don Carlos, tan incapaz de gobernar no ya el mayor imperio que vieron los siglos,

Del descubrimiento de América a la abdicación de Carlos V, pasan [los españoles] del provincialismo más provinciano de toda la cristiandad a la cúspide del poder humano en la tierra. («Carlos V», obra de Tiziano.)

A este pueblo, en el ápice de su poder, cuando equiparaba a su rey con Dios y a sí mismo con su rey, dio Dios por heredero aquel don Carlos, tan incapaz de gobernar no ya el mayor imperio que vieron los siglos, sino una mediana finca de recreo. (Obra de Sánchez Coello.)

sino una mediana finca de recreo, que su mismo padre lo hizo juzgar y ejecutar en secreto para salvar a España y su imperio.

Trágica hasta lo indecible para el padre, todavía más para el hijo, en sus sendas situaciones públicas, la tragedia de ambos toma matices todavía más hondos y sombríos en su condición de seres humanos. *Son todos jóvenes.* Felipe II vive aquella tragedia a los 37 años; su hermana Juana, a los 29; la reina Isabel a los 18; y la víctima, por Dios escogida, el infeliz Príncipe de Asturias, a los 19.

Esta tragedia de tensión casi inhumana me ha ocupado el ánimo años enteros. A ella he dedicado una obra que todavía no ha logrado llegar a las tablas por causas que no hacen al caso; pero en la que he intentado explorar el porqué del porqué de las rarezas, desviaciones, faltas de juicio del pobrecito aprendiz de rey, subaprendiz de Dios. Daré aquí dos de sus monólogos que me parecen expresar bien lo que su corta vida y triste muerte significaron para él.

> *Oh triste humanidad, monstruos, enanos,*
> *Tullidos, jorobetas y gibosos,*
> *Cojos y mancos, ciegos legañosos,*
> *Medio-hombres que arrastráis cintura y manos*
> *Junto a los pies de los demás humanos,*
> *Bracisecos llagados y leprosos*
> *Carcomidos, oh cuerpos lastimosos,*
> *Almas torcidas, monstruos... mis hermanos.*
> *Que entre las sombras de la muchedumbre*
> *Devoráis la amargura y pesadumbre*
> *De vuestro vergonzoso cautiverio,*
> *Bajo el sol imperial, para que alumbre*
> *Mi pena y mi vergüenza, aquí en la cumbre,*
> *Conmigo reinaréis sobre este Imperio.*

*   *   *

> *¡Aquí arrastrando por la dura tierra!...*
> *Maltrecho el corazón, rota la suerte,*
> *Perdida el ansia y el deseo inerte*
> *¡Aquí arrastrando por la dura tierra!*
> *Abre el día ante ti, la noche cierra*
> *El teatro del mundo y de la muerte,*
> *Tragicomedia para entretenerte*
> *¡Aquí arrastrando por la dura tierra!*
> *Pero estrella, mujer, perla, aventura,*
> *Obra, noble ambición, victoria, mando,*

Otrora ensueños, goces y placeres,
Muertos, aquí arrastrando por la dura
Tierra contigo van, aquí arrastrando
¡Por esta dura tierra en que te mueres!...

Y el vasto cielo, oh Dios, y el vasto cielo
Oh Dios, tan puro y tan indiferente,
Tan por encima de la pobre gente
Que gusanea en el oscuro suelo
De la carne, ¿no sufre del anhelo
De los hombres por él, del alma ardiente
Sumida en esta charca pestilente
De la materia, oh Dios, y el vasto Cielo
No sufre de ser puro y tan hermoso?
En la paz transparente de su esencia,
¿No sufre de su propia indiferencia
Para con este hermano tenebroso
Que gusanea por el suelo oscuro
Bajo este vasto cielo, oh Dios, tan puro?...

Aquella alma torturada, atormentada, humillada, murió a los 19 años para salvar a España, por decisión de su padre, Felipe II; el cual no fue, al tomar sobre sí tan espantosa responsabilidad, el tirano caníbal de almas que pintaban Guillermo el Taciturno y los charlatanes que le siguieron y siguen; sino un hombre de Estado sensible y aun tierno bajo el hielo de su disciplina, que debió de sufrir indeciblemente y sin sombra de hipocresía para obligarse a tomar tamaña decisión, para él natural si para nosotros espantosa.

Todo venía, sin embargo, decretado de más arriba. El pueblo fiel a la divinidad de Jesucristo no se había revelado capaz de vivir a la altura que tal fidelidad exigía. El Omnipotente siguió dándole de cuando en cuando una dolorosa lección, para hacerle comprender la distancia infinita que separa la divinidad de la realeza; y el primer caso que se ofreció fue la misma muerte lenta e inhumana de Felipe II, inmerso en sus excrementos. Y luego el del propio Felipe III, que heredó lo que el príncipe Carlos había soñado regir.

Felipe III no tenía ni virtudes ni defectos. Fue un buen rey, razonable, ni débil ni fuerte, ni bélico ni resignado, ni inteligente ni tonto, buen padre y buen procreador. Mas para cualquier español era evidente que, como encarnación de Dios en la tierra, le faltaba estatura, ya que ni la tenía a la medida del inmenso Imperio hispano íntegro, es decir, junto con el Imperio portugués, que le había confiado el Creador.

No parecía impresionar este contraste a ninguno de sus fieles súbdi-

PADRENUESTRO DE QUEVEDO

Padre Nuestro y Señor, rey Don Felipe,
tercero en nombre y en el trono cero,
que en los Cielos estás, a lo que infiero,
pues dejas que otro tu caudal disipe:

no es justo que tu pueblo se destripe
sudando el quilo por juntar dinero
para que tanto vago y majadero
engorde y crezca y, regoldando, hipe.

Santificado ser puede el tu nombre
si nos libras de orugas y lagartos
que al venga-a-nos-tu-reino rinden culto.

Sea tal tu voluntad que hundiendo asombre
a los que así en la tierra viven hartos
como en el Cielo son del Cielo insulto.

tos. Para los españoles de la época carlo-filipina, que ocupa exactamente doscientos años de su historia y precisamente de 1500 a 1700, España parece haber consistido siempre en el imperio del primer Carlos, iluminado con la majestad de la primacía política y de la religiosidad del emperador. Lo demás, las constantes malas nuevas que solían traer los correos, eran tan sólo a sus ojos percances y sombras en un cuadro general invariable y establecido por la tradición. Uno de los signos exteriores de esta convicción soterraña que resistía con tesón todo intento de derrotismo fue la famosa querella de las preeminencias, que en todas las cortes europeas era el quebradero de cabeza de las cancillerías: «¿quién tenía precedencia, el embajador de España o el de Francia?» Por increíble que parezca, esta cuestión de pura forma estuvo enconando las relaciones de España con Francia y las de ambas con todas las demás naciones durante lo menos un siglo.

Durante el reinado de Felipe III, esta querella dio lugar a un incidente que relata lord Herbert, embajador inglés en París cuando Gondomar lo era en Londres. El rey había mandado a Venecia un embajador especial para resolver cierto asunto: a su regreso, el embajador declaró a Felipe III que no se había podido negociar porque Venecia se había negado a conceder al embajador de España la precedencia sobre el de Francia. «¿Y venís a decirme que se ha dejado incumplida vuestra misión sobre un asunto grave, todo por una mera ceremonia?» A lo que el embajador contestó: «¿Y qué es Vuestra Majestad sino una ceremonia?»

Respuesta aguda, pero aún más reveladora. Los españoles habían ido poco a poco cuajando en una inmensa ceremonia. Ambos, el embajador como el monarca, tenían razón, su razón cada cual. Encarnaban el contraste entre los conceptos de fachada y fondo, que en realidad son mucho menos opuestos de lo que parece. Sin fachada no puede haber fondo; pero ¿sin fondo puede haber fachada? A veces sí. Cuando el cuerpo del edificio se va vaciando de su contenido, peso y sustancia, queda la fachada sola como una mera decoración de teatro. El embajador se acercó mucho, en verdad, a insinuar que la monarquía española era una mera fachada sin fondo. No es probable que lo pensara todavía. Pero lo peor es que ya iba camino de ello aquella fachada mundial que era el Imperio hispano.

Camino de ello iba ya sin que se diesen cuenta los mismos españoles. No se daban cuenta porque sus pensamientos se mantenían en las alturas teológicas en parte por predisposición natural, en parte por la presencia entre ellos de judíos y moriscos, es decir de gentes que, conversas o no, seguían reacias a toda idea de divinidad en Jesucristo; y esta misma alta calidad del tema de su pensamiento incitaba a los españoles a verse muy ingenuamente como el pueblo escogido, el único capaz de someter el mundo a una fe, un imperio y una espada.

Tan seguros estaban en su autolatría, que ni la buena fe con que Felipe III encarnaba su mediocridad lograba convencerlos; razón por la cual, sin duda, les otorgó el Todopoderoso a Felipe IV, el cual poseía en alto grado cualidades y defectos de que su padre carecía. Era buen mozo, vivo y aun vivaz, poeta, amigo del arte, dado a gozar de todos los sentidos y facultades del cuerpo y del alma, y tan buen procreador que, casado antes de los 16 años, comenzó a tener hijos en cuanto le permitieron acercarse a su mujer.

Al principio, todos estos vástagos regios se morían a las pocas horas, días, semanas o meses de nacer. Cuando Baltasar Carlos, al fin, no se murió en la niñez ¡qué alegría en palacio y en el reino! Aquel muchacho iba a probar al mundo lo que era bueno. Austria por el padre, Borbón por la madre, había que verle el rostro, el gesto, la vida que aún vibra en los retratos que de él pintó Velázquez.

A los dieciséis años, a la edad en que su padre comenzaba a procrear, se lo llevó la muerte. Y todavía dicen que Dios no dice nunca nada. Pero ¿es que esta muerte del único Austria de talla imperial no es nada? ¿No repite el mismo pensamiento que inspiraba aquellas tres muertes hispano-portuguesas que habían hecho emigrar la Corona de España desde los reyes católicos de Castilla-Aragón-Cataluña a Carlos de Flandes-Borgoña? «Ya os lo dije tantas veces. Os di a Felipe II después de Carlos I... y nada. Os di al pobrecito Carlos, y nada. Os di a Felipe III, y nada. Lleváis ya años y años de Felipe IV, y nada. Seguís pensando que sólo Madrid es corte. Pues ahí lo tenéis. Muerto. Sólo os queda por ahora Felipe IV y luego ya veremos.»

Tengo a la vista la tercera edición de *Sólo Madrid es Corte* y el *Cortesano en Madrid*, publicada en 1675 por don Alonso Núñez de Castro, Coronista de su Majestad, dividida en cuatro libros. Y dice el coronista que *en el primero se discubren las ventajas que Madrid, ya en cuanto Población, ya en cuanto Corte, haze a las demás del Orbe*. Está impreso en 1675, es decir cuando ya hacía diez años que regía el Imperio el pobrecito Carlos II y España no era ya ni la sombra de sí misma; pero su autor, en efecto *coronista* más que cronista de su Majestad, no corrige nada de lo que había escrito en tiempos de Felipe IV, y ostenta su autolatría en las 549 páginas de su libro singular.

Habría que citarlo entero para dar en todo su empaque y tiesura la impresión de vanidad del criterio que lo domina. Habrán de servir cortas calas de sus sabrosas páginas.

Tiene la Villa de Madrid quatrocientas calles, diez y seis Plaças, diez y seis mil Casas, en que tendrán vivienda más de sesenta mil vezinos, treze Parroquias, treinta Conventos de Religiosos, veinte y seis Monasterios de Monjas, veinte y quatro Hospitales, diferentes Hermitas, y Humilladeros... No. No podemos seguir citando sin comentar. Primero

Mientras tanto, en las naciones
rivales de España
laboraban Newton y Descartes.

Los españoles seguían adictos
a la dinastía que por una magia
inefable los emparentaba
con la divinidad por mediación
del rey y de Jesucristo.
(«La Trinidad», frontal del siglo XIV.)

tentación de Corte, lo que basta de Ciudadanos, sin que el exceso la haga peligrar por incomprehensible. Las ventajas, no sólo las hace Madrid en la cabeça, en los Grandes y Señores a las demás Cortes sino también en la gente llana y plebeya, pues son los espíritus tan hidalgos en la plebe que es menester nuevo reparo para no juzgar que todo Madrid se compone de señores.

Autolatría pura y sin tacha de modestia; y todo esto durante la minoría de Carlos II y en las postrimerías de Felipe IV. Este rey seguía procreando en casa y fuera de ella. Los de fuera vivían más, porque recibían el afluente de sangres plebeyas; pero los españoles seguían adictos a la dinastía que por una magia inefable los emparentaba con la divinidad por mediación del rey y de Jesucristo. Mientras tanto, en las naciones rivales de España laboraban Newton y Descartes.

Felipe IV fue el rey más gozador que ha tenido España. Ésta fue la forma de su grandeza; que para gozar tan buena proporción de la amplia gama de goces que se abre ante el alma del hombre no hay alma pequeña que baste. Inferior tan sólo a Carlos V en los goces de la acción, Felipe IV le rebasó en los del pensamiento y en los de la sensibilidad artística. A su vez el país le dio a Calderón y Quevedo y a Velázquez sin contar los últimos quince años del gran Lope. El Cielo fue generoso con él; cuando necesitó apoyo profundo, lo halló en sor María de Ágreda.

Pero sobre este rey tan favorecido en su ser personal, Dios hizo llover desdichas públicas cada vez más graves. Por mera costumbre, el mundo admiraba todavía en España la grandeza imperial. Sólo los observadores más agudos penetraban hasta las flaquezas que el fondo revelaba a quien lo sabía ver. Francia, dirigida por Richelieu (que maguer cardenal no perdió jamás el sueño sobre la divinidad de Jesucristo), fue poco a poco minando aquella grandeza (que todavía «espantaba» a Cervantes) hasta que Quevedo pudo escribir aquel tétrico soneto

> *Miré los muros de la patria mía*
> *un tiempo fuertes, hoy desmoronados...*

donde halla expresión el sentir que se iba abriendo camino en la minoría pensante de no ser oro todo lo que relucía.

Pero este sentir tenía que ir creando en España un estado de ánimo muy diferente del imperial que venía dando el tono desde los Reyes Católicos. Toda la estructura nacional estaba dominada por la monarquía española como imagen de la monarquía divina. De aquel ápice de la sociedad irradiaba la perfección divina como nobleza; de modo que la obligación del noble consistía en ser noble, siendo su servicio al rey no la causa sino la mera consecuencia de la nobleza. La identificación de la nobleza (estamento político-social) con la nobleza (alta calidad de la conducta) viene expresada del modo más terminante y espontáneo en el *Caballero de Olmedo*, de Lope. Alonso Manrique, el caballero de Olmedo, está diseñado por Lope como la encarnación de la nobleza: fuerte, valiente, triunfador en los torneos, en el rejonear de toros, y en el enamorar de la mujer que adora, servidor del rey, salvador de la vida de don Rodrigo, que lo odia por envidia, Alonso es la perfección de la nobleza que como rayo de luz emana de la realeza divina. Y cuando le sale al paso su propia sombra para avisarle de que se halla en peligro de muerte, ¿qué dice?

> *Mira que temer sin causa*
> *es de sujetos humildes.*
> *O embustes de Fabia son,*
> *que pretenden persuadirme*
> *porque no me vaya a Olmedo,*
> *sabiendo que es imposible.*
> *Siempre dice que me guarde,*
> *y siempre que no camine*
> *de noche, sin más razón*
> *de que la envidia me sigue.*
> *Pero ya no puede ser*
> *que don Rodrigo me envidie,*
> *pues hoy la vida me debe;*
> *que esta deuda no permite*
> *que un caballero tan noble*
> *en ningún tiempo la olvide.*
> *Antes pienso que ha de ser*
> *para que amistad confirme*
> *desde hoy conmigo en Medina;*
> *que la ingratitud no vive*
> *en buena sangre, que siempre*
> *entre villanos reside.*
> *En fin, es la quinta esencia*
> *de cuantas acciones viles*
> *tiene la bajeza humana,*
> *pagar mal quien bien recibe.*

Pero sus dos enemigos le aguardan en la sombra, y cuando al fin se encuentran, esto es lo que dice el «noble» noble y lo que dicen los «nobles» ¿qué?, pues *villanos,* es decir, fuera del cono de luz que emana de la divina realeza:

D. RODRIGO.	¿Quién va?
D. ALONSO.	Un hombre. ¿No me ven?
D. FERNANDO.	Deténgase.
D. ALONSO.	Caballeros,

si acaso necesidad
los fuerza a pasos como éstos,
desde aquí a mi casa hay poco:
no habré menester dineros;
que de día y en la calle
se los doy a cuantos veo
que me hacen honra en pedirlos.

D. RODRIGO.	Quítese las armas luego.
D. ALONSO.	¿para qué?
D. RODRIGO.	Para rendillas.
D. ALONSO.	¿Saben quién soy?
D. FERNANDO.	El de Olmedo,

El matador de los toros,
que viene arrogante y necio
a afrentar los de Medina,
el que deshonra a don Pedro
con alcahuetes infames.

D. ALONSO.   Si fuérades a lo menos
nobles vosotros, allá,
pues tuvistes tanto tiempo,
me hablárades, y no agora,
que solo a mi casa vuelvo.
Allá en las rejas adonde
dejastes la capa huyendo,
fuera bien, y no en cuadrilla
a media noche, soberbios.
pero confieso, villanos,
que la estimación os debo,
que aun siendo tantos, sois pocos.   (Riñen.)

D. RODRIGO.   Yo vengo a matar, no vengo
a desafíos; que entonces
te matara cuerpo a cuerpo.   (A Mendo.)
Tírale.   (Disparan dentro.)

D. ALONSO.   Traidores sois;
pero sin armas de fuego
no pudiérades matarme.
¡Jesús!   (Cae.)

D. FERNANDO.   ¡Bien lo has hecho, Mendo!
(Vanse don Rodrigo, don Fernando y su gente.)

La identificación de la nobleza (estamento político-social)
con la nobleza (alta calidad de la conducta) viene
expresada del modo más terminante y espontáneo
en el «Caballero de Olmedo» de Lope. (Obra de Eugenio Caxés.)

Menos de tres siglos después va a revivir esta escena u otra muy similar. Su hora le llegará en este rosario de recuerdos históricos y meditaciones; pero obsérvese ya cómo en esta obra notable de Lope queda bien definida la estructura del país sobre la base de la moral autolátrica del noble, a su vez apoyada en el concepto divino de la monarquía.

Contra esta monarquía, que los españoles, nobles y plebeyos, consideraban como un calco de la divina, contra esta monarquía iba a descargar sus más rudos golpes el Dios del Nuevo Testamento. Y no precisamente porque el pueblo escogido para el Descubrimiento hubiera fallado ya en valor ya en merecimientos religiosos; que, al fin y al cabo, una vez arrancada la hojarasca que cultivaron y cultivan los adversarios de España, y hecho valer las flaquezas humanas, en total, menos malparados salen los españoles que otros de la época del colonialismo; y vistas las cosas desde el punto de vista de la creación estética de la vida, salen mucho mejor, ya que toda la América española es un museo de obras de arte de inestimable valor.[1]

Pero el hecho es que durante la época imperial los reinados de Carlos I a Felipe IV, ambos inclusive, los autolátricos españoles vivieron en Europa como grandes señores, cabeza alta y voz fuerte; y que el Dios del Nuevo Testamento les tenía reservada para el siglo XX una emigración de cabeza baja y voz humilde.

Pronto empezó el calvario. Tan pronto, que los golpes más rudos los recibe el país cuando todavía se halla en su apogeo, a la cabeza de un Imperio hispanoportugués. Derrotados en Rocroy los fabulosos tercios españoles, rebeladas contra la monarquía Portugal, Cataluña y Andalucía, pasa España los últimos años de Felipe IV en las angustias de una verdadera muerte nacional.

La cual prolonga el extraño, el increíble reinado de Carlos II. Para hacer de este reinado lo que fue, había muerto Baltasar Carlos; como para hacer del de Carlos I lo que fue, había muerto el príncipe don Juan. ¡Qué asombrosa simetría, qué misteriosa, hasta en los nombres! ¿Quién no ve en tan ordenados movimientos la mano divina dirigida por la Divina Intención? No se hable de endogamia y de degeneración que son meras explicaciones de cómo funcionan las herramientas vitales. La dinastía tuvo dos príncipes modelos de inteligencia, uno el día antes de amanecer su esplendor, el hijo de Fernando V e Isabel I; y otro, el día antes del final de su esplendor, el hijo de Felipe IV y de Isabel de Borbón; y por haber muerto ambos en la flor de la edad, subieron al trono el gran emperador que la fundó e hizo universal y el pobre, desmedrado fantasma que contempló impotente desde su lecho de «hechizado» cómo la

1. A esta maravilla no hemos dado en España la importancia que se merece. Los franceses, sí. V. el libro de ARNAUD *L'art des conquistadors.*

282

despedazaban los españoles con la ávida colaboración de los extranjeros. Esto va de Carlos a Carlos.

Ya esto en sí hubiera sido para España y los españoles una indecible tragedia. Pero Dios decidió que aquella nación que había sido tan grande hacía tan poco tiempo, vegetara postrada, poco menos que inerte, ante una momia regia nada menos que durante casi cuarenta años.

Bien que los descendientes de los conquistadores de América y de los grandes militares que cruzaron Europa aguantaran el reinado mediocre de Felipe III y el frívolo e insuficiente de Felipe IV; inconsciente el uno, desgraciado y consciente el otro, de sus insuficiencias; porque la autolatría en ellos desarrollada por las «glorias» del siglo XVI los fortalecía contra los golpes de la fortuna; pero pensar que donde circulaba la sangre de los Hernán Cortés y los Balboa, los Alba y los Gonzalo de Córdoba se resignasen a vivir de la mera esperanza de orar por el alma del pobre Carlos II, que a ella estuvo agarrado treinta y nueve años, parece en verdad increíble.

Gran misterio es éste de nuestro modo de ser. La energía vital de los españoles es prodigiosa; pero parece como que su ritmo exija largos períodos de pasividad que suelen concluir en explosiones de vigor. Lo que en estos períodos pasivos se adormece no es la energía individual que sigue siendo fuerte, sino su coordinación en acciones colectivas o nacionales. Tal fue el caso del largo reinado de Carlos II, que no fue, ni mucho menos, vacío, muerto y pasivo en lo individual, sino tan sólo en lo nacional, donde le faltaba hasta el apoyo que a su autolatría prestaban reyes de perfil nada imponente como los dos últimos Felipes, no quedándoles más que el cadáver insepulto que fue la larga y fúnebre coda de aquella marcha fúnebre en que finó la dinastía.

ILUSTRACIÓN

La atracción del horizonte

He de confesar paladinamente que detesto la etiqueta *Día de la Raza* para conmemorar un acontecimiento tan humano y universal como lo fue la arribada de Cristóbal Colón a Guanahaní. Raza es cosa de perros y caballos. Sin negar —¿quién la negaría?— la acción de los genes en la historia, creo que la historia pueda más que los genes; y todavía no he dicho lo que hay de más absurdo en involucrar el 12 de octubre con «la raza»; y es que, en mi opinión, hasta ahora no refutada en serio por nadie, Colón era sefardita. Español, pues, pero «raza» aparte.

Si no era judeoespañol, era genovés. Ya entonces queda «la raza» bastante malparada. ¿Qué buscó, pensó, vislumbró, aquel a quien se le ocurrió un día designar el 12 de octubre como «día de la raza»? Explotar el descubrimiento de América para reforzar la unión entre los hispanos de ambos mundos. ¿Cabe mayor disparate? No le cedo a nadie en cuanto a darle toda la importancia que tiene a la unión de todos los hispanos; pero ¿a quién se le ocurre fundarla en la raza? Aun suponiendo que exista una raza española, y ya es suponer, ¿qué pito toca este concepto en la unidad de los pueblos hispanos de ambos lados del océano? La unidad del mundo hispánico se debe a la cultura hispánica, no a su raza. Lo que hay de común entre un mejicano y un chileno no es la sangre —aun cuando ambos la lleven de España—; es su modo de vivir y de ver.

Y aun dando de barato que existiera no ya una raza española, lo que es más que dudoso, sino una raza hispánica o americana, lo que es a todas luces falso, ¿vamos a caer en el ridículo provincialismo de acaparar para «la raza» un día tan noble y universal como el 12 de octubre? Nobleza obliga, dicen los franceses con mucha razón. Precisamente porque fueron los nuestros los que encarnaron aquel día tan grande, venimos obligados a vivirlo en el recuerdo con el espíritu humano y universal que corresponde a su talla. Al reducirlo a los límites de «la raza», lejos de servirlo le damos muerte.

Bien es verdad que Colón, al desembarcar, plantó en tierra la bandera real y tomó posesión de aquel «Cipango» o lo que fuera en nombre de Fernando e Isabel. Aquel gesto de Colón fue tan incoherente, tan incongruo, como el de Armstrong clavando en el suelo de la Luna una asta de aluminio que sostenía una banderita yanqui incapaz de flamear por falta de viento. Y ya se sabe lo triste que se queda una bandera que no puede ondear. Por esta tierra, cuando no ondea, cae fláccida a lo largo del asta; en la Luna, se quedó rígida en su horizontal, donde la habían colocado los metalúrgicos que la fabricaron.

Pero no vayamos a erguir la cresta con una superioridad ilusoria, pensando en que la bandera real que Cristóbal Colón hundió en la playa de Guanahaní ondearía; porque sí que ondeaba en el aire movida por la brisa del mar, pero no ondeaba en la atmósfera que cuenta, que es la del espíritu. Ante aquellos naturales, un acto de posesión (concepto para ellos inconcebible) era inexplicable, incoherente, loco, *lunático*. Para nosotros fue un acto quizá con sentido histórico, aunque efímero, pero carente de sentido humano.

En algo, quizá, superó el instante aquel al instante análogo de Armstrong y Aldrin: estos dos astronautas no plantaron más que una asta, la de la banderita yanqui, de aluminio. Colón plantó dos. Al lado de la bandera de los reyes de Castilla, plantó la bandera verde con la Cruz; y este símbolo, para aquellos españoles, era universal. Nosotros sabemos que no era en verdad tan universal como ellos creían, pero para ellos, la Cruz de Cristo era un símbolo universal; y por su universalidad, lava y salva el nacionalismo ingenuo de la F y de la I, que como dos guardias llevaba a derecha e izquierda.

Y claro es que este símbolo universal pudo más que el otro, el nacional o racial o imperial (que todo esto no estaba entonces tan claro como ahora);

porque eso de «la raza» no impidió que a fines del siglo XVIII se desgarrara la unidad hispánica llamada Imperio; mientras que aún hoy queda viva la unión creada por la Cruz de Cristo en todo el continente, de modo que la labor del conquistador fue menos duradera que la del fraile.

Sin embargo, no sería justo para Armstrong y Aldrin olvidar que ellos también al lado de la bandera nacional dejaron en la Luna una inscripción redactada en un estilo humano sin sombra de nacionalismo; y que, a falta de un aserto de fe religiosa, instalaron en la Luna aparatos representativos de la fe moderna, que es la ciencia. Universal con mayores títulos que la fe cristiana, la ciencia es, sin embargo, una fe menos profunda; ya que cuanto más sabemos, más y mejor cuenta nos damos de lo que ignoramos y de la índole irreductible de nuestra ignorancia de lo esencial. Queda, sin embargo, en pie que tanto los astronautas como Colón aspiraron, a su modo, a dar a su acto un valor universal.

¿Qué movía a los unos y a los otros? Cedo a la tentación de citar un poema, letra de una bellísima melodía de Gabriel Fauré.

> *Le long du quai, les grands vaisseaux*
> *que la houle incline en silence*
> *ne prennent pas garde aux berceaux*
> *que la main des femmes balance.*
>
> *Mais viendra le jour des adieux,*
> *car il faut que les femmes pleurent,*
> *et que les hommes, curieux,*
> *tentent les horizons qui leurrent...*
>
> *Et ce jour là, les grands vaisseaux,*
> *devant le port qui diminue,*
> *sentent leur masse retenue*
> *par l'âme des lointains berceaux.*

La melodía de Fauré, al conceder una nota entera a la e muda de *diminue* y de *retenue,* ha sabido expresar con un arte asombroso el apego de los navíos al puerto familiar, donde quedan las mujeres y los hijos. Éste es el tema inmemorial, siempre renovado desde los tiempos en que los primeros pescadores, navegantes, exploradores volvieron la espalda a su hogar, hasta los héroes de la Luna. El poeta francés le otorga una fuerza sempiterna de destino, al sentar la ley natural:

> *car il faut que les femmes pleurent*
> *et que les hommes, curieux,*
> *tentent les horizons qui leurrent...*

pero el tema es tan hondo que estos tres versos se erizan de preguntas.

El primero plantea la fatalidad de la oposición entre los dos sexos: la mujer, al hogar y a los hijos; el hombre, a ver lo que pasa allende el horizonte —magnífica evocación de los horizontes, en el poema francés—. Pero, cuidado: *qui leurrent*. Palabra que sobrecoge el ánimo e incita a la meditación. Viene de la altanería. *Leurre* es el guante en forma de pájaro con el que el cazador llama al halcón. Es un artificio medio engaño medio ilusión; con el cual, dice el poeta, los horizontes atraen a los hombres. Pudo el poeta haber dicho: «tientan a los hombres»; pero, y es maravilla, dice lo inverso: que los hombres tientan a los horizontes. De las dos cosas que los horizontes pueden dar a los hombres, el engaño, la ilusión, otorgan a los que los tientan ya lo uno ya lo otro. A Magallanes lo tentaron con la vuelta al mundo y lo engañaron matándolo en un oscuro encuentro con unos naturales de las islas hoy Filipinas; a Elcano lo tentaron con la ilusión de ir a navegar con Magallanes y le otorgaron la vuelta al mundo.

Pero todavía queda lo más misterioso entre dos cosas que sugiere el poema francés. *Les hommes, curieux*. Es decir: para el poeta, el impulso que mueve a los hombres a tentar los horizontes iluso-engañosos es la curiosidad. Y aquí sí que estamos en el fondo del problema. Porque todavía se sigue escribiendo que lo que mueve al hombre es el anhelo de felicidad; que a lo que aspira el hombre es a ser feliz; lo cual, aunque parezca profundo, es una perogrullada. Porque lo mismo vale decir que a lo que aspira el hombre es a tener lo que no tiene. Si de las cien cosas que desea en un momento dado le falta una, no será feliz. Y si por casualidad inaudita las tiene todas, pronto le aburrirá su felicidad y la tirará por la ventana.

El poeta francés dio con certera intuición en el blanco al que apunta la flecha del espíritu humano: *curiosidad de saber*. Y no tan sólo del saber libresco y teórico, sino aún más del saber vivido y cuotidiano, de la experiencia, del baño continuo en las aguas del río de la realidad.

El hombre nace con esta pasión. ¿Qué hay allende el monte que me cierra la vista del valle próximo, allende el mar que allá lejos parece cerrarme el paso al besar el cielo? Esta pregunta es tan inmediata al ser como el mismo ser que la siente. Quizá proceda de un deseo prístino que siente el hombre de ensanchar el ámbito de su conciencia hasta abarcar toda la creación; en cuyo caso, esta necesidad e impulso de saberlo todo y vivirlo todo vendría a constituir nuevo indicio de la presencia inmanente de Dios en la criatura humana.

Así se explicaría que el hombre, no contento con explorar toda la Tierra, haya aspirado a conocer también la Luna, los demás planetas, el Sol y los arcanos allende el sistema solar. Ya desde la más remota antigüedad, chinos, indios y caldeos lograron definir y registrar numerosas nociones sobre el universo; pero hasta nuestros tiempos no se vislumbraron los métodos y técnicas para vencer las limitaciones humanas que se oponían a toda exploración interestelar. Sin embargo, por extraño que parezca, en cuanto a la técnica se refiere, el esfuerzo humano no ha cambiado de índole, sino sólo de osadía e intensidad. Y aun este aserto requerirá cuidadoso retoque.

A Magallanes lo tentaron
con la vuelta al mundo
y lo engañaron matándolo
en un oscuro encuentro
con unos naturales
de las islas hoy Filipinas.

A Elcano lo tentaron con
la ilusión de ir a navegar
con Magallanes y le otorgaron
la vuelta al mundo.

Convendrá distinguir aquí lo que la gente cree de lo que de veras hay. Los peligros que corrían Colón y sus compañeros en sus cáscaras de nuez eran tremebundos; pero los que creían correr eran fabulosos. Hay que medir su arrojo no sólo por lo que pudo haberles ocurrido, sino por lo que imaginaron que les podría ocurrir. Gigantes, monstruos, árboles con ramas móviles y prensiles, océanos en ebullición, precipicios hasta el centro de la Tierra, y, quizá lo más temible, sirenas de busto de mujer y alma diabólica, todo esto lo llevaban en la fantasía aquellos marinos de poco saber y mucha imaginación que descubrieron América. Su hazaña fue, por lo tanto, más heroica que la de los astronautas cuyo mucho saber frenó y como que urbanizó su imaginación, e impidió el hervir de su fantasía.

Por extraño que parezca, la hazaña de Colón y sus compañeros, no sólo en sí, sino como símbolo de los exploradores de la Tierra desde la antigüedad hasta ayer, implicó una ruptura mucho más osada con la base humana que el asombroso viaje a la Luna. Distingamos bien el reto a las limitaciones del hombre considerado como tal unidad vital y el divorcio entre el tentador de horizontes y su base humana colectiva. Ambos aspectos se dan en toda la historia de la curiosidad humana.

El hombre tiene que luchar contra la fatiga. Si anda mucho, tiene que sentarse o echarse; si nada mucho, se lo traga el mar. El cerebro viene en su auxilio. Doma caballos, inventa la rueda, imagina el barco —es decir, descubre, sin darse cuenta, el principio de Arquímedes—, crea la vela; y así a través de los siglos, lucha contra la gravedad y logra cada vez mayores triunfos contra ella en los dos aspectos que más le importan: la seguridad y la velocidad.

Hay que pararse aquí para observar ese empeño, esa terquedad del ser humano en negarse al imperio de la ley natural. ¿Que en el mar se hunden los troncos de madera maciza cargados de gente? Los hace huecos para que floten. ¿Que el agua los carcome y penetra en el hueco? Los barniza con brea. Y así sostendrá una lucha continua contra la ley natural, imponiéndole su voluntad o por fuerza o por adaptación.

Ejemplo dramático fue el empeño de los hermanos Wright. Lo *natural* para viajar por los aires era el globo; y los alemanes, por los años 30, lograron un éxito notable con su Zeppelin, en el que viajé una vez de Río de Janeiro a Friedrichshafen en cuatro días. Era una de las dos soluciones: adaptarse a la gravedad mediante un enorme volumen de hidrógeno (luego helio) que la contrarrestaba permitiendo elevar un volumen mucho más chico de peso útil.

Pero los hermanos Wright se pronunciaron por la otra solución: hallar modo de vencer la gravedad mediante la velocidad y la forma del ala. Al primer pronto, parece empeño loco ir contra lo natural; pero basta pensar en las aves, todas más pesadas que el aire, para darse cuenta de que se trata de otra adaptación más sutil, menos evidente, a la ley natural. .¿Qué ocurre, pues? Que el hombre, frente a una ley natural, en vez de someterse a ella aceptándola como límite a su empresa, somete la ley a su voluntad, y la utiliza para ensanchar el ámbito de su potencia.

En este aspecto, pues, el de la confrontación del hombre con la naturaleza y sus leyes, el avance humano no ha cesado jamás desde que el primer pescador, nadador, cazador, quiso hacer algo más, ir más allá, mirar más lejos o más alto que los demás. Y la conquista de la Luna marca hasta ahora el ápice de este esfuerzo; porque no ha habido hasta ahora desafío más osado a la ley natural que la invasión del espacio allende las leyes de la Tierra y su atmósfera que hasta ahora habían limitado la expansión humana. Las funciones vitales de respiración y alimentación no rigen fuera de la atmósfera. Ya no se trataba sólo de la mera gravitación. Había que vencer la necesidad imperiosa de respirar sin aire y de nutrirse sin la tierra. También estos límites, si bien por tiempo a su vez limitado, lograron vencerse. En este aspecto, pues, la lucha humana contra la ley natural sgue su curso ascendente.

Queda el otro aspecto: el de la ruptura del explorador con su base humana. A primera vista, parece que no puede darse corte mayor que el que separó de la Tierra a los primeros exploradores de la Luna; pero pronto se echa de ver que esta manera de considerar las cosas se refiere a lo meramente material —al hecho de estar la Luna separada de la Tierra por una enorme distancia de espacio casi vacío—. Si se examina el tema desde el punto de vista espiritual, del contacto de los que se van con los que se quedan, resulta claro que la hazaña de Colón y sus compañeros es mucho más asombrosa; porque cuando se hacen a la vela de La Gomera, proa resuelta a poniente, aquel puñado de hombres se separa de verdad y, para mucho tiempo, de la base humana a la que pertenece. Separación total en lo consciente, que la comunicación y aun la comunión continua del subconsciente hacía sin duda todavía más intolerable. Durante aquellos meses, las tres carabelas vivieron en lo espiritual como tres lunas de la sociedad española, pensando en ella, pero mirándola tan de lejos como la Luna mira a la Tierra, y sin sombra de esperanza de comunicación.

Con lo cual su esperanza de hallar tierra tomaba una doble tensión emotiva: tierra era para ellos la salvación de la muerte, la resolución de aquella su ansiedad e incertidumbre, algo así como la duda que habrán abrigado Armstrong y Aldrin de si se elevaría el vehículo de la Luna hacia el bajel principal en que aguardaba Collins; pero también la comunicación, si no con los de casa, con otros hombres: el fin de la espantosa soledad en que han debido de hallarse en aquellos mares interminables, separados de todo el grupo al que en alma y sangre pertenecían.

Esta atroz soledad del espíritu es la que no han conocido los astronautas. Casi estaría uno tentado de sospechar que han debido de darse durante el viaje de los astronautas momentos de envidia de Colón y de los suyos, que nunca tuvieron que oír observaciones, escuchar consejos, acatar órdenes que intervenían hasta detalles de su existencia. Cabe imaginar que si los argonautas colombinos hubieran podido recibir de la base de Palos tales o cuales instrucciones, irían encaminadas sobre todo a velar por sus oraciones y por la pureza de sus actos y relaciones; como dizque Carlos V antes de la batalla de la Goleta pidió a sus soldados se perdonaran mutuamente todas las injurias.

Pura fantasía. En los hechos escuetos, la diferencia evidente es que en tiempos de Colón hubo quiebra completa de la comunicación entre los navegantes y la base humana; y en tiempos de Armstrong, no la hubo ni un se-

La humanidad se revela más grande
en la conquista de la Luna;
el hombre fue más grande
en el descubrimiento de América.

Oceanica Classis

Los astronautas de hoy son poco más que piezas humanas de un solo
aparato inmenso, cuya base está en Houston, y que cuenta
con sucursales receptoras e interventoras en todo el planeta.

Las redes de distribución de agua, luz, fuerza, teléfono,
radio, televisión han hecho al hombre (aunque cada vez más libre en lo político)
algo así como una mera pieza de la maquinaria social.

gundo; antes al contrario, los astronautas estuvieron en contacto constante con la base aun para los detalles menudos y concretos de su existencia. Y esta diferencia no deja de reflejarse en otro aspecto todavía más importante del tema, el de la libertad o *cantidad de ser* del explorador.

Aquellos hombres que descubren América, los que la conquistan y la pueblan, dan la impresión de haber sido *hombres de mucho ser*: como corresponde a su mucha libertad. Y no sólo el almirante, fuente de fe, o Pinzón, fuente de energía y don de mando (en que Colón no era muy fuerte), sino los marineros también. Aquellas tres carabelas eran como tres repúblicas de hombres libres, donde se criticaba, se difería, se discutía y aun se condenaba al capitán, y hasta se aspiraba a obligarle a volver. Las cosas se decidían, aplicaban, retocaban, corregían, por discusión entre jefes, habida cuenta de «la opinión pública», o sea del humor de las tripulaciones; y tan pronto se viraba al norte como al sur, o se estaba al pairo por un asenso tácito o expreso del capitán y su gente. No ya lejana sino inaccesible la base, aquella compañía de hombres era una república flotante independiente.

Volvamos ahora el recuerdo hacia aquella cápsula que llevó a la Luna los tres astronautas. ¿A qué estado quedaron reducidos aquellos tres hombres sino al de tres autómatas teleguiados por la central? Aquí se imbrica en nuestro análisis otro factor de sin igual importancia hoy: la técnica. Los navegantes de antaño eran hombres libres apenas «prolongados» y limitados por algún que otro instrumento, como la brújula; pero los astronautas de hoy son poco más que piezas humanas de un solo aparato inmenso, cuya base está en Houston, y que cuenta con sucursales receptoras e interventoras en todo el planeta. El curso de la cápsula está calculado al segundo de arco y al segundo de tiempo. Toda la operación se lleva a cabo con sujeción absoluta a los cálculos previos y a las instrucciones y cálculos instantáneos de los ordenadores del viaje. La libertad de los astronautas es casi nula; su cantidad de ser, mínima. Si se intercambian dos astronautas a última hora, la operación sigue idéntica. Si Colón muere a fin de julio del 92, no se descubre América.

Esta observación justifica un retoque que procede hacer a la información moderna sobre la navegación espacial. Sin diminuir en nada las cualidades intelectuales y morales que se necesitan para ir a la Luna, es justo reconocer que la labor con mucho más asombrosa es la de los hombres de ciencia y los técnicos que hicieron posible la hazaña de los astronautas. Así, pues, un paralelo entre Colón y Armstrong y Aldrin no tiene sentido. El verdadero paralelo ha de ser entre Colón y todo el inmenso aparato científico-técnico de que formaron parte los dos astronautas como piezas importantes aunque no maestras. La humanidad se revela más grande en la conquista de la Luna; el hombre fue más grande en el descubrimiento de América.

Esta tensión entre el hombre individual y el hombre colectivo acompaña al género humano desde su aparición en la Tierra. En uno de mis libros recientes —*Retrato de un hombre de pie*— he intentado simbolizarla representando las tendencias individuales o verticales del hombre por el árbol y las colectivas u horizontales por la vaca. El árbol es solo y señero; la vaca es ante todo rebaño. Mientras la vaca, con sus cuatro pezuñas sobre la tierra, se nutre de ella y sobre ella deja caer sus excrementos, el árbol crece en dirección contraria a la línea que une su simiente con el centro del planeta, de modo que su anhelo es huir de la tierra para tocar el cielo con las puntas de sus ramas. Ya antes vimos que la curiosidad induce al hombre a verlo todo y vivirlo todo, movido por un deseo de abarcar toda la Creación, lo que parece sugerir que este anhelo de saber y vivir sea de origen divino. Inferiremos, pues, que este anhelo pertenece a la naturaleza «arbórea» del hombre. Nos tocará ahora inquirir si, en la ambición exploradora que hace tantos siglos mueve a la humanidad, no se dará también un impulso-vaca, un deseo de satisfacer los instintos terrestres del rebaño.

Esa banderita de aluminio... Esa bandera de Castilla... Claro es que en los tiempos de Colón todo esto era menos claro que ahora; que no podía tratarse entonces de nacionalismo en nuestro sentido («sentido», de sentir) porque entonces tampoco había naciones en nuestro sentido. Aún en 1650, en los *Anales de Potosí,* las naciones son los extremeños y los vascos, los andaluces y los castellanos... y los criollos. Pero, si no cabe equiparar el nacionalismo de hoy —el de los astronautas, por ejemplo— con el sentimiento colectivo que animaba a los compañeros de Colón, siempre queda que, en uno como en otro caso, se trata de una tendencia de rebaño, una tendencia-vaca.

Esta tendencia ha ido tomando vigor a medida que, resquebrajada la unidad del mundo cristiano (o sea Europa) por la Reforma y el descubrimiento de América, surgen las naciones modernas. En tiempos de Colón, hay vasallos de tal o cual rey; en tiempos de Armstrong hay ciudadanos yanquis. La cohesión social ha aumentado con la libertad política; pero son fuerzas contrarias.

Varias son las causas de esta doble evolución, política hacia mayor libertad, social hacia menor libertad; pero una de las más fuertes ha sido el progreso de la técnica. Las redes de distribución de agua, luz, fuerza, teléfono, radio, televisión han hecho al hombre (aunque cada vez más libre en lo político) algo así como una mera pieza de la maquinaria social. Ello ha contribuido a reforzar el sentido gregario de todos, a dar en cada alma humana más vigor a la vaca y menos al árbol.

Si se compara cualquiera de las dos expediciones de Álvar Núñez Cabeza de Vaca con la de Stanley, se echa de ver al punto que el español es Álvar Núñez mientras que el inglés es Inglaterra. En Álvar Núñez, todo es fruto del esfuerzo personal; en Stanley todo está preorganizado a base de apoyos colectivos. Y en Álvar Núñez todo es curiosidad, pero en Stanley, más que curiosidad, hay interés.

No exageremos. Las especies, el camino de las Indias (en Colón hasta la venta de esclavos), en todos el oro y las perlas, son alicientes de la empresa. Cortés antes de conquistar a Méjico declaró que o lo colgarían o comería en vajilla de oro. El interés, al fin y al cabo, puede ser también impulso de vida individual, y en ella fuerza horizontal, rebaño, vaca, en cuanto busca sobresalir entre las demás vacas del rebaño; motivo muy otro y mucho más terreno y pedestre que el de la curiosidad, pan del espíritu, que busca la luz del cielo, y en el cielo al Creador del mundo.

Aquí hallaremos la raíz de ese perenne debate: si hay que ir a la Luna o si vale más gastar el dinero en mejorar la condición humana de los menos favorecidos. A la Luna, responden los hombres-árboles, anhelando el más allá del saber. A la Tierra responden los hombres-vacas, pensando en el rebaño que padece hambre y sed. Y aún queda el tercer grupo, quizás el más potente: a la Luna no para saber más sino para poder más. Son los que aspiran a hacer de su rebaño el más potente entre los rebaños del mundo. Se alejan de la tierra sólo para volver a ella con más fuerza animal.

Este debate es perenne porque todos los hombres son a la vez árbol y vaca, ser humano único en relación directa con Dios, y miembro del rebaño enredado en las relaciones interhumanas. La lucha habrá de desarrollarse en el arcano del ser individual. Un mero sentido de propagación y armonía basta para vislumbrar y sentir que ir a la Luna, y a Marte y a Alfa-Centauro, no tiene sentido dejando atrás la incesable guerra civil que arde entre ricos y pobres, o entre naciones y naciones. Los hombres-árboles habrán de purificar su ambición. La índole universal de su impulso de curiosidad prueba que este impulso es divino: pero para no crucificar al Dios inmanente que llevan dentro los hombres-árboles, tendrán que exigir que su vuelo hacia el espacio brote de una humanidad menos indigna.

El progreso

Todo cambió con la llegada de los franceses. Lo más nuevo e importante que traían era la peluca; y, en la peluca, lo más nuevo era la inutilidad. ¿Por qué se avino todo el mundo a una innovación que no servía para nada? ¿Qué dice de la peluca Carlos Marx? A priori, la dará por imposible puesto que ni sirve para la producción ni para la guerra de clases. A no ser que se demuestre que sus rizos en cascada eran excelente defensa contra la guillotina.

Inútil y todo, horno para los sesos en verano, peso engorroso en invierno, aquel armatoste invadió la Península con Felipe V, y hasta las tartas servidas en las mesas palaciegas tomaban figura de pelucas, y los surtidores circulares de La Granja caían como peluca de agua sobre los hombros de piedra de las tazas de las fuentes.

Poco a poco se fueron delineando los perfiles más complejos de aquella innovación. Primero: la unidad por la uniformidad. Encima de las cabezas más variadas y diversas, la misma peluca. Todas blancas. Con los mismos rizos en las mismas mechas. Todos iguales.

Sin embargo, todos distintos también. Porque aquella cascada de rizos no ocultaba aspiración alguna de pasar por cabellera natural. Aspiraba a ser lo que era: peluca. Por lo tanto, expresaba la unidad por la uniformidad, y la uniformidad por la artificialidad. Mera convención. La verdadera verdad de la peluca era la sinceridad de su mentira; y su fuerza residía en ser una mera convención social.

Para un pueblo que llevaba dos siglos empapado en teología y contemplación de sí mismo como el elegido de Dios, la peluca era, pues, a modo de aislador que impedía a los pensamientos elevarse a la región de tejas arriba. Era como un recordatorio constante de que estábamos en la tierra y no en el empíreo, y menos en la gloria: un constante *revenons à nos moutons,* que hasta en lo físico representaban aquellas prestigiosas lanas. La peluca vino a ser el primer símbolo del primer movimiento orientado a hacer de España una nación de este mundo y no un soldado de Cristo y de su divinidad.

Con la peluca, pese a sus cascadas y volutas artificiales, se vuelve a lo natural, a lo social, a lo inmediato y positivo. En suma, al estudio de los medios y órganos del Estado. Los franceses llegan con un conjunto de prejuicios que hoy llamaríamos un complejo de superioridad, cuyo encuentro con el carácter y la realidad nacional puede quizá dar lugar a alguna que otra sorpresa.

Porque, en su esencia, lo que simboliza la peluca es precisamente ese encuentro entre el carácter del país y el del rey; encuentro que va a dar su tono y melodía histórica a todo el siglo XVIII y aun parte del XIX. Y este encuentro dio lugar a tan hondas reacciones mutuas que en sus procelosas corrientes y contracorrientes zozobrará la razón de los dos primeros Borbones.

No hay que bagatelizar la artificialidad de la peluca. Para el pueblo español, era un insulto constante, cada día renovado; una manifestación de capricho, de puerilidad, de poca seriedad; peor que una mentira, una afirmación y negación a la vez. La peluca venía, pues, a dar peso, volumen y color a eso que los españoles llamaron *urbanidad* y los franceses *cortesía;* un lenguaje que, sin ser falso, no era verdadero, y sin ser verdadero no era falso. Eso de «aquí tiene usted su casa» o «está a su disposición», cosas que se decían sobre la base de que el ofrecimiento era de pura forma y no para aceptado.

Por lo tanto, aunque no se dieran cuenta, los españoles bien educados llevaban ya peluca en el cerebro antes que los franceses intentaran acostumbrarlos a llevarla sobre la calva. Sólo que la diferencia estaba a la vista. La tensión ha debido de ser muy fuerte, y ha tenido que retrasar la adaptación mutua de los nuevos intrusos y de los antiguos españoles hasta lo menos el reinado de Carlos III, en el que viene a facilitar la marcha y el equilibrio la previa italianización del nuevo rey.

A juzgar por los sucesos, Dios Todopoderoso siguió tratando de educar a los españoles manejando su fámula suprema, la muerte, para modelar la dinastía. El peligro espiritual para España no había sido nunca mayor. Esta vez, las fuerzas nuevas iban a atacar la raíz misma de la fe de los españoles; no ya la divinidad esencial de Jesucristo por encima del tiempo y de la historia, sino la misma existencia del Creador.

Lo que los franceses traían a España era en realidad la fe de Francis Bacon, que consistía en la dominación y aun explotación de la naturaleza mediante el estudio de sus leyes. Ante esta fe, la divinidad de Jesucristo quedaba demasiado arriba para que los más y —según ellos creían—

La España que comienza
con Feijoo (arriba)
y termina con Jovellanos
(abajo) es una admiradora
de la Europa que comienza
con los matemáticos franceses
contemporáneos de Quevedo.

los mejores de los hombres alzaran los ojos de sus microscopios. *Estudia, vive y goza* frente a *Contempla, ora y espera.*

Los españoles más inteligentes y cultos fueron colocándose a la chita callando en los bancos de la cátedra del filósofo inglés, disponiéndose a escucharlo. Pero el pueblo en general, todo él, con la mayoría de la clase media y lo menos la mitad de la clase alta, siguió fiel a la divinidad de Jesucristo.

Quien quiera darse cuenta concreta de lo que eso significaba para España, hallará no ya volúmenes sino bibliotecas que se lo describan. Cuando Macanaz presenta a Felipe V un informe sobre lo que había que hacer con la Inquisición, ya sabemos todo lo que la Inquisición hizo con Macanaz: obligar a Felipe V a expulsar de España a su consejero y fiel secretario y no dejarlo volver hasta ya cumplidos los 90 años. Esto, bajo Felipe V; y bajo Carlos III, la pasión y condena de Olavide.

En el siglo XVIII, estas tragedias personales tomaban matices más tétricos porque la luz era distinta. Ya volveré sobre esto de la luz del siglo, cosa distinta de sus luces. Lo que aquí hay que apuntar es que el siglo presenta tensiones agudas que no conoció el XVII, siglo más unánime en España. Se da el caso, además, de que los hombres de la dinastía, en sí, aunque franceses, no eran librepensadores, ni siquiera baconianos, sino creyentes sinceramente anclados en la fe católica; y así no extraña que tanto Felipe V como Fernando VI fueran centros de tensiones espirituales tan intolerables que terminasen destrozándoles la razón y aun la vida.

En este momento de confrontación de España con Europa se dio otro de los avisos que el pueblo español ha recibido en su historia del Creador y Rector de sus destinos. En 1724, está Luis XV a la muerte. Felipe V presenta al Consejo de Estado una carta hipócrita de abdicación para poder auparse al trono de Francia si muriese el joven rey enfermo. Sube al trono Luis I. Dieciséis años. No está enfermo y se divierte como un chiquillo que es, mientras en Francia suspiran por la vida en peligro de Luis XV, catorce años.

Entonces habla el Eterno. Cura al rey chico francés, enfermo; y mata al rey chico español, sano. Si hubiera hecho lo contrario, Francia habría tenido otro Felipe, loco; y España, Dios sabe qué. Todo conjetura. La realidad fue que Felipe V volvió al trono, y que pocos años más tarde andaba intentando montar a caballo de los que veía pintados en los tapices de La Granja.

La dinastía estaba en peligro. Venía de un país regido por la razón y el buen sentido, donde los conceptos son objeto de una contabilidad exacta de debe y haber, que se llama *lógica*; y en el país de don Yo, venían condenados a fracasar. La vida en Francia fluye en cauces horizontales o en carriles que el tráfico ha hecho lisos; en España, la vida es otra cosa, en la que las fuerzas verticales mandan y aun toman el primer plano de la acción cuando menos se piensa. Ya es hora de libertar la historia del tiempo y de ver lo que *es* —siempre— debajo de lo que *está* —por ahora.

La llegada de los franceses no se limitó a traer a España la peluca, con todo lo que significaba. Produjo además otro cambio, quizá más hondo. Hasta 1700, España había sido un país regido por hombres. El siglo XVIII es femenino. Lo es hasta en España, de modo que lo fue en toda Europa.

No se trata tan sólo de lo político. Al fin y al cabo, la política no es más que la piel de la vida colectiva de un país, cuya carne y hueso es el carácter; y, en parte al menos, como consecuencia de esta honda transformación, el siglo XVIII produce en España una popularización de la vida, cuyo centro de actividad va rápidamente pasando de la nobleza al pueblo. ¿Qué era el pueblo español en 1700? Nada. ¿Y en 1800? Todo.

En esta inversión de valores no entra para nada la Revolución francesa. El paso del pueblo español de una masa pasiva de borregos devotos pastoreados por un cadáver insepulto a la gente más feliz, creadora, vital, rebosante de ritmo y colorido, es algo mucho más hondo y rico que la economía y ocurre a niveles humanos que no conocieron ni Robespierre ni Carlos Marx.

Lo que pasa es que se ha querido medir y juzgar la época con criterios *baconianos*. «Atrasado. Analfabetos. Mendigos.» Se ha prejuzgado la sentencia. Vuélvase a lo vital. Sí. Cincuenta mil mendigos; muchos bandoleros. Un mar de analfabetos. Todo eso es verdad; y había que haberse con ello y procurar corregirlo. Pero este mundo popular era lo más vital que había en España, lo más genuino, lo más apto a dejarse captar por Goya.

Todo es hablar de «las luces». Pero lo que cambió fue la luz. La España masculina de los Felipes fue austera y severa, adusta y de pocas palabras. Los hombres de negro y las mujeres, a los cuarenta, monjas o tocadas a lo monjil. Los Borbones traen de Francia las casacas de seda donde tornasolean todos los colores que más embriagan la vista humana, entorchándolos de oro y plata; y este abrir de ventanas que transfigura la corte cae sobre todo el pueblo en cascadas de luz que van floreciendo en el humor de todos.

Ya se había orientado la vida hacia las cosas de este mundo, con la omnipresente peluca y con el nuevo evangelio de Bacon. La gente come mejor, viste mejor, baila mejor y se divierte, lo que no habían hecho desde que habían entrado los Austrias en la grande, noble y desdichada España. Y, como suele suceder en las épocas femeninas, la gente ve con más indulgencia al don Juan que sigue saltando paredes y quebrando puertas pero sólo porque le estimula el obstáculo.

Toda esta evolución no destruye lo de ayer. Antes bien, lo estimula. Comienzan a polarizarse lo que se ha solido llamar las dos Españas, desatinada expresión, porque nunca ha habido más que una, sólo que de dos humores contrarios que se completan e intercambian. La evolución europea que inicia Galileo y continúan nombres gloriosos en tantos países, domina el pensamiento al norte de los Pirineos, mientras que al sur los españoles la contemplan con admiración no exenta de reserva y aun de animosidad.

Ésta es la diferencia que hace a España diferente desde aquel siglo. Sí. La España que comienza con Feijoo y termina con Jovellanos es una admiradora de la Europa que comienza con los matemáticos franceses contemporáneos de Quevedo; pero *aun a éstos,* a los europeístas españoles de entonces, les inspira recelo entrar por el camino que aquella Europa va abriendo al pensar-sentir de nuestro continente. Y este recelo, esta reserva, interpretada por muchos como uno de tantos resabios de los tiempos de la Inquisición, subsiste, no obstante, en los mejores como algo que los aproxima, los pone en contacto, aunque lejano, con el ignominioso *¡Vivan las caenas!* Pero ¡qué complejos, laberínticos, son estos españoles! ¿Creen en el progreso? Sí. Entonces, ¿por qué se aferran a la Inquisición?

Porque no son dos modos de ser contrarios como a primera vista parecen; sino algo como una Mallorca y una Menorca que parecen dos territorios distintos y sólo son una cordillera sumergida con dos picos que asoman. La misma sangre, *ergo,* el mismo espíritu anima en los que en 1808 darán de sí los afrancesados que en los que poco después se llamarán nada menos que los apostólicos; y esta oposición, tajante en los albores del siglo XIX, más o menos aparente en todo el siglo XVIII, recuerda la oposición entre el pulgar y el índice que se ponen de acuerdo para coger una rosa.

Aquí se da una de esas resonancias que tan vivas e inolvidables suelen hacer las páginas de la historia. Recuérdese que hemos visto ya cómo Dios Todopoderoso frunció el inmenso entrecejo al observar que la gloria imperial hacía florecer en el alma de los españoles una abominable autolatría. Pero es que el cogollo de la reserva que tantos españoles, aun de los mejores, oponían a la evolución europea, venía precisamente de un pecado igual que los mejores europeos estaban entonces comenzando a cometer y siguen cometiendo ahora.

El mismo pecado, pero mucho más grave. Los españoles habían caído

Pedro Rodríguez Campomanes, político,
economista e historiador español.

El general Elío.

El emperador Carlos V a caballo, en Mühlberg, obra de Tiziano.

«Felipe II», escultura en bronce por L. Leoni.

«Felipe IV», por Velázquez.

«Felipe III», obra de Juan Pantoja
de la Cruz.

en autolatría por identificar a su rey con el monarca eterno, y creerse por ello revestidos de un manto de gloria divina; pero estos europeos, que tan ufanos cantaban su dominio absoluto sobre la naturaleza, eliminaban de sus cálculos nada menos que a Dios. Cuando Napoleón preguntó a Laplace, que le presentaba su *Mecánica celeste,* qué parte daba a Dios en su sistema, el gran matemático francés contestó: «En mi sistema no necesito a Dios.»

Éste era el meollo de la reserva española para las luces; esas luces amenazaban con apagar la luz.

Laplace es el formulador de la mecánica celeste. Con su respuesta a Napoleón se pronuncia, pues, por una de las dos soluciones que el hombre ha imaginado para explicar lo que hay: o el universo es una máquina o es una creación. Para Laplace era una máquina. Con lo cual, en lógica estricta, no eliminaba al Creador porque jamás se vio máquina que no fuera consecuencia del pensamiento. Cabe decir —y ya lo he dicho más de una vez— que la máquina no es más que pensamiento cristalizado. Napoleón le debió haber preguntado: ¿Y quién ha sido el mecánico que la concibió? La realidad así examinada revela el fenómeno quizá más curioso de la sicología humana: *el prejuicio antidivino del hombre de ciencia.* Laplace no vio que la máquina presupone un mecánico que la conciba. No lo vio por prejuicio funcional de científico, en sí, de lo más respetable. Pero el prejuicio es fuerte y, hasta cierto punto, útil como hipótesis de trabajo para las ciencias físico-químicas.

Como veremos más tarde, la ciencia en general se ha pronunciado de acuerdo con él. Los españoles del siglo XIX, como gentes que sólo como observadores, público que aplaude, seguían aquella labor europea, y al aplaudir se paraban a veces de dar mano con mano, porque algo en sus adentros les levantaba a su modo la objeción de Voltaire:

> *Quant à moi, plus j'y pense et moins je puis songer*
> *que cette horloge existe et n'ait pas d'horloger.*

Esta oposición entre la certidumbre europea y la duda española ha sido la clave de la tensión entre Europa y España hasta casi nuestros días; y en cierto modo la causa de la maravillosa floración del pueblo de España a fines del siglo XVIII, en un mundo regido y dirigido por mujeres. Éste es el mundo que pintó Goya haciéndolo inmortal; y la impresión de color, de buen humor, de serenidad bajo el azul del cielo y el oro del sol que nos dejó de él se debe a que aceptó las luces pero dejando a salvo la luz.

Todo lo demás es simplificación sistemática. El cuadro no da para dos Españas sino para una sola; ahora que, dominada por una antiquísima tradición, más que tradición, talante subconsciente, de identificación con la divinidad de Jesucristo, más que creencia, vivencia conjunta con este aspecto esencial de la fe católica; y a la vez influida por una autoridad creciente, impresionante, de la razón organizada en ciencia; y estas dos luces, como el amanecer y el anochecer, se combatían y mezclaban en su ánimo de modo inextricable.

Ni cesa aquí la complejidad de la situación; porque en ambas multitudes, la religiosa y la científica, no se trataba tan sólo de una oposición entre la concepción personal de un Creador con su creación frente a la impersonal de una máquina sin mecánico responsable; sino que en toda España, recordémoslo, *una,* cada una de estas dos concepciones rivales venía vivida y animada por personas de toda suerte de carácter, educación, dotes naturales e imaginación; de modo que en ambos talantes se daban los espíritus finos, profundos y sensibles y, por gradaciones casi insensibles, por gamas finísimas, todos los matices de menos fino a menos fino, de más burdo a más burdo, hasta ir a dar en lo soez.

No hagamos, pues, dicotomía ni menos caigamos en la simplificación que coloca a todos los inteligentes y delicados de un lado y a todos los burdos y groseros del otro. Ya conocemos bastante el *¡Vivan las caenas!* y todo lo que representaba de grosería, y la Inquisición y todo lo que evoca de estupidez; pero no olvidemos la inmunda correspondencia de D'Alembert, al fin y al cabo no por ella menos gran matemático, ni aquello de

> *si los curas y frailes supieran*
> *la paliza que van a llevar,*
> *subirían al coro cantando*
> *libertad, libertad, libertad,*

(con música del himno de Riego).

El cual, dicho sea de paso, solía yo justificar ante los que me preguntaban qué quería decir, explicando: «*Vous comprenez, Madame, pays très sec, l'Espagne, c'est l'Hymne de l'irrigation.*»

Burla burlando, parece como si en este esbozo de la situación española de fondo en el siglo XVIII se hubiera querido meter de contrabando precisamente lo más característico de lo español, que es lo contemplativo. No olvidaré jamás, a este propósito, la aventura de Ángel Pulido en Ginebra. Era un médico español de origen sefardita, ya entrado en años, tanto que Pittaluga, cuya lengua era un bisturí, solía decir de él que envolvía su majadería en su mucha edad para hacerla respetable. El cual llegó un día a Ginebra con todas sus credenciales para representar a España en una comisión de Sanidad internacional; siguió con gran atención los trabajos de aquel grupo de eminentes colegas de todo el mundo sin contribuir ni un ápice a la labor, y el día de las despedidas habló elocuentemente «de la gran labor que habéis hecho». Ni por un momento se le ocurrió que su país había desembolsado sumas no nada despreciables para que él también «hiciera labor».

Fuerza es confesar que, en todo lo que vengo diciendo, doy por sentado que, en la labor humana de vivir dándose cuenta, y dándola a los demás, de lo que es y significa el universo y su existencia, los españoles, hasta el siglo XX, no han tomado ni siquiera intentado tomar en el mundo la parte que les corresponde y a la que vienen obligados; de modo que, salvo muy contadas excepciones, hemos hecho, en la historia de las ideas al menos, un papel que recuerda al del doctor Pulido en Ginebra.

En efecto, teníamos delante la pléyade de grandes intelectos que, de Galileo acá, habían abierto hacia la realidad una avenida de saber que merecía nuestra admiración, pero en cuya magna labor no se daban apenas huellas de manos españolas; y ante ella, permanecíamos en esa actitud entre admiración reservada y hosca oposición que he procurado describir, esbozando además, como exegesis de nuestro huraño desconcierto, al sentido divinatorio del error que aquella espléndida teoría de sabios venía, a nuestro ver, cometiendo. Pero ¿es que no se daba otra postura? ¿No había entre los Lucíferes más que portadores de las luces? ¿No figuraba entre ellos ningún portador de la Luz?

Ni Pascal ni Newton ni Descartes eran ateos. Además, el siglo XVIII vio nacer y vivir más de la mitad de su vida al hombre que con más genial intención descubrió la ilimitada perspectiva de la vida no sólo a las luces de la ciencia sino a la luz de la eterna verdad. En su viaje a Italia (1786-1788), Goethe descubrió el reino vegetal. En Padua, sobre todo, estudiando el jardín botánico de aquella universidad, contemplando con ojos de sabio y poeta hasta los más mínimos detalles de ciertas especies, Goethe adquirió —por decirlo así, como revelación— un sentido vivo del reino vegetal, todo henchido de tiempo activo; de modo que terminó por darse cuenta de su unidad asombrosa en el espacio y en el tiempo, de la constancia de las formas, de la persistencia de las especies, de la metamorfosis de unas en otras, de su parentesco.

Por este camino, llegó a concebir todo el reino vegetal como el desarrollo de una idea original, un *urorganismus* del que descendían en vasto árbol genealógico todas las plantas; y, como consecuencia, un espíritu creador que lo había concebido todo antes de manifestarlo encarnándolo. Lo expuso en un folleto. Nadie le hizo caso. Se lo explicó a Schiller, que «escuchó y miró con gran interés, con certera comprensión,

Carlos II, último representante
de la Casa de Austria en España.

pero cuando hube terminado, meneó la cabeza, diciendo: Eso no es una experiencia. Es una idea».

Razón tenía, pues, Nietzsche al decir: «Hay *unds* que ofenden. Uno es *Goethe und Schiller*.» Goethe es el verdadero fundador de la ciencia natural que no apaga la luz, como lo quería hacer Schiller (que era médico) y lo hizo Darwin. Sí, evolución, claro que la hay; pero no de huesos a huesos. La evolución tiene lugar en la imaginación del Creador.

Era menester recordar aquí la genial visión científica de Goethe para hacer constar que la reserva con que los españoles recibían los sorprendentes, maravillosos éxitos de la ciencia, debida a la amenaza que quizá celaban estos éxitos contra «la divinidad de Jesucristo», no se justificaba de un modo absoluto; ya que había, en Alemania por lo menos, un hombre genial que a través de las luces veía la Luz; pero se justificaba de un modo relativo por lo que el desarrollo de la ciencia por la vía que cerraba el paso a Goethe para seguir lo que la desastrosa vía de Laplace y de Darwin iba a significar y está todavía significando para el mundo.

Habría que recordar que el siglo XVIII termina y el XIX empieza con actividades cada vez más vigorosas del pueblo español, pero nunca en pro de «lo de fuera». Esto de lo de fuera vino a ser, precisamente por foráneo, el blanco de la pasión bélica del pueblo español; y por un conjunto de circunstancias conocidas, va entonces cuajando también dentro un foráneo de casa que es el afrancesado.

¿Qué duda cabe de que entre los afrancesados figuraba lo mejor de la clase media y alta de entonces en España? Pero no les fue fácil la vida en su país; y con el retorno de Fernando VII, los afrancesados tienen que pasar los Pirineos.

Francia, Inglaterra, países dedicados por el Todopoderoso a atormentar y perseguir a España, han sido también predestinados a servir a modo de almohadas sobre las cuales reposaba la cabeza de España en las crisis que de cuando en cuando atravesaba devorándose a sí misma.

Pero nótese bien, para que conste en el día de las grandes mentiras, que el pueblo español en su gran época heroica de 1808 a 1815 se alza, se arma, lucha y muere por la monarquía católica de los Austrias, que él ve todavía encarnada en el más infame de los Borbones; y que todo lo que sea darle tinte o matiz de guerra de clases, de marxismo o de economismo a aquel espléndido episodio de resurgimiento nacional, es errar o mentir y falsificar la historia. Los caballos instalados en las iglesias, degradadas a cuadras por los soldados de Napoleón, contribuyeron más entonces a la derrota del cínico corcegués que los caballos que galoparon por él en cargas de caballería.

Venció el pueblo español. ¿Quién fue el vencido? El movimiento de emancipación del ingenio humano que brotó de Galileo, Copérnico, Giordano Bruno, Bacon, Newton, Descartes y Leibniz. Triunfante en toda Europa, fue derrotado en España por ateo.

No pocas veces se ha dicho que las guerras civiles del siglo XIX terminaban siempre con la victoria del monarca liberal de turno, que, una vez seguro de su trono, hacía política carlista. El hecho es exacto pero ¿por qué? Porque los liberales del siglo XIX eran los herederos de los afrancesados, es decir, clase media sin pueblo, o sea oficiales sin soldados. Además, a nivel de soldados, ya no había españoles sino gallegos, asturianos, vascos, aragoneses, catalanes, valencianos, murcianos, andaluces, leoneses y castellanos.

Me dice usted que, aun así, todos españoles; y yo le respondo que sí, pero... Porque decir que grelos, fabas, maíz, pimientos, arroz, tomates, berenjenas, coles y garbanzos, todos legumbres, no quita nada a la variedad de la enumeración; y en las circunstancias que venimos aquí rememorando, la variedad de las doce tribus de España se afirma de un modo inolvidable.

Mientras los españoles de las doce tribus se despedazan y vuelven a despedazar, se producen en Europa acontecimientos de primordial importancia para todo el continente, incluso España. Cuando, al señuelo de un fabuloso progreso científico, Europa avanza hacia una sociedad sin Dios, surge del suelo europeo nada menos que una religión.

La funda uno de aquellos *cohenes* que ya el pueblo español tenía olvidados desde su expulsión en 1492 y el sucesivo exterminio gradual del resto durante dos siglos después. Carlos Marx era hijo de Marx Levi y nieto de un rabino, judío de la tribu clerical del judaísmo. Pero este Marx Levi, nacido en Tréveris, entonces ciudad de Prusia, no aspiraba a más que a vivir en paz en el seno de la monarquía prusiana.

Esta ductilidad, maleabilidad de Marx Levi, que se creía pacífico y patriota prusiano, eran las formas que tomaban las energías que se iban acumulando en su ser para que, como resorte que se distiende o explosivo que estalla, hiciera de su hijo el mayor cohete pasional e intelectual del siglo XIX.

Parémonos un minuto a considerar que estos tres profetas hebreos, Marx, Freud y Einstein, han sido las tres columnas de fuego intelectual que han precedido la marcha de la civilización en el mundo moderno: profetas los tres de talla bíblica, que han ejercido sobre nuestra historia humana un efecto sin igual.

Y meditemos bien en que el hecho de ser hebreos los tres no es fortuito, sino esencial a la estructura y función histórica que los tres profetas cumplen. Ni que decir tiene que los tres crecieron en un ambiente de Antiguo Testamento al que carecía de todo acceso Jesucristo; y que, por lo menos, Marx y Freud eran ateos.

Marx no era sólo ateo. De los tres, era el que más cerca había nacido de aquel ambiente oriundo de la Enciclopedia y que comenzaba a considerar la ciencia como un sucedáneo de la religión, una especie de *Ersatz-Religion* para filósofos emancipados.

Su cometido a la vista, el que él mismo vio, fue la emancipación de los obreros; su cometido profundo, el que ni él mismo vio, fue matar a su padre. Este buen hombre era un judío harto de serlo que quería asimilarse a un prusiano cualquiera y obedecer al rey de Prusia. Para Carlos Marx, había, pues, que hacer dos cosas: derrotar al rey de Prusia en lo civil y derrotar a Jesucristo en lo religioso. En síntesis, darle una vuelta completa a la sociedad, o sea, hacer una revolución.

Era inútil ni siquiera intentarlo sin el apoyo de la ciencia. Marx, pues, expuso su doctrina como una página nueva de la ciencia histórica. No que vendría la emancipación de los trabajadores por ser un ideal justo, sino que los trabajadores se emanciparían a sí mismos porque tal era la conclusión de todo estudio científico de la economía.

De este modo, aunque sin proponérselo, Marx creó una doctrina de doble rostro: uno científico y otro religioso, puesto que se fundaba en un artículo de fe. El cual encerraba tres: que hay clases, que están en guerra y que ganará la clase obrera.

El lado crítico de Marx es tan bueno que su lado profético pasó la aduana intelectual pese al enorme peso de absurdos que comportaba. Así, por ejemplo, Marx negaba la verdad absoluta de las opiniones, las cuales, según él, dependían de la clase del opinante. Pero él con toda su opinión antiburguesa a cuestas, era burgués y como tal vivió toda su vida, y aun como parásito de otro burgués: Engels. Por lo tanto, su caso personal era el de un burgués de ideas antiburguesas, lo que contradecía su tesis. También predicaba que la revolución ocurriría como conclusión inexorable de sus premisas, sin explicar por qué entonces hay que predicarla y conspirar.

Pero aquí también, aunque también sin proponérselo, hizo Marx obra fecunda; porque a fuerza de acumular absurdos, atrajo a los que gustan de hacer cosas contra la razón precisamente porque no son razonables; y así dotó a su religión de una multitud de fieles. Estos fieles suelen pertenecer a la clase media —porque así es la clase media que le gusta el martirio por el absurdo—; pero por medio de la clase media y aunque lentamente, Marx ha terminado por hacerse también con buena parte de los obreros, que adoptan el marxismo por creer que les conviene y porque, sin embargo, pese a que les conviene, es un ideal, porque así se lo aseguran los señores profesores.

Así creó Marx, sin proponérselo, una religión universal, cosa de que

¡Qué complejos, laberínticos,
son estos españoles! ¿Creen
en el progreso? Sí. Entonces
¿por qué se aferran
a la Inquisición? (Obra de Goya.)

Cuando Napoleón preguntó
a Laplace (...) qué parte daba
a Dios en su sistema, el gran
matemático francés contestó:
«En mi sistema no necesito a Dios.»

habría abominado de haberse dado cuenta. El pueblo español no le prestó atención muy pronto, pero hubo muy pronto adeptos que vieron la fuerza de la nueva fe. Y claro es que pronto también hubo herejes. Quizá por esta causa comenzaron a aguzar el oído los dirigentes obreros españoles; sobre todo aquellos que se dieron cuenta de que el más destacado de estos herejes propugnaba una doctrina que, en punto a absurdos, dejaba tamañito a Marx. «Ése es el nuestro», exclamaron a una los más entusiastas de España, y se fueron todos tras de Bacunin.

Era Bacunin un terrateniente y dueño de siervos en Rusia que había perdido toda su hacienda por haberse instalado en Suiza contra la voluntad del zar, pues es sabido que en Rusia, el zar, llámese Godunof, Romanof, Stalin o Bresynef, sabe dónde se debe instalar cada ruso mejor que el mismo que lo busca. Bacunin concibió una doctrina que comenzaba como la de Marx, con el ateísmo; de donde, claro está, concluía que todo anarquista venía obligado a obedecer al jefe, o sea, a Bacunin (que así se declaraba heredero de Dios). El Estado era cosa mala en sí, y por lo tanto había que destruirlo por la violencia.

Habiendo, pues, declarado como sus dos principios la obediencia absoluta al jefe y la violencia para destruir al Estado, Bacunin fundó como instrumento de su revolución la Liga de la Paz y la Libertad. Ante la lógica que esta postura patas arriba encarnaba, fascinados, lo menos la mitad de los socialistas españoles dejaron a Marx y se fueron con Bacunin. Los de Marx se llamaron autoritarios, y los de Bacunin, antiautoritarios.

Los argumentos huelgan porque estamos en los temperamentos: los autoritarios eran los castellanos; los antiautoritarios, los catalanes y los andaluces. Todos españoles, por lo tanto, todos muy a gusto en lo absurdo, lo llevaban, sin embargo, de modo muy distinto. Los castellanos, gente de clima extremado, que lleva en invierno gorras de piel de perro y zamarras de piel de carnero, no lograban sacudirse ni el peso de su ropa hasta el cuarenta de mayo, cuando ya el sol comenzaba a asarlos vivos como a San Lorenzo en la parrilla (de donde El Escorial); pero los levantinos y meridionales son gentes de ánimo tan sobado y azul como su cielo, y creen que con que cada cual haga lo que le da la gana todo irá bien y sólo habrá paro forzoso en la policía.

Claro que ya la divinidad perpetua de Jesucristo quedaba muy lejos... pero no tanto. En la prensa anarcosindicalista que yo solía seguir, porque me parece que, para pasado mañana, valen más los sindicalistas que los socialistas, rara vez hallaba un artículo sobre el estado económico social de los caldereros, sastres, zapateros, albañiles o mineros; pero casi nunca faltaba una elocuente demostración de la inexistencia de Dios. Claro que el único convencido era el autor del artículo, entre otras razones por ser el único que lo leía; pero el mero hecho de dedicar su aten-

¿Qué duda cabe de que entre los afrancesados figuraba lo mejor de la clase media y alta de entonces en España? Pero no les fue fácil la vida en su país; y con el retorno de Fernando VII, los afrancesados tienen que pasar los Pirineos.

ción a este tema bastaba para indicar que para el español es más importante la teología que la economía, en lo cual lleva toda la razón.

Poco después —¿qué es en estas cosas medio siglo?— entra en escena el segundo profeta hebreo que ha perdido el ómnibus de la Biblia. Lleva un nombre y un apellido de increíble ambición: *Siegmund Freud,* o sea, Boca-de-victoria Alegría. Ni él mismo se dio cuenta al comienzo de lo ambicioso que era; y menos aún del resorte maestro de su ambición.

La obra que se propuso hacer era nada menos que la estructuración del alma humana sobre una base científica al estilo de Laplace; manejando fuerzas deductibles unas de otras o bien organizadas en sistemas paramecánicos; con lo cual explicaría la conducta humana sin tener que recurrir a religión alguna. Así podría decir, como Laplace, «no necesito a Dios».

Hasta qué punto le estorbaba el Creador sale patente de su actitud con Roma. Años enteros padeció una especie de «neurosis de Roma» (como él mismo decía) que le impidió entrar en la Ciudad Católica por excelencia pese a los varios viajes que hizo por Italia. Esta situación le llevó a identificarse con Aníbal. «Para mi mente juvenil, Aníbal y Roma simbolizaban el conflicto entre la tenacidad de la judería y la organización de la Iglesia católica.»

Esta identificación con Aníbal, según él mismo explica, databa ya de su infancia, cuando, disgustado porque su padre no había rechazado un ataque antisemita, el muchacho, de diez o doce años de edad, se refugiaba en la escena en que el padre de Aníbal hace a su hijo jurar venganza de los romanos.

Todo esto sirve para contestar a la curiosa pregunta que el propio Freud se hace en una carta fechada el 9 de octubre de 1918. ¿Cómo es que a ningún creyente se le ocurrió crear el sicoanálisis y hubo que esperar a que viniera a hacerlo un judío ateo?

Ya tenemos aquí reunidos bastantes elementos para esbozar un paralelo entre los dos grandes profetas hebreos: ambos al margen de la sociedad occidental como tales hebreos; dotados ambos de poder intelectual muy superior a lo común; hijos de padres dispuestos a contemporizar; orgullosos ambos y deseosos de enderezar el espinazo que sus padres habían encorvado; fuertes ambos para intentar un movimiento subversivo contra la sociedad que los marginaba; forjadores ambos de sistemas de aspecto científico cuya objetividad eliminaba automáticamente, con el automatismo de la lógica, toda distinción entre judíos, cristianos o musulmanes, o gentes de toda raza, color o religión.

Éste fue el camino que llevó al ateo Freud a imitar (consciente o no) al ateo Marx, creando el sucedáneo de una religión, otra *Ersatz-Religion* como el marxismo, que mecanizase las leyes del alma individual como el marxismo había mecanizado las del cuerpo social. Los siquiatras amenazaron con eliminar a los confesores.[1]

Cabe, pues, decir que Freud creó para la clase media un movimiento análogo al que Marx había creado para el pueblo: un a modo de plano de escape de lo que había; un intento de subvertir el orden que el pragmatismo de veinte siglos había ido creando con la religión cristiana, las costumbres, el clima, los prejuicios, los ideales y las limitaciones de los pueblos euroamericanos. No habemos menester dilucidar aquí si estos dos grandes profetas judíos lograron o no eliminar la condición marginal de sus congéneres, aunque es probable que su éxito personal les haya permitido, si no eliminar, equilibrar su propia marginación. Para nuestro propósito bastará hacer constar que tanto el marxismo como el sicoanálisis han venido a reforzar la pasmosa evolución científica que desde principios del siglo XVIII da forma y dirige la cultura occidental en las circunstancias y con las consecuencias trágicas que habremos de estudiar.

Luego, pisándole los talones a Freud, llegó el tercer profeta hebreo: Einstein. De la noche a la mañana, este judío alemán, luego suizo, y finalmente norteamericano, pasó de desconocido a *vedette* mundial para primera página de periódicos y revistas populares. Nada más contrario a su modo de ser, que era más bien modesto, reservado, soñador, para lo cual llevaba en el rostro unos ojos maravillosos de asombro perenne.

Fue, de los tres, el único que conocí y traté, y puedo dar testimonio de su encanto casi mágico. Para adueñarse de la fama mundial (lo que ni se proponía ni soñó jamás) le bastó con una nota de un par de páginas donde, con la mayor modestia, definía una revolución matemática y física que no eran capaces de comprender arriba de un centenar de miles de personas.

La compleja doctrina del tercer profeta hebreo vino a incorporarse a la cultura general bajo la forma de la noción de *relatividad*. Llegada así de las estrellas, apoyada en cosas tan abstractas y divinas como la desviación de la luz de Mercurio al pasar cerca del Sol, la doctrina de Einstein llegó, por decirlo así, a formar trinidad con las de sus dos predecesores. Si Marx había relativizado las ideas sociológicas según las clases, y Freud los actos y su moralidad, según la historia sexual de cada indivi-

---

1. V. el artículo «Freud and Jewish marginality» por STANLEY ROTHMAN y PHILLIP ISENBERG, en la revista *Encounter,* de diciembre 1974, al que debo mucho de lo que aquí digo.

duo, Einstein relativizó las observaciones según el observador. Y así vino a ser la relatividad *el tema* de nuestro tiempo. Einstein, pues, también —sin quererlo— fundó su religión, para lo cual traía ya un nombre predestinado: *ein Stein: tu es Petrus*.

Así las cosas, y dando tumbos de guerra civil en guerra civil, llegamos los españoles al siglo XX. El Todopoderoso ha cerrado el ciclo comenzado con Isabel la Católica y Cristóbal Colón sin la menor consideración para el pueblo otrora su favorito. El único brote de grandeza en todo el cuadro lo dan las escuadras que en Santiago y Cavite se dejan hundir soñando en las tres carabelas; el vencedor es el ridículo Teodoro Roosevelt y los vencidos los desdichados politicastros de Madrid. España está ya dejada de la mano de Dios. 1898: trescientos años exactos desde la muerte de Felipe II. (Te quejas de mi silencio, pero yo te lo digo en fechas: 1500-1700, Carlos V-Carlos II; 1598-1898, muere Felipe II-muere el Imperio español. ¿Lo quieres más claro?)

Hay que meter a Dios dentro de un paréntesis porque estamos a las puertas del siglo XX, y ya no está de moda hablar de Dios. Ya no pronuncian su nombre más que los reaccionarios más negros; los que han hecho tres guerras civiles en Su nombre para defenderlo contra republicanos y francmasones, etc. Pobrecito Dios, —qué iba a ser de Él si no lo defendían ya ni los carlistas?

¿La nobleza? La tradicional, ni hablar. Con poquísimas excepciones ya no sentían su alta función social. La función militar había pasado a los militares de oficio. Pero no la ejercían de modo objetivo, sino con fuerte mezcla del alcohol colectivo que viene a ser la política. Y de esta mezcla había ido degradándose su salud. Como muestra, basta un triste botón.

El 27 de diciembre de 1870 asesinaron a Prim, en la calle del Turco, cerca de la de Alcalá. Sombras las hubo, y más que en la tragedia del *Caballero de Olmedo,* y de más sustancia. En la oscuridad se oyó la voz de Paúl y Angulo, mandando impaciente: «¡Fuego, puñeta! ¡Fuego!» Pero el impulso si no fue soberano, lo fue casi. El organizador y matador fue el guardaespaldas de Serrano; y pese a lo que se dice y aun escribe, Prim no llegó al Ministerio de la Guerra herido de gravedad. Por su pie subió la escalera. El asesino, por voluntad y decisión, fue Serrano.[2]

Pero el caso es que, al llegar el siglo XX, fueron precisamente los países carlistas del XIX los que se declararon por la nueva religión. ¿Quién va a desenmarañar esta madeja? Golpes de pecho y rosario y detente-

2. Véase, por ejemplo, el relato de A. JIMÉNEZ LANDI, *Una ley de sucesión y quince siglos de historia,* Aguilar, Madrid, 1968.

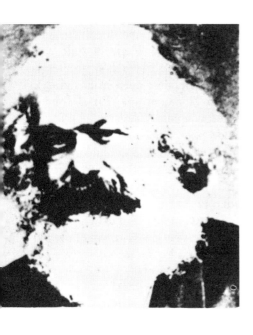

Parémonos un minuto a considerar que estos tres profetas hebreos, Marx, Freud y Einstein, han sido las tres columnas de fuego intelectual que han precedido la marcha de la civilización en el mundo moderno.

bala en los 1800; Marx o Bacunin, ateísmo y abolición de la propiedad en 1900. Señor, ¡qué lío!

Tanto han cambiado las cosas, que habrá que hacer un inventario.

Los militares han cambiado el fusil de hombro. Todo el siglo XIX estuvieron intentando «revoluciones» que llamaban liberales o progresistas, cuando no eran moderadas, es decir antiliberales; pero en el siglo XX se pronunciaron por la reacción con o sin la monarquía. En el fondo, pese a las apariencias, los militares siguieron igual: fulanistas.

Estos cambios que se van manifestando poco a poco en la función política de nuestro ejército pueden muy bien deberse a la evolución sociológica que determina su composición. En el siglo XVIII, el ejército es todavía sobre todo el campo en el que los nobles y los hidalgos se presentan en sociedad, sirven a la nación, ascienden en prestigio y afluencia; pero la estructura de la monarquía es tan fuerte que si en ella pueden todavía subir, no pueden todavía mandar. Si personajes de la nobleza, como Aranda, llegan a los más altos puestos del Estado, su espadín y sus galones, sin dejar de contribuir a su carrera, son no obstante causas muy secundarias si no efectos de su éxito.

La presión directa de los galones sobre el poder de quien los lleva no empieza hasta el siglo XIX; y los primeros ejemplos vienen a ser el general Elío por la derecha y el coronel Riego por la izquierda. Tras ellos, se precipita el torrente de entorchados que irrumpe a borbotones en la historia de España y la domina hasta la Restauración. En su mayoría, estos espadones fueron gentes de clase media, más bien alta, con alguna que otra cimera que la ilustrara. Pero con la creciente industrialización del país, la cantera de sus oficiales va bajando; y ya no salen los oficiales de los oficiales, como los pinos de los pinos; sino, con frecuencia, de los sargentos y brigadas. Esta diferencia de origen no deja de influir sobre la tendencia creciente del ejército a adoptar posiciones conservadoras.

Los curas a su vez iban cambiando la epístola, que estaba a la derecha, y poniéndola a la izquierda. Todo el siglo XIX lo pasaron apoyando a los ricos contra los pobres; entregados a un materialismo indigno de su ministerio. Pero entre ellos había de todo: desde el cura cazador de liebres o de mujeres hasta el cura de bondad transparente y corazón limpio que malvivía con sueldos ridículos y aun así hallaba modo de ser caritativo. Con todo, en la conciencia de la mayoría del pueblo español, la Iglesia fue en el siglo XIX una institución retrógrada y carente de caridad.

Difícil sería decir si el cambio se ha debido a una mutación sociológica o si ha sido la consecuencia del viraje impuesto a la Iglesia universal por Juan XXIII y Pablo VI. Estos dos pontífices han sido los grandes renovadores de la Iglesia católica, y con un fervor y un deseo de

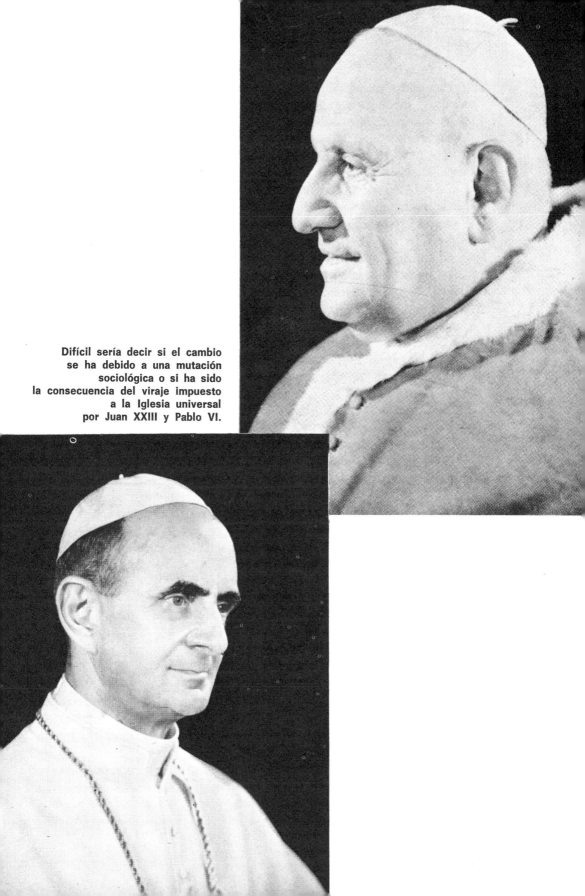

Difícil sería decir si el cambio
se ha debido a una mutación
sociológica o si ha sido
la consecuencia del viraje impuesto
a la Iglesia universal
por Juan XXIII y Pablo VI.

acertar que merecen admiración y respeto. Como rejuvenecedores de la actitud y modo de ser de la Iglesia, merecen admiración; aunque como observadores de la realidad mundial y de cómo encauzarla, desde Roma, hayan resultado desastrosos.

La línea frontera está bien trazada y encarrilada en la vía de la Historia. Es la que separa el socialismo del comunismo. Ni Juan XXIII ni Pablo VI han sabido respetarla; y ya cuando el primero de estos dos papas recibió en Roma el yerno de Jruschof quedó bien manifiesto que el Vaticano erraba el camino. La política de Pablo VI en Polonia y en Hungría ha venido a confirmar esta primera impresión.

Estos dos papas han dejado indefenso al pueblo español que durante siglos había mantenido (a costa a veces de su reputación internacional) la primacía de la divinidad de Jesucristo aun frente a la ciencia. Extraviados por sus pontífices, una minoría (según parece), pero ruidosa, valiente y casi siempre simpática, de sacerdotes se ha pasado a la izquierda.

Que hay no poco en común entre el socialismo y el cristianismo se sabe ya desde hace un buen rato; basta con leer a San Lucas, que, como médico que era, clase media, al fin, es el evangelista que más se ensaña contra los ricos. Pero los sacerdotes que se lanzan a la batalla social enarbolando bandera socialista o capitalista olvidan lo esencial del mensaje de Cristo: *que su reino no es de este mundo.*

De este principio, que es (a mi ver) fundamental en el Evangelio, se desprende el claro deslinde entre lo religioso y lo político en la sociedad. No se trata de una raya o frontera meramente táctica o pragmática; sino de algo mucho más hondo y que he tratado ya de expresar en la década 30 en mi fantasía en francés *Le mystère de la Mappemonde et du Papemonde.* El saber es íntimo e idéntico con el ser; si lo dispersamos por medio de ideas y palabras, inevitablemente lo dejamos caer al nivel del loro.

> *Cuando tu saber despega*
> *de tu ser, se descalabra,*
> *su magia se desvirtúa.*
> *De saber, cae en idea.*
> *De idea cae en palabra:*
> *de palabra, en cacatúa.*

Si este hecho natural vale para todo saber humano, ¿qué decir del saber religioso? Por eso los grandes profetas como Jesucristo y Sócrates no han escrito nunca nada; para conservar el prístino vigor del aliento humano que vibraba en sus palabras.

Así, pues, aun simpatizando con la emoción generosa que lleva a tantos sacerdotes modernos a luchar al lado de los menesterosos, creo que cometen gravísimo error en no detenerse ante la raya de lo político, con lo cual sólo van a aumentar el coro o algarabía de la plaza pública y a confundir su traje talar con colores como el rojo del marxismo o el arco iris peronista. Si la vocación es tan fuerte que los impulsa a la lucha civil, es, a mi ver, obligación suya renunciar primero al sacerdocio.

Quizá sea ésta una de las consecuencias del error capital de Juan XXIII y de Pablo VI: admirables en su ansia de renovación y de humildad, han extraviado a la Iglesia, no tanto quizá con sus más famosas encíclicas como con la política vaticana en la que parecen haberlas vertido. Que un Papa abogue por la paz, me parece admirable; pero que abogue por la paz en Vietnam, me parece error evidente. Para abogar por la paz en Vietnam basta un primer ministro sueco.

No es, pues, de extrañar que ante cuestiones tan complejas, que hasta a los espíritus más inspirados reducen a perplejidad, el pueblo español haya pasado rápidamente por fases de evolución religiosa y política que, en parte al menos, lo han desorientado.

Antes de la guerra civil, era ya fuerte la infiltración de la religión nueva —ya marxista ya bacuninista— en los obreros de la industria; aunque no tanto en los del campo. Después de la guerra civil se produce la emigración en masa del campo a la ciudad y, por lo tanto, un progreso considerable de la nueva religión.

Pero además se da el caso del cambio de orientación de la Iglesia. Caso notable. Porque, mientras en el siglo XIX la Iglesia, reaccionaria y casi siempre del lado de los ricos, abandonaba a los obreros, todavía creyentes, la misma Iglesia, ahora, se pone del lado de los obreros cuando ya los obreros no creen en Dios. Aquella renuncia tradicional del pueblo español a aceptar «la luces» por temor a que con ellas perdiera España la Luz de la divinidad de Cristo, desaparece, eclipsada por la nueva religión materialista, anarquista, que niega la divinidad de Jesucristo y afirma la de don YO.

Dios —El de ayer, El de mañana, El de siempre— impone a la España que Lo abandona la guerra civil más sangrienta de su historia, seguida de un período de pasividad que recuerda los últimos cuarenta años del siglo XVII. La puntualidad divina en esto pudiera resultar otra vez matemática. Hora es de investigar por qué.

El digreso

Leonardo (1452-1519) no ha podido ser un espíritu ortodoxo católico, pero tampoco ha podido ocultarse a su visión soberana que la Creación presuponía un Creador; y ésta parece ser la lección del gesto aquel con el dedo alzado, que vemos en su Baco, en su San Juan y en uno de los apóstoles de la Cena; gesto que parece decir: «Sólo hay UN Creador.»

Pascal (1623-1662) no sólo pensó sino que vivió a Dios. Descartes (1596-1650) no sólo creía en Dios, sino que negaba el libre albedrío porque de existir limitaría la libertad divina. Bacon (1561-1626), como ya hemos visto, enunció su famosa sentencia (en la que el plural es mero saludo a la divinidad que no se debe ni mencionar): «Poco saber echa a los dioses; más saber los vuelve a traer.» Newton, el padre de la mecánica del universo (1642-1727), era casi un místico. Del panteísmo de Benito Espinosa (1632-1677) decía Voltaire que, cuando meditaba en soledad, le rogaba a Dios: «Señor, ahora que estamos solos, confesad que no existís.»

De todo lo cual se desprende que los hombres más eminentes en la vanguardia de la ciencia no vieron que hubiera nada en su actitud científica que les impidiera creer en Dios. Naturalmente, la civilización científica pudo haberse desarrollado bajo la dirección de hombres creyentes en el Creador, evitándole así a la humanidad un desastre tan negro como el que ahora amenaza sumergirla en el caos o, peor aún, en el orden siniestro de una cárcel universal.

No ha sucedido así, y la ciencia ha ido evolviendo hacia una postura atea. Cabe esbozar un análisis por lo menos de algunas causas. La primera quizá haya sido el cuasi monopolio de la religión por la Iglesia católica, al irse pulverizando la Reforma en parte por el libre examen y en parte por el nacionalismo. Las religiones protestantes izaron la bandera nacional no sólo en las torres de sus iglesias sino junto al altar, insultando a Jesucristo con el olor que exhala el rebaño nacional; y la misma Iglesia católica se puso a bendecir banderas, barcos y aviones, como si estos instrumentos no lo fuesen de la diosa nacional de turno (España, Francia, Inglaterra). Esta evolución de las religiones positivas no podía ser del agrado de los espíritus superiores del mundo científico.

En análogo sentido actuaron aquellas creencias, y aquellos dogmas que exigían sacrificios demasiado fuertes a la razón. La fe todo lo puede, hasta eliminar el obstáculo de lo absurdo; pero a medida que la instrucción pública iba ampliando la zona del racionalismo, iba menguando la cantidad de creyentes *quia absurdum*. Puede lamentarse el hecho, pero no puede negarse; y es notorio que, una vez que comienza a mirarse la creencia bajo el cuadriculado lógico del racionalismo, lo que está en peligro no es meramente la Asunción de la Virgen o la infalibilidad del Papa, sino la Fe.

Aun así, pudo haberse concebido una síntesis de las tendencias deísta y científica eliminando todas las ramas secas de la vegetación confesional, para dejar tan sólo lo esencial: la Creación y su Creador. Contra esta manera de ver el mundo actuaron primero la deformación profesional del hombre de ciencia y luego la vanidad que engendraron los maravillosos éxitos logrados por la ciencia en el camino trazado por Francis Bacon.

La ciencia, al acercarse a la naturaleza, se ha topado con un hecho apenas previsto: *cuanto más se sabe, más queda por saber*. Parece al primer pronto que, como sucede con todos los caminos del mundo, cuanto más se adelanta, menos queda por andar. Goethe ya creía casi todo descubierto; de él acá lo sabido ha aumentado prodigiosamente, pero mucho menos que lo por saber. Por ejemplo, se descubrió el átomo y Niels Bohr vio en él un sistema solar en microminiatura, concepción maravillosa de belleza metafísica; pero el átomo se reveló como un microuniverso donde viven y mueren partículas de casi inextricable complejidad.

Esta circunstancia obligó a los científicos a disciplinarse limitándose a una investigación analítica. El experimento y sus cosechas lógicamente deducidas fueron lo típico, lo definitorio de la ciencia. El saber pasó de las grandes lumbreras que iluminaban el cielo con sus nuevas luces a las lámparas enfocadas y dirigidas que disparaban el intelecto hacia un rincón cada vez más chico. Del campo antaño abierto a las perspectivas se apoderaron los especialistas. Comenzó a hacerse sospechosa la imaginación.

Por otra parte, si la física, la química y la matemática fueran a dar por respuesta a sus problemas la de la niñera al niño que le preguntaba quién hace nacer las flores: «El niño Jesús», no habría ciencia. El don maravilloso que la humanidad debe a sus hombres de ciencia, grandes y menos grandes, se debe a que, por disciplina intelectual, se prohibieron las explicaciones metafísicas de los fenómenos naturales.

Todo este conjunto iba creciendo en libre pragmatismo y habría llegado a culminar en un verdadero progreso no sólo material sino también espiritual si los hombres de ciencia no hubieran cometido el error fatal de tomar una abstención de metafísica adoptada por mera disciplina intelectual para el tiempo de ciencia en una convicción absoluta de negación de la metafísica como disciplina contraria a la ciencia. Éste fue el punto exacto en el que la ciencia y su filosofía adjunta descarrilaron.

Hoy está muy de moda una filosofía inglesa cuya sabiduría se funda en el examen riguroso de los vocablos en que se expresan ideas y conceptos; excelente base para la claridad de toda discusión sobre la cual ya habían insistido los chinos antiguos y parecen haber olvidado los chinos modernos.

Quizá por esta su prehistoria nos cae tan bien a nosotros, los españoles, que el *spiritus rector* de esta filosofía en Inglaterra se llame nada menos que Ayer; lo que no deja de ser nombre de buen agüero, que quizá gane refuerzo y justificación en páginas ulteriores.

Sea de ello lo que fuere, el caso es que uno de los más concisos y claros apotegmas de este modo de ver paleochino y novoinglés viene a rezar así: *Toda proposición que contenga la palabra Dios carece de sentido, puesto que Dios no es un concepto que quepa definir.*

Dejemos aparte la proposición, que es en sí antídoto de la propuesta: que consistiría en decir que esta misma proposición contiene la palabra Dios, y, por lo tanto, se suicida como tal proposición puesto que, *ipso facto,* carece de sentido. Dejemos la semántica y vayamos al argumento.

El trabajo intelectual no puede dar ni un paso sin apoyarse en nociones todavía mucho menos definibles que Dios. El olor a rosa, la sensación de frío o de calor, son intuiciones indefinibles. Dios es una noción clara y lo lleva siendo desde que hay memoria humana. Pero, además, de Dios existe una definición clara y científica: es la Inteligencia-Intuición-Iniciativa que concibió el universo y lo vertió en la realidad. Todas las explicaciones no ya del universo, sino de una de esas chinches verdes que marchitan los rosales, que no comiencen por reconocer que el concepto de esa chinche obedece a un plan preestablecido, son ridículas, por muy científicas que parezcan.

El universo obedece a un plan preestablecido. Éste es el principio fundamental de toda ciencia. La chinche de las rosas basta para refutar a Laplace. Dios es la palabra que nos sirve para designar a esa trinidad de *Íes* que concibió el universo, y luego lo realizó. La ciencia puede muy bien alegar que esta noción o intuición cae fuera de su campo de observación; y esta actitud sería lícita; pero no sería suficiente para elevar obstáculo alguno a la intuición misma de la existencia del Creador.

El Creador además simboliza por lo menos dos aspectos de la Creación que son esenciales para el hombre: el misterio y el testigo-juez.

Al abolir arbitrariamente la existencia del Creador, la ciencia da al ateísmo una autoridad de que ella misma carece. Ya hemos visto que cuanto más saber conquista, más zonas de ignorancia abre a su actividad. Daré sólo un ejemplo: todos los fenómenos de la física moderna (y quizá, pronto, también, de la biología) se pueden reducir a racimos de vibraciones. La ciencia sabe cada vez más cosas sobre estas vibraciones. Pero, colmo de la paradoja, *no sabe qué es lo que vibra.* Antaño se pensó en el éter. Hogaño no se cree en el éter. Las vibraciones se producen y se transmiten. Pero ¿en qué medio? El aire transmite las del sonido. Pero ¿qué medio transmite el calor o la luz o tantas otras cosas que quizá están a punto de revelarse?

En este terreno fundamental, esencial para el conocimiento, la ciencia ha tenido que confesar su fracaso. Lo oficial hoy es que la luz del Sol tarda ocho minutos en llegar a la Tierra; pero ¿cómo? Conocemos perfectamente cómo se comportan matemáticamente las vibraciones que llamamos «la luz del Sol», pero no sabemos qué es lo que vibra. El vacío no es más que una palabra vacía y no puede vibrar.

Así, pues, aun para la ciencia, Dios y el universo se presentan como un misterio que va ensanchándose y enriqueciéndose de preguntas nuevas cuanto más lo penetra el intelecto humano. Pero subsiste el misterio y se afirma como más vasto, alto y profundo que lo humano. Hay, pues, en torno al hombre y su circunstancia una presencia que cubre y llena todo el espacio y todo el tiempo.

Si nos avenimos al ateísmo que la ciencia profesa y lo elevamos de profesional (que es) a absoluto (que no es), suprimimos la misteriosa presencia. Nos quedamos solos. Nadie nos ve. Recordamos aquella sencilla y tan profunda anécdota sobre Ernesto Ansermet, tratando de convencer a los músicos de su orquesta de que era menester tocar escrupulosamente lo que el compositor había escrito. Pero ¿qué importa si el público no se da cuenta?, le pregunta un ejecutante. «Lo oye Dios.»

Suprimamos a Dios, y la humanidad queda sumida en la soledad más espantosa. ¿Vale la pena vivir? ¿Puede seguir trabajando una compañía de teatro, tocando una orquesta, para una sala vacía? ¿Dónde hallar la norma, la regla, la ley, si no hay en el universo más que nosotros? Ésta es la soledad a la que el ateísmo ha condenado a la humanidad.

Privado de la atmósfera de misterio que le es natural y del juez-testigo que observa y acompaña sus acciones, el hombre se erige en Dios, pero en un Dios desesperado. Porque aun para un *Ersatz-Gott*, es menester un orden que regir y dirigir; mientras que el don Yo endiosado por su ateísmo sólo puede regir el mundillo de su insignificancia.

Un Dios, pues, insignificante, a tal punto que cuanto más sabe, más ignora. Esta ciencia que avanza descubriendo nuevos campos de ignorancia podría definirse como el conocimiento exacto de la ignorancia humana.

Frente a esta tremenda lección de modestia que le da la naturaleza al hombre, engreído por el teléfono, los aviones, los viajes a la Luna y demás maravillas, olvida los agujeros de ignorancia que la ciencia procura ocultar embozándose en su manto de Minerva, y se cree un *Ersatz-Gott*. El primer desastre de este arranque de ateísmo le lleva a considerarse a sí mismo como la deidad.

Bien es verdad que el examen riguroso del tema de la existencia de Dios no nos permite ir más allá de la afirmación de que el Creador es; y que todo intento de análisis o estudio de sus atributos y calidades parece condenado al fracaso. Lo importante en el deísmo es que restablece el misterio.

El universo está inmerso en el misterio divino. Lo que la ciencia ha hecho al pronunciarse en pro del ateísmo es reducir el universo del rango de creación y misterio al de una máquina de la que no cabe decir nada. Al desaparecer el misterio, el hombre no halla obstáculo alguno a su libertad de obrar como le parece. Desaparece la ley de Dios.

Bien es verdad que el Creador, cuya existencia hemos intuido y luego demostrado, no es el Jehová del Antiguo Testamento ni tampoco el Dios-Padre del Testamento Nuevo. O, por lo menos, no nos consta. Lo único que nos consta es que Dios es el Creador, misterioso y omnipotente. Al negarlo, nos declaramos libres de toda ley.

Éste es el primer corolario que el ateísmo de la ciencia ha desencadenado sobre el mundo. Al abolir la ley ha abolido la libertad, como la abolición de las señales significaría el fin de la libertad del tráfico. El mundo va desintegrándose por sobreproducción de dioses. Cada cual se cree bastante Dios para imponer su modo personal de resolver su asunto robando un avión con cien viajeros a bordo, o apoderándose de un país

327

con diez, cuarenta, quinientos millones de habitantes y mandándolo a su gusto como él cree que Dios lo mandaría si existiese.

Puesto que hemos quedado en que no hay Creador, no hay Creación. No hay más que unos fuegos artificiales con los cuales celebran sus bodas el azar y la necesidad. No hay misterio. Sólo hay vacío. No hay nadie. Sólo hay soledad. No hay permanencia. Sólo hay vibraciones de la nada, o nada vibrante. No hay ni siquiera rollos de cinta magnética que registren lo que va ocurriendo, porque no ocurre nada. Hay hombres sueltos sin siquiera circunstancia, porque no se puede considerar como tal algo que no es ni cuando vibra porque vibra sin ser.

La consecuencia de todo ello es la pulverización de la sociedad humana en sus unidades sueltas. Al matar a Dios, Nietzsche mató a Nietzsche; porque Dios no puede morir sin que mueran todas sus criaturas. La primera revolución causada por la muerte de Dios fue, pues, la muerte de todos los seres humanos, la desintegración del yo, que queda reducido no ya a una máquina sino a un absurdo definido como una máquina química que se reproduce a sí misma.

Sabemos que esta definición es ilógica y además falsa. Ilógica, porque una máquina que es capaz de reproducirse rebasa los linderos de la definición de la máquina. Falsa, porque el hombre no se reproduce a sí mismo sino que produce un hombre (o una mujer) en copulación con una mujer, o sea (en la hipótesis atea), con otra máquina.

Pero estas contradicciones no detienen el ateo en el camino de su propia destrucción; y, por lo tanto, se ve incitado a endiosarse con las desastrosas consecuencias de que ya hemos visto algunas y hemos de ver más.

La segunda revolución que causa el ateísmo es la destrucción de todas las personas humanas, ya que todas perecen como tales al perder a su Creador. Puesto que ya no queda testigo y juez extra, y sobrehumano, no hay quien verifique, apoye y sustente la persona humana. Los derechos del hombre carecen de base si el hombre no es hijo de Dios. Podrán proclamarse, promulgarse, pero no se respetarán; porque no hay testigo ni juez que homologue su respeto o violación. La despersonalización del ser humano fue, pues, consecuencia inexorable de la muerte de Dios.

Esta consecuencia se ha manifestado en las hecatombes nazis y soviéticas de todos conocidas; pero no se ha limitado a estos dos casos monstruosos, ya que la eliminación del respeto a la persona humana por evaporación de su divinidad abrió la espita a todas las tiranías, tanto la política como también la económica.

Leonardo (1452-1519) no ha podido ser un espíritu
ortodoxo, católico, pero tampoco ha podido ocultarse
a su visión soberana que la Creación presuponía un Creador.

El siglo XIX ve, en efecto, la explotación desalmada del obrero, de la mujer y hasta del niño, inevitable consecuencia de la mecanización a la que se degrada la persona humana; y sobre esta degradación funda a su vez su ateísmo y su presunta ciencia Carlos Marx. Los comienzos de esta explotación mecánica de la persona humana, que a su vez va a acelerar su degradación misma, pueden verse en las buenas descripciones de la evolución de España en el siglo XVIII, contadas por los partidarios mismos de las reformas industriales que en su porvenir celaban esta degradación. Por eso entonces encantaban tales reformas a los mejores bajo el nombre de *progreso*.

En las páginas que Sarrailh dedica a este proceso en su libro monumental,[1] se pueden recoger valiosas escenas en las que se ve cómo el pueblo intenta guarecerse del desastre que se le viene encima rechazando las reformas sin dejarse despistar por la aureola de progreso que las decora.

«En Morella, las mujeres no quieren manejar el torno de hilar», máquina poco costosa y de gran utilidad. Prefieren la rueca porque, echándosela a la cintura, «pueden andar de conversación y visiteo». En Vistabella, un amigo del progreso, don Manuel Polo, «mandó a dos chicas jóvenes a Valencia para que aprendiesen el manejo de esta máquina tan útil. Volvieron bien enseñadas y provistas de sendos tornos regalados por Polo. Pero no tardaron en volver a la costumbre de antaño, útil tan sólo para conversación y visiteo».

Con ser lo dicho hasta aquí instructivo en extremo lo es aún más lo que Sarrailh añade como conclusión: «Ejemplos así justifican la observación de Cavanilles: "La costumbre y el prejuicio son obstáculos poderosos en agricultura. *Tal hicieron nuestros padres*: ésa es la ley del labriego." Y luego: "Será difícil que la generación actual abandone los prejuicios que ha mamado con la leche."»

La claridad de la actitud del progresista es meridiana. Rutina. Prejuicio. Apego a lo viejo. El mayor desprecio por aquellas dos mocitas que supieron preferir lo viejo a lo nuevo por negarse a que las mecanizaran. Ya en pleno XVIII y antes de la Revolución francesa, el pueblo español se daba perfecta cuenta del valor de su libertad.

No basta alegar que Jovellanos y Cavanilles apoyaban el torno contra la rueda. Eminentes fueron Jovellanos, Cavanilles, Campomanes y todo aquel grupo de renovadores; pero las dos mocitas de Vistabella, sin eminencia alguna, vieron más lejos que ellos en lo de hilar: una

1. *L'Espagne aclairée de la seconde moitié du XVIIIe siècle*, París, 1954, pp. 25 y ss.

cosa es lo útil y otra es la libertad. En suma, hilaban más delgado que los progresistas.

De entonces acá, el «progreso», padre de la prosperidad, ha seguido su marcha arrolladora, atropellando, si necesario fuere, la libertad; y no sería difícil, antes bien por demás fácil, aducir ejemplos hodiernos de «progreso» dispuesto a aherrojar a todo un país, sin siquiera invocar la prosperidad. Porque el factor de fondo que da su estilo a lo que entonces sólo amanecía y hoy está en su cenit es la evaporación de la persona humana como consecuencia de la abolición de la persona divina.

Esta desviación espiritual del progreso produce una desviación económica y política que vino a constituir la amenaza más grave contra el liberalismo.

Este modo de pensar era, en el fondo, el ideal de lo que de entonces acá se ha dado en llamar «la iniciativa privada». El liberalismo, como doctrina política, consistía sobre todo en organizar las cosas de modo que cada cual lograse llenar con plenitud el espacio social que su propia natura requería. Vertido a una imagen científica, el mundo de los hombres es como un espacio habitado por astros humanos cada uno de los cuales lleva implícito un volumen, mayor o menor, que su «ambición potencial» aspira a ocupar; y emite un campo de fuerzas que piden ejercerse. La vida es el interjuego de estos campos de fuerzas.

Al prescindir de Dios, la vida colectiva se mecaniza; y estos campos de fuerzas actúan bajo un descarnado *viva quien venza*. La idea o el instinto del valor social del trabajo y la del valor individual del trabajo perecen en este clima desprovisto del sol divino; y la actividad humana se desvía de su deber de creación al de mero hacer dinero. El liberalismo, en vez de la libertad de los hombres, se resuelve en la libertad de los dividendos.

Consecuencia de este estado de cosas es que la industria pasa por un período en el que se tiende a considerar al obrero como una pieza de maquinaria. Esta curiosa torsión del espíritu productor logra su apóstol en un negociante norteamericano que se llamaba Taylor y cuyas ideas adquirieron bastante renombre para dar pábulo al sustantivo *taylorización*. Consistía la taylorización en un estudio minucioso de los movimientos de cada obrero de cada oficio en cada acto de producción, con vistas a eliminar todo lo que pudieran tener de arbitrario, irracional, antimecánico; y sobre esta base, proceder a la reeducación de cada obrero. Era yo entonces, en la Escuela Superior de Minas de París, alumno de un profesor, Le Chatelier, que nos daba cuenta en clase de los progresos de la *taylorización;* y su desprecio por las objeciones que se hacían a tan bárbaro e inhumano aspecto del progreso era olímpico. Y eso que él no explotaba a nadie. Vivía modosamente de su sueldo de profesor.

Las cosas no suelen tomar en la vida ni un color único ni una forma única. No hay que dar la impresión de una relación rígida y sin excepciones entre la creencia en Dios y la deshumanización de la industria y de la agricultura. Ejemplos habrá no sólo de industrias humanamente regidas por ateos sino de otras inhumanamente regidas por creyentes. Del xviii acá van casi dos siglos plenos en los que sólo a título de indicación general cabrá establecer cómo el ateísmo deshumaniza las relaciones humanas.

Por otra parte, hay que dar cabida al elemento pasional. El marxismo es una pasión y un credo que se disfrazan de ciencia fría. Una de las creencias que necesita para vivir es la guerra de clases; pese a que lo que hay no es más que una tensión de clases, fuerza utilísima en el organismo social.

En estos dos siglos y pico que ha venido actuando y confirmándose la tendencia al ateísmo precisamente en el sector más ilustrado y progresista de Europa, han florecido, sobre todo en Inglaterra, las grandes casas cuáqueras que espontáneamente pagaban generosos salarios y toda suerte de seguros sociales a sus obreros. Eran sobre todo chocolateros, sin otra ligazón entre el oficio y la liberalidad patronal que la de ser estos cuáqueros enemigos jurados del alcoholismo y, por lo tanto, favorables a una bebida tan poco embriagadora como el cacao.

Éstas son las causas, siempre modestas pero razonables, que hicieron de los Rowntree, los Fry y otros grandes chocolateros ingleses modelos de patronos capitalistas, limpios de todo reproche para la clase obrera. Pero es curioso observar que no hallaron la simpatía que merecían cerca del marxismo. En sus fábricas eran cosa desconocida las huelgas; pero precisamente porque en las casas cuáqueras no había problemas de personal, los marxistas las condenaban: porque era menester que hubiera guerra de clases, y donde no la había, era menester crearla. Característico detalle, los marxistas acusaban a estas casas de *paternalismo* (?).

No así en un país entonces todavía tan católico como Cataluña. En aquellos años iniciales de nuestro turbulento siglo, Cataluña se organizó una guerra de clases de lo más paradójico que cabe imaginar; porque los militantes más enardecidos no eran, quizá, los anarquistas, a quienes, por cierto, no les faltaba precisamente el ardor militante, sino los patronos. Aquí del hecho diferencial. Los patronos catalanes solían ser obreros logrados que, por su capacidad, inteligencia, amor al trabajo y firme voluntad, llegaban a patronos. Pero no hay mejor cuña que la de la misma madera, y éstos fueron los patronos que más se distinguieron en la lucha a tiros con los anarcosindicalistas.

¿Lucha de clases? Según se entienda. El nivel sociológico de aquellos patronos militantes era obrero más que burgués. La tendencia a la militancia era común a ambos bandos. Pero el hombre que de veras aspire a hacerse una opinión objetiva habrá de confesar, leído lo que se sabe de aquella época,[2] que aquello fue una guerra civil sin asomo de marxismo de ninguna clase entre obreros-obreros y obreros-patronos.

Frente a esta actitud de guerra civil, que manifiesta Cataluña, y cuya encarnación y símbolo puede haber sido un general gallego llamado Martínez Anido, los Estados Unidos e Inglaterra daban de sí casi simultáneamente los dos casos paralelos de Henry Ford y de William Morris (luego lord Nuffield), obreros ambos dotados del genio de la organización, que produjeron cada uno su asombrosa revolución en la industria automóvil.

Quien aspire a repetir eso de la explotación del hombre por el hombre aludiendo a estos dos grandes organizadores hace el ridículo; aparte de que se expone al ingenioso chiste: el capitalismo es la explotación del hombre por el hombre, y el comunismo es a la inversa. En el ámbito de mi vida he conocido una sociedad en la que sólo los monarcas y sus ministros, las familias reales, los príncipes de la Iglesia y los banqueros muy ricos poseían coche propio. Desde aquella sociedad hasta la actual, en la que es normal en muchos países que un obrero posea su propio coche, la revolución la han hecho Ford y Morris.

¿Cómo? Mediante un sistema de producción en cadena y una economía de salarios altos. Mezcla de lo bueno con lo malo; extendiendo y modernizando la *taylorización* y pagando muy bien el obrero para compensarle de su «alienación».

Todo empezó en las fábricas de conservas de Chicago. Entraban los cerdos por su pie en las salas de máquinas, con lo cual terminaba su propio uso de sus propios pies; los conducía una plataforma sobre rodillos al lugar donde los mataba una maza mecánica y la misma plataforma, indiferente a que sus clientes fueran vivos o muertos, los hacía pasar por un canal de agua hirviendo para pelarlos. Pero este modo de pelar cochinos tenía sus límites, y en ciertas zonas, como las ingles, subsistían cerdas recalcitrantes. Entonces la plataforma rodante hacía pasar las víctimas entre dos obreros cuya función durante el día consistía en rasurar ingles cochinescas. Éste es el origen de los Rolls-Royce y Lincolns y Mercedes en cadena, ilustre prosapia, si las hay.

---

2. Por ejemplo, *Un verano en el Ministerio de Gobernación*, de Burgos Mazo.

El Todopoderoso había observado (y en todo caso lo sabía ya) que los españoles comenzaron a darse cuenta de muchas cosas cuando la primera guerra mundial llenó a España de dólares, de espías y de refugiados, espuma humana pero sustanciosa. Los aduaneros de guardia en Irún tenían órdenes de hacer la vista gorda cuando pasaban trenes de San Sebastián a Hendaya sin parar en su propia aduana. «Peregrinos», explicaban. Eran mulas españolas que iban a morir *pour la France,* y el mero chiste delataba lo que el pueblo español había «progresado» desde los días de su fe en la divinidad de Jesucristo.

Con estas y otras actividades se iban rellenando los bolsillos, otrora famélicos, de los españoles; y tantas gentes foráneas que miraban con piedad aquel país de los arrabales de Europa ni se daban cuenta de que había sido hasta entonces singularmente dueño de sus destinos, pero que iba pronto a dejar de serlo.

Primero, aquellos 3 000 millones de no sé qué, dólares o pesetas (a seis por dólar) no importa: pero mucho dinero. Luego, muchos «franchutes», es decir franceses, pero también suecos y daneses, holandeses y Dios sabe qué, que traían aires de fuera todos, para nuestra gente, franchutes y franchutas, vocablo este fértil en rimas para la musa popular. Por último, la más profunda revolución-revelación del siglo: el cine.

Porque los dólares y las pesetas y los franchutes se quedaban en Madrid y en Barcelona; mientras que el cine iba al pueblo allende el cerro y allí entraba a saco en la paz del alma de Juan Español y la hacía cisco. Por primera vez, cada Juan y cada Pedro de cada aldea vio con sus ojos cómo vive la gente rica, y *ainda mais,* cómo imaginaban que vivía la gente rica los autores de películas; para no hablar de la suntuosidad y prosperidad de las franchutas, sobre todo las yanquis.

El efecto de esta revelación-revolución en nuestro pueblo ha debido de ser profundo y preñado de destino. Lo más probable es que, a ojos del Creador, todo fuera una preparación para el tremendo lance que reservaba a los españoles. Aquellos españoles que habían logrado su unidad (no sin algún que otro acicate de la Inquisición) iban ahora a dividirse al empuje del progreso que venía de fuera, y los prófugos de Cristo iban a pasar por la prueba a sangre y fuego de una guerra civil sin precedente aún en España.

Nadie la vio mejor que Unamuno el día en que recibió a Cazantzaquis, el escritor griego. Ya estaba entonces don Miguel en plena desesperación por haberse declarado primero por el Movimiento y luego contra (en su ánimo). «Se lucha, se matan unos a otros... ¿Cree usted que esto ocurre porque los españoles tienen fe, porque la mitad de ellos cree en la religión de Cristo y la otra mitad en la de Lenin? No... Todo lo que está ocurriendo en España es porque los españoles no creen en nada. ¡En nada! Como no creen en nada, están desesperados.» [3]

Si Unamuno hubiese estado menos atribulado, más dueño de sí, habría penetrado aún más hondo en su revelación. ¡Qué destino el de este pueblo que se apuñalaba a sí mismo en guerra civil espantosa porque media España no cree en nada y la otra media tampoco, pero *no creen en nada de modo distinto,* no son capaces de unirse aun para no creer!

Éste ha sido el castigo del pueblo español por haber abandonado a Cristo dos veces: al revestirse de orgullo en el siglo XVI, por haberle Dios otorgado la gran empresa de América; y al perder en el XVIII-XIX todo interés en la divinidad de Cristo. Cristianos eran los afrancesados de antes y después de José I; pero lo que enseñaron a los españoles fue el evangelio de Bacon. Y de aquí la incredulidad de ambas partes del espíritu español; y de aquí la guerra civil del siglo XX.

Lo que había ocurrido, lo que está todavía ocurriendo, es que en el camino del progreso, los progresistas se habían perdido, es decir habían *digresado*. Su progreso se había torcido en digreso.

La razón a la vista está. El progreso consiste en que nuestra sociedad vaya siempre pasando a ser regida cada vez por menos fuerza y más razón. Esta evolución exige dos cosas: la luz y las luces. La luz, o sea, la plenitud del concepto de Creación y, por lo tanto, del concepto de Creador, y las luces, o sea, el conocimiento de los medios y artes para ir haciendo cuajar en la realidad positiva lo que el Creador y la Creación exigen, y han confiado al esfuerzo humano.

En particular, exigen un sentido del origen divino del hombre, que le dicta ciertos derroteros y le veda otros; y un sentido de la presencia perpetua de un Testigo-Juez que va modelando la Historia en cooperación con los seres por Él creados.

Los españoles perdieron en el siglo XVII el alto lugar que Dios les confió en esta colaboración con Él en la historia. De 1500 a 1650, España fue no sólo el soldado de Cristo, como se ha dicho tantas veces, sino el primer ministro de Dios en la tierra.

De este puesto de altísima confianza fue derrocada por sus propios pecados, sobre todo la arrogancia y la insolidaridad. Pero esta segunda vez, la pérdida para España ha sido mucho mayor; porque lo que ha perdido no es sólo la fe en la divinidad perpetua de Jesucristo sino, consecuencia inexorable, la fe en sí misma. Hoy es España una colonia de los Estados Unidos que aspira en ciertas zonas de su población a ser una colonia de la Unión Soviética.

---

3. Hallo estas líneas reveladas en un artículo de JOSÉ LUIS CANO sobre Unamuno y la guerra civil (*Tiempo de Historia*, año I, número 3, p. 27). Las frases traducidas por Cano del inglés *Spain* de CAZANTZAQUIS, Nueva York, 1963.

Habrá quien se encoja de hombros. ¿Qué más da? Pero, aparte de que queda una tercera alternativa, que es Europa, el problema no está planteado en esos términos. No se puede aceptar un paralelo entre uno y otro imperio colonial porque basta con un cotejo de los casos de Chile y Checoslovaquia para destruirlo. Aparte de que los Estados Unidos se retiraron de Europa en cuanto pudieron, ya que nadie acusaría a los Estados Unidos de imponer su política a la República Federal, mientras que la Zona Oriental de Alemania pertenece a Rusia en todo menos el derecho.

Lo que caracteriza a España es que, después de haber perdido su función directriz en la historia, ha perdido su función como cogestora de la historia, de la que ya no es más que objeto, porque su historia la hacen otros.

Estos otros son dos por su magnitud y dos o tres más que, por su técnica, hay que considerar, consultar y tener por lo menos no descontentos. Pero entre ellos no figura España a ningún título. Parece ser que a fines de la guerra grande, hacia 1944, todavía decía un usiano, joven coronel de Estado Mayor, que Europa, en caso de necesidad, era «sacrificable» *(expendable)*. Cuando una vez, en Londres, hice observar a un famoso publicista angloirlandés de Cambridge que la política que los Estados Unidos hacían en la península ibérica era disparatada por no tener en cuenta la libertad de los españoles y portugueses, aquel insensato me declaró que la libertad de los habitantes de la Península era *sacrificable* para los yanquis. Ahora pagan la cuenta de aquella locura.

Hay que ver las cosas como son. Para nadie más que para España es el peligro yanqui tan mortal como el ruso. El soviético aspira a degollar nuestra libertad; el yanqui aspira a degollar nuestra cultura. Para el yanqui, todo el continente americano le pertenece. Basta con leer el nombre que ha dado a su país; y lo hispano es el obstáculo que hay que destruir como se pueda.

Esta ambición es darwiniana. Data de aquel siglo XIX que incitaba al Salisbury victoriano a hacer un discurso de puro *Viva quien venza* cuando España se batía contra los yanquis; y a Inglaterra a negarle el canal de Suez a los navíos españoles que iban a Filipinas.

¿Viejas historias? Aguarden un poco. ¿Es más moderno 1974? Pues en ese año el senador Henry Jackson estuvo en Puerto Rico. Este senador parece que cultiva su imagen para salir elegido presidente y se las echa de progresista y moderno. Pues bien, Jackson declaró en rueda de prensa que Puerto Rico era un botín de guerra de los Estados Unidos y que los lazos entre ambos países eran irrevocables. «Lo que tenemos, lo guardamos», me declaró ya a principios de 1917 un joven diplomático usiano a quien estaba yo explicando la conveniencia de dar libertad a Puerto Rico. Así, pues, eso de la autodeterminación valdrá para otros;

Pisoteando la obligación humana de hacer el menor mal posible a los animales,
ya que es la gente más cruelmente explotada de la creación, se
«industrializó» la producción de huevos y gallinas con notoria crueldad.

Bajo la insensata obsesión de reducir la proporción de la población activa
(tres abstracciones estadísticas) que se dedica a la agricultura, se «desarrolla»
la industria, y se despuebla el campo. (En la fotografía, altos hornos de Vizcaya.)

pero los usianos, como los soviéticos, no lo aceptan porque para eso tienen la estaca en la mano.

Vuelvo a decir que todo esto se funda en el viva quien venza de Darwin, que sigue en pie en política, aunque desalojado en biología.

Este atraso teológico, cosmogónico, pero no meramente político, esta falta de desarrollo intelectual que retiene a un país tan potente como los Estados Unidos en una situación de relativa impotencia, explica los desastres de Vietnam y aun mucho más. Explica que los Estados Unidos no hayan logrado derrotar a la Unión Soviética en el campo donde más importaba: el de la opinión universal.

A lo más a que eran capaces de elevarse los cerebros políticos de los Estados Unidos era a «los intereses de los Estados Unidos»; deplorable y triste miopía cuando el mayor interés de los Estados Unidos es el de organizar de modo inteligente la vida humana en el planeta. Pero aquella República grande no ha llegado nunca a ser una gran república. Ante el reto soviético ha contestado con argucias y razonamientos, pero salvo cuando tuvo a mano a Dean Acheson, que dio de sí el llamado Plan Marshall, no ha marcado jamás con actos el camino de la civilización.

Así hoy el pueblo español, dejado de la mano de Dios, vacila entre ser devorado por la máquina marxista o por la máquina tecnocrática. Colonia de los Estados Unidos o satélite de la Unión Soviética.

Como tal colonia de otros, España está perdiendo todos los atributos de un ser independiente. Lo primero, la lengua. Hoy en España ya ni se habla ni se escribe castellano, sino *castellanqui*. El angloyanqui ha vertido en nuestra corriente hablada y escrita vocablos o sentidos verbales mal traducidos del inglés, como *evidencia* por *prueba documental* o probanza; y aun palabras importadas del francés como *affaire* y *massacre* por *escándalo* y *matanza*, cambiándoles el género a ambas para más fastidiar; se ha introducido un artículo indeterminado parásito donde no tiene pito que tocar, como el que se pone al pie de las fotografías: *Una vista de Berlín,* o califica a un nombre propio: «Pérez, un arquitecto que...»; y quizá el más lamentable de todos, el abuso de la forma pasiva que está feminizando y extranjerizando el lenguaje. Ya no se dice: «Se derribaron dos aviones», sino «Dos aviones fueron derribados».

Las mayores fuentes de esta enfermedad poco menos que mortal de nuestra lengua son el cine, la televisión y los anuncios. «Si usted quiere una casa...» en vez de «Si quiere usted una casa...» es constante; y buena representación de la tendencia a poner siempre el sujeto antes del verbo abandonando la libertad de que sobre esto ha gozado siempre el castellano. «Uno se pregunta por qué los escritores se dejan estragar así el estilo...» en vez de «Uno se pregunta por qué se dejan los escritores estragar así el estilo...». El efecto acumulado es el de una lengua cuyo espíritu motor ha emigrado... que es precisamente lo que está ocurriendo.

Porque hay que resignarse a la evidencia (es decir, lo que ya es evidente). La enfermedad es espiritual, aun en sus formas más económicas o materiales. La feminización de la lengua corresponde a una colonización, o sea, a una vida nacional ya adaptada a una simbiosis con otra nación mucho más fuerte; y que no ve más salida a su colonización y entrega a otra de sus destinos que cambiar de metrópoli, pese a que el cambio ha de acarrearle una pérdida mucho más grave todavía de libertad.

Antaño no habrían tomado esta forma las cosas que fluyen. La reserva instintiva de nuestro pueblo que le hizo poner barra a un progreso digresado por ateo, habría puesto barra a la yanquización por la misma reserva instintiva de defensa. Hogaño, la defensa se ha quedado inerme porque el pueblo ha perdido su instinto y ya no ve la importancia que tiene el creer o no creer en Dios.

Además, el creer en Dios es hoy más arduo y trabajoso que antaño. Ya no basta darse unos golpes de pecho y pasarse tardes enteras meando culpas; hay que pronunciarse, y dar sí o no a tales o cuales cosas que antaño se dejaban caer en el silencio de las naves pétreas. Este sí o no puede imponer al cristiano líneas de conducta que le molesten o perjudiquen. Soplan vientos de sinceridad; y, afortunadamente, ya no cabe echarle el muerto a la Iglesia. Hoy la Iglesia de España está viva; y no hace falta ni suscribir su credo íntegro ni practicar su culto, ni menos aprobar todo lo que hace, para proclamarlo y reconocerlo. De todos los cambios causados en España, éste de la nueva sinceridad es quizá el único ventajoso, pero razón de más para hacerlo constar.

Es además el único aspecto positivo de la terrible enfermedad que aflige a nuestro lenguaje. Sonoro y claro, nuestro lenguaje fue antaño instrumento favorito de los charlatanes de la política. En otro lugar he comentado la llegada de los oradores sobrios y positivos —Cambó, Alba, Canalejas—, que iban curando el mal, cuando la Gran Desgracia nos abrumó, de la que salió toda una era dominada por los largos reptiles semánticos que se mordían la cola sin hacerse daño por carecer de cola y de dientes. Y fue precisamente bajo esta era de *ofidioses* cuando estaba preparando el Espíritu todo ese maravilloso renacer de la sinceridad que hoy observamos. Era de salud mental, regida por un principio sano: «Di lo que de veras creas ser verdad y te escucharemos.»

¿Apunta aquí ya un primer rayo de luz de la aurora que se acerca?

Ésta es la España a la que Dios ofrece nueva ocasión de servirle a Él y a Su creación. Porque el progreso queda ya lejos y el digreso sigue digresando, y seguirá mientras no haya descubierto que ha errado el camino. La civilización del progreso no da lugar a la teología, coto de caza intelectual (?) de los españoles, sino a la economía. «Económicamente, me ha salvado», dijo ya Pío Baroja. Después de la economía, manda la química. La deshumanización de los seres humanos está ya tan avanzada precisamente por lo mucho que adelanta el digreso, que no hay que asombrarse de que se deshumanicen los españoles.

A ellos también les ha llegado la degradación al nivel de meras fichas. De día se mueven (cada vez menos) con (cada vez menos) libertad; pero llegada la noche, se dejan archivar en inmensos ficheros de vidrio y metal hasta que se abran por la mañana y cada ficha se va a lo suyo otra vez. Todo lo que el hogar tenía de improvisado, imprevisto, se elimina por los archivos de hombres; y el motivo del digreso no es otro que la necesidad de sacarle al mismo terreno un dividendo mayor.

Les quedaban a las pobres fichas humanas ciertas reminiscencias del gusto. En España se comía bien. Pero la química y la hojalatería impusieron las conservas. *Conservemos la harina y la carne aunque perezca el consumidor.* Seamos objetivos, no obstante. Es más que probable que, por lo menos en sus comienzos, este desastre ecológico no lo previera nadie. Sus consecuencias fueron paradójicas. Se inventó ese veneno: el pan blanco, quitándole el salvado a la harina porque la harina integral, o sea la natural, no se conserva bien; y como la consecuencia (entre otras quizá peores) fue un estreñimiento universal, se montaron fábricas de salvado para curar el estreñimiento. Entretanto, los usianos habían descubierto que el producto químico con el que blanqueaban la harina volvía locos a los perros.

Cosas por el estilo ocurrieron con el azúcar, que fueron a parar al azúcar blanco, nulo como alimento y peor como condimento. Pisoteando la obligación humana de hacer el menor mal posible a los animales, ya que es la gente más cruelmente explotada de la Creación, se «industrializó» la producción de huevos y gallinas con notoria crueldad; y se explotó la inseminación artificial de las vacas, con consecuencias que aún quedan por ver, no sólo para el ganado sino para el que come carne; que al fin y a la postre «también la gente vacuna tiene su corazoncito». Entre tanto, todos estos disparates «científicos», millonizados por la industria, no tardaron en propagar toda suerte de enfermedades, desde el cáncer hasta la artritis.

La arrogancia científica y la misteriosa profundidad de la naturaleza se combinan en el contraste dramático que puso de manifiesto el famoso libro *Silencio en primavera (Silent spring)*. Las ciudades, monstruos devoradores de razas humanas, no se cuidaron casi nada de cómo eliminar los enormes excretos colectivos que producen diariamente. De este modo, echándolos al río o al lago o al mar, no sólo impidieron que estas aguas pudieran seguir sirviendo para el solaz y la limpieza de sus ribereños, sino que privaron a los terrenos de cultivo de su abono más eficaz.

Entonces vino la química a envenenarlo todo. Los aumentos sensacionales de rendimiento de los terrenos fertilizados por nitratos, fosfatos y potasas incitaron a la creación de grandes industrias de abono artificial; pero la naturaleza no estaba ni está de acuerdo. Pronto se cansa la tierra, por falta de abono natural; y, lo que es peor, el abono químico no sirve, como el natural, para preservar las cosechas contra los insectos que las inficionan. «Más química», sentencia el técnico; y salen los pesticidas, que no sólo matan a los bichos sino a muchos consumidores de productos vegetales, envenenan los ríos, y siembran la muerte entre los peces y los pájaros. Química de más muerte para luchar contra la química de muerte.

Todo por imaginarse que el científico lo sabe todo; siendo así que la vida es un misterio que todos, incluso los científicos, vamos descubriendo muy poco a poco, y a veces, como en estas cosas que vengo relatando, demasiado tarde. Ya en el 63 visité yo en Adelaida, la bella ciudad australiana, el laboratorio donde se estudiaba el modo de vencer los insectos perjudiciales, no envenenándolos, sino tratando de mejorar el mantillo. Estudios admirables, poco escuchados por el ruido que hace la publicidad de los abonos químicos.

Da pena leer la prensa española. El pueblo se da bastante cuenta de todo. El negocio (yanqui) que quiere poner en Guipúzcoa una segunda fábrica de pesticidas envenenando el río; los de Orense, que no quieren una fábrica de celulosa, ni aun con la chimenea más alta del mundo y sus arrabales. Toda esta invasión química, que no es sólo pestilencial sino innecesaria, ha terminado por provocar algo de aquella reserva desconfiada que, por razones más hondas y altas, si menos conscientes, levantó el progreso en el siglo XVIII.

Entretanto el sol, el hielo, los vientos y las lluvias siguen entregando al mar millones de toneladas de suelo fértil; y bajo la insensata obsesión de reducir la proporción de la población activa (tres abstracciones estadísticas) que se dedica a la agricultura, se «desarrolla» la industria, y se despuebla el campo; con lo cual, España va perdiendo su base más segura y constante de riqueza y toda la ventaja espiritual y cultural de poseer un campesinado vigoroso; sin que (al parecer) haya seguido nadie la idea de intentar dispersar pequeñas industrias en el campo, con tal que admitiese la jornada de cuatro horas para ver de ir creando un tipo mixto de obrero-campesino, dotado de jardín-huerta propio que trabajaría él. Todo a base no de la economía industrial o agrícola sino del hombre rehumanizado.

Que, de otro modo, la nación, de haber estado humanamente orientada, por humanistas servidos por economistas, y no al revés, ya habría encontrado sus soluciones. ¿Puede darse nada más inepto que un rascacielos en Madrid, donde lo que sobra es tierra baldía? En cambio, las casas se calientan con petróleo siendo así que lo que sobra en España es la energía solar y que ya se ha resuelto el problema de aplicarla a la calefacción. Las grandes ciudades españolas debieran organizar la calefacción de barrios enteros por radiación solar. ¿Se ocupa alguien de eso? ¿Se ocupa alguien de aprovechar las barreduras y alcantarillas para abono natural? No. De lo que se ocupan es de hacer del paraíso que es Galicia un infierno tecnocrático. Al país, que da ya mucho más fluido eléctrico del que necesita, el cual le hacen pagar por estar distante del consumidor de Albacete o de Badajoz, le quieren meter todavía tres fábricas nucleares de energía antes de que nadie sepa hasta qué punto son perjudiciales las tales centrales; y sin que nadie se atreva a garantizar que las centrales nucleares no terminen por despoblar el mar gallego de toda vida marina.

Toda esta desorientación, insuficiencia, inepcia se debe a la raíz de todo el mal, la deshumanización de la vida humana causada por su desdivinización.

Porque ninguno de estos deplorables subproductos del progreso-digreso es a modo de mal aislado. Todos son manifestaciones de un solo mal, que es la desorientación de la ciencia y sobre todo de la biología. Y quiere nuestra mala suerte que en vez de verlo así y atacar el mal en su verdadero origen, la clase obrera, deshumanizada por el progreso-digreso, se vea empujada todavía más por los burgueses leídos y escribidos hacia una forma de civilización incivil y de cultura inculta que se funda oficialmente en el marxismo ateo.

En ninguna parte del mundo se ha producido una deshumanización del hombre más honda y grave que en Rusia. Si el régimen soviético no cambia de raíz a copa en lo que queda de siglo, estamos condenados a otro período de barbarie como el que afligió a Europa en la Alta Edad Media, siglos quizá. Sin embargo, hay razones para pensar que Rusia está llamada a salvarse a sí misma, al mismo tiempo que los Estados Unidos y todo el Occidente. Vamos a ver cómo y por qué.

La luz

Con la puntualidad característica del inventor del reloj en que vivimos, descubre Goethe la pasmosa unidad del reino vegetal hacia 1788, cuando en Francia se prepara la gran explosión del siglo. Y casi al mismo tiempo, de 1781 a 1801, anda por el Paraguay, delimitando la raya entre las tierras portuguesas y las españolas, quizás el único europeo entonces capaz de haber entendido a Goethe y de haberle acompañado en sus andanzas intelectuales.

Félix de Azara era un ingeniero militar de curiosidad intelectual tan abierta y activa como la de su hermano Nicolás, el diplomático; ambos hombres agudísimos, profundos, originales, gentes como suele dar Aragón. En el caso del ingeniero militar, los veinte años que vive en el Paraguay le van a desarrollar la afición a la biología hasta hacer de él un precursor de Darwin, un contemporáneo digno de Lamarck, y un discípulo de Buffon, cuyas ideas corrige y mejora.

Se ha solido presentar a Félix de Azara como uno de los grandes espíritus dieciochescos que, ciencia en mano, destrozan la Biblia; y literalmente, pensando en el Génesis, así es. Pero este modo de ver enfoca el problema de un modo más libresco que real. Lo importante no es si los ingenuos relatos del Antiguo Testamento se pueden armonizar o no con la ciencia «moderna»; sino si la ciencia moderna se da cuenta de que el mundo carece de sentido sin un Creador.

Ahora bien, este tema, a su vez, se embrolla sin necesidad involucrándolo con el de la evolución a lo Darwin; a cuyo fin se introduce la hipótesis de las «creaciones sucesivas». Los que, partiendo del hecho evidente que todo ser vivo, desde Newton o Miguel Ángel hasta una mata de habas o un ramo de perejil, presupone un proyecto previo y, por lo tanto, un proyectador, no hemos considerado jamás que nuestro modo de pensar fuera una restauración del Jehová del Génesis; sino la aceptación por filósofos y científicos de la existencia de un Creador; el cual no creó el mundo en siete días (incluso el descanso dominical), sino que lo está creando continuamente.

En Félix de Azara hallamos un biólogo científico que no sólo ve ya cosas que Darwin ha visto después de él por haberlas leído en los libros del aragonés, sino que se niega a ver cosas que los darwinistas han querido establecer como verdades oficiales y hoy se rechazan, para adoptar las ideas de nuestro aragonés.

Así, Azara no se ocupa del viva quien venza darwiniano fundado en esa pueril idea de que la evolución se hace por selección de los mejores, en un campo de variedades ofrecidas por el azar de las mutaciones. Esta ecuación: *selección igual a guía de la evolución,* la rechaza precisamente Azara, porque la evolución no se hace por mejora de un ojo aquí, de un diente allá, sino por acumulación de un conjunto de cambios fundamentales que de repente afloran de un golpe en un tipo nuevo.

No parece necesario añadir que puesto que Azara ve en la especie ya existente las fuerzas creadoras de lo que va a aparecer, esta actitud equivale a atribuir al Creador la causa primera de la evolución. Sólo así se comprende que la especie antigua posea la inteligencia, la iniciativa y la intención de ver y crear la especie nueva, por decirlo así, de un golpe. Toda metamorfosis es un acto de creación, tal que presupone el Creador.

Azara es figura muy de estimar en este desfile de los grandes ingenios españoles. No por cierto por hacer papel aparte, ya que en el conjunto de los grandes de la época que simboliza, por ejemplo Jovellanos, apenas si se da uno que disienta de la ortodoxia no ya deísta sino católica. Lo que coloca a Azara en un lugar único es la intuición biológica que lo distingue y que lo eleva junto a Goethe por su penetración de la índole divina del mundo.

Todo el siglo XIX se va a perder en la brega entre las concepciones mecanistas y vitalistas del universo y de la vida; en la que poco a poco se va apoderando de la ciencia un prejuicio ateo. Este prejuicio es natural en el hombre de ciencia y favorable a su profesión; pero, a medida que pasaba el tiempo, se iba haciendo más exigente y absoluto. Impulsado además primero por el marxismo y después por las tesis de Freud, terminó de adueñarse no sólo de Francia, donde se injertó en el jacobinismo nacional, sino de Inglaterra. Entretanto, en España se disputaban el territorio los ases de espadas.

En 1858 nacía en la India oriental Yagadis Chandra Bose, el hombre que iba a vencer dos de las barreras más infranqueables que el ser humano yergue contra la verdad: el prejuicio intelectual y el de clase, raza o casta. Educado en Calcuta por los jesuitas de la escuela de San Javier, y luego en la Universidad de Cambridge, pronto provocó la admiración general por sus dotes de físico y sus aptitudes como experimentador. Pero cuando se le propuso como profesor de física para el Colegio de la Presidencia, en Calcuta, los académicos se opusieron por ser él indio y ellos europeos, y le ofrecieron un cargo igual pero con la mitad de sueldo. Aceptó el cargo y el trabajo, pero durante tres años devolvió el cheque al Estado, aunque carecía de recursos.

No repetiré otros casos aún peores de persecución que tuvo que sufrir en su carrera porque no hacen al caso. Lo que importa es que en una serie de actos públicos celebrados en Inglaterra, el joven profesor indio presentó ante los ingleses, atónitos, una serie de experimentos que establecían indirectamente que las plantas poseen una sensibilidad análoga a la de los animales y el hombre y que se daba un notable paralelismo en las curvas de fatiga de los metales y de los músculos.

Partiendo del principio de la unidad de todo lo creado, vivo o no, Bose organizó experimentos basados en la revelación y registro de lo que pasa en animales, plantas y metales, mediante su transformación en corrientes eléctricas. Consiguió, por ejemplo, registrar lo que crece una planta en un minuto; y por medio de aparatos maravillosamente sensibles, llegar a abrir una comunicación entre lo que pasa entre las plantas y la especie humana que las observa. Como luego veremos, esta conclusión, lograda por una labor que se extiende de 1895 a 1930, equivale a una honda revolución en el saber humano.

De las ideas de Goethe, Azara y Bose, pasando por los neodarwinistas, sobre todo de las de Vries, como eje de orientación e inspiración de experimentos, se ha ido desarrollando a lo largo del siglo XX una asombrosa actividad de investigadores yanquis, rusos, franceses e ingleses que han ido descubriendo en tan noveles terrenos perspectivas insospechadas. El tema es vasto, los exploradores muchos, los métodos, en cuanto puede juzgar el lector lego, científicos y serios. Los resultados son asombrosos.[1]

Comenzaremos por la tierra vegetal. Louis Kervran, investigador bretón, probó que la gallina produce más calcio del que recibe, transmutándolo de potasio. Ya en 1873, en su *Origen de las sustancias inorgánicas,* Albrecht von Herzeele había observado el poder creador de materia que poseen las plantas, mediante repetidos análisis que probaban que en simientes germinadas en agua destilada aumentaba de modo inexplicable el contenido de potasa, magnesio, calcio, fósforo y azufre. El mismo investigador sostuvo que las plantas transmutaban fósforo en azu-

1. En estas páginas me atendré al excelente tratado publicado por PETER TOMPKINS y CHRISTOPHER BIRD, *The secret life of plants,* Nueva York, 1972.

ROSAL

Fuego en pétalos proclamas,
no en alborotadas llamas
sino en diseño ordenado
de geometrías vivas;
y el tesón que ha dominado
tus rebeldías nativas
te rebrota en tallo y ramas
en espinas agresivas.

fre, calcio en fósforo, magnesio en calcio, ácido carbónico en magnesio y nitrógeno en potasio.

Nadie le hizo caso; hasta que Pierre Baranger, profesor de la Escuela Politécnica de París, en 1958 y 1963, publicó los datos concluyentes de una ingente labor de verificación experimental de las conclusiones de Herzeele. Su propia conclusión fue terminante: «Día tras día, ante nuestra mirada, [las plantas] están transmutando elementos.» Es decir, las plantas hacen a diario sin esfuerzo alguno lo que los laboratorios procuran lograr con gran esfuerzo y dispendio.

¿Vale entonces expresar las transformaciones que se operan en una planta por medio de ecuaciones meramente químicas? Kervran se planteó este problema y contestó que no. La actividad vital no es meramente físico-química. Las tierras de arar devoran magnesio; vírgenes, suelen contener de 30 a 150 quilos de magnesio por hectárea. Al tren que las explota el hombre, ¿dónde hallan más magnesio? La respuesta es: en la vida. Y los científicos que propenden a este modo de pensar opinan que la vida, lejos de ser, como suele pensarse, un florecer especial de la materia, preexiste a la materia y es su causa. La biología vendría, pues, a ser no una química más compleja y reciente que la actual, sino un modo de ser de la vida, uno de cuyos subproductos sería la química. En esta perspectiva, los noventa y seis elementos son ya como el esqueleto de la vida muerta. Se pueden extraer de una planta a otra, pero no basta reunir unos cuantos para crear una planta. La química no crea nada.

Si todo esto es así, como parece, ¿qué hace el labrador que satura su tierra de abonos químicos, sobre todo de nitrato, fosfato y potasa? ¿No estará haciendo el ridículo amén del primo? ¿Qué necesidad tienen sus simientes de elementos que ellas mismas poseen la facultad de producir por transmutación? Kervran apunta que en los Estados Unidos se ha observado que, en ciertos tipos de maíz, si sobra potasio disminuye el molibdeno; y que, en general, si no hay potasa en la tierra, ya se encargan ciertas bacterias de producirla sacándola del calcio.

Bacterias ¡eh! Un momento. Resulta que el uso de los abonos químicos destruye las bacterias útiles, de lo que se aprovechan los insectos dañinos, para destruir los cuales se anegan las tierras en pesticidas, los cuales, además de hacer matanza de pájaros y gusanos, esterilizan la tierra y le impiden hacerse los elementos que necesita.

De todo lo cual se desprende que la inteligencia infusa en las plantas es de un orden muy alto en sí y desde luego muy superior al de la inteligencia de los químicos; y que todo lo que revela indica que existe un orden vital general que la ciencia sin Dios no ha entendido.

CIPRÉS

Oh suspiro vertical
que arrobado en verde anhelo
exhala la tierra al cielo
en éxtasis vegetal,
árbol espiritual,
un alma mística y santa
para hacerse humilde planta
ha encarnado en tu semilla
y el ansia con que se humilla
hasta el cielo la levanta.

Así, pues, ya hemos dado con la inteligencia en las plantas. Nos queda por ver si también tienen intención e iniciativa. A principios de este siglo, el biólogo vienés Raul Francé lo afirmó como conclusión de numerosos experimentos probando que las plantas se mueven (aunque a ritmo más lento que los animales) y que reaccionan a su modo a toda iniciativa humana aun cuando no les concierne directamente. Sin contar las que poseen dotes especiales como *Silphium laciniatum,* cuyas hojas dan exactamente los cuatro puntos cardinales, o las que predicen huracanes, trombas, terremotos o erupciones volcánicas, Francé sostuvo que todas poseen medios de comunicación con el mundo exterior, en términos comparables a los sentidos humanos, y que reciben así impresiones que ejercen sobre ellas reacciones notables. Además, puesto que la planta, por su forma externa, expresa unidad y se mantiene y aun restaura en caso de accidente, Francé presupuso que debía de existir alguna entidad consciente que la protegía desde dentro o desde fuera de sí misma.

A mediados de siglo, todas estas hipótesis vinieron a ser objeto de brillante confirmación. No una pléyade sino muchas pléyades de investigadores han estado llegando a conclusiones, a primera vista increíbles, en torno a la sensibilidad e inteligencia de las plantas; unos en Francia o en Inglaterra, otros en Rusia o los Estados Unidos, rara vez en contacto unos con otros, y casi siempre sin conocer lo que los otros hacían.

No es cosa de recorrer de nuevo este variadísimo camino de descubrimientos. Bastará con dar un ejemplo y resumir después las conclusiones que cabe considerar como establecidas por el conjunto.

Un especialista usiano del aparato revelador de mentiras en uso en la policía de aquel país se hallaba en Nueva York en su despacho, en el que había una planta de la especie *Dracaena massangeana.* Era en 1966. Cleve Backster (que así se llamaba y llama) pensó en ponerle el circuito galvanométrico del aparato a la planta a ver qué pasaba.

Ahora bien, en su experiencia la mejor manera de provocar una emoción es la amenaza de un peligro inminente. Decidió, pues, quemar la hoja que llevaba «puesto» el circuito galvanométrico (el cual estaba atado al tiempo por un aparato de relojería). En cuanto lo pensó y antes de que moviera un dedo para echar mano de las cerillas, subió la aguja del aparato. Pero él no se había movido. *Sólo había pensado.*

Quemó la hoja, con menor movimiento de la aguja, y luego hizo todos los gestos conducentes a quemar otra hoja, pero sin la menor intención del hacerlo; y no hubo reacción eléctrica ninguna.

Verificados y aun desarrollados por otros investigadores en todo el país, estos experimentos dejaron establecido que las plantas son capaces de *leer la intención humana,* hasta el punto de no reaccionar, o fingir un desmayo o no existencia en cuanto entra una persona que consideran peligrosa, por ejemplo un experimentador que suele quemarlas para analizar las cenizas. Esta observación, hecha en varios países por varios investigadores, confirma la insuficiencia de los análisis meramente químicos para el estudio de los tejidos vivos.

La reacción de la planta a las personas con las que ha establecido una relación positiva o de solidaridad, es instantánea y parece seguir siéndolo a grandes distancias. Este aspecto de la cuestión plantea un problema físico de gran interés. La luz necesita un segundo para hacer 340 000 quilómetros; ¿cuánto tiempo toma lo que sea que vibra, si algo vibra, para hacer sensible a la planta la existencia de una intención o de una emoción humana? Temas para el porvenir.

Temas, también, para el presente. Experimentos científicamente verificados que conciernen la acción de la electricidad y del magnetismo sobre las cosechas y la sensibilidad de las simientes para corrientes eléctricas circulando por alambres paralelos a los surcos; pero sobre todo un conjunto convergente de conclusiones de numerosas experiencias permiten asegurar que las plantas poseen inteligencia, iniciativa e intención —todo ello en un cuadro y ambiente de solidaridad que, entre otras formas, toma la de hacer sufrir a la planta si se destruyen células vivas, no sólo vegetales sino humanas y animales también.

Pronto veremos qué observaciones se desprenden de estos maravillosos descubrimientos que transfiguran nuestro mundo a nuestros propios ojos; pero conviene primero esbozar un resumen de lo que en esta labor se debe a la ciencia rusa de hoy.

Para el gran público, al menos, la acción rusa en este terreno tan nuevo comienza en 1970; en ese año *Pravda* publica un artículo sobre «Lo que las hojas nos dicen». El protagonista del artículo era el profesor Ivan Isidorovich Gunar, jefe de la sección de fisiología vegetal de la Academia de Ciencias Agrícolas, hombre que tenía fama de hablar con las plantas. Uno de sus colaboradores, Leonard Panishkin, ex metalurgista, declaró al redactor de *Pravda,* que se pasó a Gunar porque antes se ocupaba de metalurgia, «pero ahora se ocupaba de la vida»; y una colaboradora de Gunar le dijo al periodista algo más importante todavía: *que desde que trabajaba con Gunar había aprendido a mirar la naturaleza con ojos distintos.* Palabras henchidas de esperanza.

En el verano de 1971 visitó el laboratorio una comisión usiana científica, que vio una cinecinta titulada: «¿Son sensibles las plantas?» En ella se registraban los efectos producidos por la luz solar, el viento, las nubes, la oscuridad nocturna, el contacto con moscas y abejas, las «agresiones» de sustancias químicas o quemaduras y hasta la vecindad de una vid. El cloroformo eliminaba el pulso que normalmente se observa en las hojas.

Las fotografías se habían hecho a ritmo muy lento, de modo que el mero crecer de la planta semejaba una danza, y las flores se abrían y cerraban según era amanecer o anochecer.

En abril del 72, *Die Weltwoche,* revista de Zurich, publicó un artículo sobre este laboratorio, que luego salió en ruso en Móscova. En esta versión rusa se escribió que las plantas poseen algo muy análogo al sistema nervioso, cuyo centro receptor y emisor residía probablemente en las raíces. Concluían, además, que las plantas viven en un ritmo que les es peculiar, y perecen si no se les da descanso dentro de este ritmo.

Claro que los científicos más ortodoxos dentro del marxismo-leninismo olieron pronto el peligro. Unos (como Caramanof, del Instituto de Agrofísica —el nombre es ya revelador—) procuraron echarle agua al vino de Backster, mientras que otros pasaron la pelota a los redactores de *Ciencia y Religión* para que defendieran el frente, amenazado, del ateísmo. Pero a pesar de esta poco inteligente reacción, los científicos libres estudiaron a Backster, rehicieron y aun mejoraron sus experimentos y consiguieron espléndidos resultados combinándolos con el hipnotismo. Por ejemplo, combinando la observación eléctrica de una planta y de una joven hipnotizada con órdenes de contestar siempre que *no* aun cuando le preguntaban si era el número que había pensado, Tanya contestó que no diez veces sin que el siquiatra observador observara la mentira, pero la planta la registró en el galvanómetro.

Este siquiatra —que se llama Pushkin, como el gran poeta— sospechó que las células del sistema nervioso de la planta «se entienden» con las del sistema nervioso humano. De donde concluía que era posible esperar progresos en la sicología del estudio de las relaciones directas entre hombre y planta.

Del epicentro de la ciencia soviética, la ciudad de los sabios, Novosibirsk, sale otra voz con la misma canción. «Las plantas tienen memoria. Reconocen a quien las trata y a quien las maltrata.» Otros investigadores hallaron que, aislando dos plantas de otras bien regadas y dejándolas a seco, cuando una de las dos sedientas recibió agua la otra pareció también refrescarse. ¿Cómo? No lo pudieron explicar. El fenómeno se observó siempre. ¿Se da, pues, una solidaridad? Uno de estos observadores soviéticos escribió: «Estamos sólo al comienzo de una comprensión mejor del lenguaje de la naturaleza, de su alma, de su razón. El mundo interno de las plantas se oculta a nuestros ojos tras de setenta y siete sellos.»

Este rápido relato de los trabajos rusos —al parecer derivados todos de la obra de Bose— amplía, completa y confirma muchos otros del mismo género hechos en los Estados Unidos, Europa y Japón. Todos reconocen un cambio radical de perspectiva que se puede resumir como una demostración de la derrota del mecanicismo y la victoria del vitalismo en la cosmogonía. Tarde o temprano, pese al tremendo momento de inercia de que viene cargada la tradición científica oficial de dos siglos a esta parte, la perspectiva vitalista terminará por triunfar.

De igual manera que se puede argüir que una mosca presupone que alguien ha pensado aquel cuerpo antes de verterlo a la realidad, para no hablar de lo que presupone un Leonardo, un Bach o un Shakespeare, de la misma manera esta creciente explosión de la vida vegetal tendrá que llevar a la convicción de la preexistencia del supremo biólogo-poeta-pintor que concibió y creó la rosa.

Por otra parte, lo que estos descubrimientos afirman es que las vivencias experimentadas por plantas y animales son comunicables a los hombres y viceversa. Existe, pues, al menos como posibilidad, un «lenguaje» común a todo lo que vive; y, por lo tanto, todos los seres vivos tienen acceso y participan a una como alma universal en que todos bañan.

Estas dos observaciones nos son impuestas por la inteligencia apenas estimulada y agudizada por la intuición. Parece, pues, que se acerca un momento en el que la humanidad entera reconocerá su origen espiritual, y por ende, divino, revelado por las tres íes, la inteligencia, la iniciativa y la intención. Las circunstancias son dramáticamente contrarias a tal revelación. Las dos grandes potencias se hallan no sólo regidas por minorías pensantes ateas, sino orientadas a la explotación sin piedad de todos los pueblos del mundo, apoyándose en el arcaico pensamiento no tanto de Darwin como de sus epígonos.

Pero el duelo será tanto más dramático entre las grandes tinieblas organizadas y la luz. Y todo depende de que la Unión Soviética goce de la luz bastante pronto para evitarnos mayores —quizá irreparables— males. Puntual siempre, Dios nos ha avisado amenazando a nuestros hermanos portugueses con las tinieblas precisamente cuando comienza a clarecer en Oriente la nueva aurora.

Sólo Él sabe si caeremos otra vez en la lógica negra de Arrio o si al fin lograremos la paz en la eterna divinidad de Jesucristo, ya clara y patente la inmensidad del alma de la Creación, que abarca en lo físico del protón a las galaxias que huyen de nosotros a noventa quilómetros por segundo, pero que, aún más vasta en lo moral, va del «Tigre, tigre, llama viva en los bosques de la noche» hasta «dejando mi cuidado entre las azucenas olvidado»; y en esa alma vasta como todo el espacio y todo el tiempo, iremos quizá guiados por la mano de Dios descubriendo mundos nuevos que aguardan en los bosques de la noche, la luz de nuestro intelecto encendida por el fuego de nuestro corazón.

Divina revelación de la hondura y vastedad de su alma, Dios no quiso confiársela a ninguno de nosotros, ni siquiera a sus humildes animales; sino que la reservó a las humildísimas plantas que ni habla tienen y tan lento se mueven que parecen inmóviles. Y por ellas sabemos ahora que también ellas, la col y la zanahoria, la rosa y el clavel, la débil yerba y el árbol gigantesco, participan, sienten, vibran con el alma universal, y, en nuestro lenguaje cristiano, fueron salvados por Jesucristo en la Cruz, como los hombres.

Sólo Dios sabe si vamos a seguir padeciendo ceguera mortal entre dos formas enemigas de una cosmogonía mecánica o si vamos al fin a acceder a Su Luz que algunos más aventajados han vislumbrado. Juan Español, piénsalo bien. No entregues a nadie tu libertad de participar en la Creación con el que la creó. Juan Español, piénsalo bien.

Monólogo al anochecer

Vaya si lo pensaré bien. ¿Qué otra cosa estoy pensando ya hace muchos años, en realidad desde siempre, recogiendo, como en un ramillete interminable, indicios que me dan los astros, las flores y los gusanos, dichos caídos de labios sabios, vulgares, burdos, populares, extraños, familiares; años dejando caer todos estos tesoros en un pozo vivo donde fermentan, viven y mueren como hombres en sociedad, haciéndoles preguntas, escuchando respuestas, sintiéndome ya dirigido, ya desorientado, ya libre como la mirada, ya trabado como potro en prado potrero?... ¿qué hago desde casi un siglo sino pensarlo bien?

Extraño destino el del hombre, condenado a vivir en un reloj. Es como si el gran señor que nos aloja a todos en su palacio de muchas mansiones nos diese como morada el reloj del pasillo. Aquí estamos, reyes del espacio infinito, ¿qué más pedir?; pero metidos en una jaula que mide todo lo más cien revoluciones de la Tierra y cien grados de temperatura. De esta jaula, no podemos salir más que por la imaginación que nos abre la inmensidad del tiempo, la del espacio y la del fuego vital, tres misterios tales que cuanto más los miramos más nos gustan y menos los comprendemos.

Bendita sea esta casa
y el albañil que la hizo.
Por fuera tiene la gloria
y por dentro el paraíso.

Ay ves tú, ves tú
Ay ves tú, ves tú,

cuanto más te miro
más me gustas tú.

Ay Martín, Martín
qué malo que estás
te vas a morir
te van a enterrar.

Los miramos, miramos esos misterios y ¿qué nos contestan? Amor y muerte. ¿Qué mayor contradicción? Porque el amor es la vivencia suprema de cada Juan, ya sea español o chino; y la muerte es su total destrucción; y en el amor se trata de asegurar la trenza vital, y en la muerte se van cortando hoy una, mañana otra de las mechas que componen la trenza, de modo que los Juanes mueren, hoy uno, mañana otro, pero la ristra de Juanes continúa.

Y así, en esta primera ojeada, vemos que yo paso, pero España queda. De este pensamiento brotan muchos más.

No vale trenzar cualesquiera personas y creer que de la trenza saldrá algo de más valer que las mechas trenzadas. Puede que sí. Puede que no. Al fin y al cabo, estoy mirando —que quiera que no— a dos objetos, cada uno con su fondo distinto. El Juan español campea sobre un fondo de espíritu. «Por dentro tiene la gloria y por fuera el paraíso.» Pero España... «Ay Martín, Martín, qué malo que estás...» España vive sobre un fondo de historia. Si no creo en Dios, si todos los Juanes que ha dado España desde que existe no son hijos más que del Azar y de la Necesidad, no hay uno que valga lo que España; que los Juanes de España no suelen pasar de los cien años y España lleva ya muchos siglos de existencia. Hay que apechugar con las propias opiniones. Los que se contentan con llamarse don Azar Necesidad y Gracias no vivirán más de lo que vive su cuerpo; salvo el corto número de ellos que deje huella en la historia; y éstos no vivirán más que lo que dure España, y desde luego su fama póstuma dependerá de quien haya ganado la última guerra civil.

Si el Juan Español de que se trata es hijo de Dios, la perspectiva cambia por completo. Dios es eterno y no puede no transferir a todos sus hijos atributo tan maravilloso y único. Pero mientras estoy mirando este pensamiento, que es en sí una maravilla, me asaltan dudas nada menos que arrianas. Si yo soy hijo de Dios, el cual es eterno, ¿qué puedo ser yo sino eterno también? Ah pero entonces, ¿dónde estaba yo desde el inicio de la Creación hasta que entré en España por la Coruña el 23 de julio de 1886? ¿Era yo, fui yo en esos millones de años que van del año cero de la Creación al 23 de julio de 1886 de la era cristiana, he sido yo un mero átomo de la nebulosa humana, o, por el contrario, he vivido esa temporada ya individuado y consciente? Consciente de mí mismo, es

356

seguro que no, porque de haberlo estado habría registrado la historia mi protesta vehemente contra casi todas las doloras de Campoamor. Pero aquí se abre un abismo a mis pies o a los pies, siempre bien medidos, de aquellas ilustres doloras. ¿Quién me dice a mí que los millones de años que yo pasé en la eternidad prenatal transcurrieron en España?

¡Pobre de mí! ¿Quién sería yo si antes de pasar cerca de noventa años encarnado como español hubiera vivido millones de años como indio oriental u occidental? Ahora sí que mi meditación zozobra en el inmenso océano del espacio-tiempo. Por un lado, he querido individuarme para polarizar un intelecto y una voluntad separándolos de la nebulosa de vida humana en que estarían inmersos; por otro, me veo inseparable e inevitablemente arraigado en un ser colectivo llamado España, a su vez entrecruzado con otros seres colectivos como Francia, Italia, Suiza o el Japón. Esto que tomé por una persona, este saco de sangre, se revela como un foco de luz vital de haces de vibraciones cuyos estremecimientos y temblores son mi vida y la vida de los demás, y yo no soy más que un foco que intercambia vibraciones con otros miles de miles de focos como yo.

Para simplificar, voy, al menos por ahora, a prescindir del tiempo. Observo, entretanto, que mi meditación sobre la persona recuerda lo que la mente nos ofrece para ir comprendiendo la creación física. Hay que imaginar un espacio lleno de sustancia material (más o menos densa, un átomo de hidrógeno por milímetro o por quilómetro cúbico) en cuya vasta masa se produce, porque sí, una concentración excepcional por haberse juntado dos átomos. Al instante se despierta Newton y dice: «¡Eh, qué hacéis ahí dos átomos en vez de uno! ¡Hala, a ejercer en seguida vuestro poder de atracción!» Obedientes, los dos átomos, que sin pensar en nada malo se habían juntado para charlar sobre cosas como la Vía Láctea o la situación en Portugal, se encuentran con que ya no son dos sino dos millones de átomos de hidrógeno, y como su fuerza de atracción aumenta a brincos exponenciales, en poco más de un santiamén han constituido un sol.

Así al ser humano, todavía no individuado, inmerso en un magma de vida humana, se le desarrolla de pronto un foco de atracción vital; y en aquel magma, todavía, hasta entonces, homogéneo, se van creando personas, centros... ¿de qué? Ya lo veremos... que, sin perder por ello la identidad de sustancia con los otros, son cada uno únicos y señeros en el universo.

¿Centros de qué? Misterio es su esencia; pero que se manifiesta en tres facultades: la Inteligencia, la Iniciativa y la Intención. Centro, pues, de las tres íes. En lo cual revelan ser hijos de Dios. Sólo que este punto es tan importante que hay que detenerse en él aun a trueque de repetirse.

LAS DOCE

Con voces acompasadas
que el vasto silencio amplía,
desfila la teoría
de las doce campanadas.

Al aire apenas lanzadas,
fúndelas en su armonía
la grisácea lejanía
de las cosas ya pasadas;

y, en el silencio suave
que puebla el rumor incierto
de su memoria sonora,

reza el pensamiento grave,
al oír tocar a muerte
por el alma de una hora.

Es, en efecto, indispensable para la salvación del hombre, amenazado por su propia insensatez, que rechacemos del modo más terminante ese cuento pueril de la evolución por selección natural. La evolución tiene lugar en la mente del Creador, el cual es causa ineludible de la Creación porque nada de lo que existe en la vida ha sido fruto de la improvisación; sino que todo se debe a un plan preconcebido. El mismo Laplace, que tan ligeramente prescindía de Dios, había logrado *reconstituir* con su cerebro la mecánica de la máquina celeste; pese a cuyo enorme esfuerzo intelectual, no se daba cuenta, el pobre hombre, de que para construir *ex nihilo* aquella máquina tuvo que ser necesario un esfuerzo intelectual muy superior al que él había puesto en comprenderla y explicarla.

Desde que la Creación comenzó a funcionar, todos los seres vivos revelan al observador las tres íes que vienen a ser sigla del Creador impresa en todo lo creado.

Decimos, pues, que todos los seres creados revelan ser parte de la Creación por manifestarlo así en esta sigla de tres íes: la inteligencia, la iniciativa y la intención; y que este don logra su máxima capacidad en los seres humanos, a tal punto que este don equivale en ellos a una participación en la Creación tal y como se viene realizando en el presente de cada cual.

Si, pues, este hijo de Dios ingresa en la Tierra por España el 23 de julio de 1886, ello quiere decir que por don divino que está casi seguro de no merecer (aunque se agarra a ese *casi* como a un clavo ardiendo) le ha sido dado colaborar a la Creación en el período que ha transcurrido desde entonces hasta ahora; y que ya esta observación es de tan tremenda trascendencia que es como para hacer desmayar el ánimo más decidido.

Tan inmenso es este pensamiento que ha menester de todos los apoyos que la imaginación puede ingeniar para que lo llevemos a cuestas sin perecer anonadados. Por lo pronto, nos ayuda a articular la antinomia entre el ser individual y el pueblo o nación en cuyo seno nace. Llego al mundo por Europa, por España, por Galicia, por La Coruña, por la calle del Orzán, por una familia militar de ocho chicos y tres chicas; y subiendo esta cuesta que he esbozado de arriba abajo, habré de mezclar mi humilde labor a la eterna de la Creación a la que Dios ha dispuesto que perteneciera activamente durante, hasta ahora, poco menos de noventa años.

Así se pueden situar las cosas para intentar acercarse a la perspectiva divina. Estábamos ante una antinomia de perspectivas; el individuo suelto y el pueblo al que pertenece. Él, todo lo más, ochenta, noventa años.

Su pueblo, diez o doce siglos. Parece que el lapso de vida otorgado al uno y al otro basta para sugerir que importa más el rebaño que el animal suelto. Pero aquí surge un fuerte obstáculo de calidad. En la vida, el individuo suelto es una fuerza vertical; el pueblo, en su conjunto, es una suma oscura de fuerzas horizontales. A Dios lo encuentran las almas individuales. Las naciones y los pueblos son rebaño de fuerza horizontal. Que el individuo suelto se avenga al sacrificio de su vida en pro de la vida de su rebaño nacional, ello entra en la misma verticalidad del alma. Pero, y esto es lo esencial, el ser humano es hijo del Eterno; el rebaño humano es mera historia.

Hijo del Eterno. ¿Eterno, pues? No, exclama horrorizada una voz que surge del fondo del ser. No. ¿Entonces, efímero? Tampoco, protesta otra voz no tan vehemente. ¿Entonces?

¡Ah paisaje del alma, y qué sencillo pareces, y qué carcomido de abismos! Eterno, ¿cómo voy a ser eterno? ¿Quién podría cargar sobre el mundo para la eternidad tal y tal fealdad, trivialidad, frivolidad, ceguera, esclavitud del cuerpo y del alma a lo peor de sí mismos? Y, sin embargo, ¿qué? ¿Dejar que se termine y malogre toda esa luz que traigo al nacer de la nada y que me revela un esplendor? Eterno, pues. Pero ¿cómo? ¿Quién es este ser que decretáis eterno, individual, vertical, único en el espacio-tiempo? ¿Quién es el que a tan exorbitante privilegio aspira? ¿No sabemos cómo empieza y cómo termina?

Tiene un padre y una madre; cuatro abuelos; ocho bisabuelos; dieciséis trisabuelos, y así llegamos en un par de siglos, como quien dice, un abrir y cerrar de ojos del Creador, a unos diez mil antepasados. ¿Qué somos, pues, sino hijos del rebaño? Por muy verticales que nos sintamos, por muy impelidos por el impulso vertical a elevarnos en la prolongación del radio de la Tierra hasta el o lo altísimo, ¿qué podemos hacer creados como somos por Dios a fuerza de coitos del rebaño humano que nos ha parido?

Esto, al nacer. Pero ¿y al morir? ¿No se va uno muriendo a pedazos a medida que se le van muriendo los que con él vienen? ¿Qué es la vida sino un verter del alma propia en las almas de los demás, y qué queda de esta vida mía si se me mueren todos aquellos en que la he vertido, o me muero yo, que viene a ser lo mismo? Así yo, que nací de uniones de abuelos de abuelos de abuelos, dejo al irme dispersos trozos de mi ser en miles de coetáneos. ¿Qué me queda al marcharme?

Este comienzo convergente y este fin disperso ¿no parecen indicar que se viene a este modesto planeta para hallar en él —y ni antes ni después— la razón de ser de nuestra vida? Esta conclusión sería, desde luego, compatible con la noción que tenemos de ser hijos de Dios. Y hasta se daría cierto paralelismo con el mismo Jesucristo, ya que, si bien hemos hallado que salimos del rebaño al nacer para retornar al rebaño al morir, podría ser que se diera en nosotros un elemento divino e inmortal que pasaría en este planeta un período de encarnación.

Habría, pues, en el ser humano un elemento divino que a la hora de la muerte se sustraería a la podredumbre y retornaría al espíritu. Este modo de ver las cosas plantea quizá más problemas de los que resuelve. ¿Qué pasa con los animales y las plantas? ¿Para qué la vida en la tierra? Tenemos derecho a plantearlos. porque toda nuestra cosmogonía se funda sobre la idea de ser la Creación obra de un Creador dotado de inteligencia, iniciativa e intención.

Se trata de intentar interpretar la intención divina.

Para Descartes, los animales eran meras máquinas y hay que tener en cuenta que en aquellos días el sentido de este vocablo —máquina— era mucho más elemental que hoy y quizá más concreto; precisamente por ser Descartes hombre religioso. Al dar por meras máquinas a los animales, los privaba del alma. Hoy ha podido escribir un eminente biólogo francés que el ser humano es una máquina que se reproduce a sí misma; error que, en opinión del que esto escribe, es mucho más hondo y funesto que el de Descartes.

La mayor familiaridad con los animales, no ya de todos nosotros los no profesionales, sino de toda una cohorte de biólogos especializados en ecología, ha otorgado no poca flexibilidad a la antaño rígida frontera que separaba a los hombres de los animales. Por otra parte, toda una serie de investigaciones y experimentos, a la que se ha aludido en páginas anteriores, ha incorporado las plantas a este mundo síquico de las criaturas del Señor que es la vida.

Dos consecuencias, al parecer contradictorias, parecen desprenderse de estas observaciones. La primera es que lo que la vida nos presenta es una comunión, matizada, más o menos plena, pero nunca rota o interrumpida, una comunión de todas las criaturas, hombres, animales y plantas. Esta comunión de criaturas, fundada en el ser, obliga a pensar en una comunión de destino entre todas ellas; de modo que no se explicaría que el ser humano tuviese vida eterna sin que la tuviera también su perro, su buey y su asno. El instinto, además, nos dice que la vida humana, sin los animales que la pueblan y circundan, carecería de sentido. Otro tanto cabe decir de las plantas.

Es decir que «la otra vida» no lo sería si para pasar la frontera entre ambas el ser humano tuviera que despedirse para siempre, no sólo de sus familiares, sino de sus amigos, de sus no menos íntimos enemigos, de sus animales, de los demás animales, de las plantas de su jardín y de todas las plantas.

Ocurre además que la vida tal y como la conocemos en este pequeño planeta, depende de modo perenne y continuo del movimiento de los astros del sistema solar, cuya pulsación repercute en nuestras venas y arterias. Por lo tanto, el camino que hemos emprendido en nuestra meditación nos lleva a pensar que si hay otra vida para nosotros, tiene que tener lugar en este planeta y no en otro. Por razonamientos racionalistas impecables vamos a dar a la resurrección que nos pinta el catecismo.

Ahora bien, esta resurrección presenta obstáculos insuperables a la razón. La masa humana que resurgiría sería muy superior a la que puede hoy malvivir en la Tierra, bajo la nube negra de la amenaza del hambre; y no hay en el planeta elementos químicos que basten para vestirles los huesos a los resucitados. Tendremos, pues, que resignarnos a rechazar esta solución de nuestro enigma; y ante el callejón sin salida donde nos deja, tendremos que buscar otro camino para nuestros pensamientos.

Estos pobres pensamientos nuestros, que ya encuentran bien arduo explicarse a sí mismos en la física, ¿qué papel van a hacer en la metafísica, al aspirar nada menos que a vislumbrar la intención divina? Porque nosotros venimos no ya obligados sino astreñidos a construir nuestras ideas con nuestros conceptos; y nadie nos asegura que estos conceptos nuestros sean los de Dios. Todo lo que aquí conjeturamos puede resultar mera interpretación humana sin vislumbre de la realidad que cela la inmensa imaginación divina. Miremos un poco, por ejemplo, ese concepto que llamamos *tiempo,* la cantidad más fatídica de las que maneja el cerebro humano. El tiempo es tan consustancial con el hombre que no hay aspecto alguno de la vida humana, física o mental, que no esté entretejido con este dato primario e inmediato de la experiencia. Pero nadie que conozca de verdad a un perro dudará de que el tiempo es también un factor esencial de la vida de los animales; y en los estudios (a los que más arriba me he referido) sobre las plantas, la sensación del tiempo y lo que en él ocurre ha venido a añadirse a ese otro sentido del tiempo como orla o festón de las estaciones, que es típico de todo el reino vegetal.

Estas disquisiciones eran indispensables antes de plantear el tema que ahora abordamos. ¿Cabe buscar la solución de nuestro enigma en una vida eterna que por definición eliminaría el tiempo? ¿Vendría a ser el tiempo una suerte de venda sobre la vista metafísica del hombre? ¿No podría resolverse nuestro enigma presuponiendo que la muerte equivale a una transfiguración de la vida terrena que, sin abolir su terrenidad, le otorgase un carácter eterno? [1]

El primer obstáculo en este nuestro nuevo camino es rebarbativo. La transfiguración que presuponemos es inimaginable. Pero ¿qué iba a ser? La imaginación humana no puede aspirar a medir sus fuerzas con las divinas. Por otra parte, alegaremos que ésta es precisamente la promesa que nos hace el Nuevo Testamento: el retorno al Paraíso para los salvados. Esta manera de imaginar la solución del enigma presenta además la ventaja de eliminar otras perspectivas que, aun siendo de uso común, no parecen razonables.

¿Qué se entiende por vida futura? En general, y muy vagamente, una vida como ésta, sin impuestos, casero, patrón y otros obstáculos a la felicidad; otros la ven con más detalle y conocimiento. Pero todos la ven en el porvenir; olvidando quizá que este nuestro presente es ya «el porvenir», o sea, «la vida futura» de los que se murieron ayer. En general, pues, como su mismo nombre lo declara, la vida futura está en el porvenir, es decir, en el tiempo. Mientras que la vida eterna es intemporal, extratemporal, inefable en el sentido literal de este epíteto, o sea, de la que no podemos decir nada porque no sabemos de ella nada, salvo que la hemos de vivir libres de las dos trabas del hombre *en esta vida*: el espacio y el tiempo.

Por lo pronto, pues, decimos que para nosotros la vida eterna es una transfiguración de esta vida que la liberta del espacio y del tiempo. *No es, pues, otra vida. Es esta vida,* sólo que transfigurada en forma tal que ha merecido llamarse la vida en el Paraíso.

Cuando algo se ha dicho de modo perfecto, no queda más que repetirlo. Esto lo ha dicho de modo perfecto y definitivo Mallarmé en un verso de su poema a Edgar Allan Poe:

> *Tel qu'en soi-même enfin l'éternité le change*

Gracias a Mallarmé sabemos cuál es el efecto esencial de la transfiguración que causa la eternidad: *Cambia el ser tornándolo en sí mismo;* lo que hasta entonces no había logrado ser porque vivía en el tiempo el cual es cambio continuo. Ya hace muchos años que escribí y publiqué una refutación anticipada a Mallarmé; se llamaba

ROMANCE PARA INSCRIBIR EN UN RELOJ

> *Vivo si miro adelante,*
> *muero si miro hacia atrás.*

---

1. Sin aspirar a fundar la teología sobre un retruécano, observo de pasada que terrenidad es anagrama de eternidad.

CANCIÓN POPULAR ASTURIANA

Una niña bonita
se asomó a su balcón.
Ella me pidió el alma.
Yo le di el corazón.
Ella me pidió el alma
y yo le dije adiós.

TROZO DE CALDERÓN

Al Rey la hacienda y la vida
se han de dar, pero el honor
es patrimonio del alma,
y el alma sólo es de Dios.

Me columpio en el ahora:
un día menos, un día más.
Soñar en la hora que viene.
Añorar la hora que va...
Sin el sueño, ¿qué es la vida?
¿Qué es vivir sin añorar?
Bríndame el sabio la nada;
el preste, la eternidad.
Dice uno: «el tiempo te mata»;
otro: «el tiempo morirá»;
y yo, que soy tiempo y vida:
¿Qué más da?

Pero si este poemilla responde al ser tejido de tiempo y era de esperar de la juventud, no por eso priva a la eternidad de su función esencial, tan maravillosamente .expresada por Mallarmé. El hecho es que dentro del ser que es tiempo y vida hay otro ser, más, mucho más ser que el primero, y que es aquel en el que la eternidad lo va a cambiar o transformar.

Ahora se nos ofrece la ocasión de contemplar el vero significado de la actitud de Jesucristo con los mandamientos. Modestos nos parecieron. Pequeños le parecen a Jesucristo, y hasta «muy pequeños» (Mateo, 4, 19). Lo más granado del Sermón de la Montaña consiste en una glosa crítica de los diez mandamientos y en la afirmación, como antítesis, de una ética que, a ojos vistas, no es de este mundo. Parece lógico pensar que, para Jesucristo, aquellos preceptos tenían por objeto hacer de todo cristiano un ser perfecto.

He aquí un ejemplo claro de antítesis entre lo de aquí y lo otro, partiendo, desde luego, de los diez mandamientos considerados, a la tácita, como la ley de lo de aquí: «Oísteis que fue dicho: "Amarás a tu prójimo, y aborrecerás a tu enemigo." Mas yo os digo: "Amad a vuestros enemigos, bendecid a los que os maldicen, haced bien a los que os aborrecen y orad por los que os ultrajan y os persiguen."» De donde su conclusión: «Sed, pues, vosotros perfectos, como vuestro Padre que está en los Cielos es perfecto» (Mateo, 5, 43, 44, 48).

Estos textos y otros por el estilo permiten lograr cierta aproximación o vislumbre de la intención divina sobre la vida eterna. Esta transfiguración consistiría en la muerte del cristiano de este mundo (los diez mandamientos) y su resurrección como cristiano del Sermón de la Montaña, habitante natural del Paraíso.

Parece, en efecto, arduo en demasía suponer que aquel certero lector de almas que fue Jesucristo no fuese a darse cuenta de la imposibilidad de realizar *en este mundo* el plan de vida que traza en su Sermón de la Montaña; de donde se desprende que lo que predicaba era una exhortación a preparar el ánimo de sus discípulos para «el reino de los cielos» o «el Paraíso».

De este modo podemos ya contestar a la otra pregunta que nos plantea la vida de Jesús. ¿Para qué la encarnación en la Tierra? Precisamente para criar aquí las almas que habrán de florecer en el Paraíso. Hay que mirar de frente todo lo que significa la encarnación para el alma humana. Porque ¿qué remedio nos queda sino reconocer que si todos somos hijos de Dios, se da una diferencia esencial entre serlo como Jesucristo y serlo como (por ejemplo) Juan Español? Jesucristo encarna en un cuerpo humano, pero lo que encarna es alma divina, idéntica a la de Dios-Padre. Nosotros, Juanes y Pedros que formamos la multitud de los cristianos, encarnamos en un cuerpo humano un alma humana, abierta a todas las influencias telúricas.

Tremenda diferencia. Si se piensa que, al encarnar, abrimos nuestro ser de par en par al alma universal donde hierven juntas las pasiones puras o impuras, de los hombres de todas valías y calidades, pero también de los tigres y de las serpientes, y el apetito de la sangre, y todos los horrores que bullen en la oscuridad de los bosques y en el fondo de los océanos, si procuramos percibir —no sólo pensar sino sentir— el aliento infernal que puede a veces emanar de la vida, ¡qué meditación dolorosa oprime el ánimo al imaginar lo que habrá de padecer para preparar almas tan humildemente nacidas para su subida al Paraíso!

¿Es siquiera posible esta magna labor? Para una época podrida por el economismo, corrompida por lo que dan en llamar luchas sociales y hasta progreso social, mero reflejo del sedicente progreso fundado en la prosperidad, este enigma nuestro es ocioso. Para el que mira bien el fondo de las cosas, es esencial. La labor primordial del hombre en la vida es la salvación de su alma; y ésta no es tarea que van a resolver las estadísticas ni los librillos de los diversos maestrillos economistas. En todo pensamiento político, en toda ideología, lo que debe predominar es esta pregunta primordial: *¿cómo salvo yo mi vida aquí?* Es decir, ¿cómo me preparo para desencarnarme de todo lo que no es eterno? Esta pregunta exige una condición: que me sea posible —es decir, que le sea posible a todo hombre— escoger en mi vida ir por este o por estotro camino. Si alguien, sea quien sea, tiene poder sobre mí para decretar: *Por aquí no,* yo no podré salvar mi alma. Lo esencial, lo más importante en la vida de todo hombre, la salvación de su alma sólo puede hacerse en plena libertad. Sólo pueden salvarse los hombres libres.

ÍNDICE ONOMÁSTICO

Las cifras en cursiva remiten a las ilustraciones

espejo
de
españa

Una aportación a la tarea de esclarecimiento
de las complejas realidades
peninsulares de toda índole —humanas, históricas,
políticas, sociológicas, económicas...— que nos
conforman individual y colectivamente.

Títulos publicados:

EDITORIAL PLANETA, S. A.
Calvet, 51-53
BARCELONA

espejo del mundo

Una serie de obras que brindan la necesaria
información, el análisis objetivo, el juicio honesto
sobre los problemas culturales, económicos,
sociales, políticos, humanos del presente, del ayer
vigente aún y del futuro cuyos perfiles empiezan
a dibujarse ya.

Títulos publicados:

1/Willy Brandt
EL EXILIO Y LA LUCHA

3/Carlos M. Rama
CHILE: MIL DÍAS ENTRE LA REVOLUCIÓN
Y EL FASCISMO

4/Antonio Cascales Ramos
OTOÑO ELECTORAL

5/Jesús Hermida
EL PUEBLO CONTRA RICHARD M. NIXON

6/Santiago Genovés
ACALI

En preparación:

Ramón Garriga Marqués
LOS OTROS EUROPEOS

Luis Miravitlles
LA PREHISTORIA DEL FUTURO

C. L. Sulzberger
LOS ÚLTIMOS GIGANTES